SHIGERU MIZUKI 11
KITARO

Aus dem Japanischen von **Gandalf Bartholomäus**
Lettering: **diceindustries**

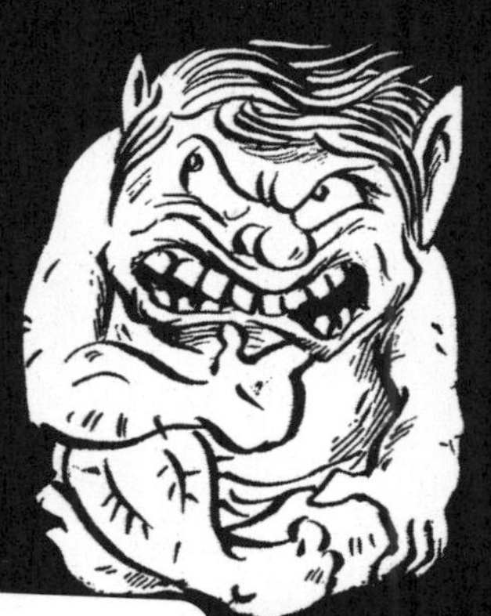

REPRODUKT

KITARO 11

INHALT

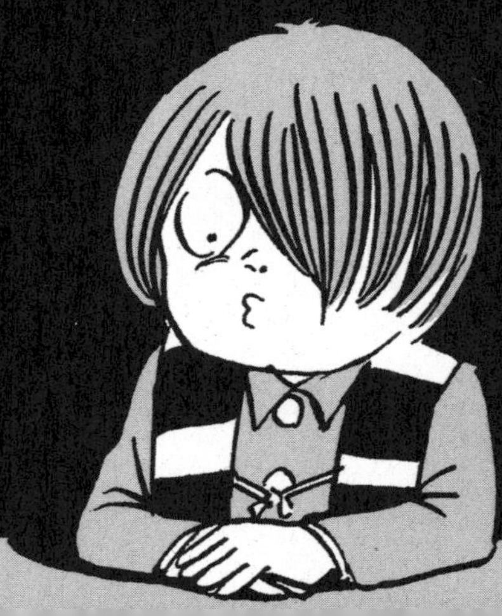

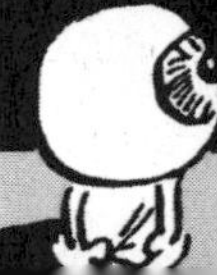

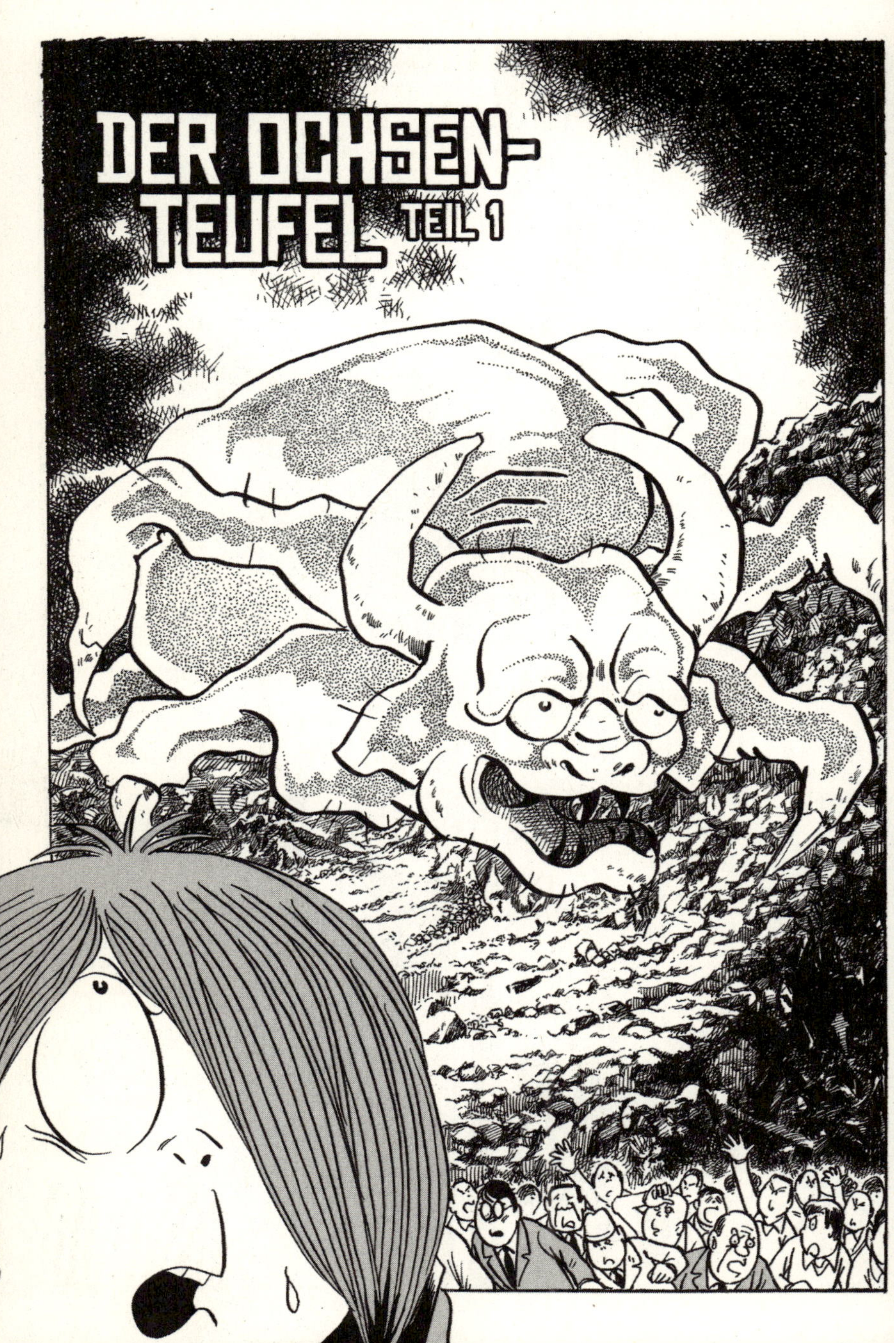
DER OCHSEN-
TEUFEL TEIL 1

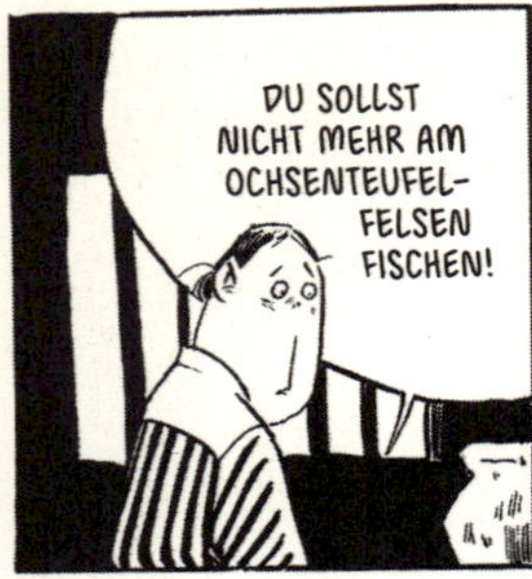
DU SOLLST NICHT MEHR AM OCHSENTEUFEL-FELSEN FISCHEN!
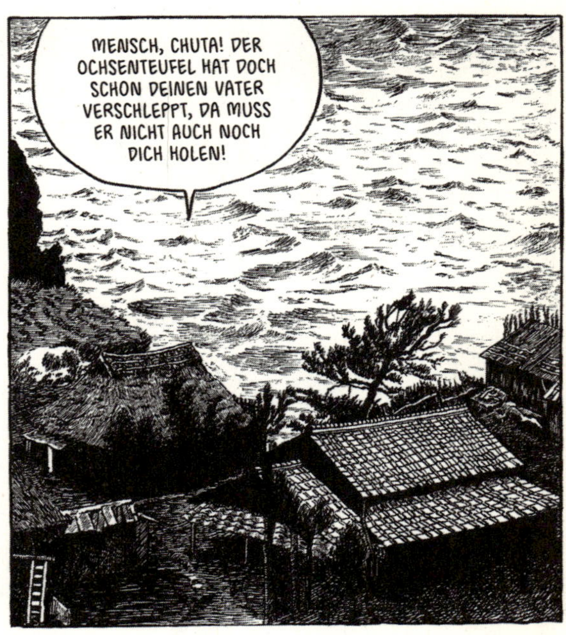
MENSCH, CHUTA! DER OCHSENTEUFEL HAT DOCH SCHON DEINEN VATER VERSCHLEPPT, DA MUSS ER NICHT AUCH NOCH DICH HOLEN!
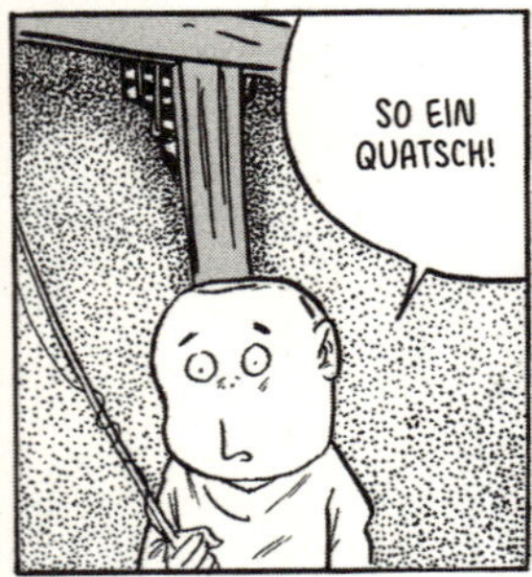
SO EIN QUATSCH!
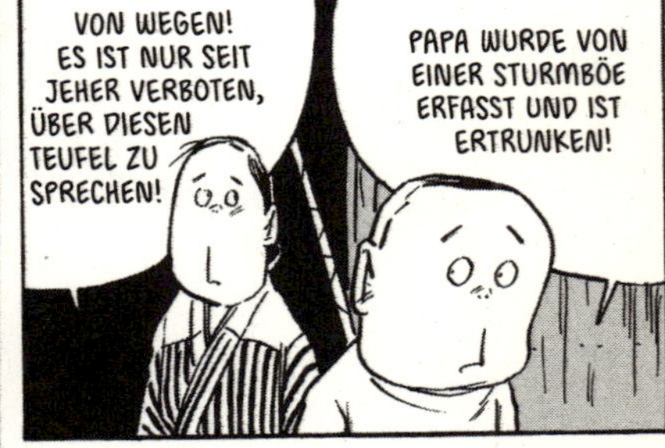
PAPA WURDE VON EINER STURMBÖE ERFASST UND IST ERTRUNKEN!
VON WEGEN! ES IST NUR SEIT JEHER VERBOTEN, ÜBER DIESEN TEUFEL ZU SPRECHEN!
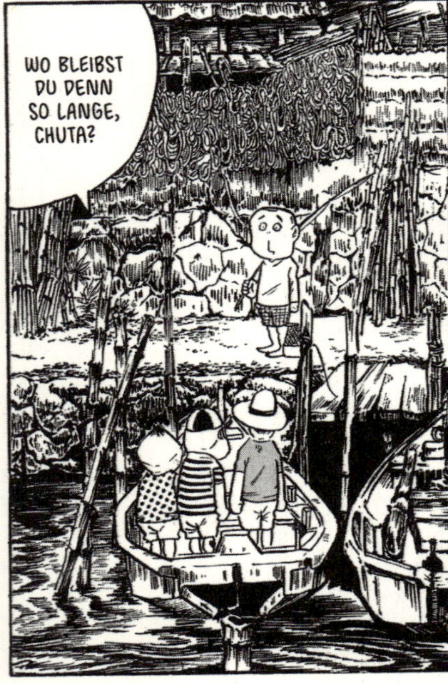
WO BLEIBST DU DENN SO LANGE, CHUTA?
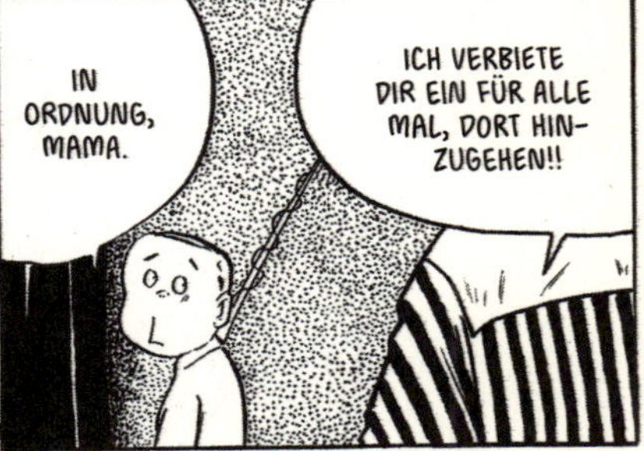
ICH VERBIETE DIR EIN FÜR ALLE MAL, DORT HIN-ZUGEHEN!!
IN ORDNUNG, MAMA.

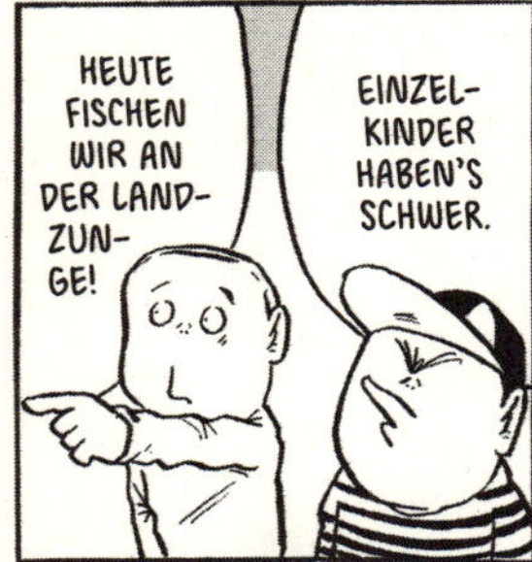
HEUTE FISCHEN WIR AN DER LAND-ZUN-GE!
EINZEL-KINDER HABEN'S SCHWER.

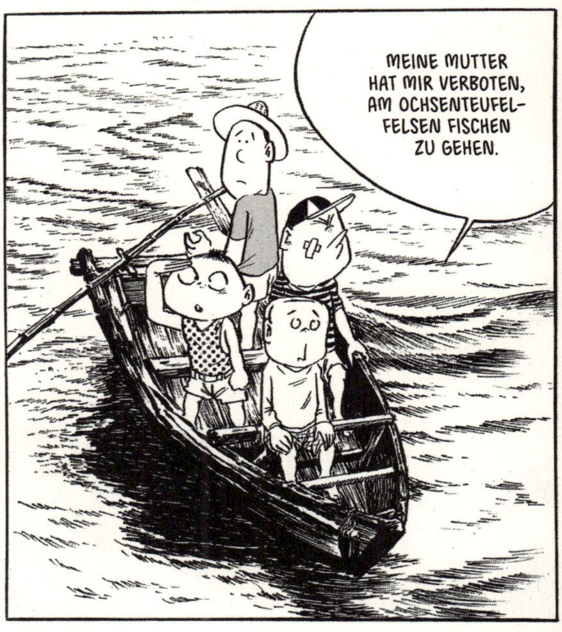
MEINE MUTTER HAT MIR VERBOTEN, AM OCHSENTEUFEL-FELSEN FISCHEN ZU GEHEN.

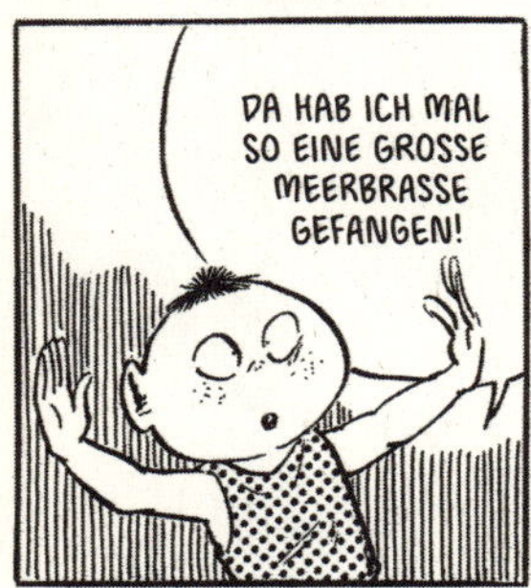
DA HAB ICH MAL SO EINE GROSSE MEERBRASSE GEFANGEN!

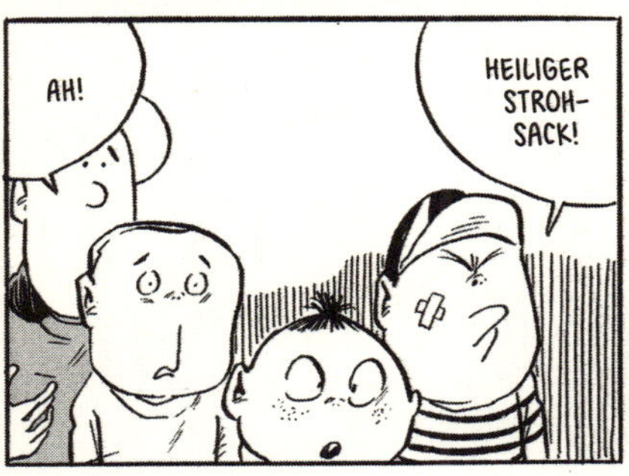
AH!
HEILIGER STROH-SACK!

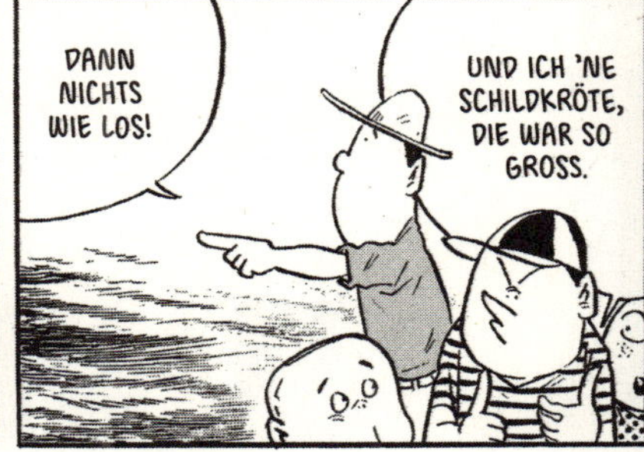
DANN NICHTS WIE LOS!
UND ICH 'NE SCHILDKRÖTE, DIE WAR SO GROSS.

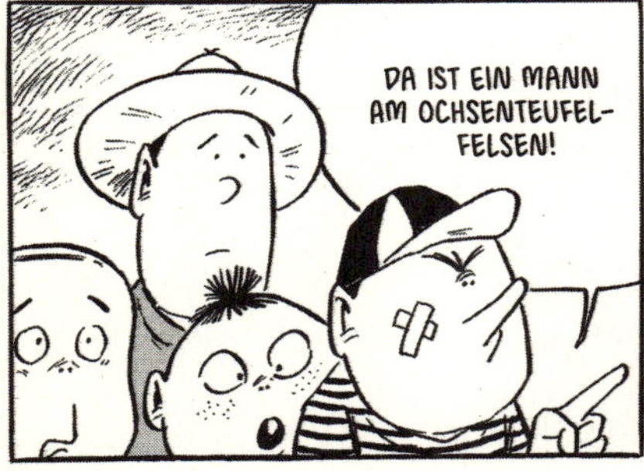
DA IST EIN MANN AM OCHSENTEUFEL-FELSEN!

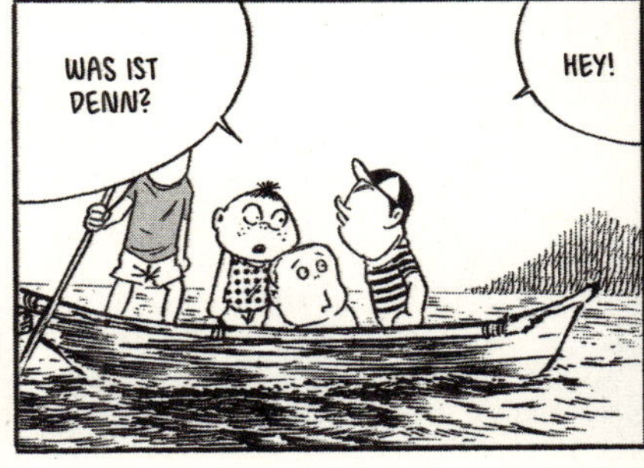
WAS IST DENN?
HEY!

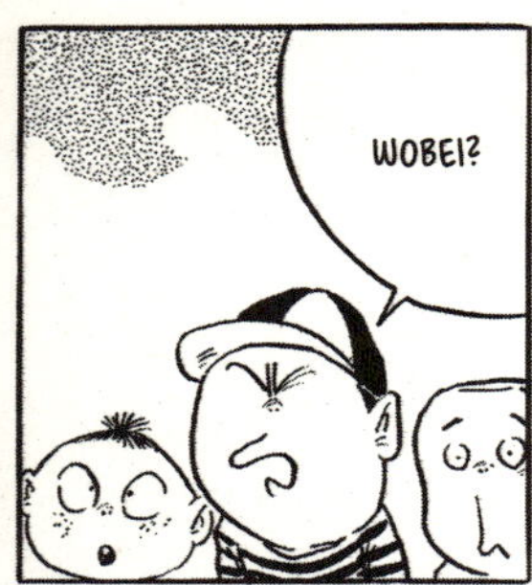
WOBEI?

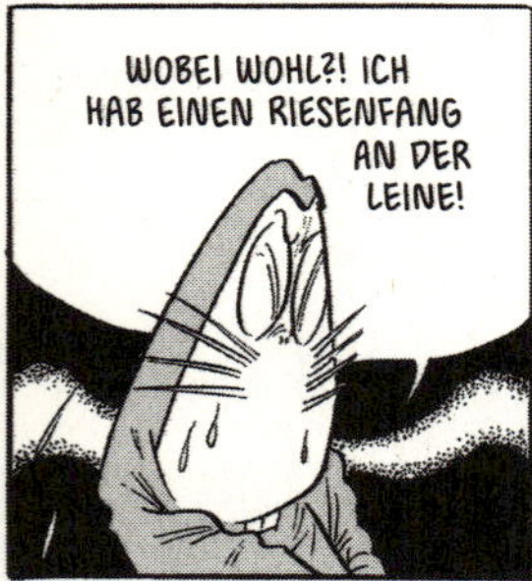
WOBEI WOHL?! ICH HAB EINEN RIESENFANG AN DER LEINE!

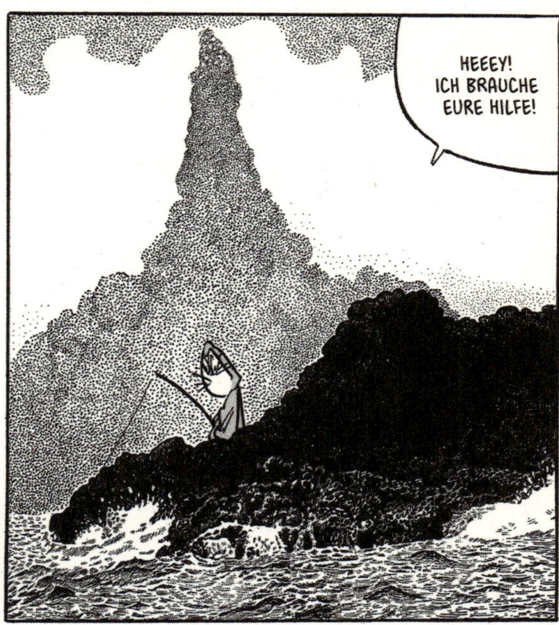
HEEEY! ICH BRAUCHE EURE HILFE!

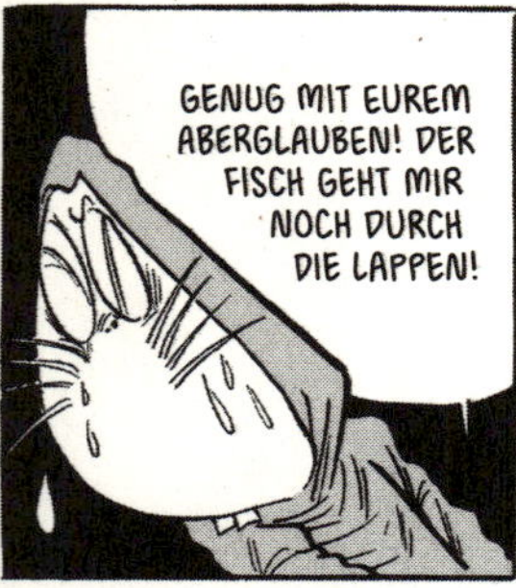
GENUG MIT EUREM ABERGLAUBEN! DER FISCH GEHT MIR NOCH DURCH DIE LAPPEN!

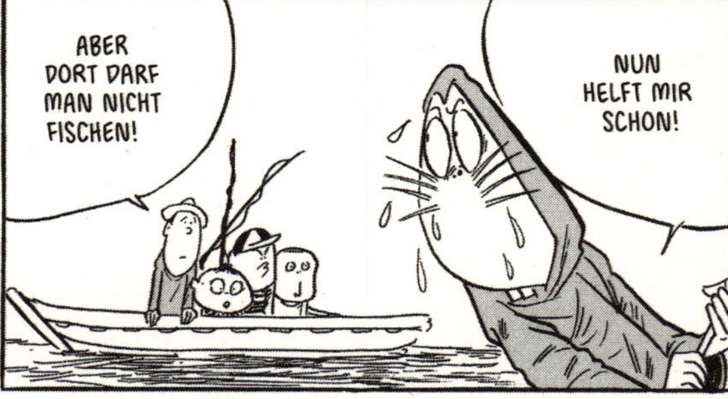
ABER DORT DARF MAN NICHT FISCHEN!
NUN HELFT MIR SCHON!

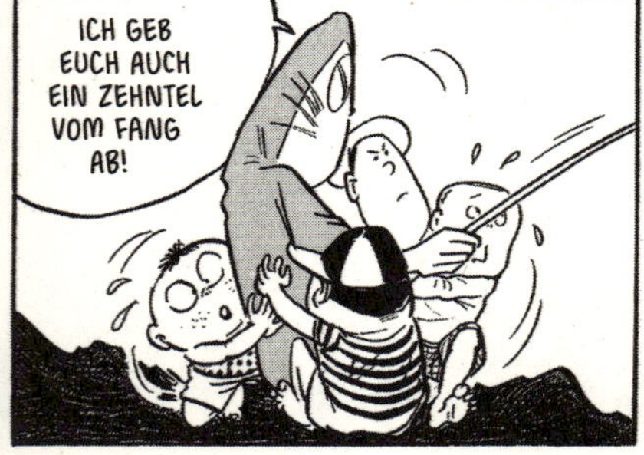
ICH GEB EUCH AUCH EIN ZEHNTEL VOM FANG AB!

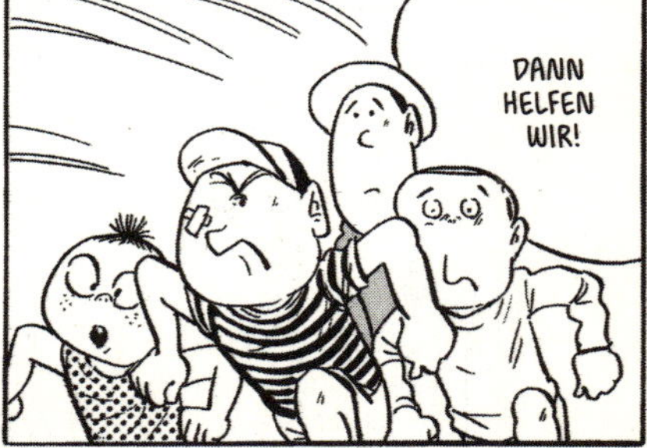
DANN HELFEN WIR!

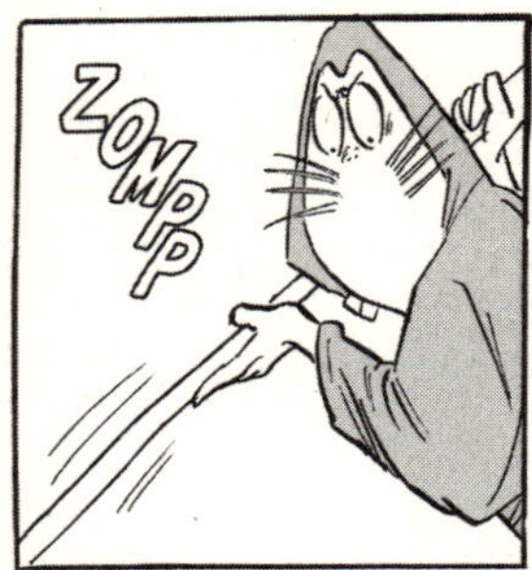
ZOMPP

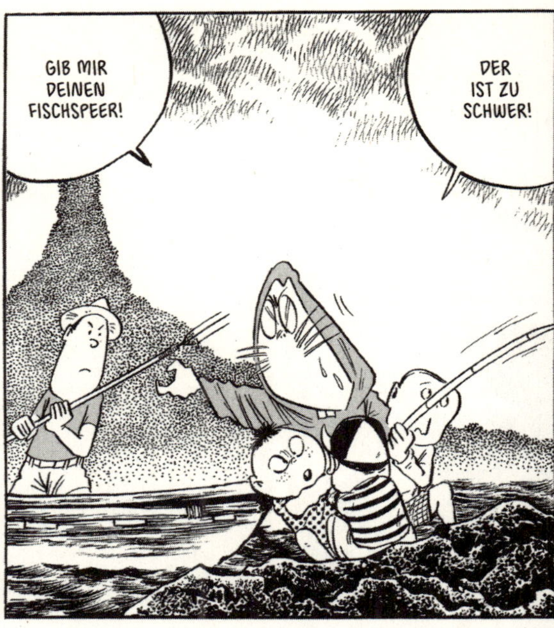
GIB MIR DEINEN FISCHSPEER!
DER IST ZU SCHWER!

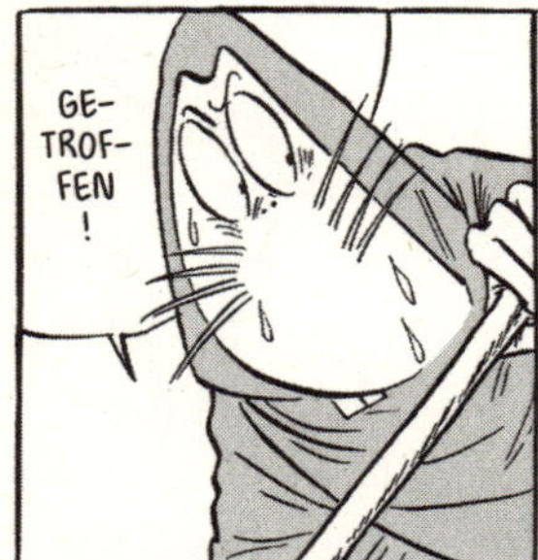
GE-TROF-FEN!

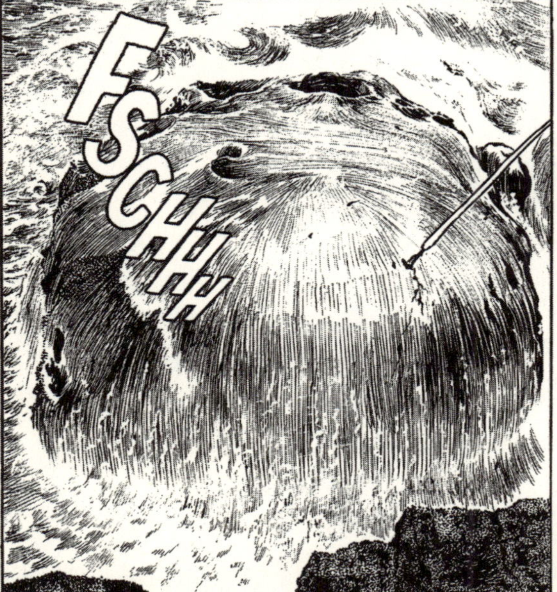
FSCHHH

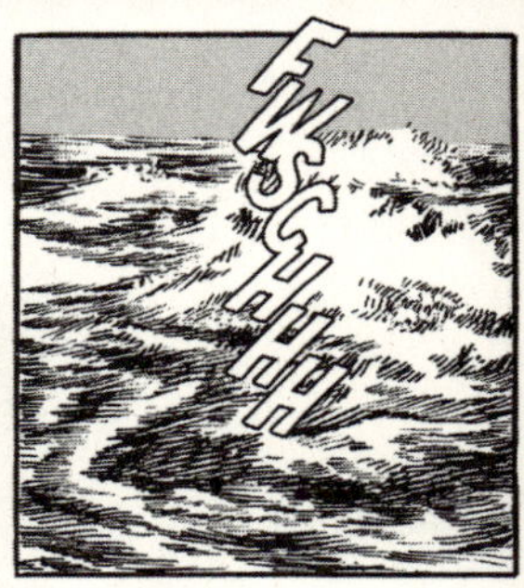
FWSCHHHH

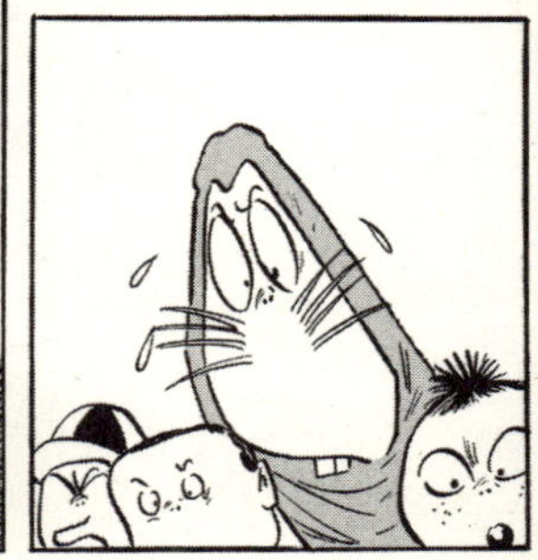

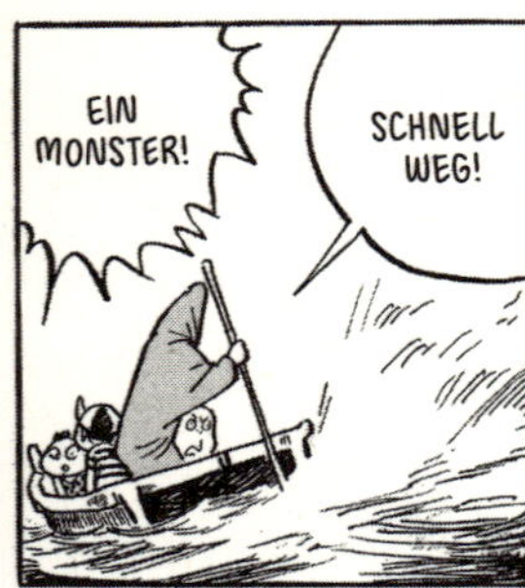

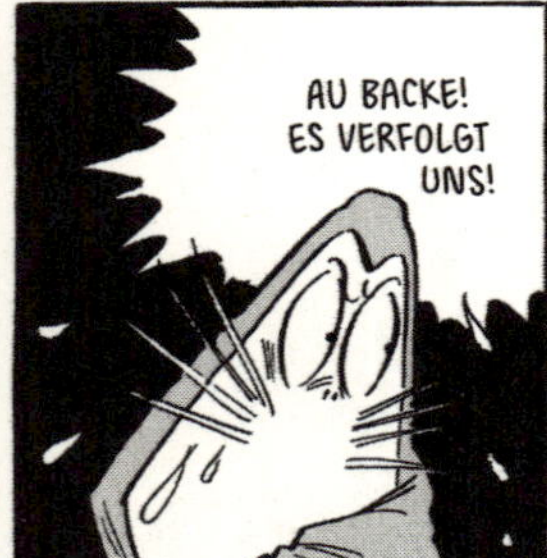

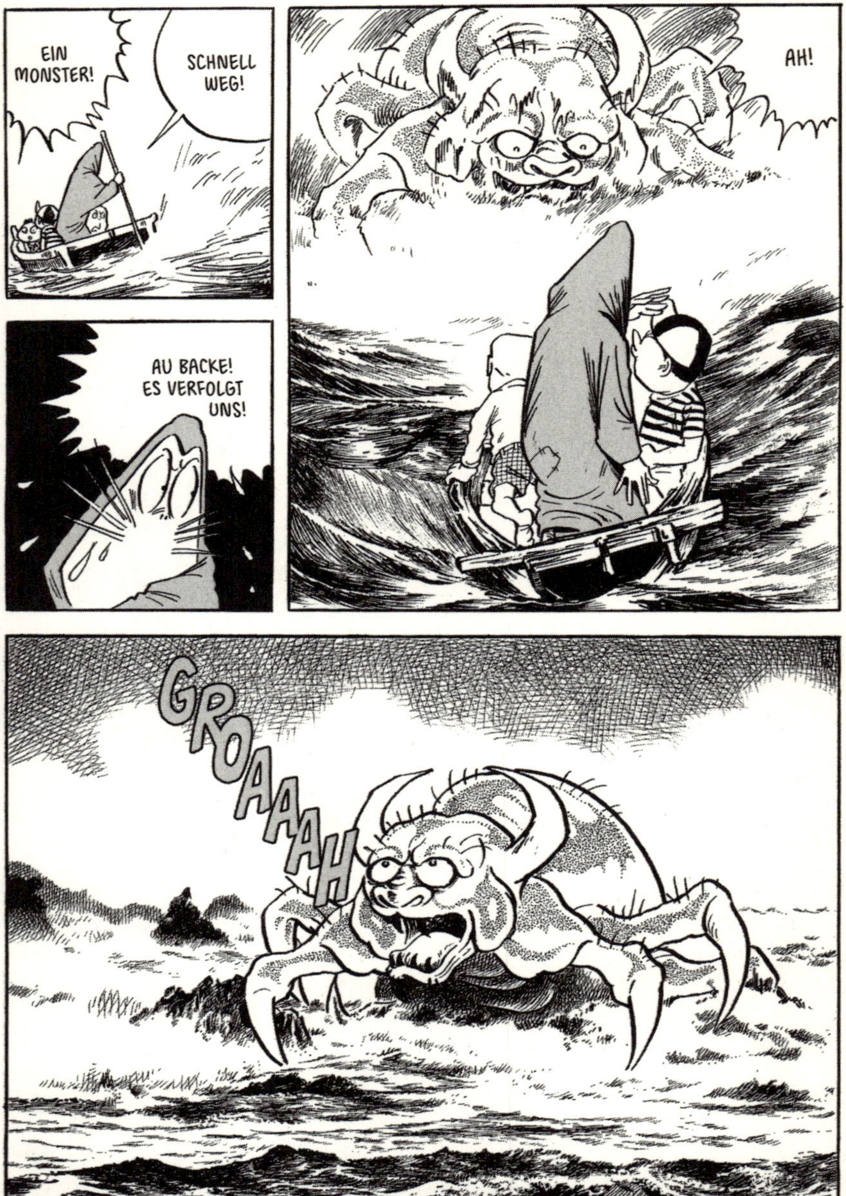

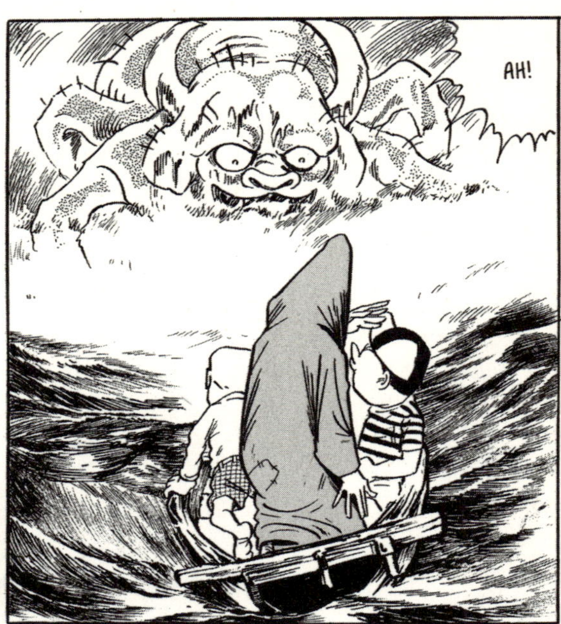

GROAAAAH

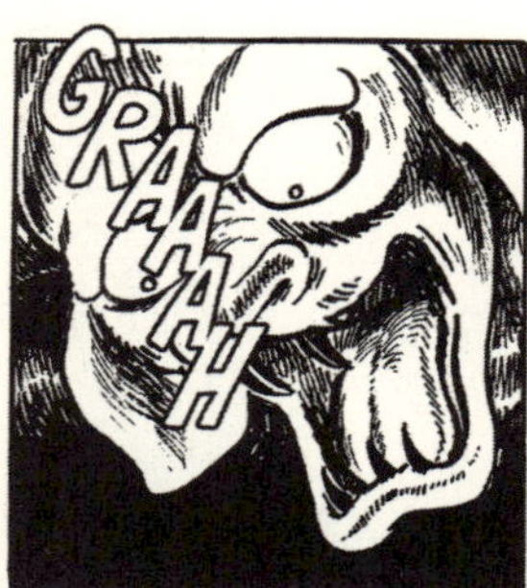
GRAAAH

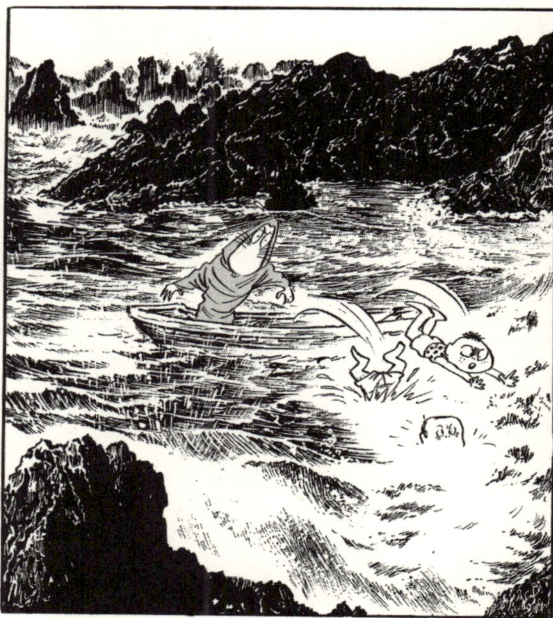

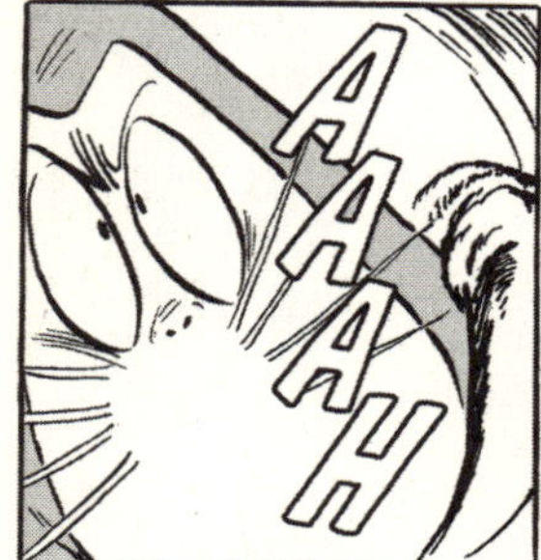
AAAAH

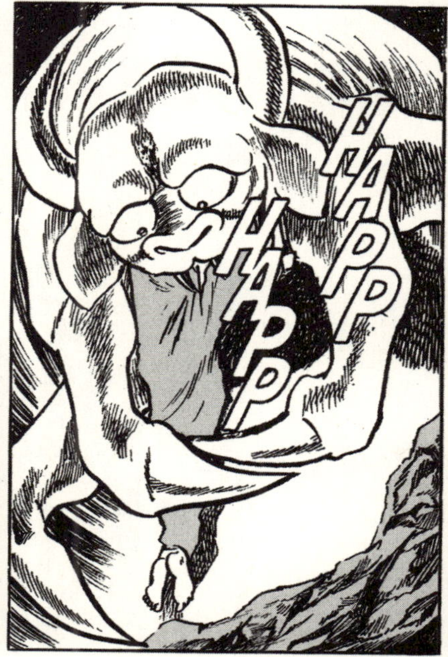
HAPP
HAPP

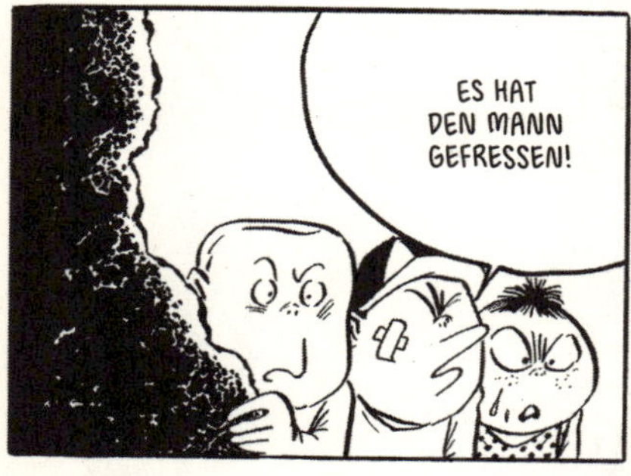
ES HAT
DEN MANN
GEFRESSEN!

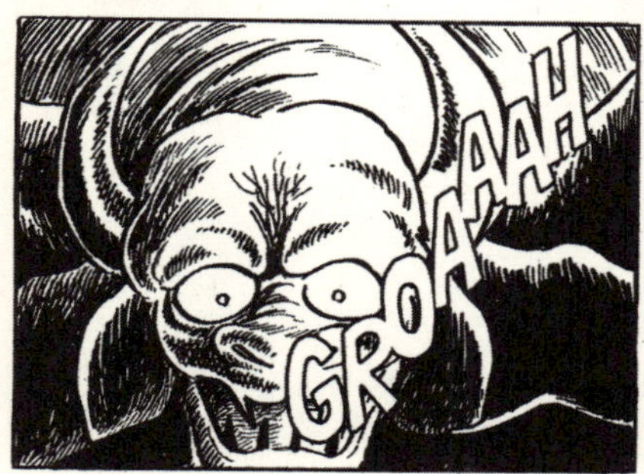
GROAAAH

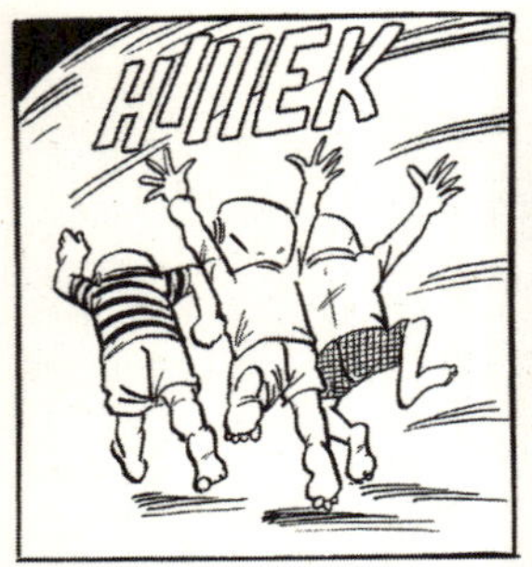
HIIIEK

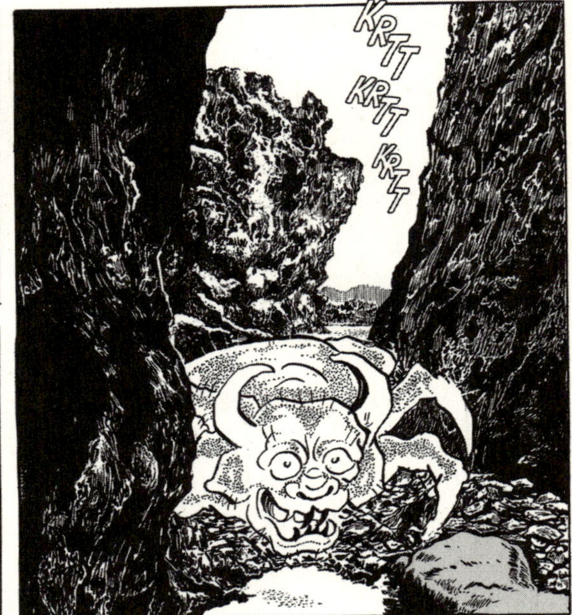
KRTT KRTT KRTT

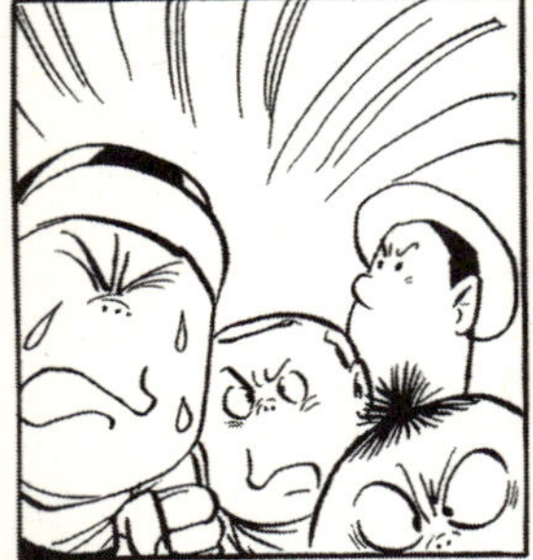

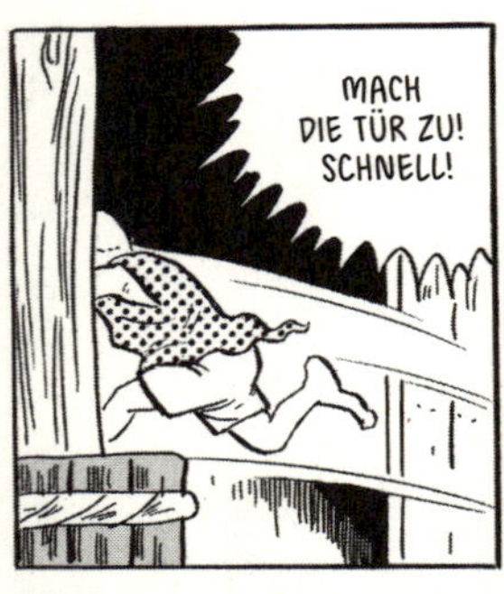
MACH DIE TÜR ZU! SCHNELL!

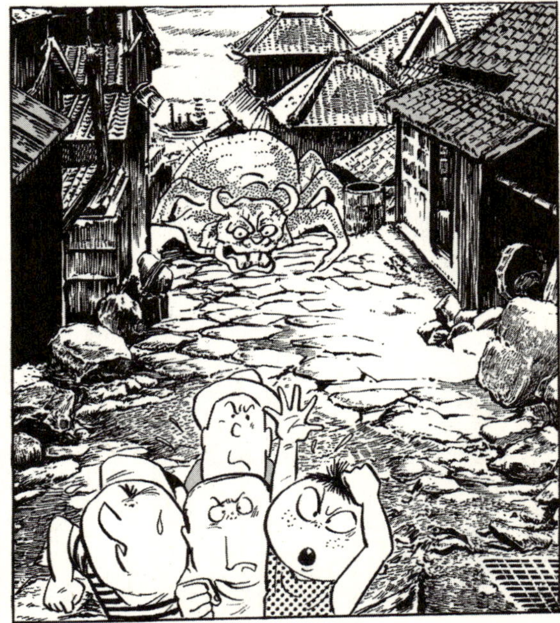

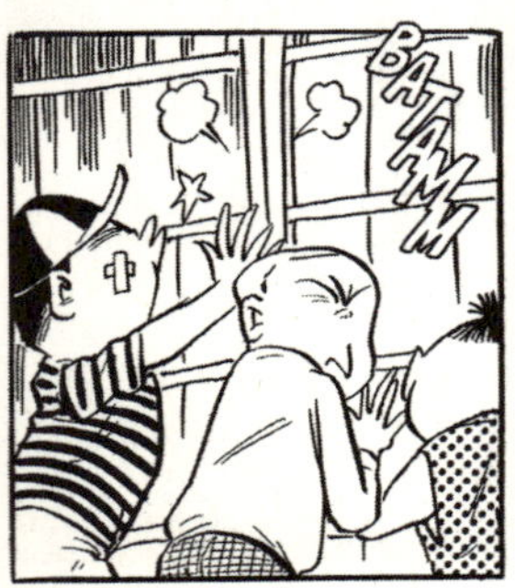
BATAMM

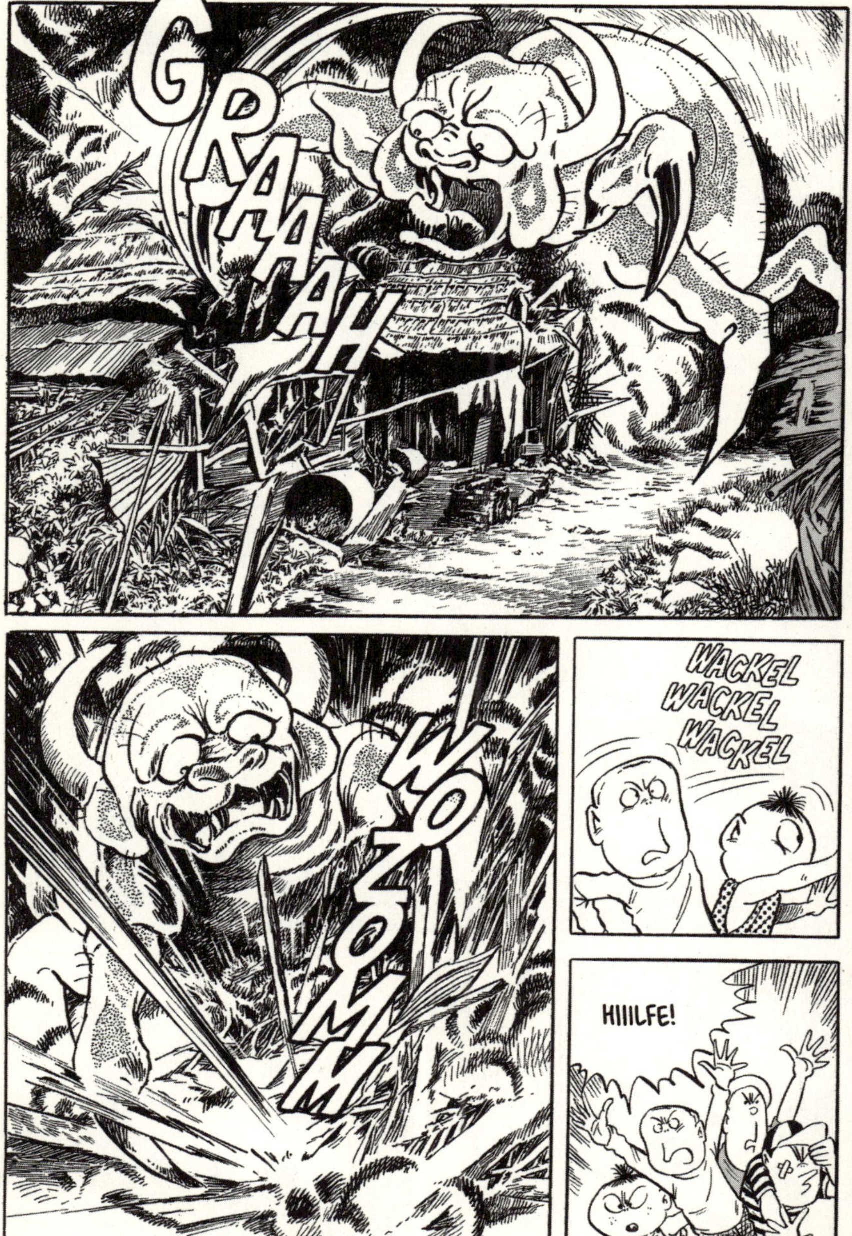

GRAAAH

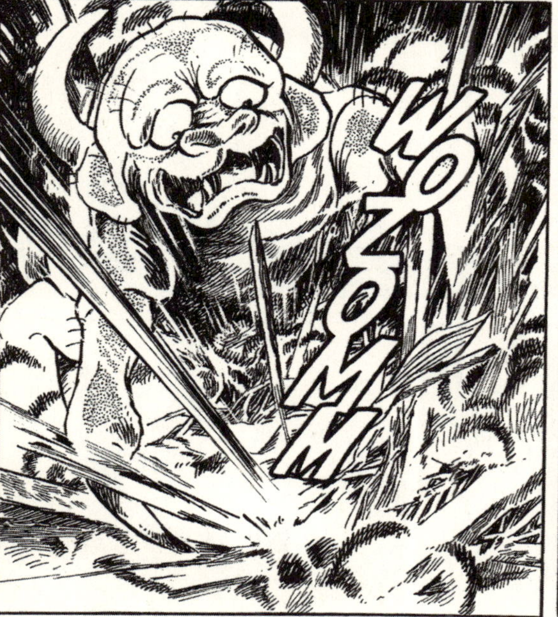

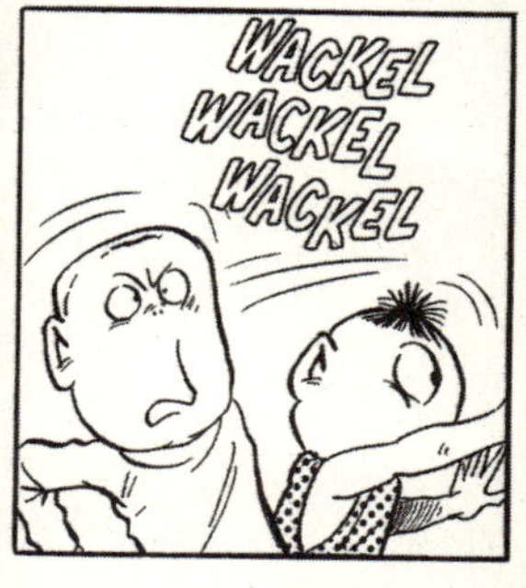

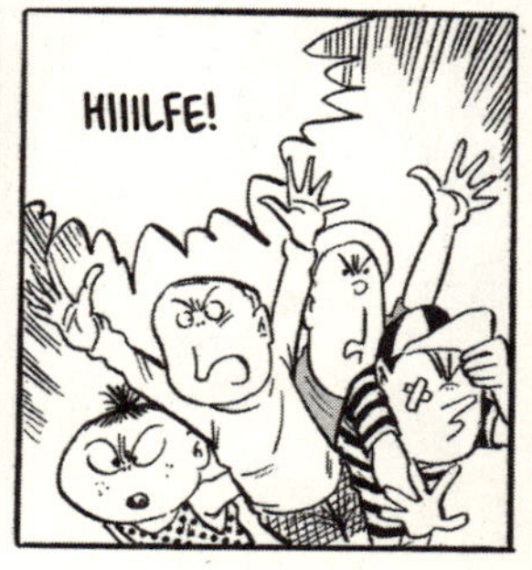

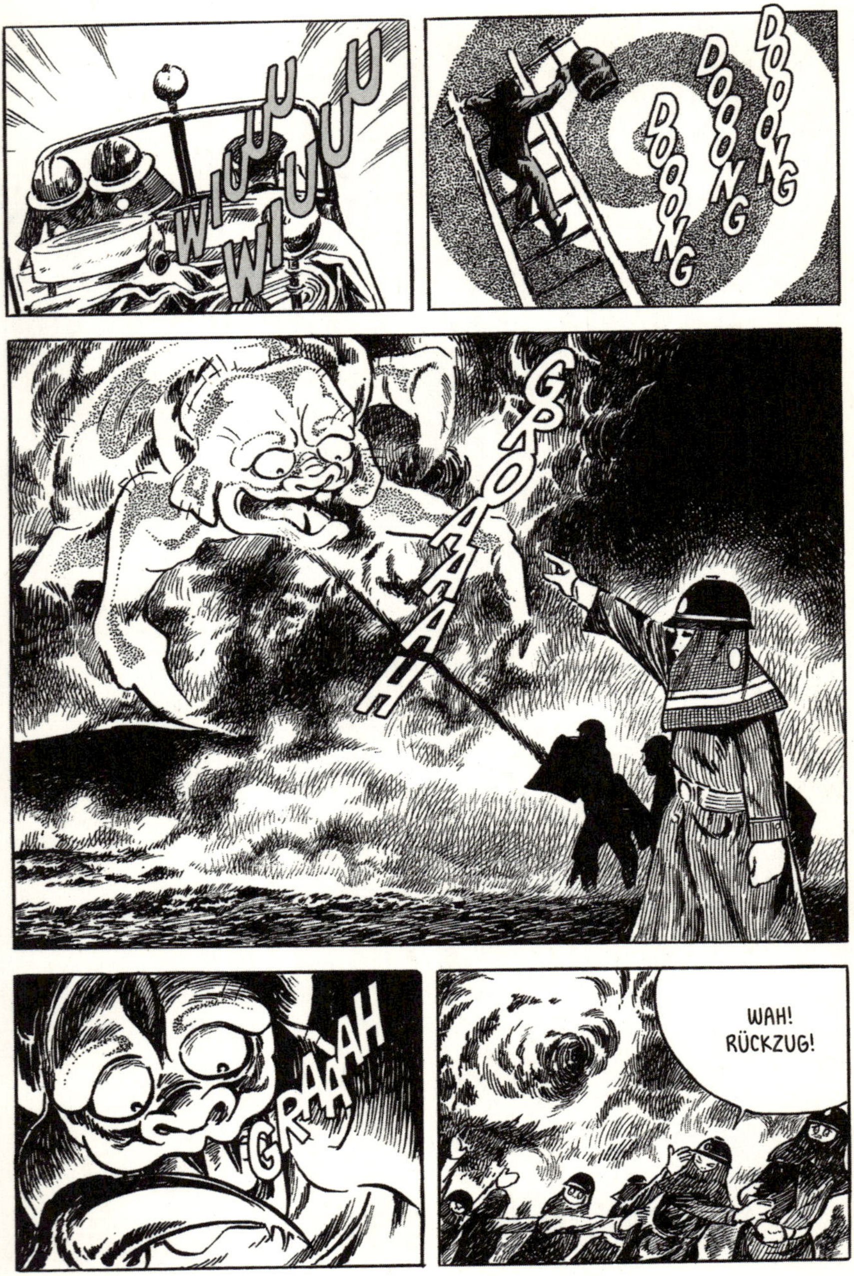

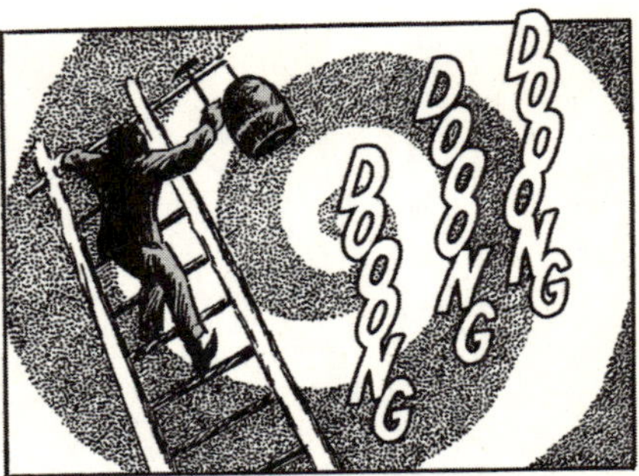
DOOONG
DOOONG
DOOONG

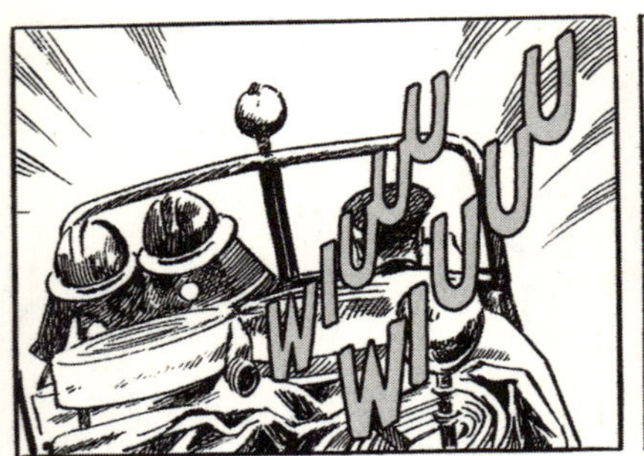
WIUUUU
WIUUUU

GROOAAAAAH

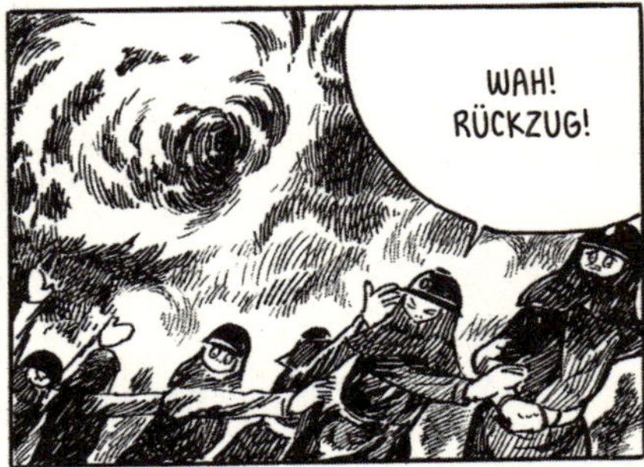
WAH! RÜCKZUG!

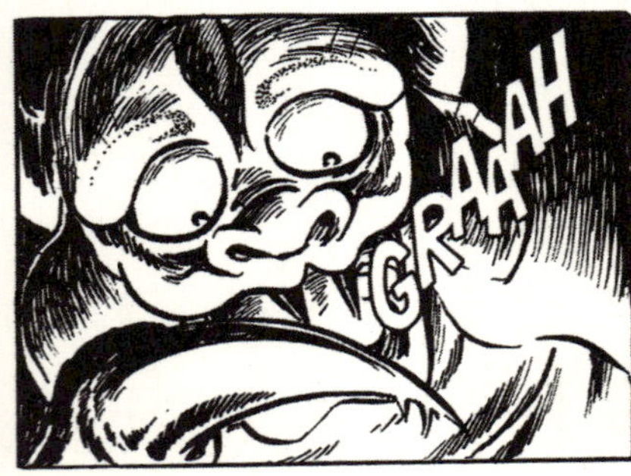
GRAAAH

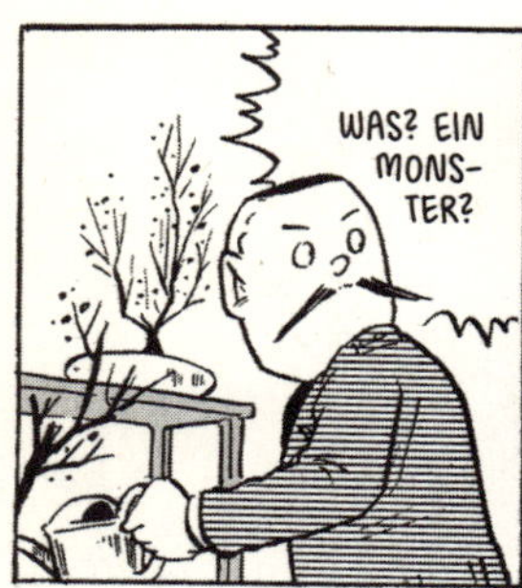
WAS? EIN MONSTER?

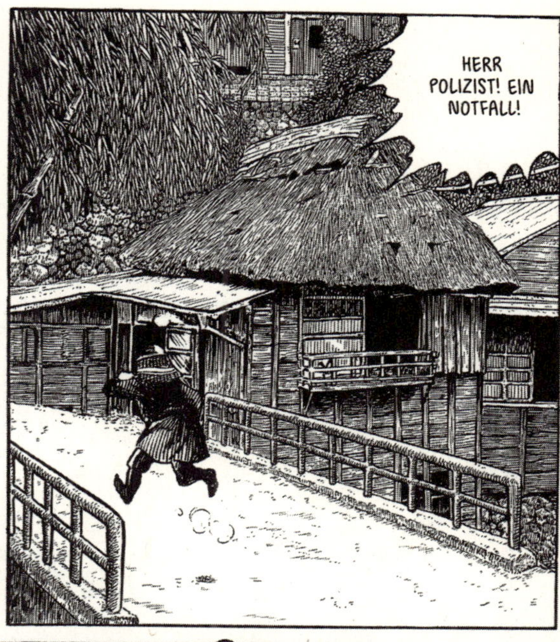
HERR POLIZIST! EIN NOTFALL!

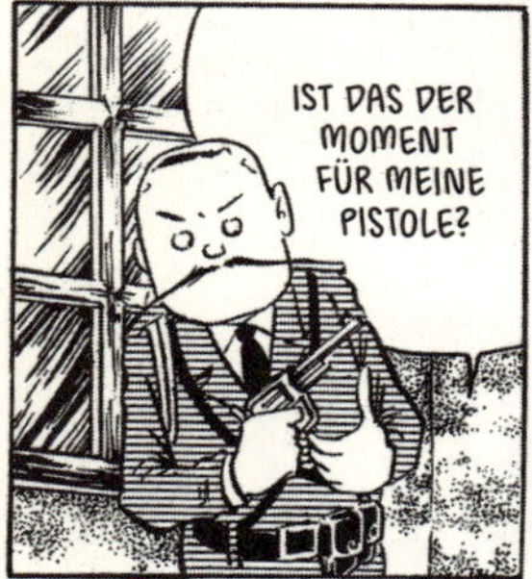
IST DAS DER MOMENT FÜR MEINE PISTOLE?

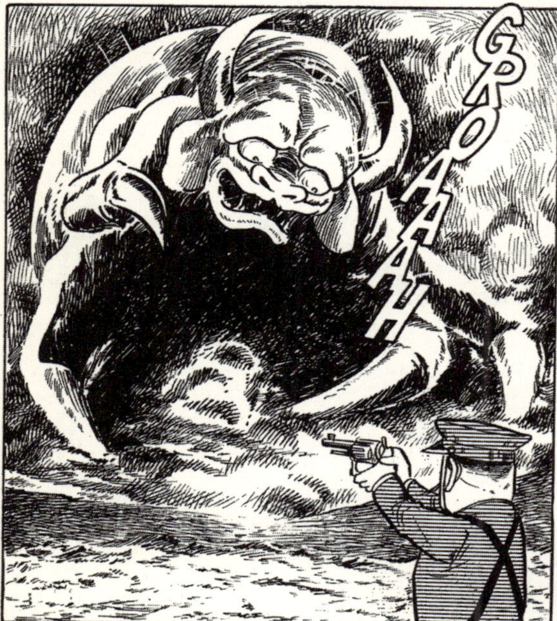
GROAAAAAAH

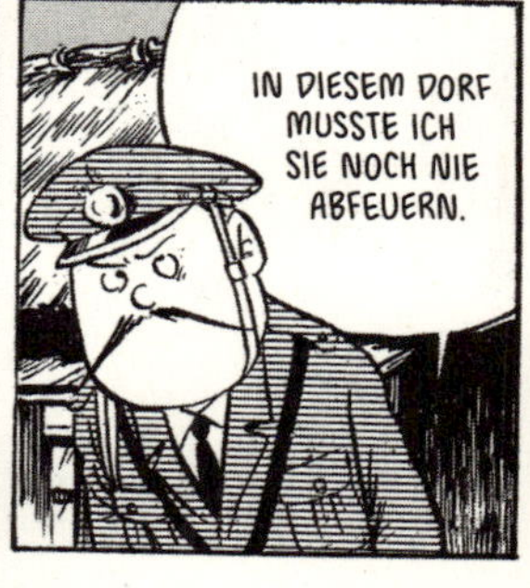
IN DIESEM DORF MUSSTE ICH SIE NOCH NIE ABFEUERN.

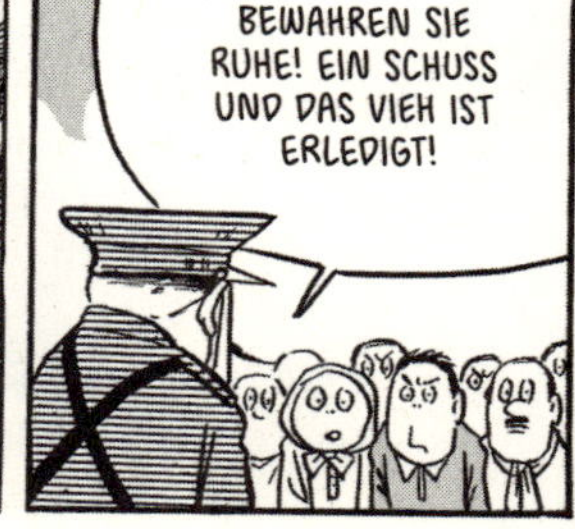
BEWAHREN SIE RUHE! EIN SCHUSS UND DAS VIEH IST ERLEDIGT!

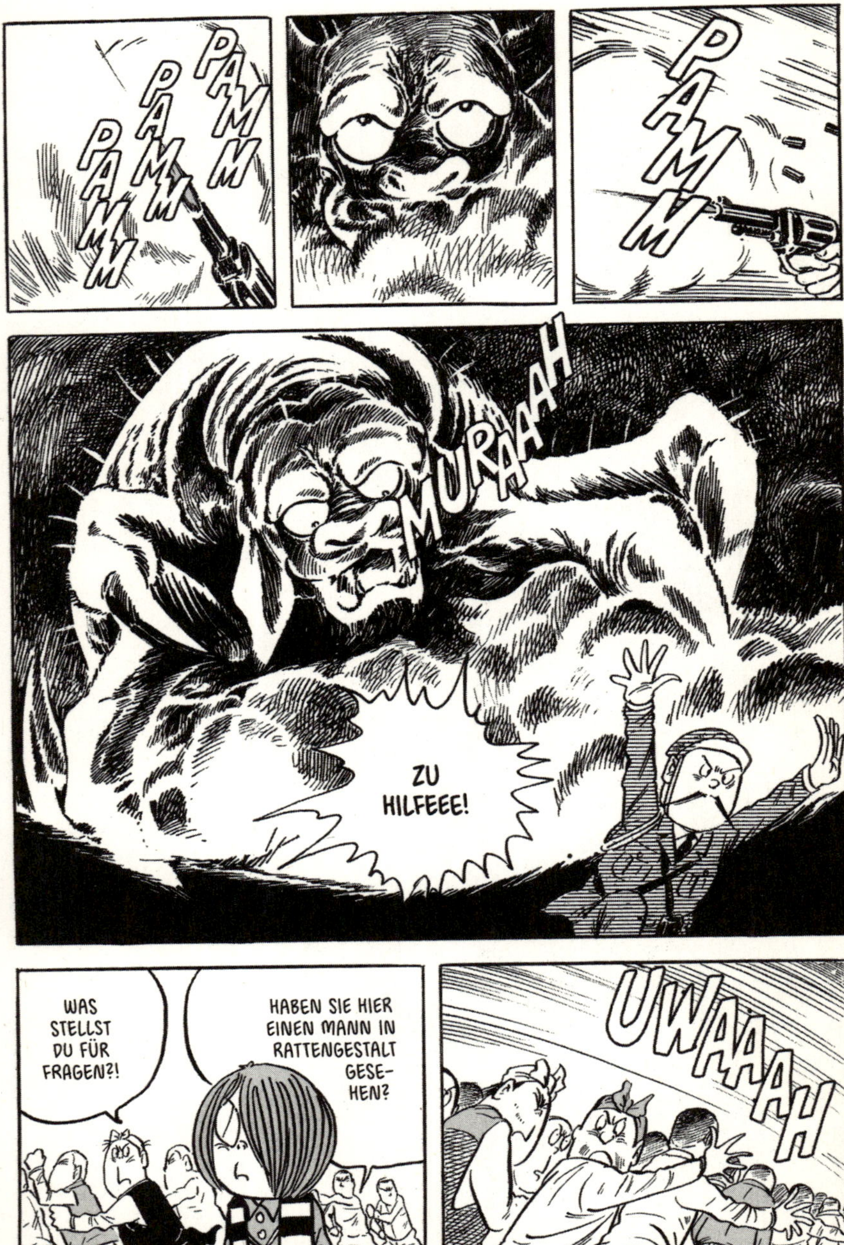

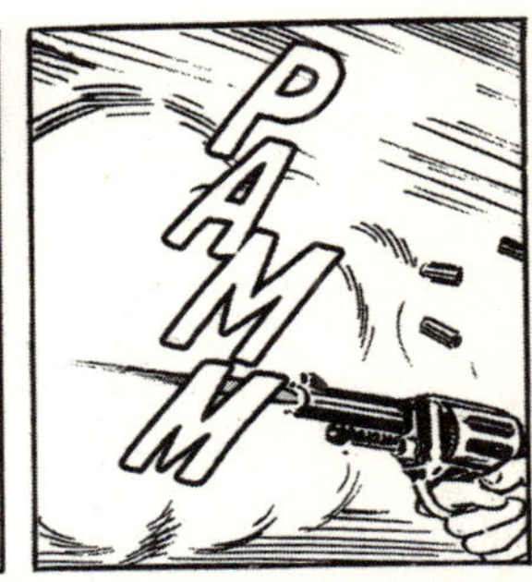
PAMM

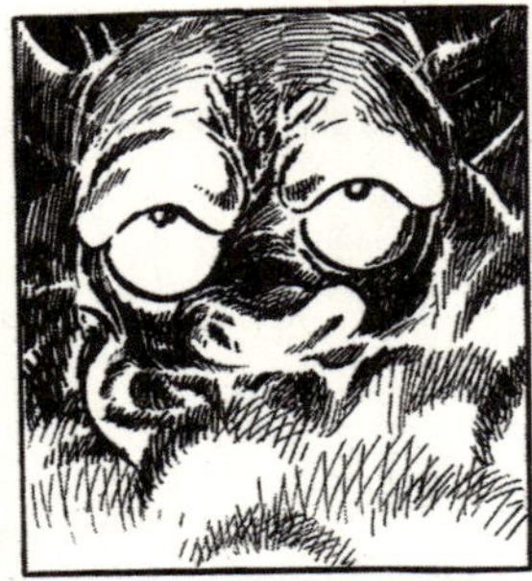

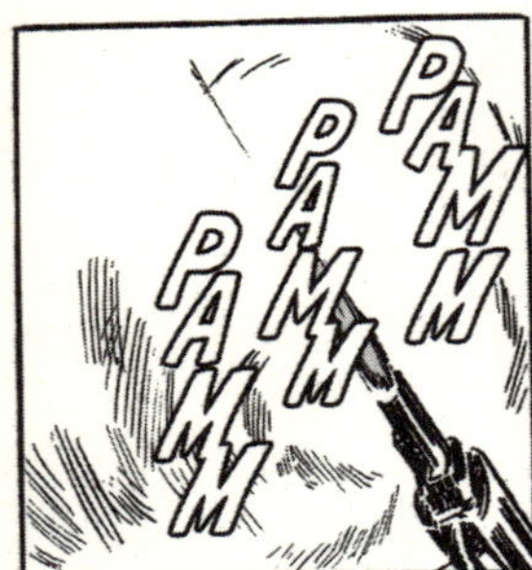
PAMM
PAMM
PAMM

MURAAAH
ZU HILFEEE!

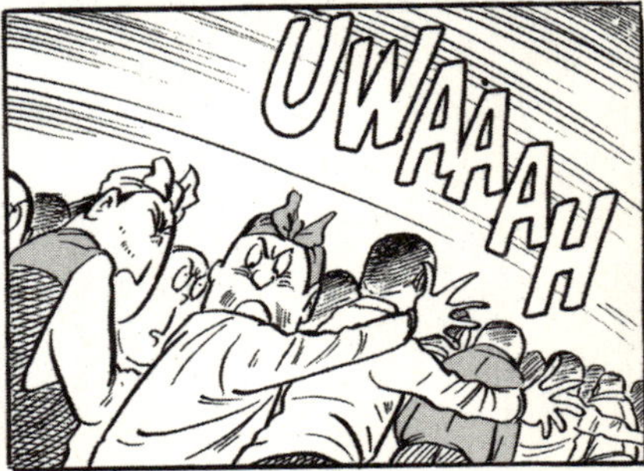
UWAAAAH

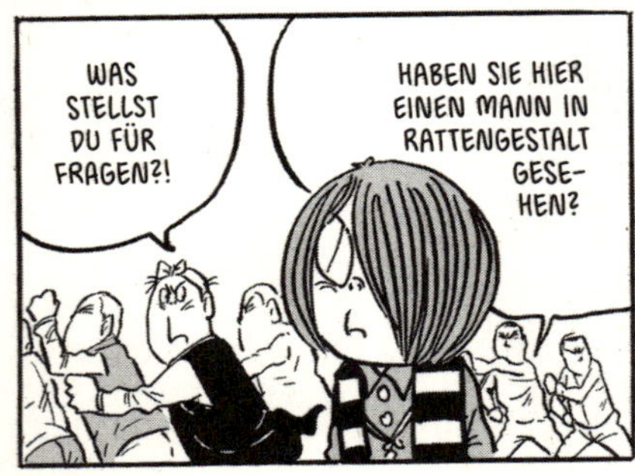
HABEN SIE HIER EINEN MANN IN RATTENGESTALT GESEHEN?
WAS STELLST DU FÜR FRAGEN?!

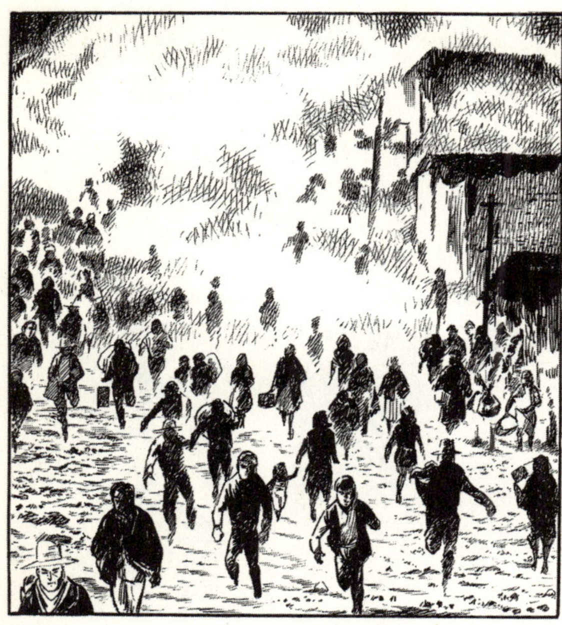

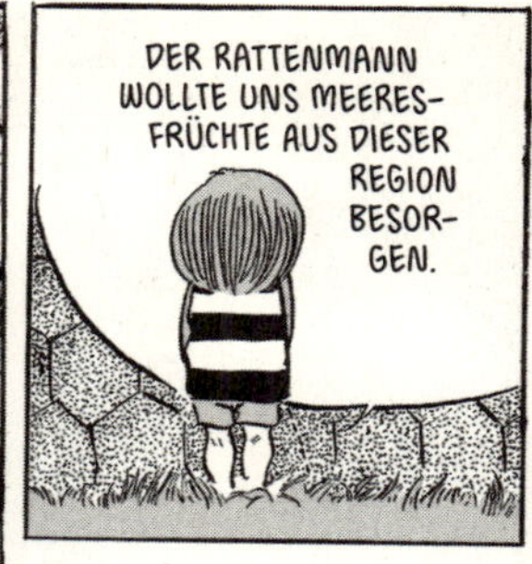
DER RATTENMANN WOLLTE UNS MEERES-FRÜCHTE AUS DIESER REGION BESORGEN.

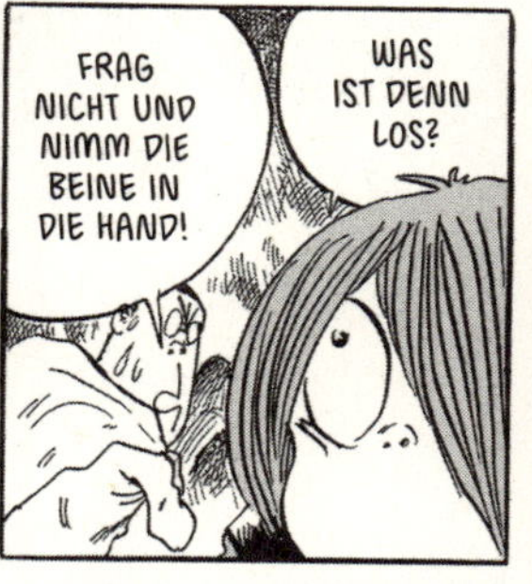
WAS IST DENN LOS?
FRAG NICHT UND NIMM DIE BEINE IN DIE HAND!

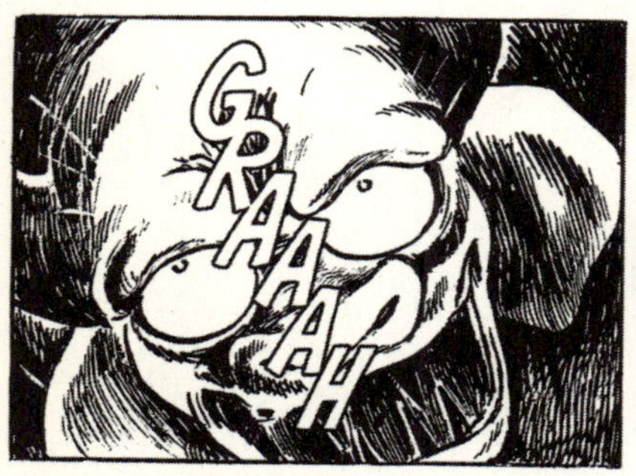
GRAAAAH

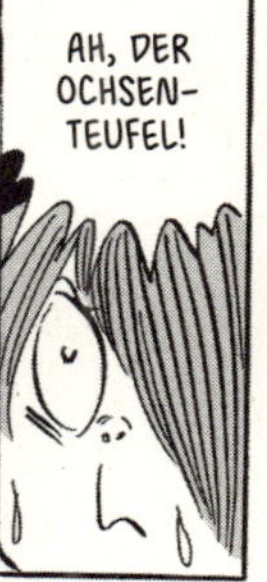
AH, DER OCHSEN-TEUFEL!

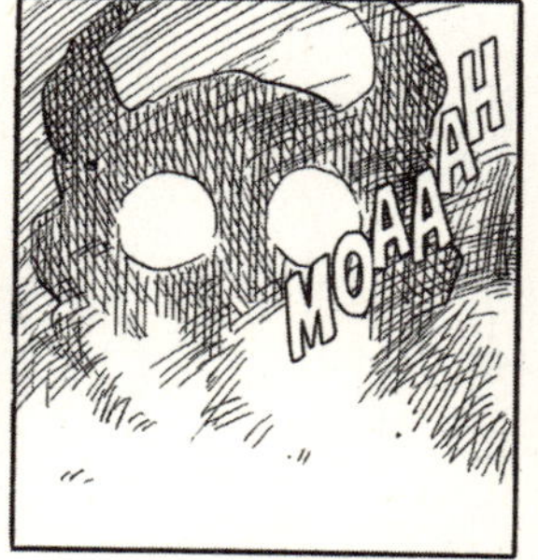
MOAAAH

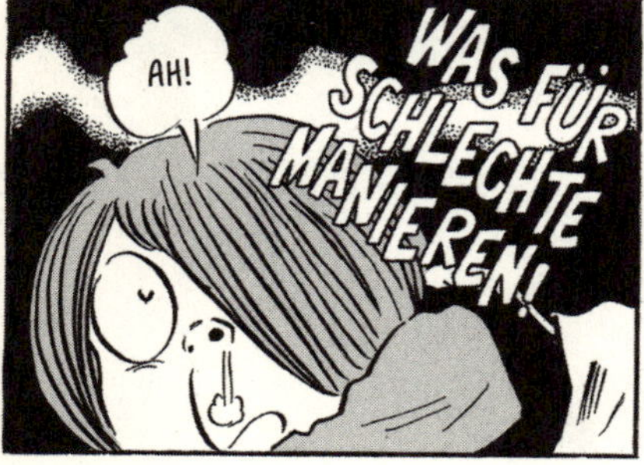
AH!
WAS FÜR SCHLECHTE MANIEREN!

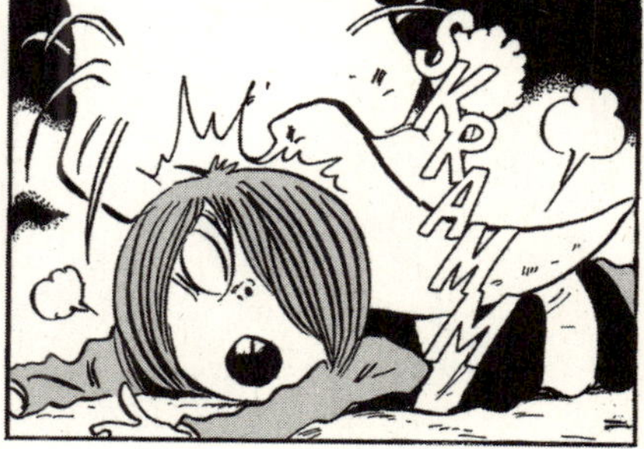
SKRAMM

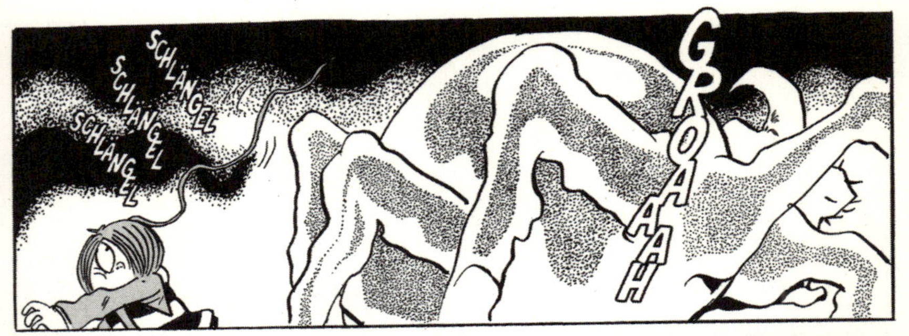
SCHLÄNGEL
SCHLÄNGEL
SCHLÄNGEL
GROAAAAH

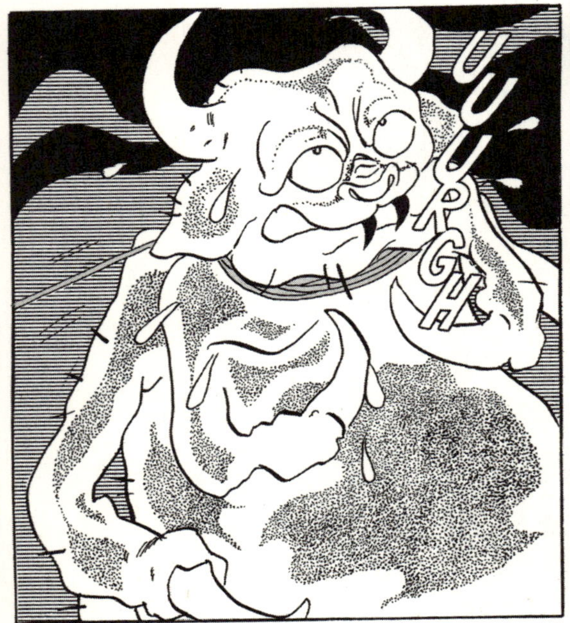
UUURGH

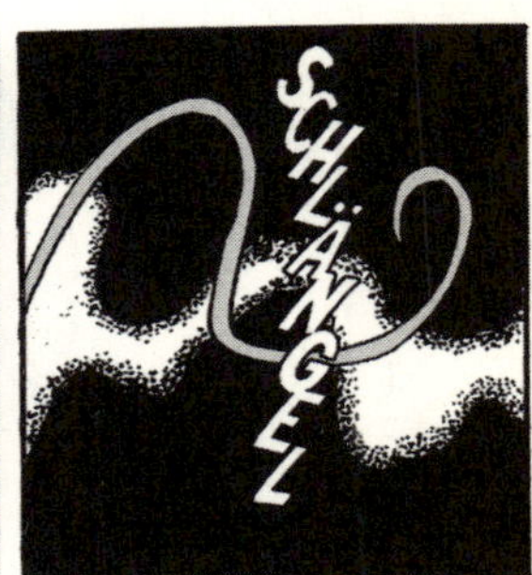
SCHLÄNGEL

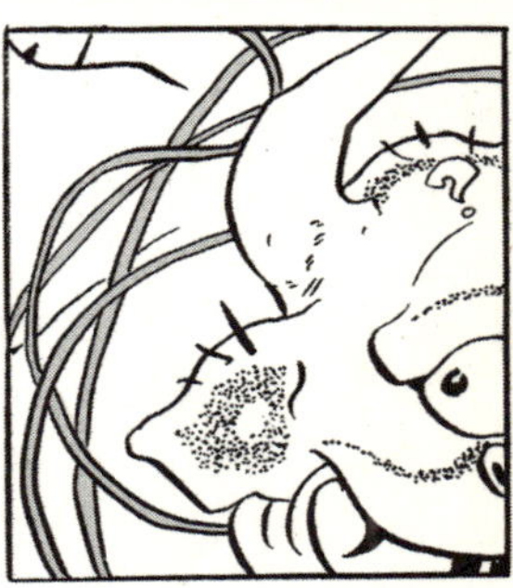

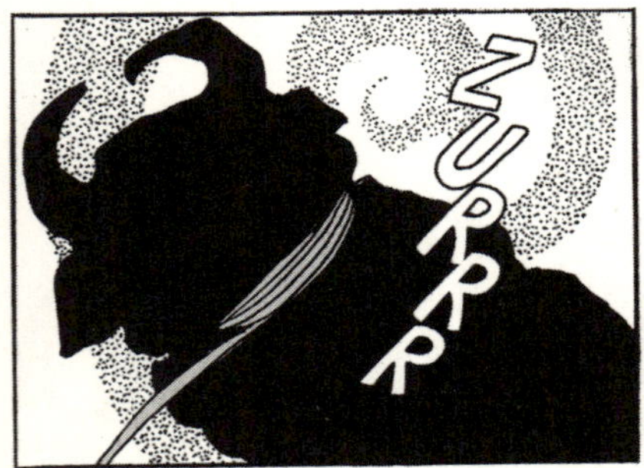
ZURRR

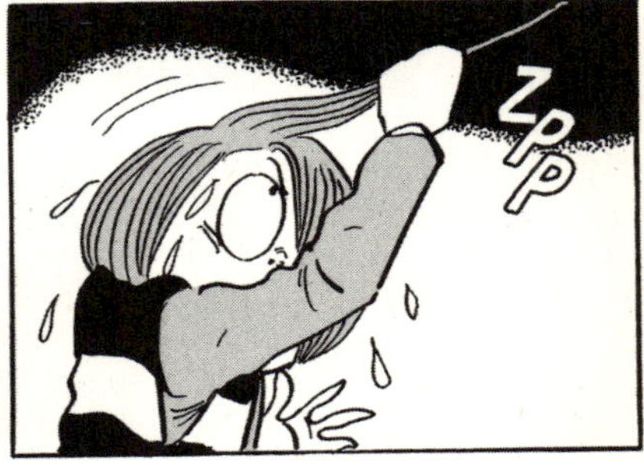
ZPP

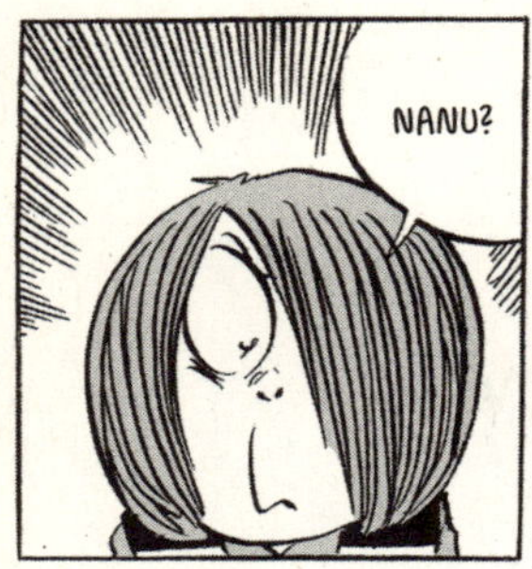

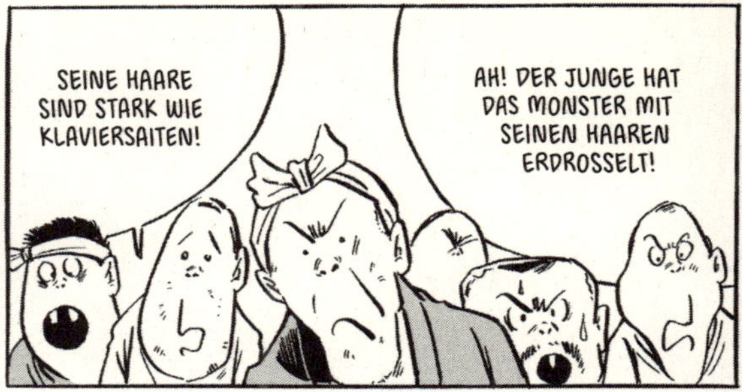

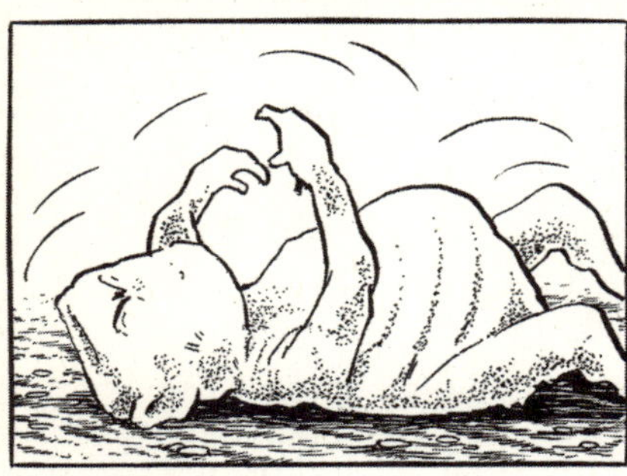

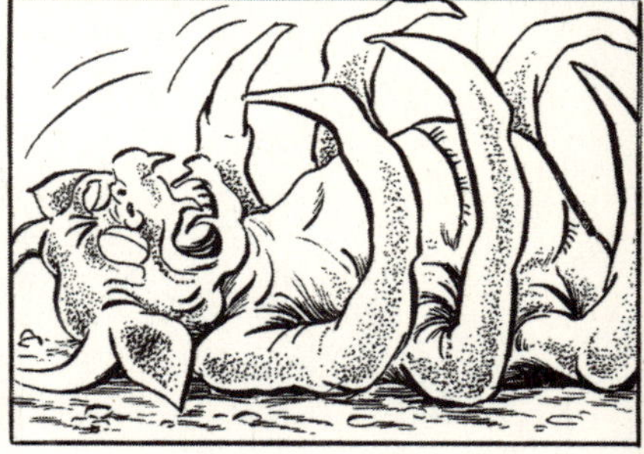

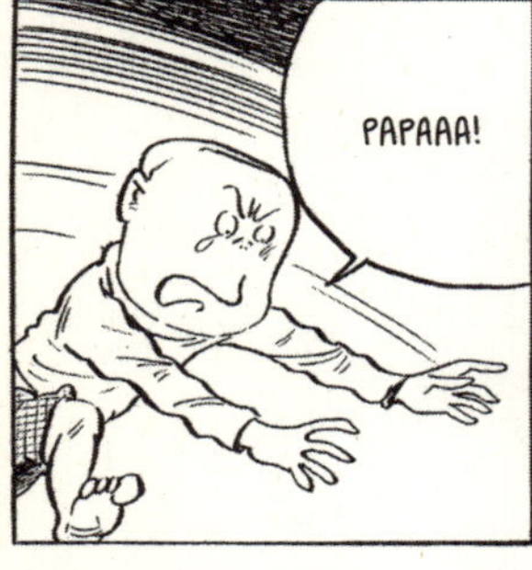

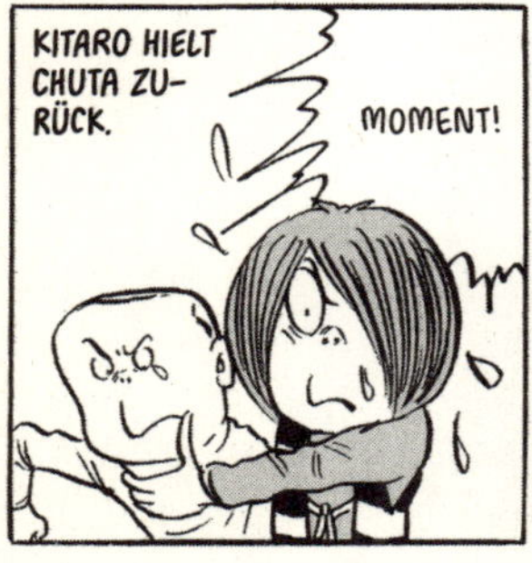

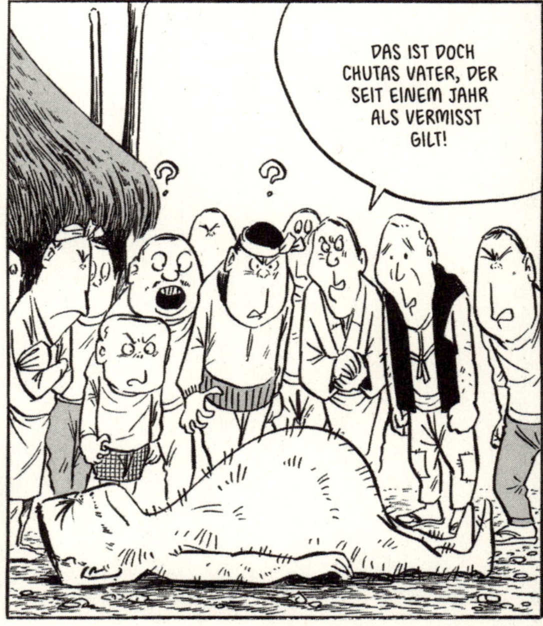

Der Ochsenteufel, Teil 1 – Ende

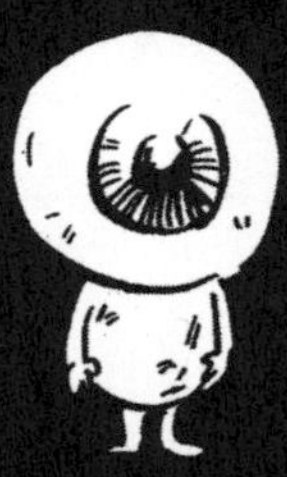

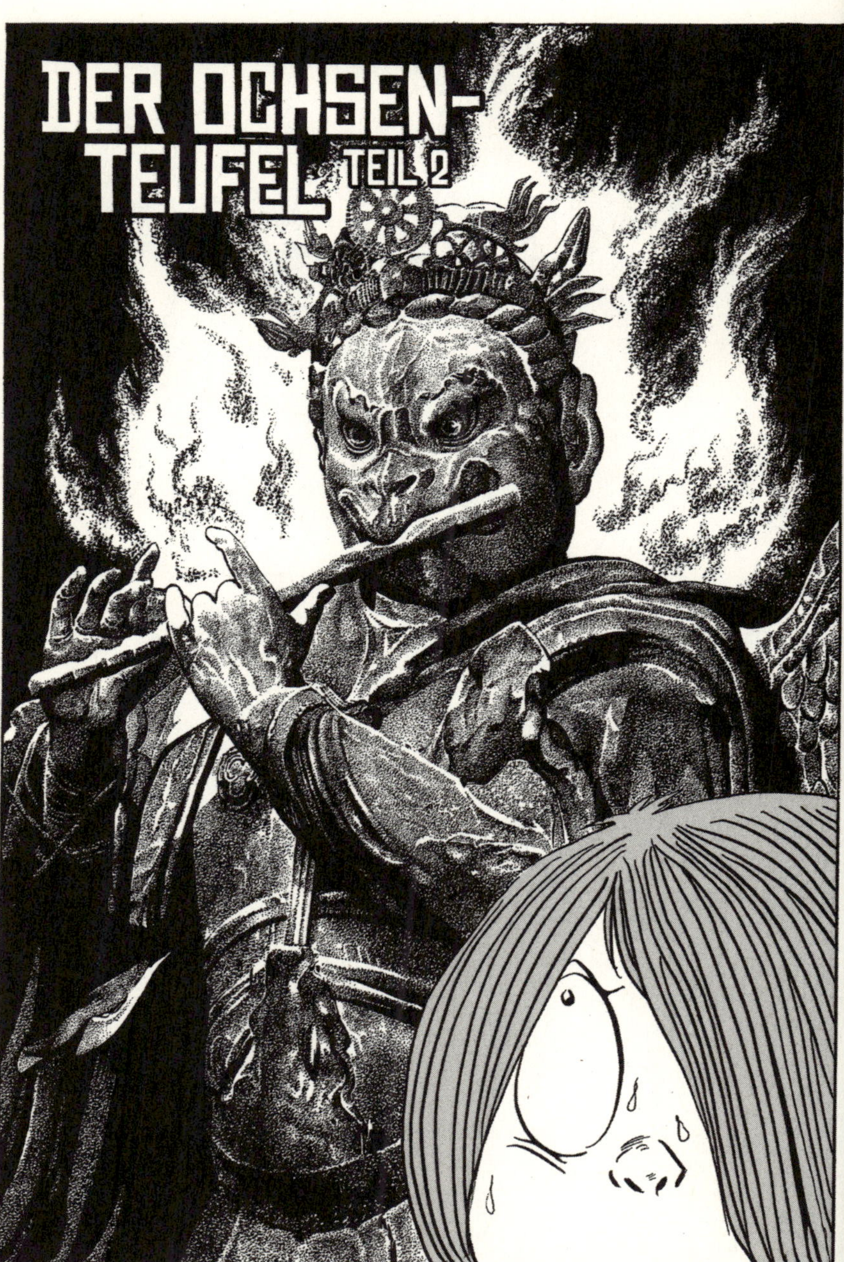
DER OCHSEN-
TEUFEL TEIL 2

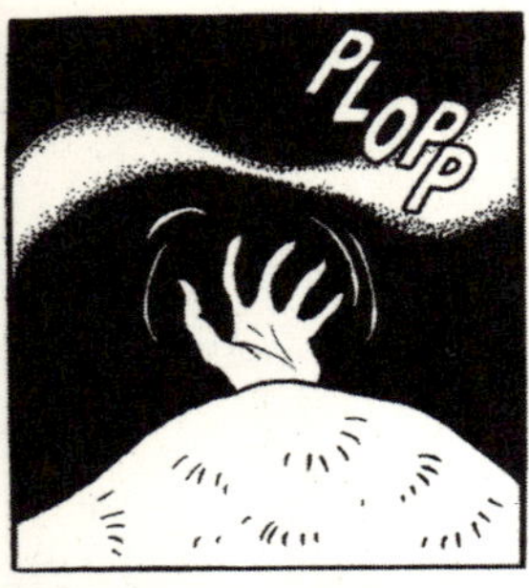
PLOPP

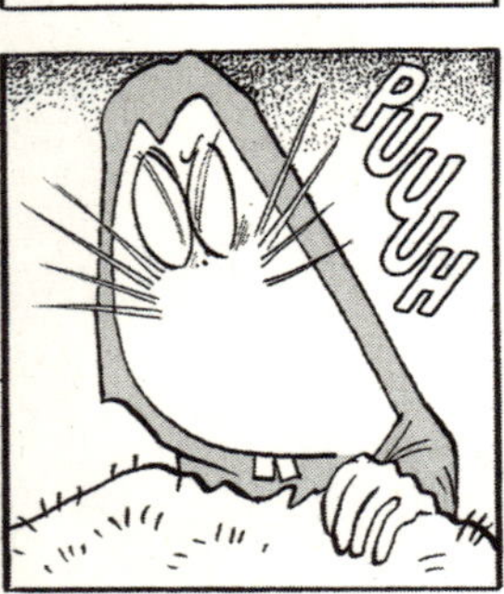
PUUUH

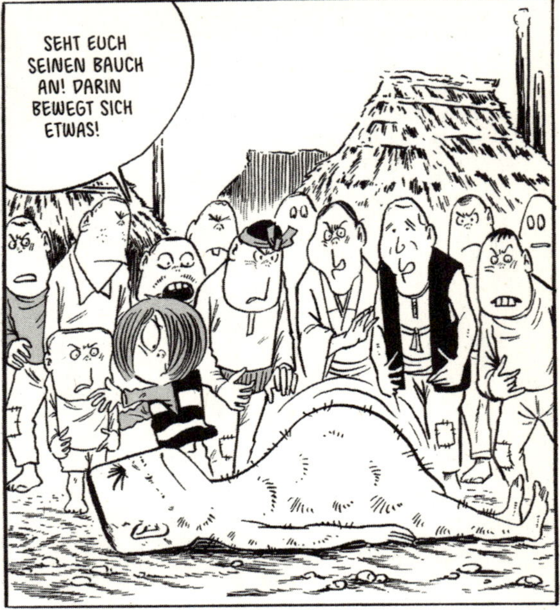
SEHT EUCH SEINEN BAUCH AN! DARIN BEWEGT SICH ETWAS!

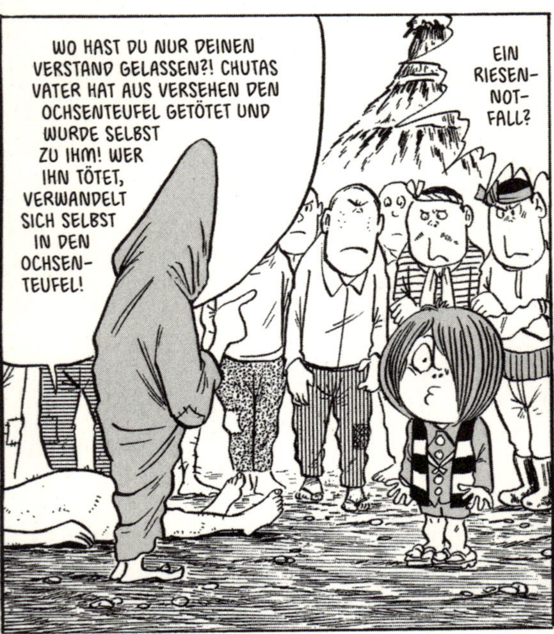
EIN RIESEN-NOT-FALL?
WO HAST DU NUR DEINEN VERSTAND GELASSEN?! CHUTAS VATER HAT AUS VERSEHEN DEN OCHSENTEUFEL GETÖTET UND WURDE SELBST ZU IHM! WER IHN TÖTET, VERWANDELT SICH SELBST IN DEN OCHSEN-TEUFEL!

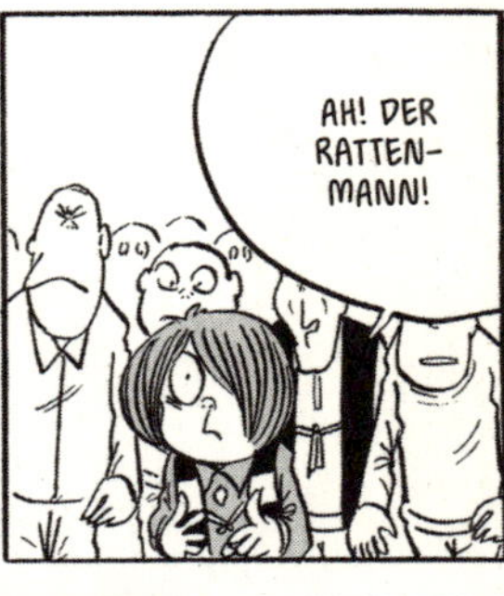
AH! DER RATTEN-MANN!

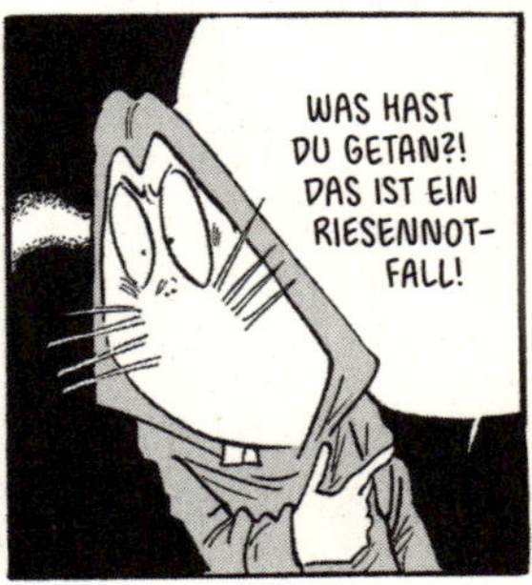
WAS HAST DU GETAN?! DAS IST EIN RIESENNOT-FALL!

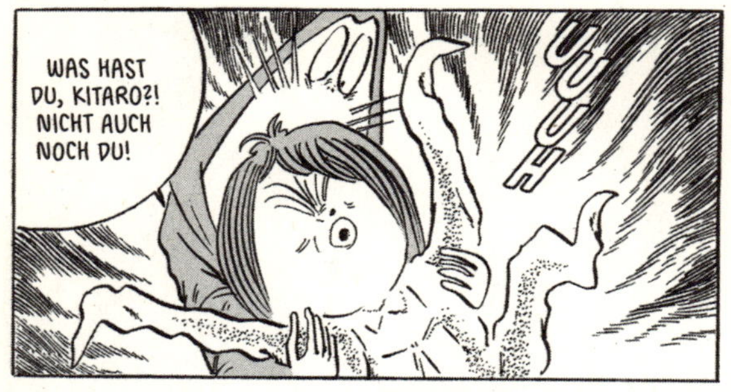

DER RATTENMANN HATTE IM MAGEN DES OCHSENTEUFELS DESSEN HIRNWELLEN ABGEFANGEN UND VERSUCHT, KITARO ZU WARNEN. KURZ DARAUF STARB CHUTAS VATER UND KITARO BEGANN SICH ZU VERWANDELN.

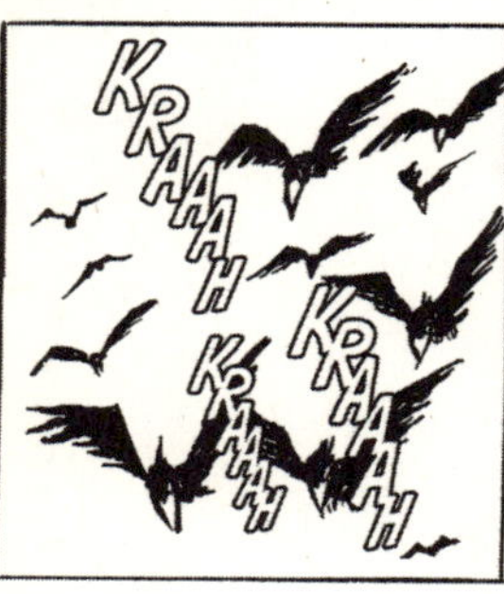

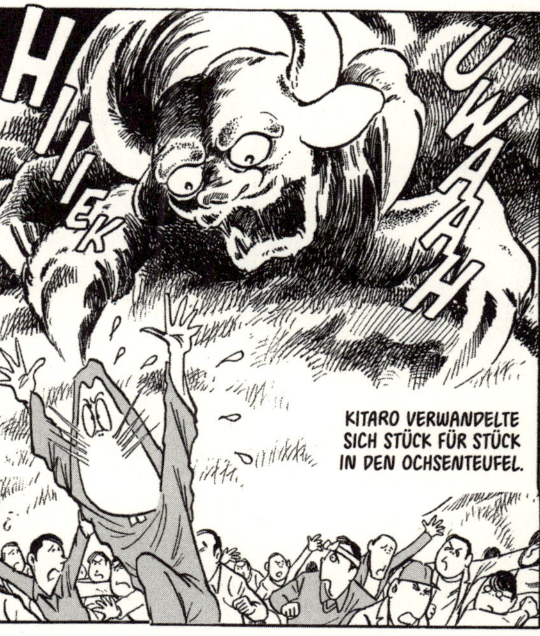

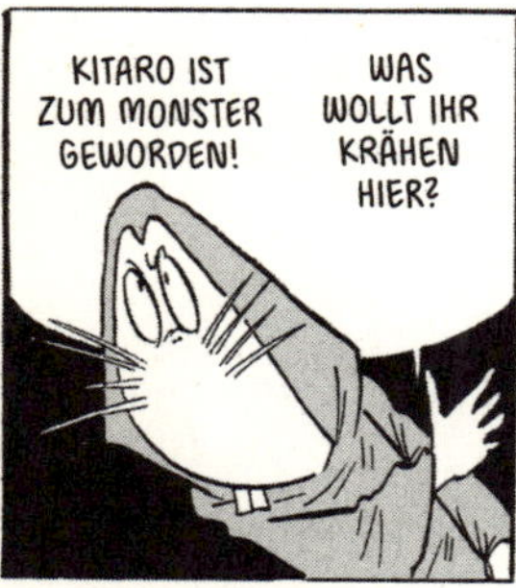

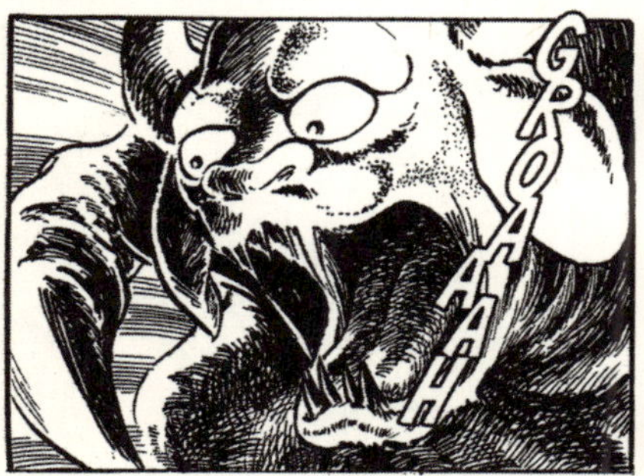

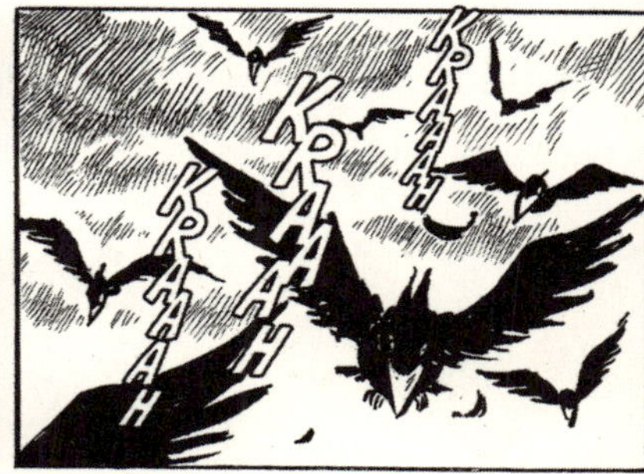

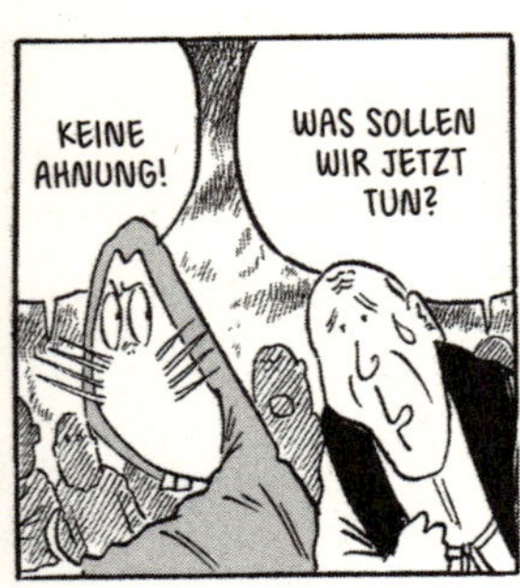
WAS SOLLEN WIR JETZT TUN?
KEINE AHNUNG!

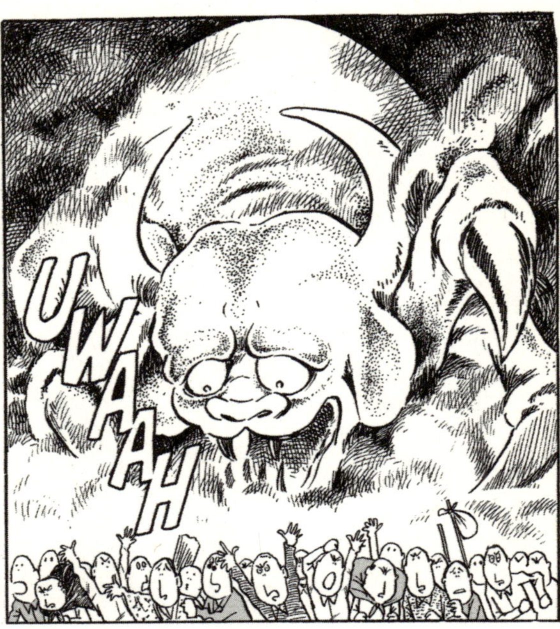
UWAAAH

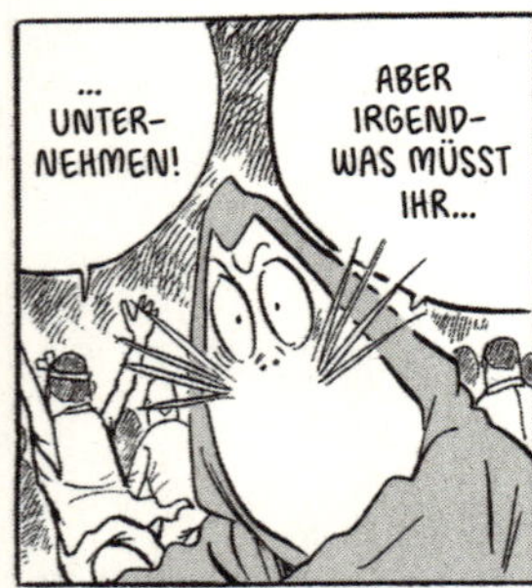
ABER IRGEND-WAS MÜSST IHR...
... UNTER-NEHMEN!

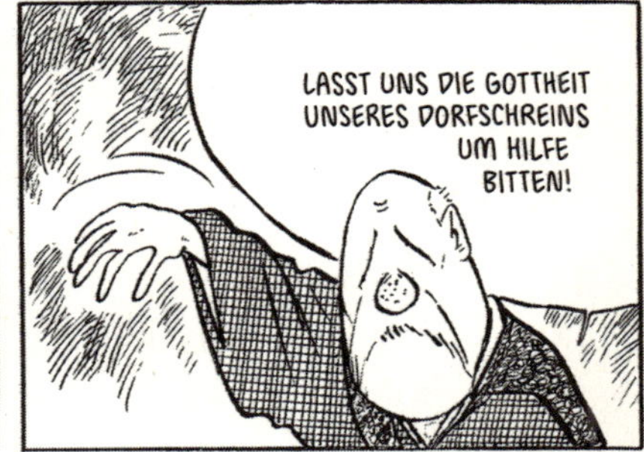
LASST UNS DIE GOTTHEIT UNSERES DORFSCHREINS UM HILFE BITTEN!

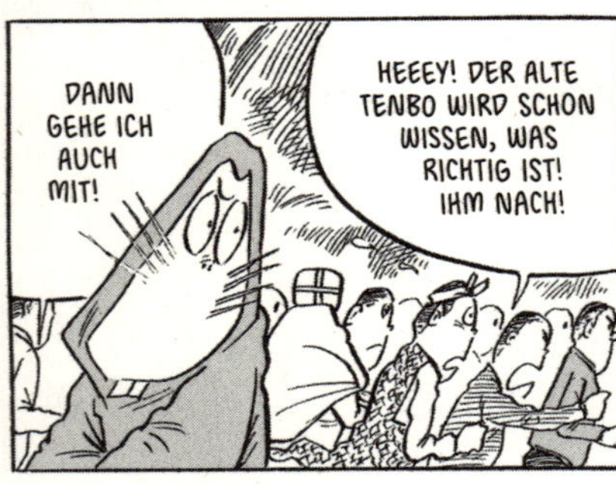
HEEEY! DER ALTE TENBO WIRD SCHON WISSEN, WAS RICHTIG IST! IHM NACH!
DANN GEHE ICH AUCH MIT!

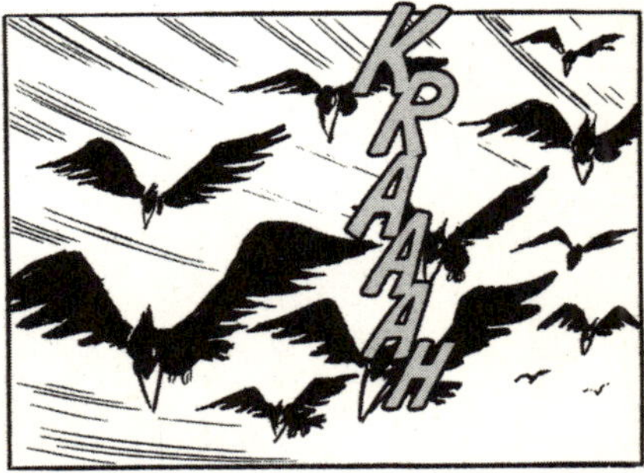
KRAAAAH

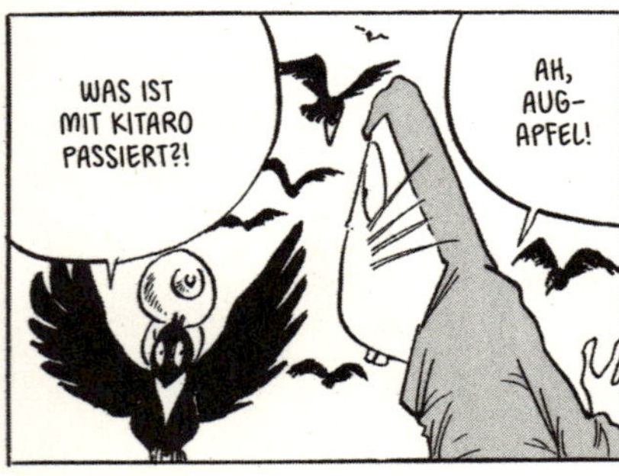
AH, AUG-APFEL!
WAS IST MIT KITARO PASSIERT?!

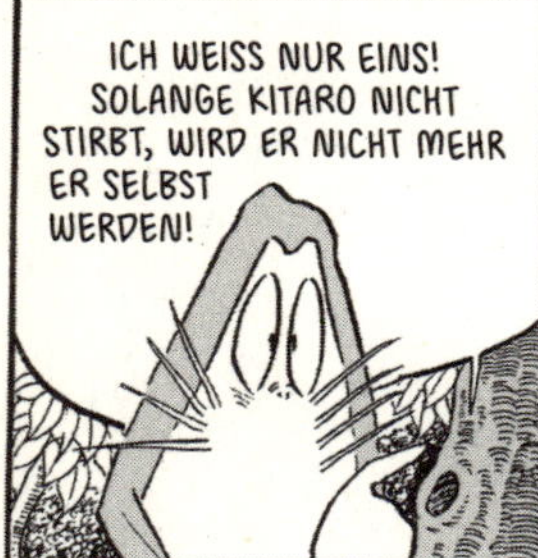
ICH WEISS NUR EINS! SOLANGE KITARO NICHT STIRBT, WIRD ER NICHT MEHR ER SELBST WERDEN!

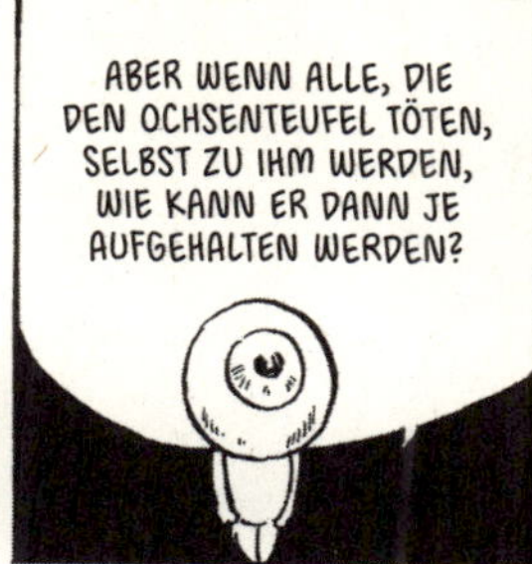
ABER WENN ALLE, DIE DEN OCHSENTEUFEL TÖTEN, SELBST ZU IHM WERDEN, WIE KANN ER DANN JE AUFGEHALTEN WERDEN?

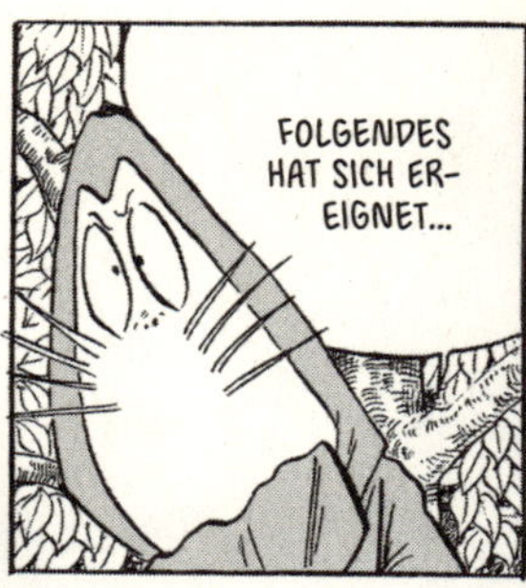
FOLGENDES HAT SICH ER-EIGNET...

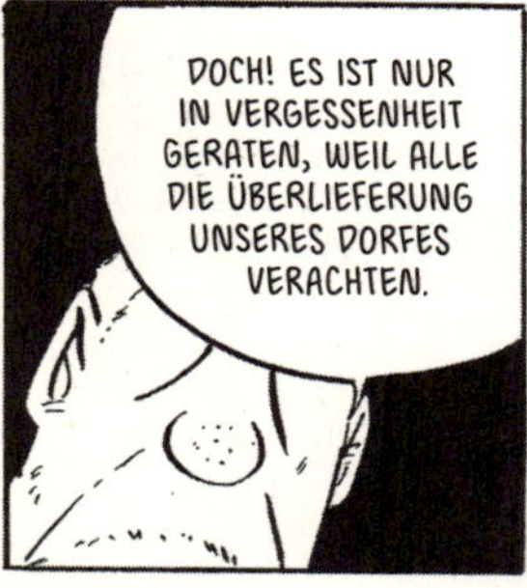
DOCH! ES IST NUR IN VERGESSENHEIT GERATEN, WEIL ALLE DIE ÜBERLIEFERUNG UNSERES DORFES VERACHTEN.

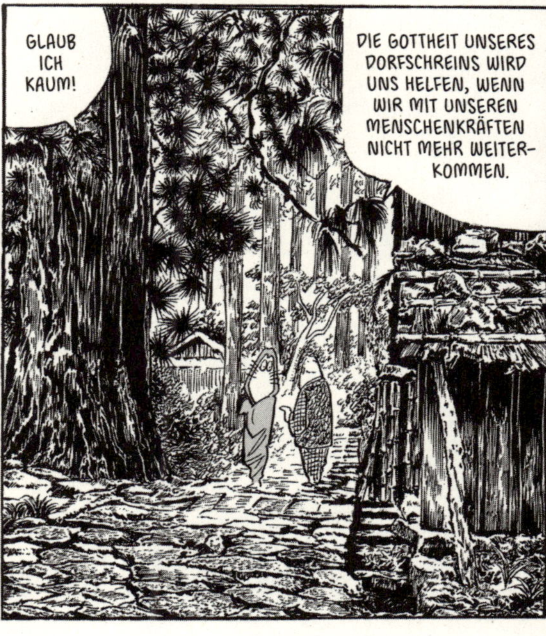
GLAUB ICH KAUM!
DIE GOTTHEIT UNSERES DORFSCHREINS WIRD UNS HELFEN, WENN WIR MIT UNSEREN MENSCHENKRÄFTEN NICHT MEHR WEITER-KOMMEN.

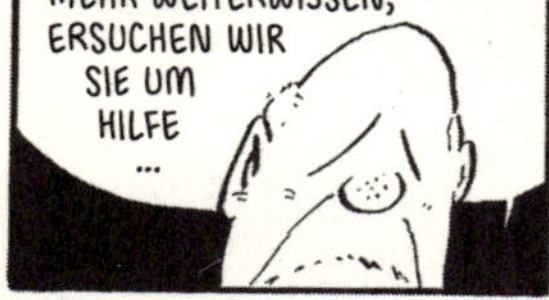
SOLANGE SICH NICHTS WELT-BEWEGENDES EREIGNET, KANN UNSERE GOTTHEIT SCHON MAL TAUSEND ODER ZWEITAUSEND JAHRE SCHLUMMERN. DOCH WENN WIR MENSCHEN NICHT MEHR WEITERWISSEN, ERSUCHEN WIR SIE UM HILFE ...

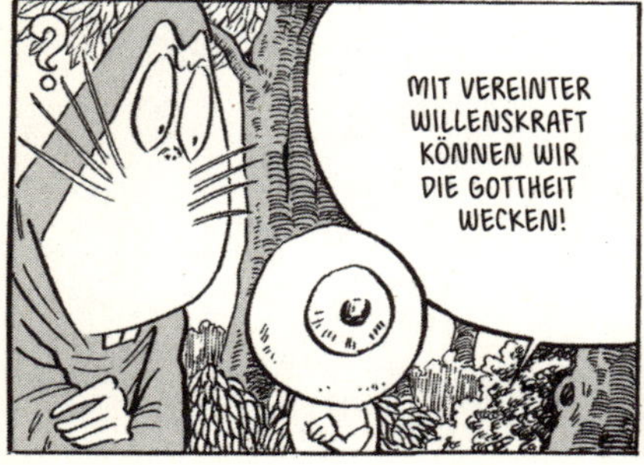
?
MIT VEREINTER WILLENSKRAFT KÖNNEN WIR DIE GOTTHEIT WECKEN!

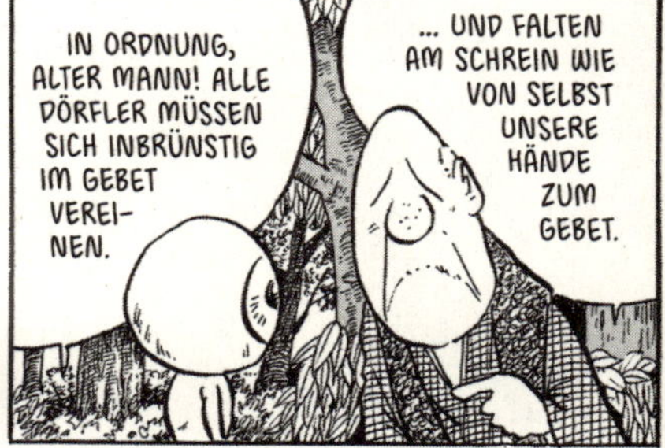
IN ORDNUNG, ALTER MANN! ALLE DÖRFLER MÜSSEN SICH INBRÜNSTIG IM GEBET VEREI-NEN.
... UND FALTEN AM SCHREIN WIE VON SELBST UNSERE HÄNDE ZUM GEBET.

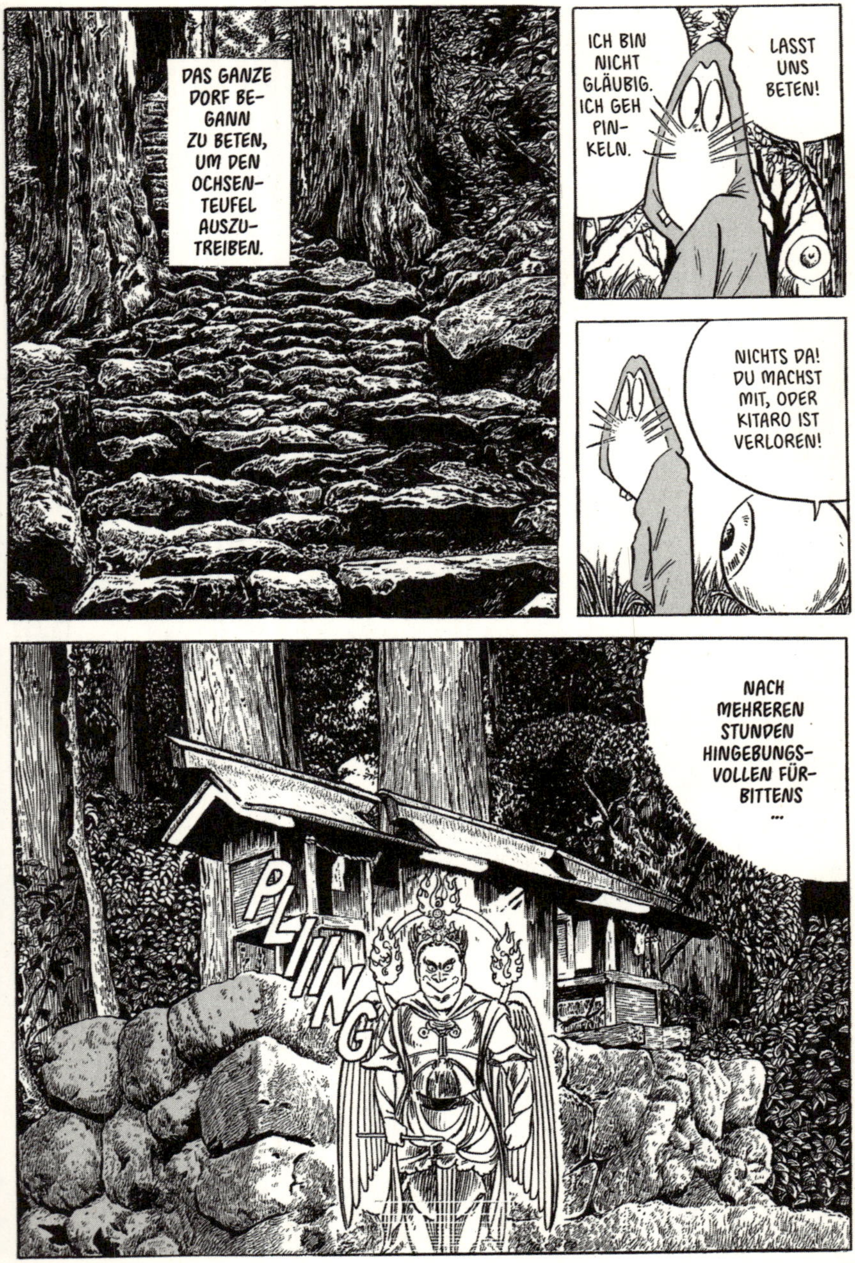

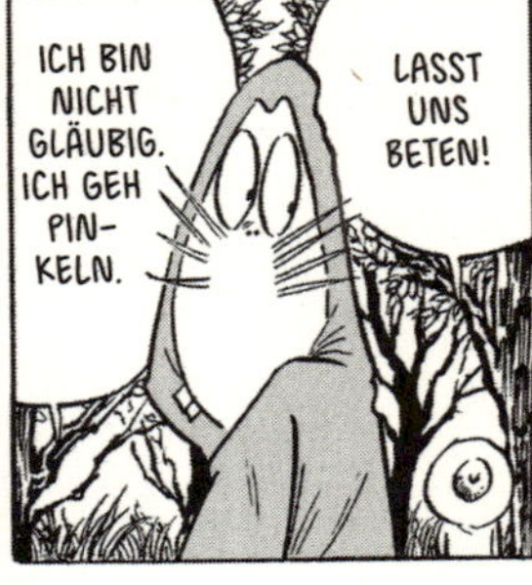

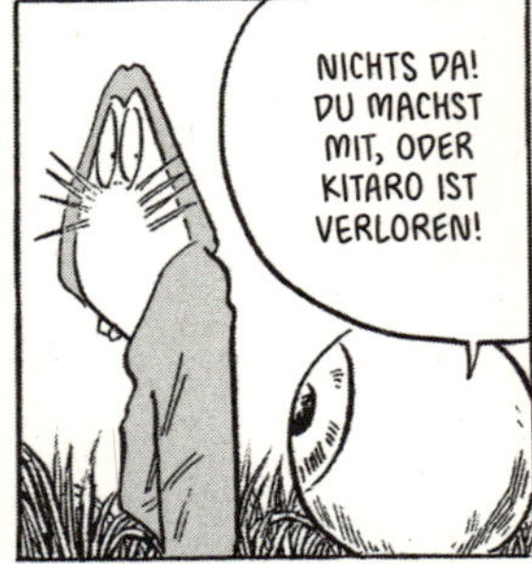

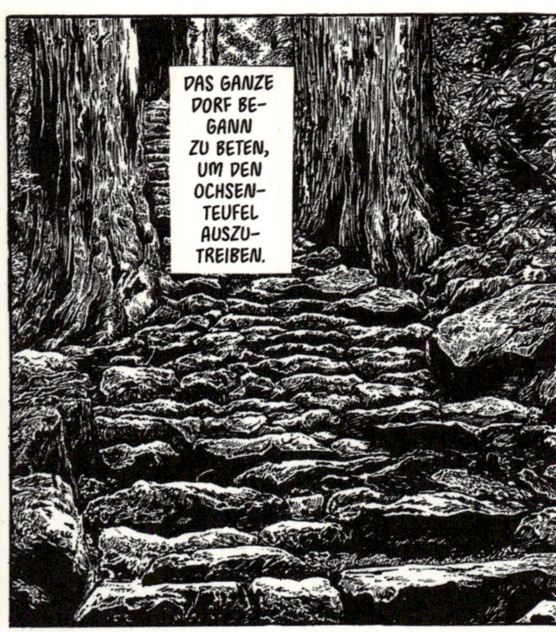

NACH MEHREREN STUNDEN HINGEBUNGS-VOLLEN FÜR-BITTENS ...

PLIING

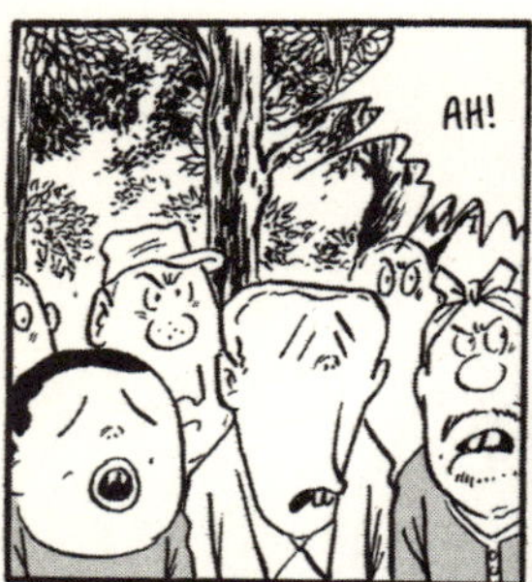
AH!

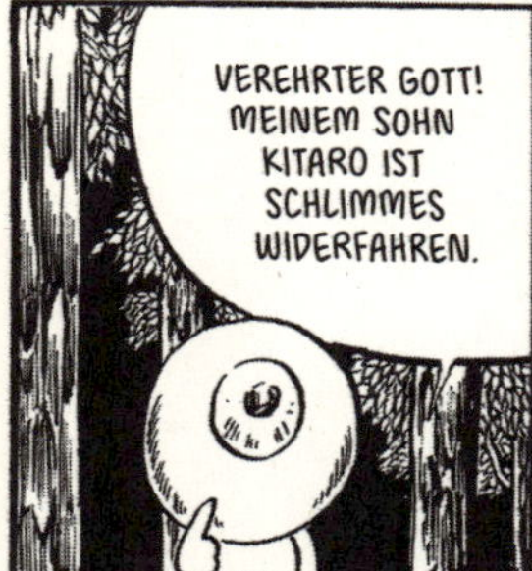
VEREHRTER GOTT! MEINEM SOHN KITARO IST SCHLIMMES WIDERFAHREN.

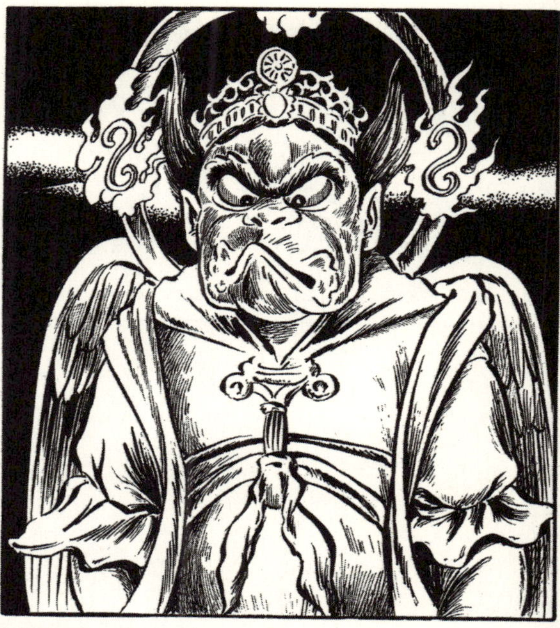

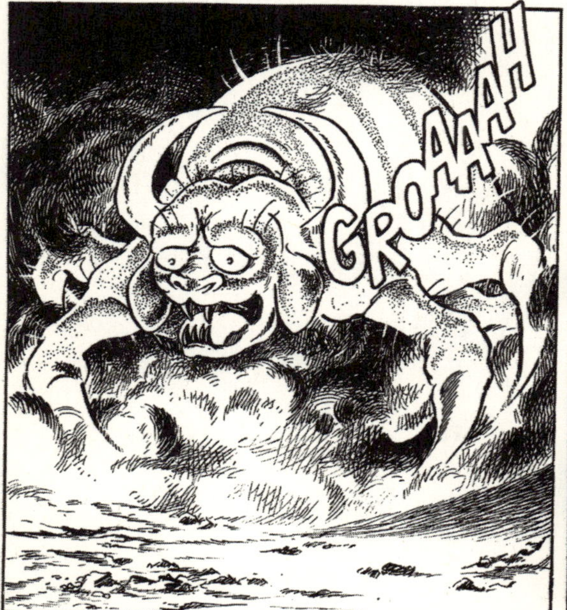
GROAAAH
ICH BIN KEIN GOTT, WIE IHR IHN KENNT... ICH BIN KARURA, EINER DER 28 WÄCHTER DES TAUSENDARMIGEN KANNON! EINE GOTTHEIT AUS FERNEN LANDEN, DIE EINST VOR 8.000 JAHREN HIERHERKAM, UM DEN OCHSENTEUFEL ZU BEKÄMPFEN.

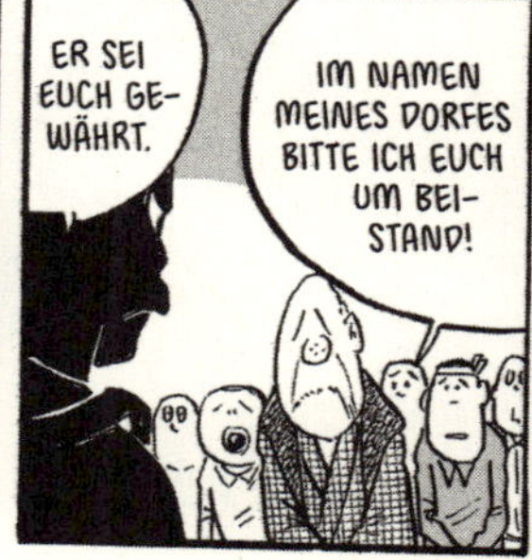
IM NAMEN MEINES DORFES BITTE ICH EUCH UM BEISTAND!
ER SEI EUCH GEWÄHRT.

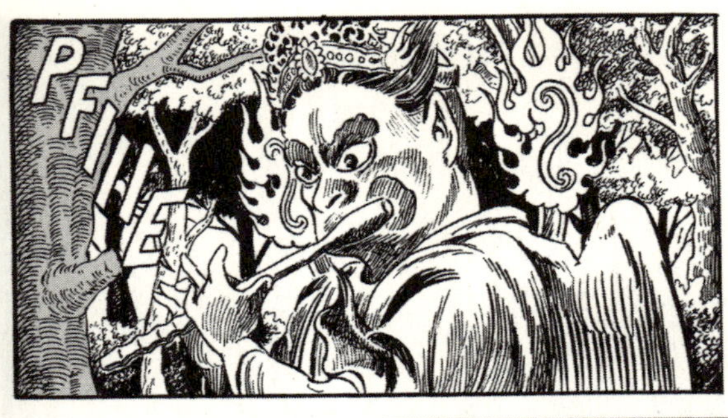
PFIIIE

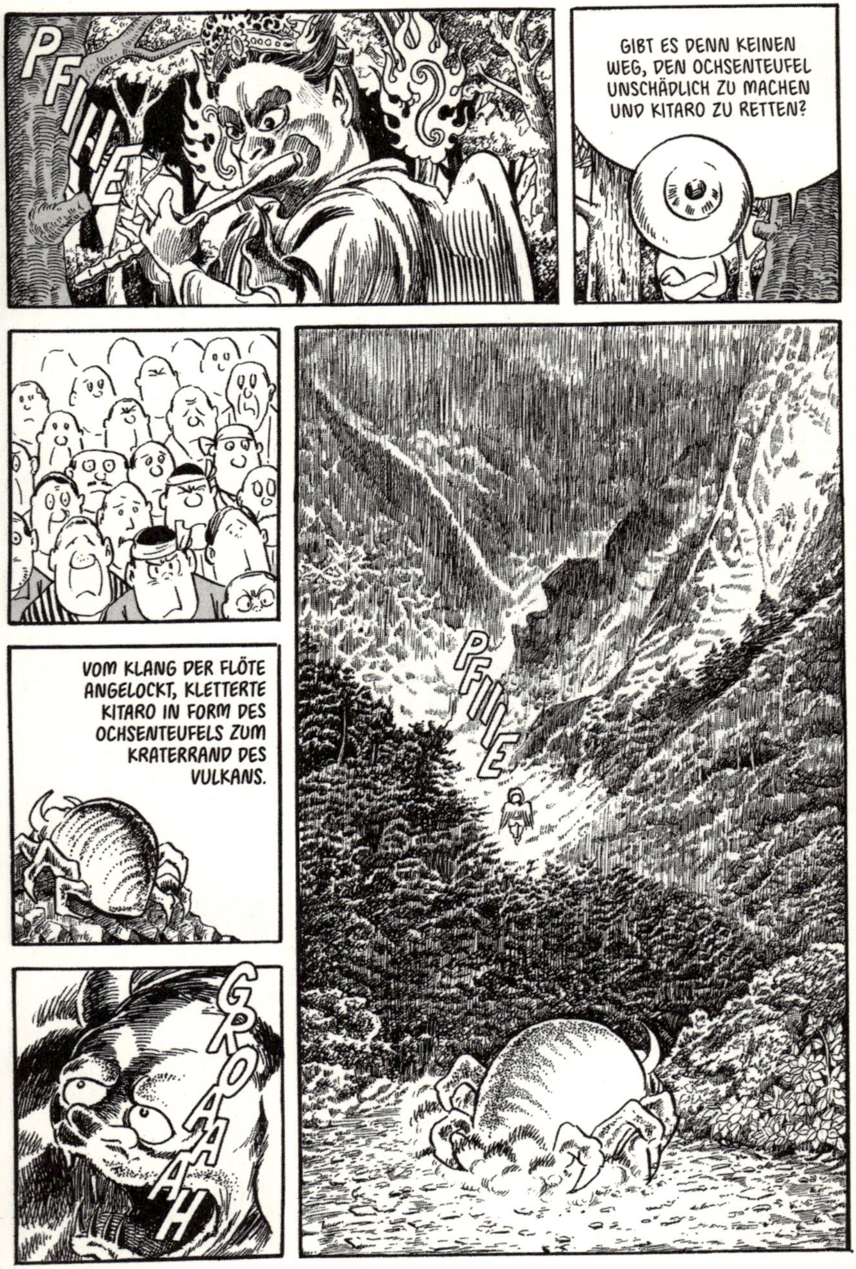

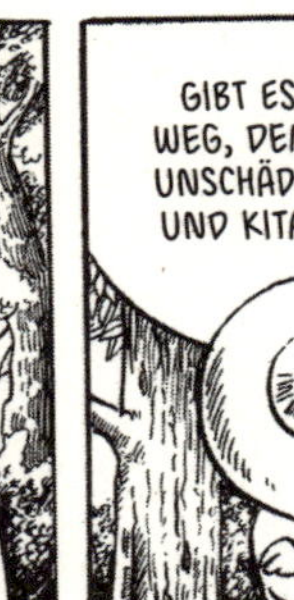
GIBT ES DENN KEINEN WEG, DEN OCHSENTEUFEL UNSCHÄDLICH ZU MACHEN UND KITARO ZU RETTEN?

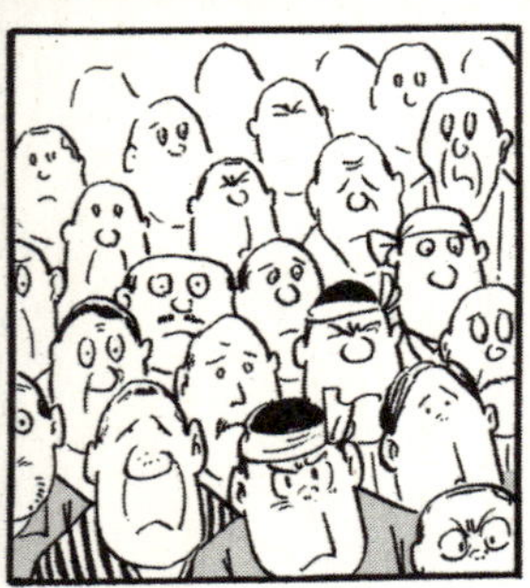

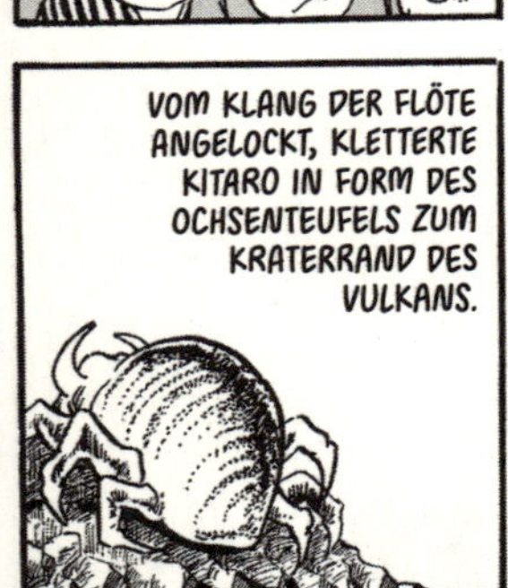
VOM KLANG DER FLÖTE ANGELOCKT, KLETTERTE KITARO IN FORM DES OCHSENTEUFELS ZUM KRATERRAND DES VULKANS.

PFIIIE

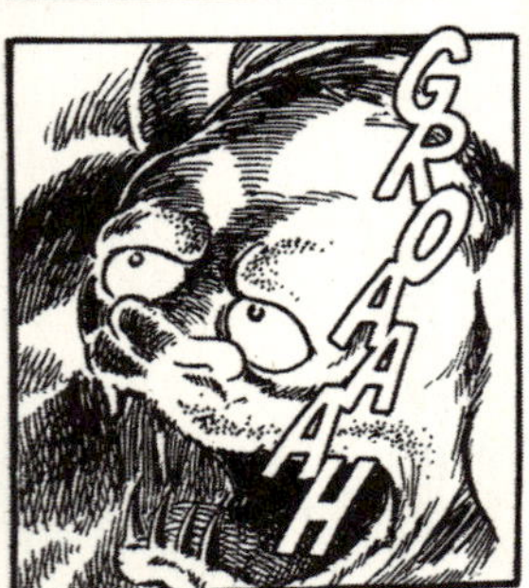
GROAAAAH

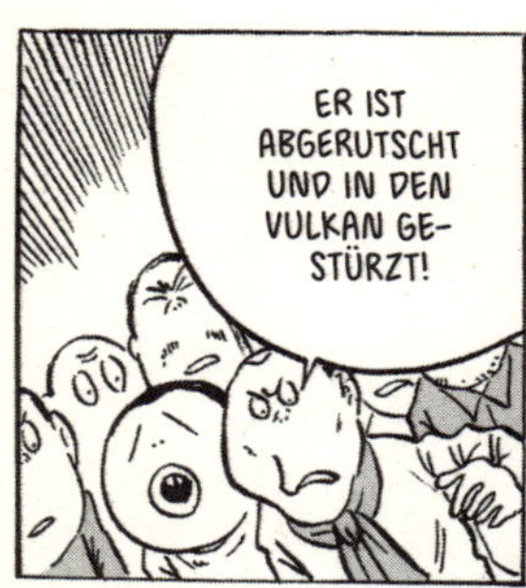
ER IST ABGERUTSCHT UND IN DEN VULKAN GESTÜRZT!

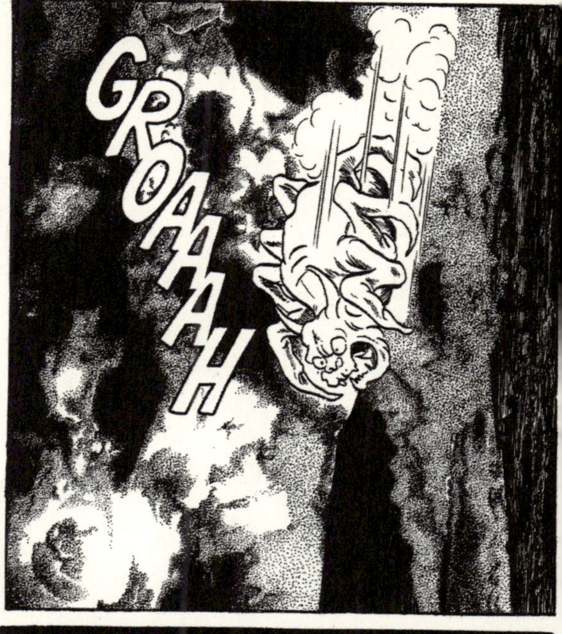
GROAAAAH

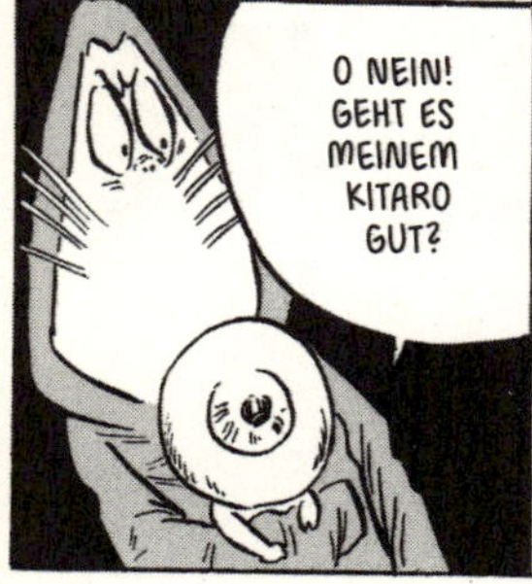
O NEIN! GEHT ES MEINEM KITARO GUT?

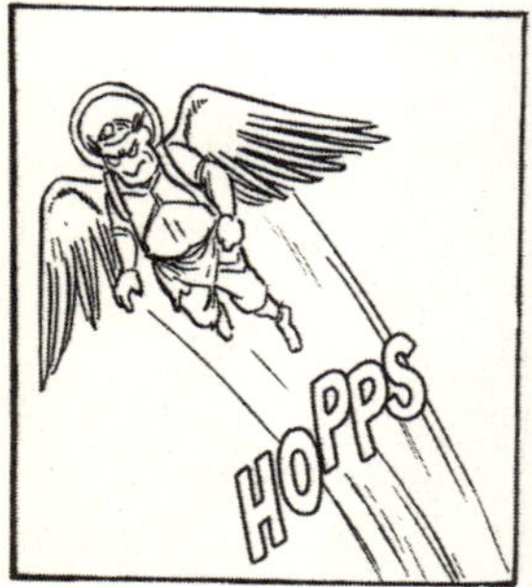
HOPPS

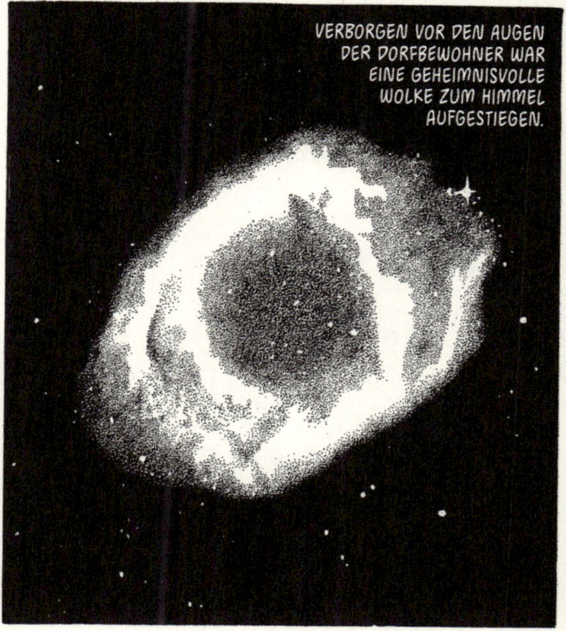
VERBORGEN VOR DEN AUGEN DER DORFBEWOHNER WAR EINE GEHEIMNISVOLLE WOLKE ZUM HIMMEL AUFGESTIEGEN.

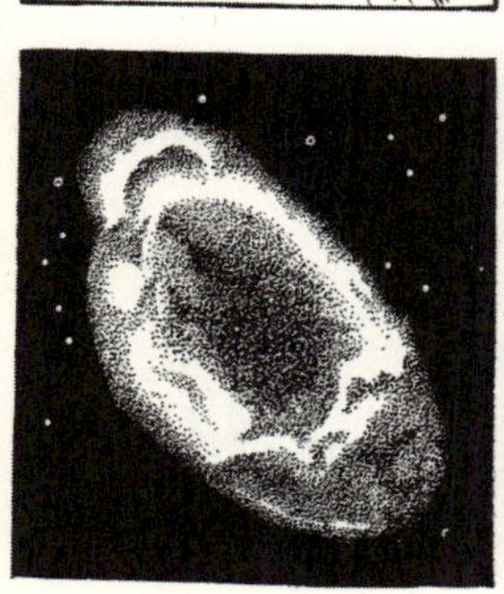

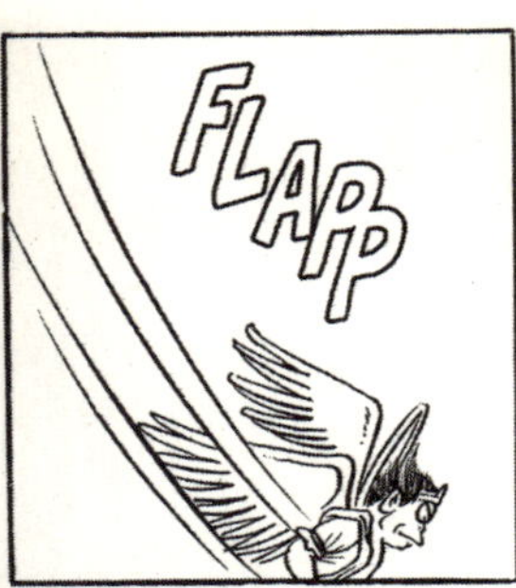
FLAPP

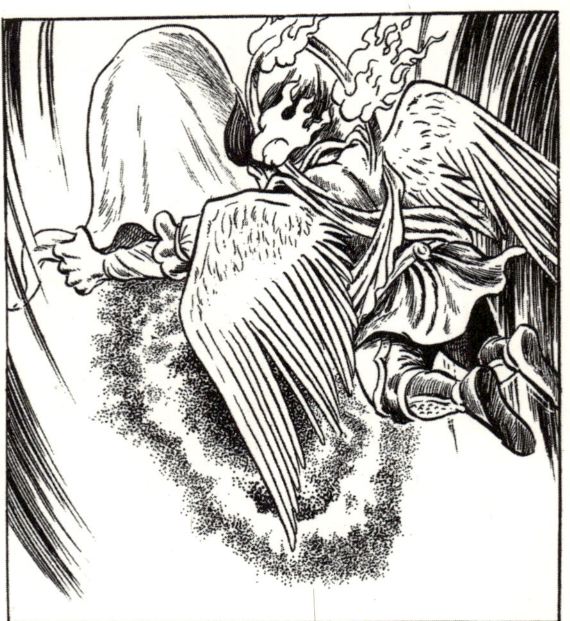

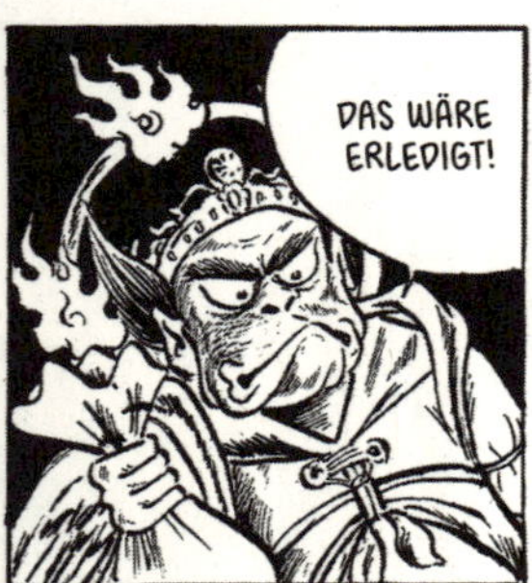
DAS WÄRE ERLEDIGT!

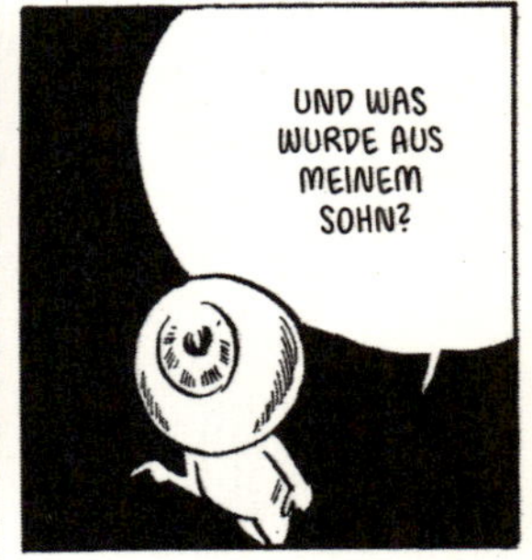
UND WAS WURDE AUS MEINEM SOHN?

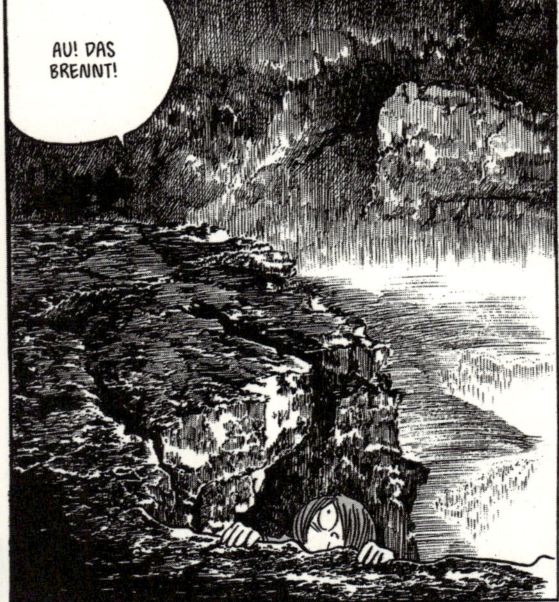
AU! DAS BRENNT!

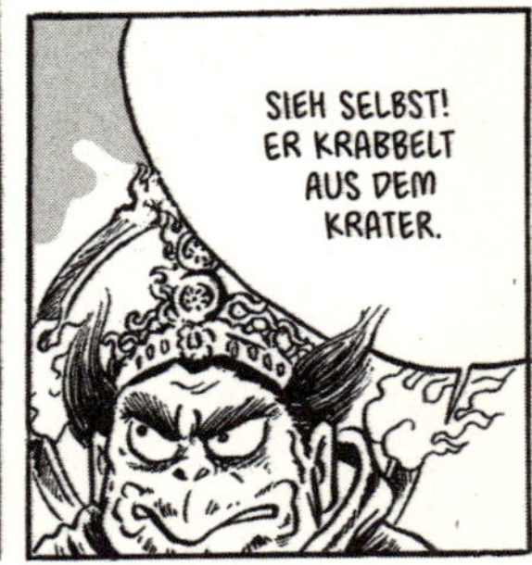
SIEH SELBST! ER KRABBELT AUS DEM KRATER.

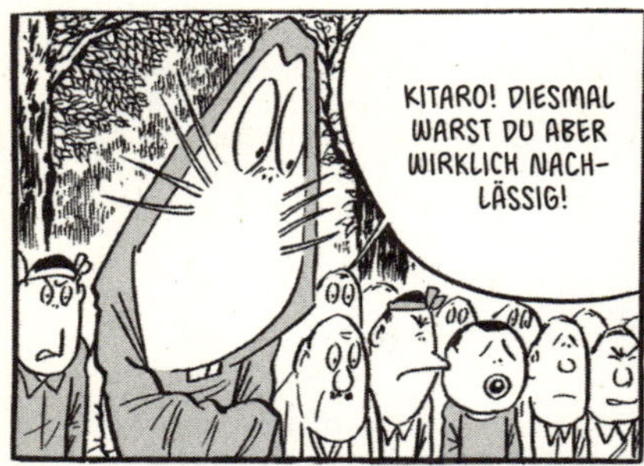
KITARO! DIESMAL WARST DU ABER WIRKLICH NACHLÄSSIG!

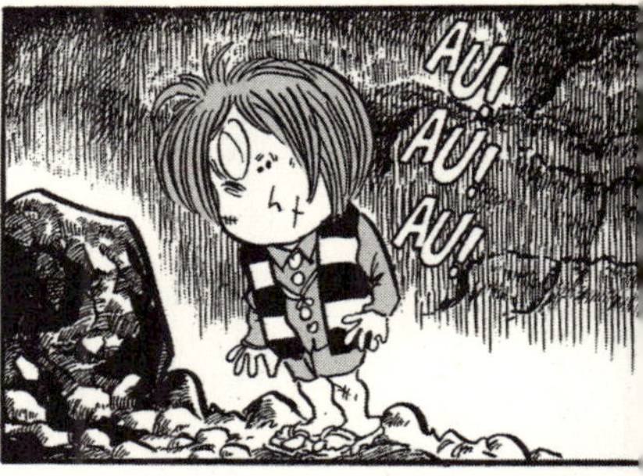
AU! AU! AU!

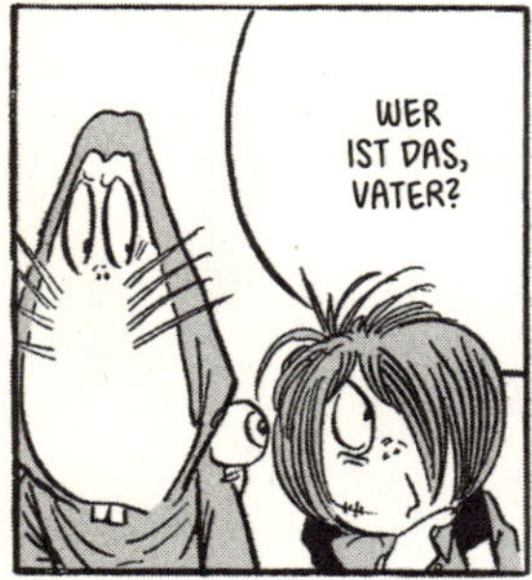
WER IST DAS, VATER?

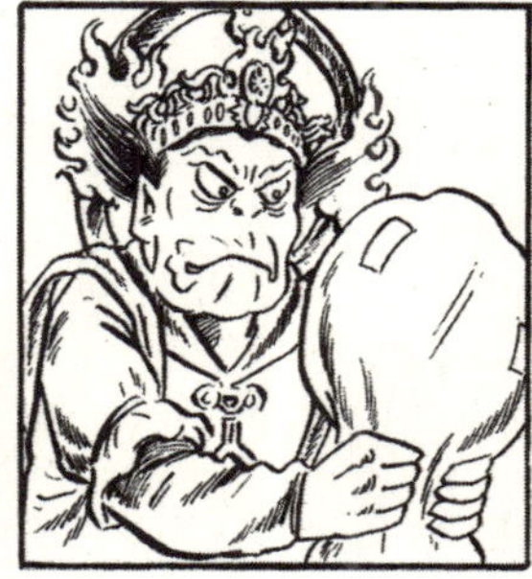

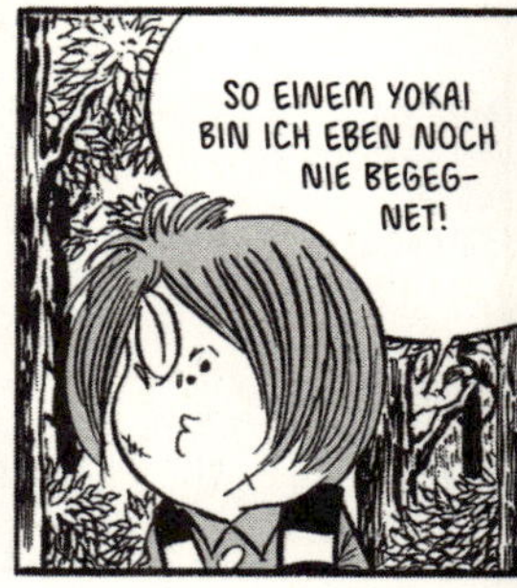
SO EINEM YOKAI BIN ICH EBEN NOCH NIE BEGEGNET!

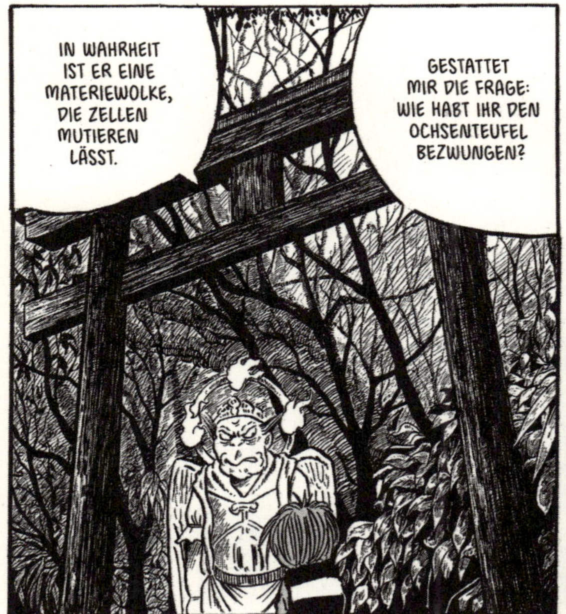
IN WAHRHEIT IST ER EINE MATERIEWOLKE, DIE ZELLEN MUTIEREN LÄSST.
GESTATTET MIR DIE FRAGE: WIE HABT IHR DEN OCHSENTEUFEL BEZWUNGEN?

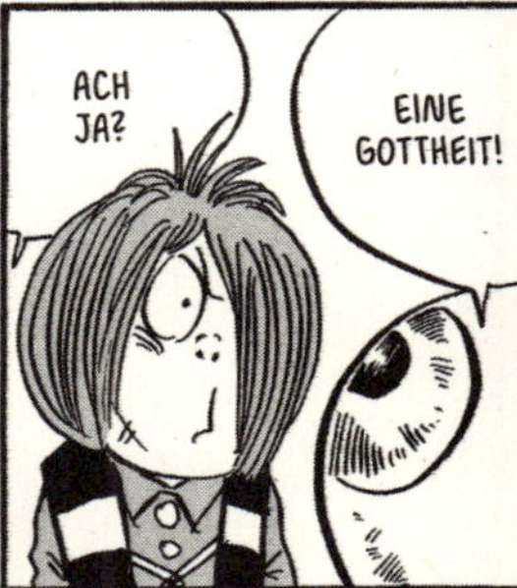
ACH JA?
EINE GOTTHEIT!

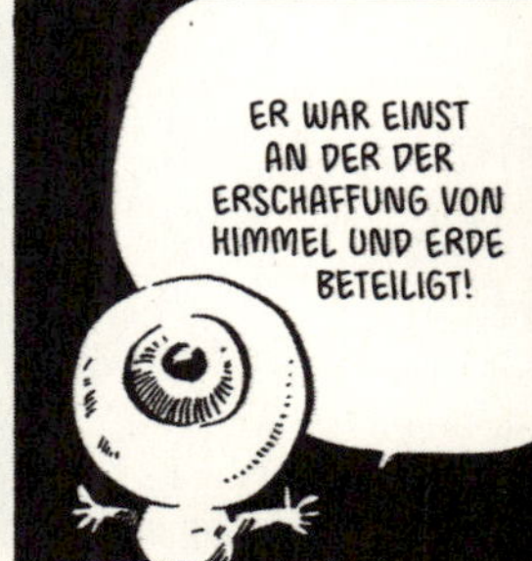
ER WAR EINST AN DER DER ERSCHAFFUNG VON HIMMEL UND ERDE BETEILIGT!

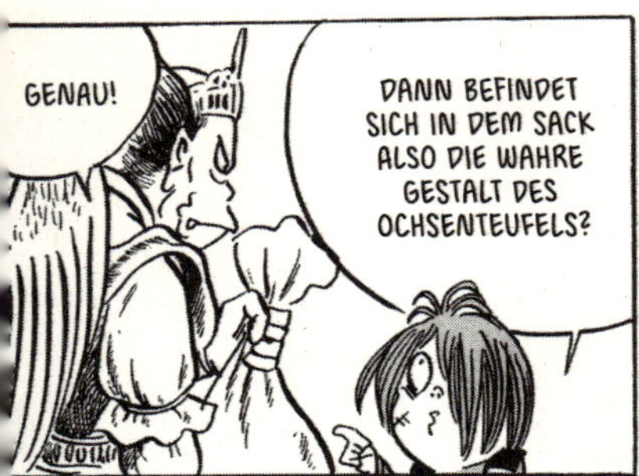
GENAU!
DANN BEFINDET SICH IN DEM SACK ALSO DIE WAHRE GESTALT DES OCHSENTEUFELS?

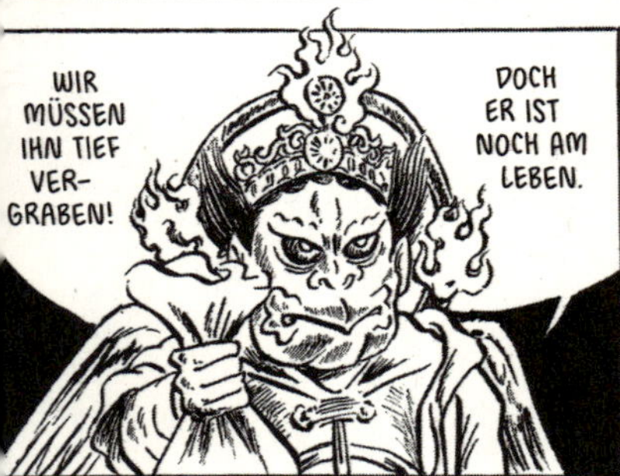
DOCH ER IST NOCH AM LEBEN.
WIR MÜSSEN IHN TIEF VER-GRABEN!

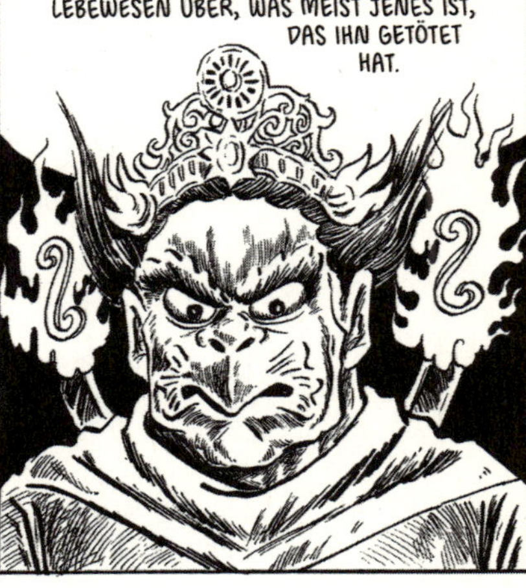
WER VON IHR BEFALLEN WIRD, VERWANDELT SICH IN DEN OCHSENTEUFEL. ER LEBT ALS PARASIT SO LANGE IN SEINEM WIRT, BIS DIESER STIRBT. SO MACHT ER ES SCHON SEIT TAUSENDEN VON JAHREN. UND DANN SPRINGT ER AUF DAS NÄCHSTGELEGENE LEBEWESEN ÜBER, WAS MEIST JENES IST, DAS IHN GETÖTET HAT.

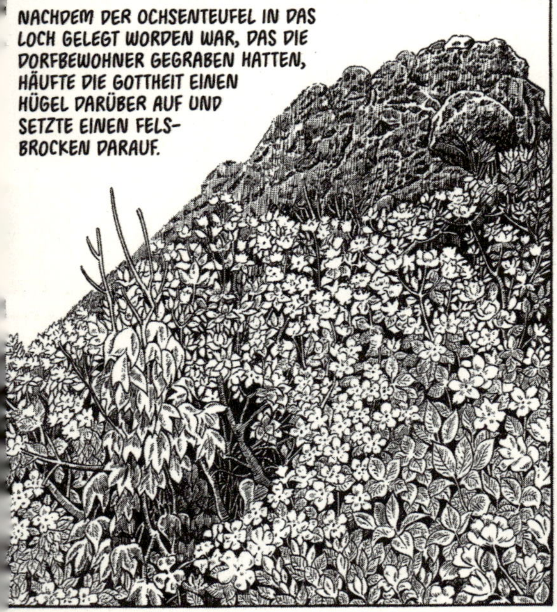
NACHDEM DER OCHSENTEUFEL IN DAS LOCH GELEGT WORDEN WAR, DAS DIE DORFBEWOHNER GEGRABEN HATTEN, HÄUFTE DIE GOTTHEIT EINEN HÜGEL DARÜBER AUF UND SETZTE EINEN FELS-BROCKEN DARAUF.

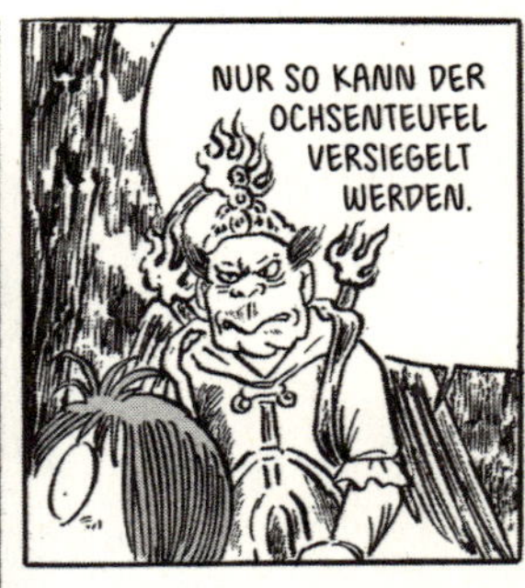
NUR SO KANN DER OCHSENTEUFEL VERSIEGELT WERDEN.

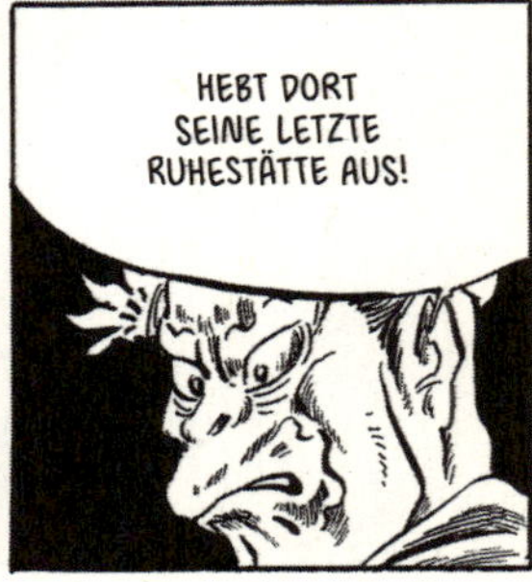
HEBT DORT SEINE LETZTE RUHESTÄTTE AUS!

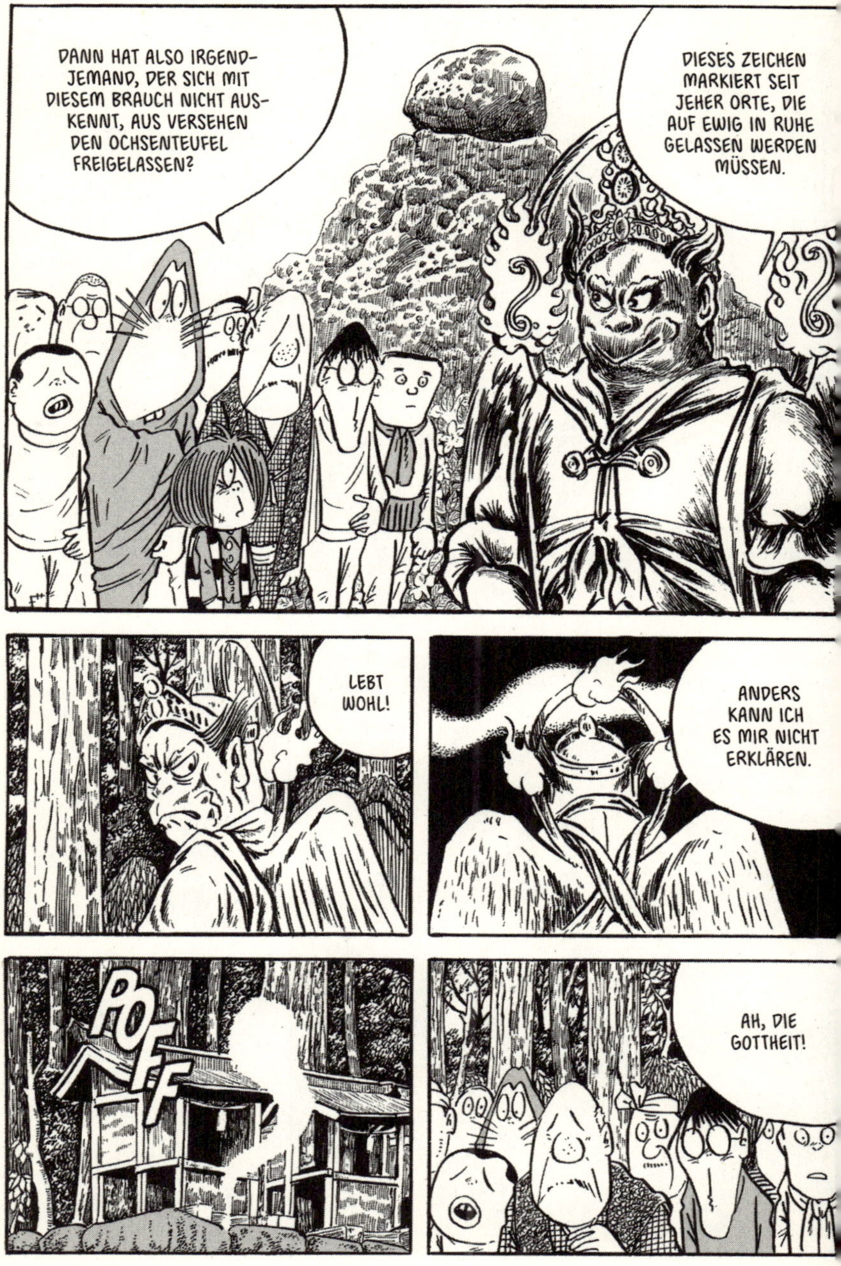

DIESES ZEICHEN MARKIERT SEIT JEHER ORTE, DIE AUF EWIG IN RUHE GELASSEN WERDEN MÜSSEN.
DANN HAT ALSO IRGENDJEMAND, DER SICH MIT DIESEM BRAUCH NICHT AUSKENNT, AUS VERSEHEN DEN OCHSENTEUFEL FREIGELASSEN?

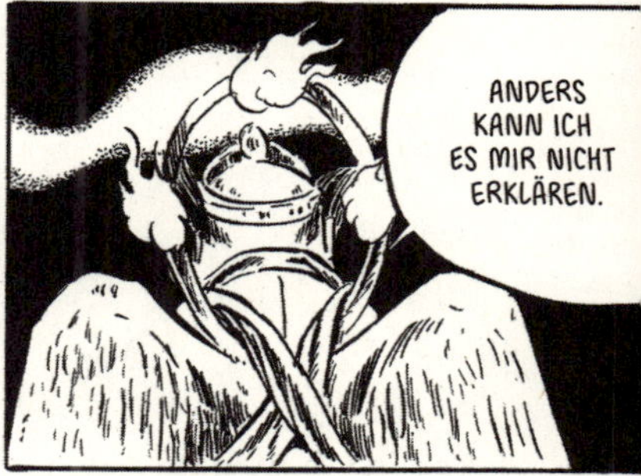

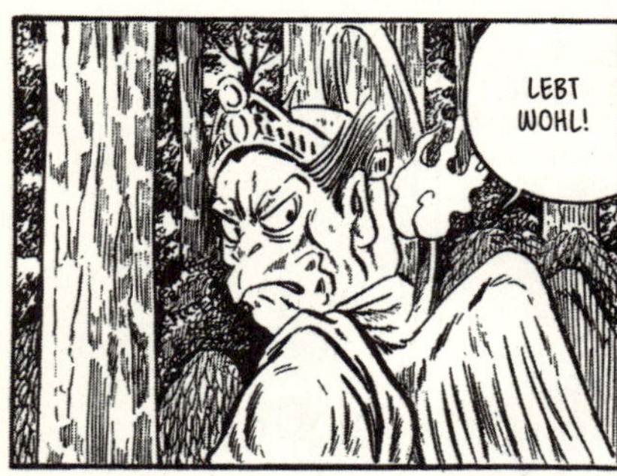

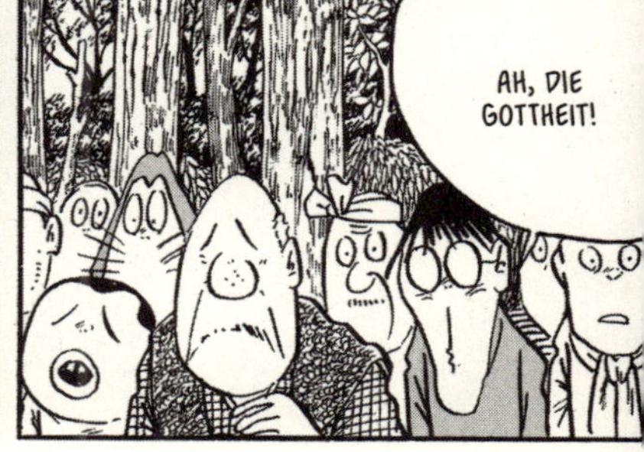

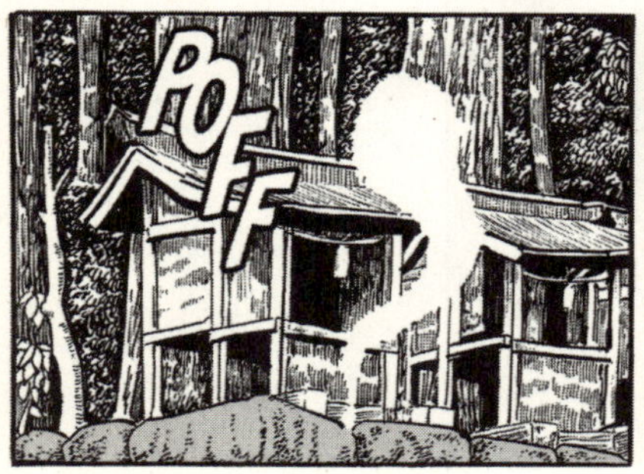

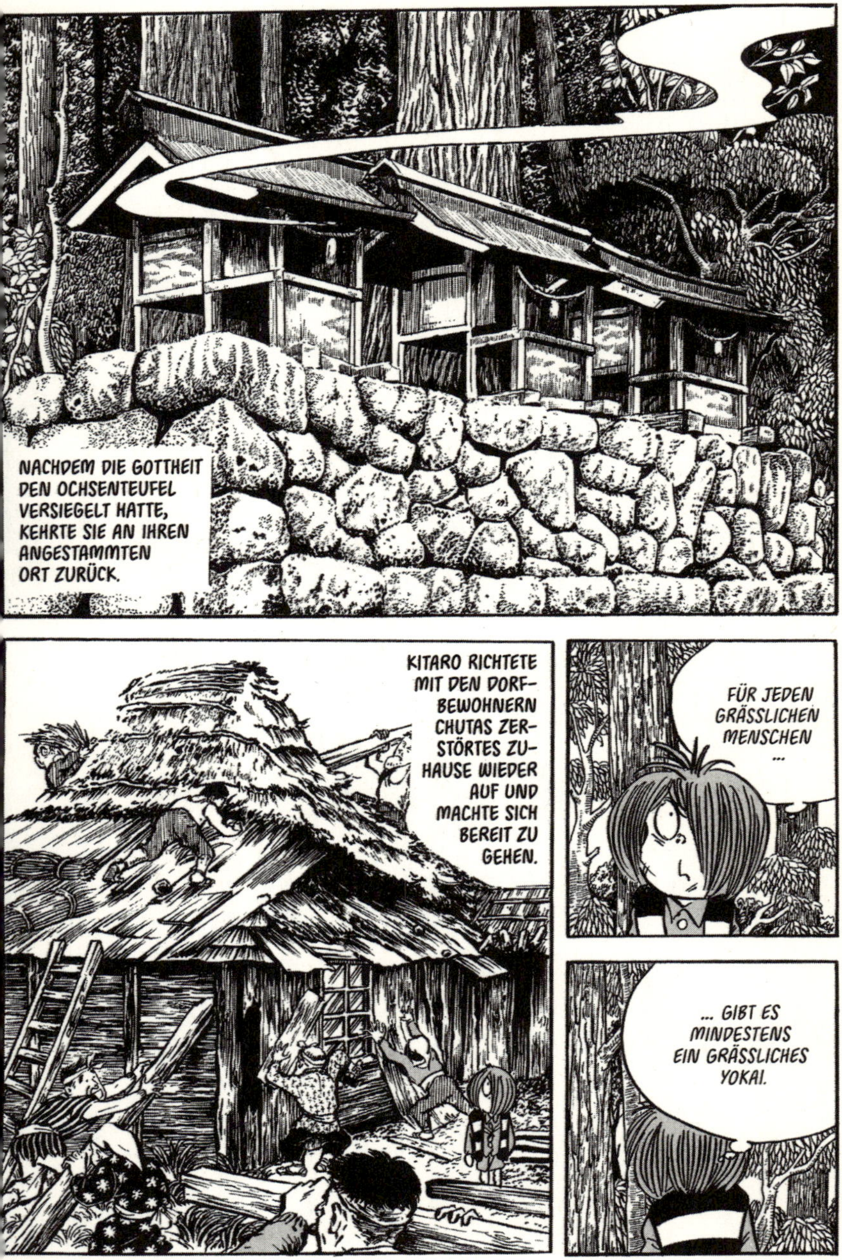

NACHDEM DIE GOTTHEIT DEN OCHSENTEUFEL VERSIEGELT HATTE, KEHRTE SIE AN IHREN ANGESTAMMTEN ORT ZURÜCK.

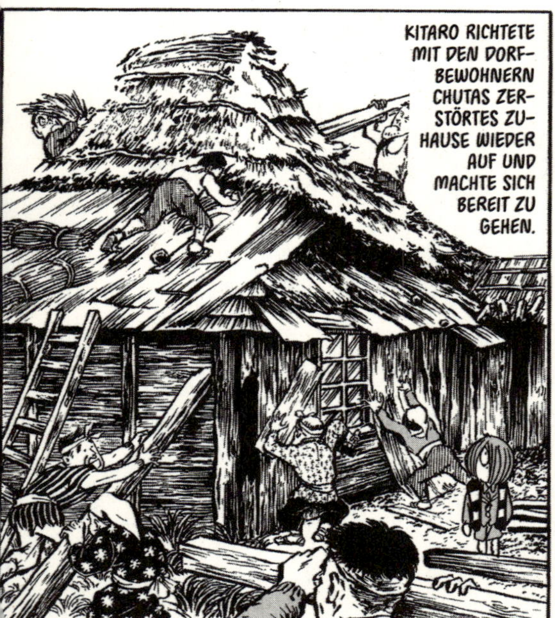

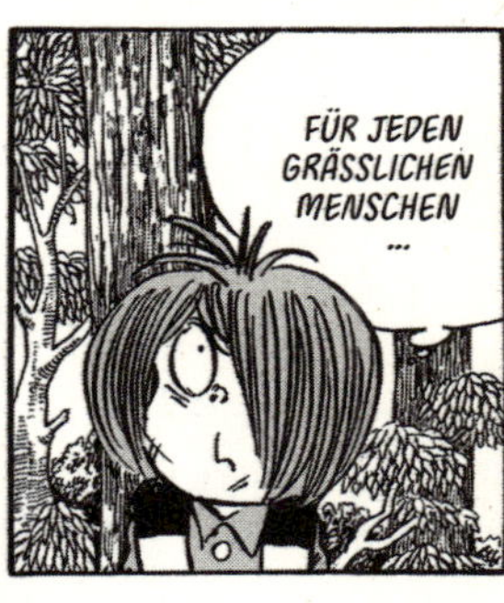

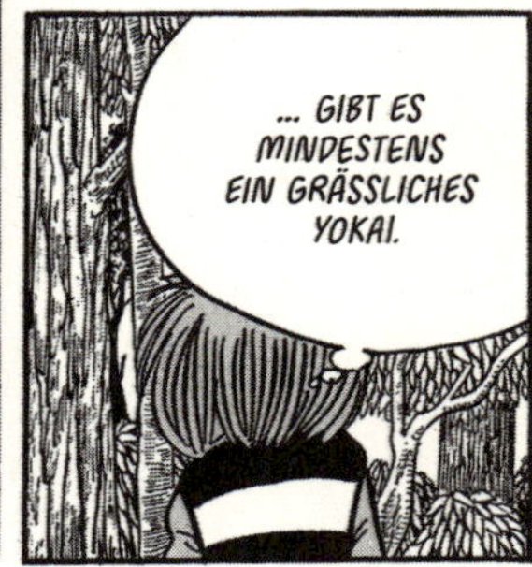

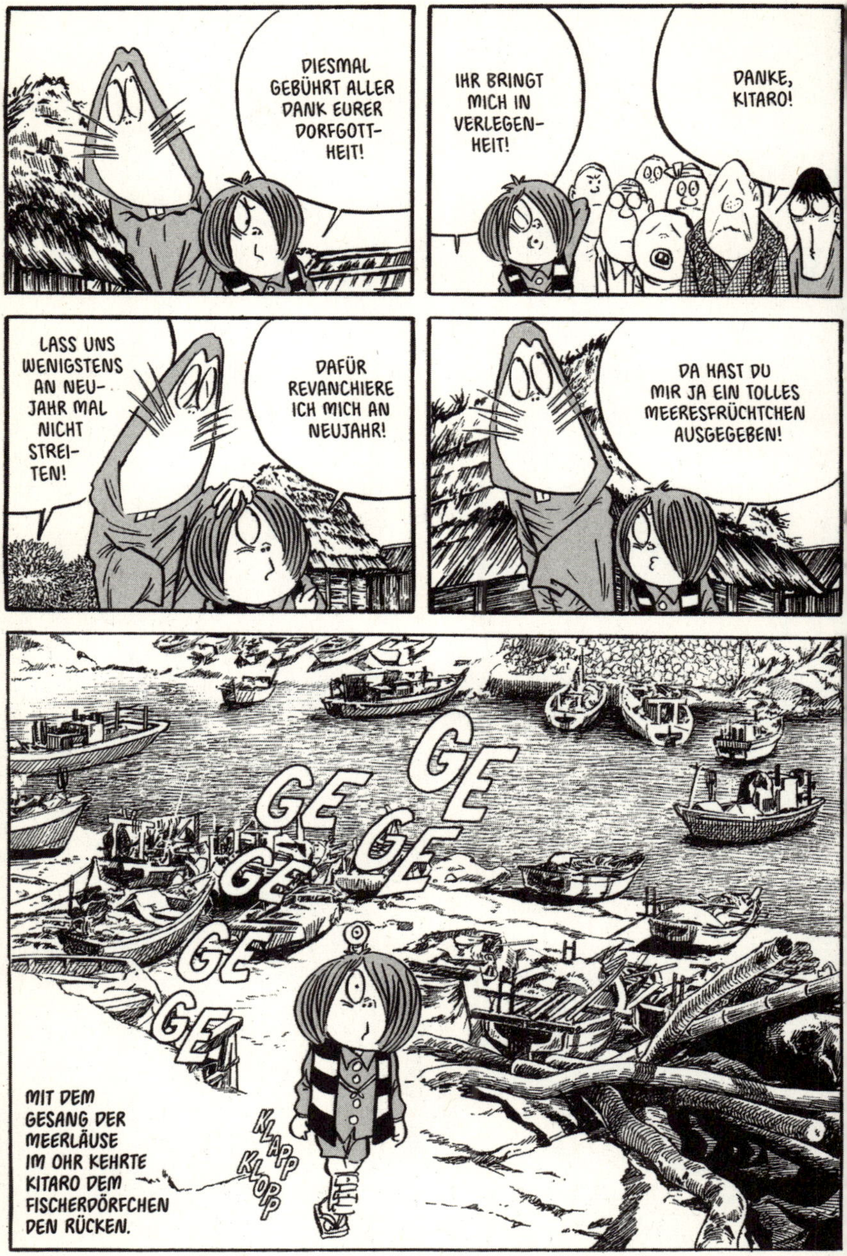

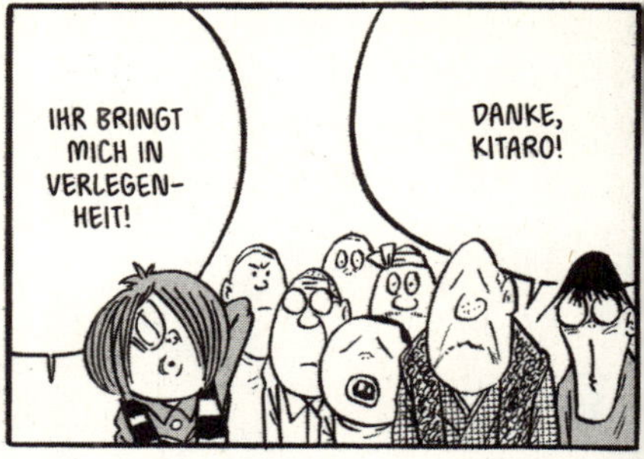

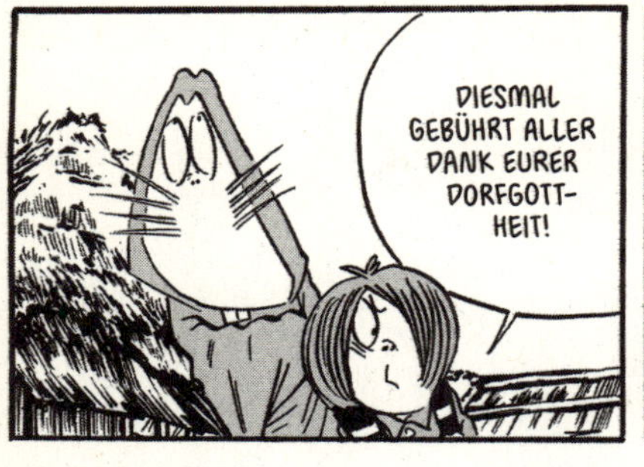

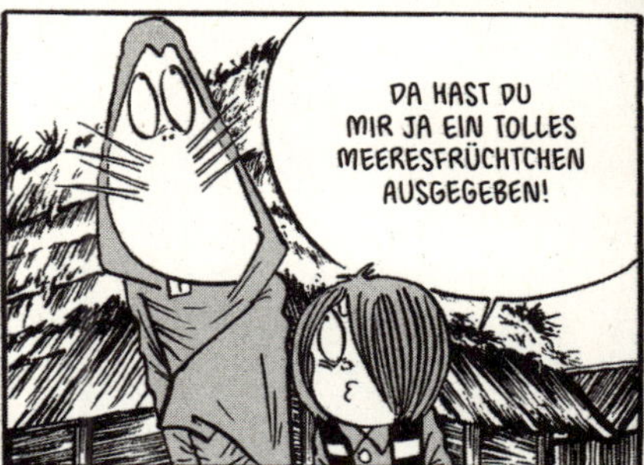

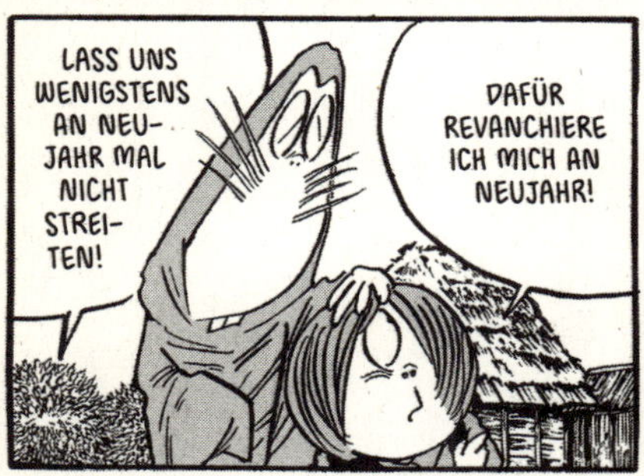

GE GE GE GE GE GE

KLAPP KLOPP

MIT DEM GESANG DER MEERLÄUSE IM OHR KEHRTE KITARO DEM FISCHERDÖRFCHEN DEN RÜCKEN.

Der Ochsenteufel, Teil 2 – Ende

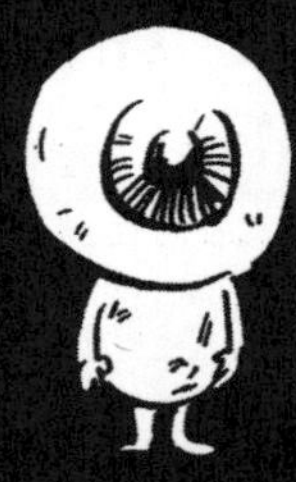

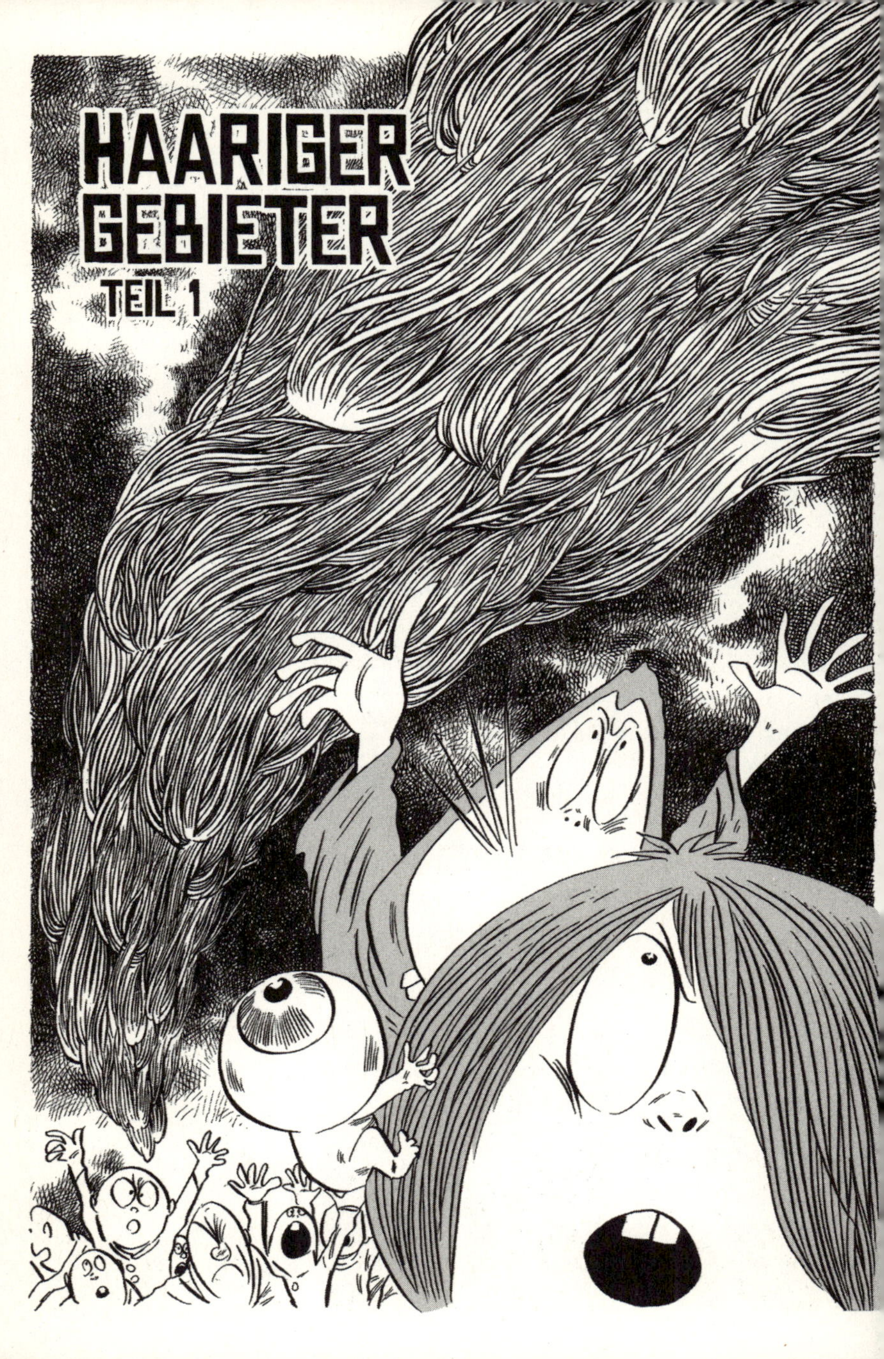
HAARIGER
GEBIETER
TEIL 1

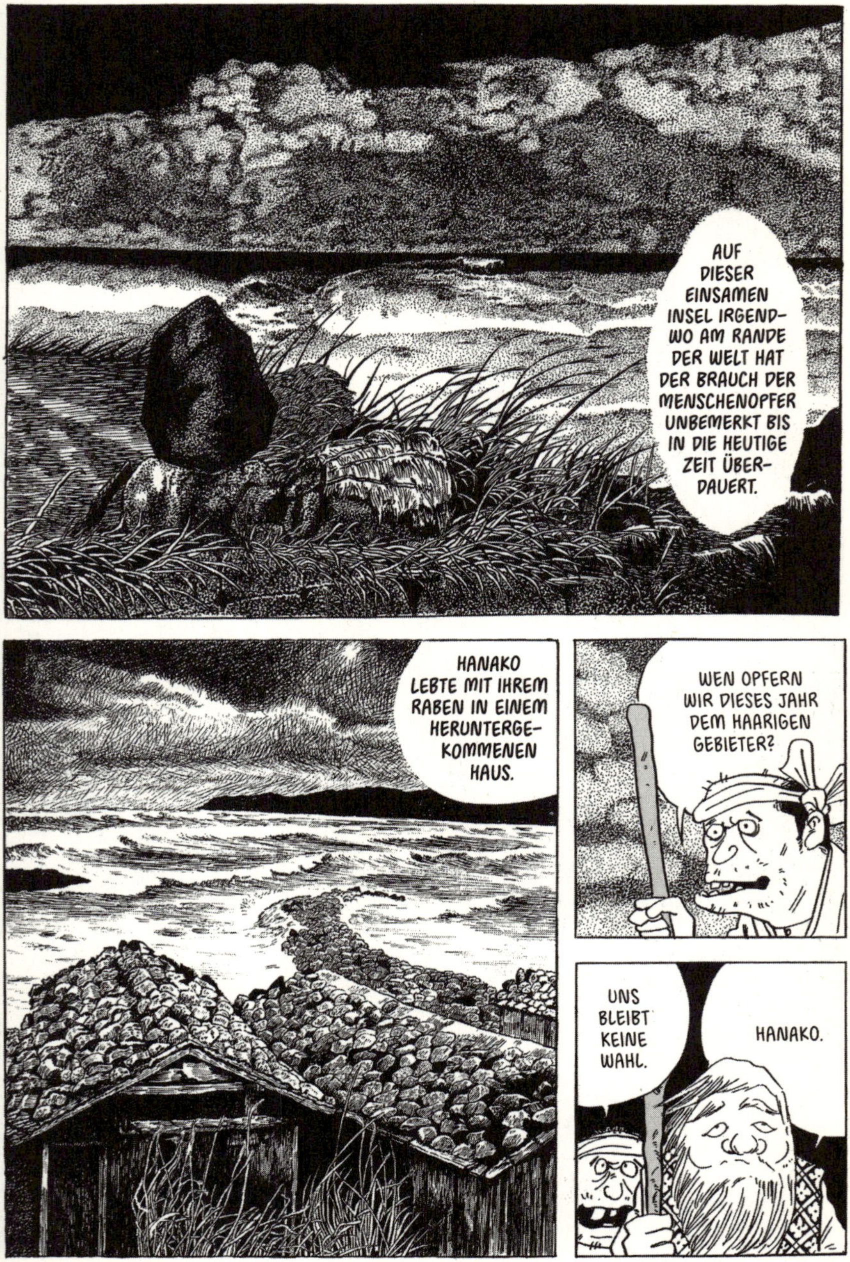

AUF DIESER EINSAMEN INSEL IRGENDWO AM RANDE DER WELT HAT DER BRAUCH DER MENSCHENOPFER UNBEMERKT BIS IN DIE HEUTIGE ZEIT ÜBERDAUERT.

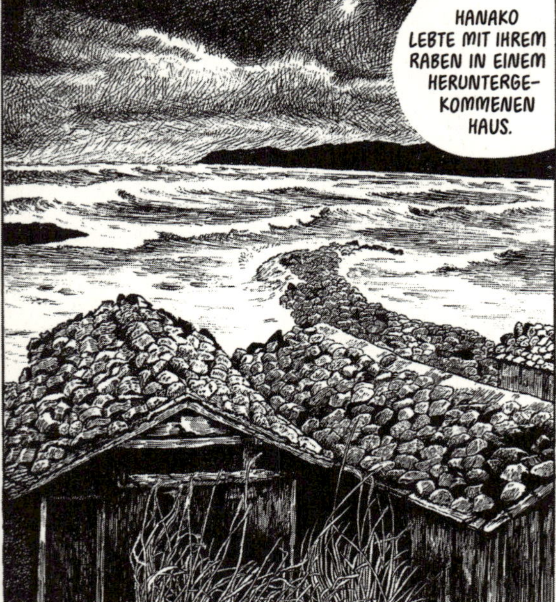

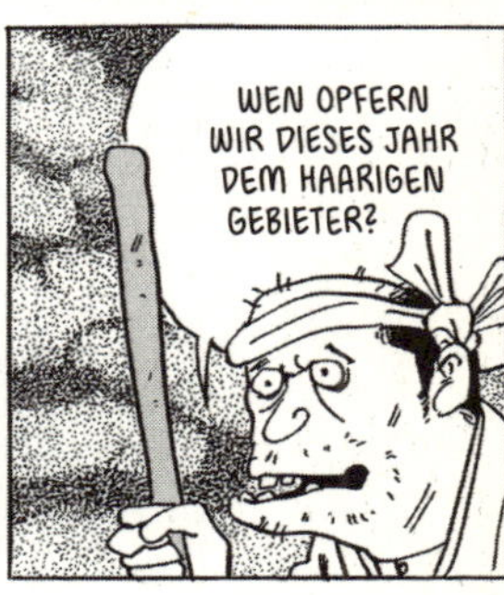

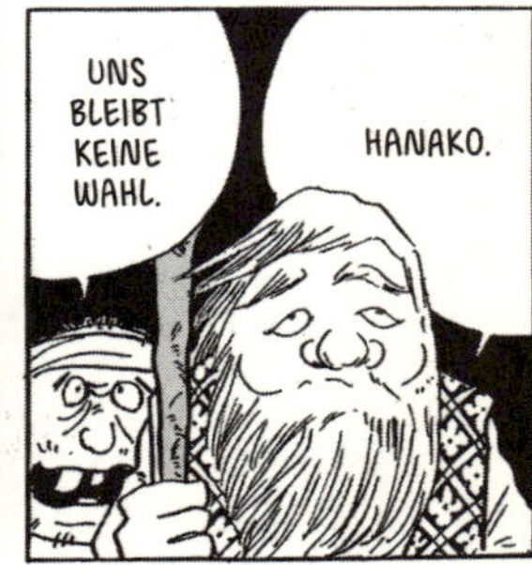

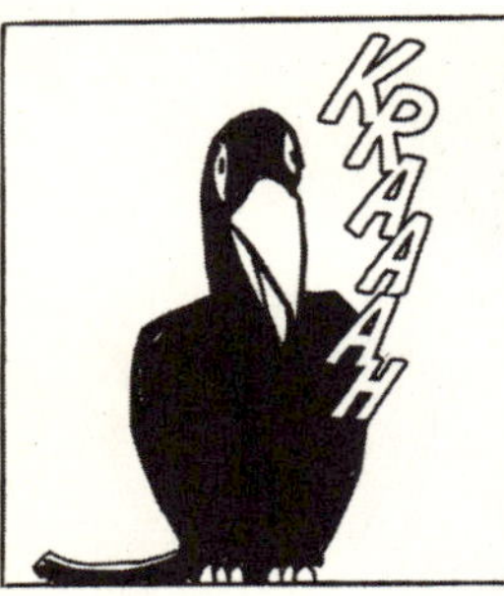

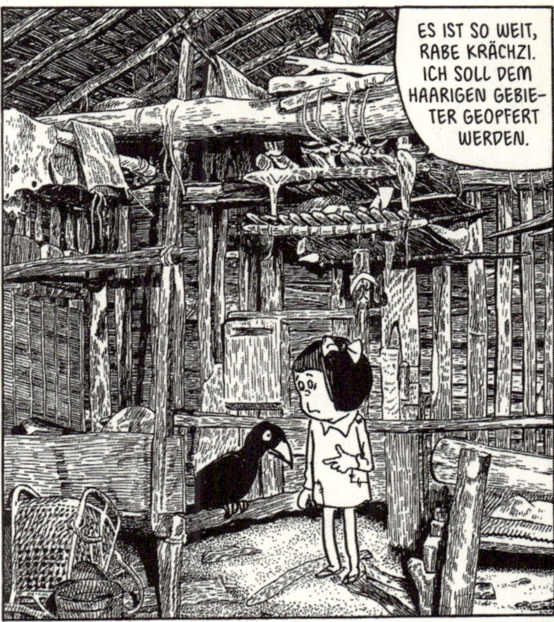

DER RABE KRÄCHZI HATTE SEINEN NAMEN NICHT VON UNGEFÄHR. ER STIESS EINEN LAUTEN KRÄCHZER AUS. KURZ DARAUF HOLTEN DIE DORFBEWOHNER HANAKO UND BRACHTEN SIE ZUM VERBOTENEN WALD. NIEMAND AHNTE, WAS IN KRÄCHZI VORGING, DOCH ER FLOG ZIELSICHER ÜBERS MEER GEN HORIZONT DAVON.

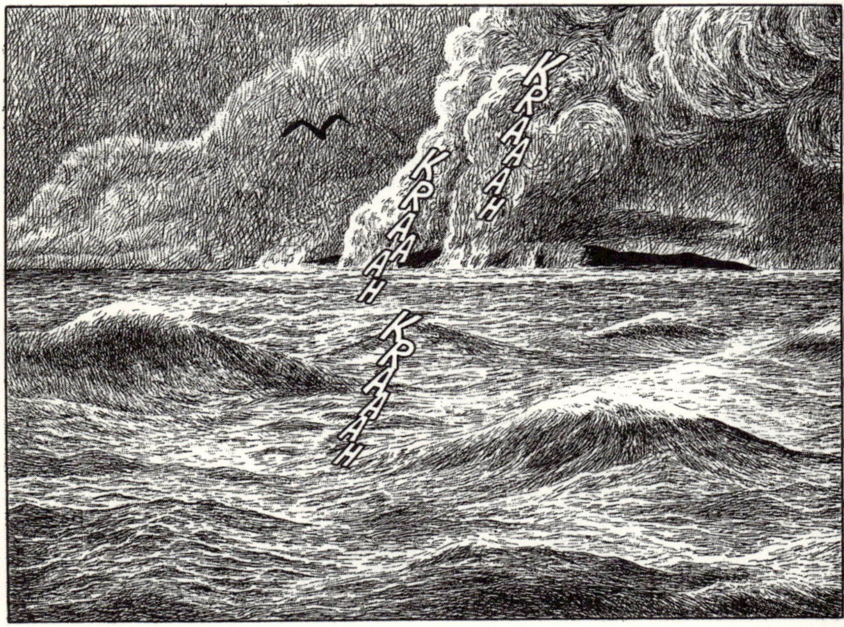

KRAAAAH
KRAAAAAH
KRAAAAAAH

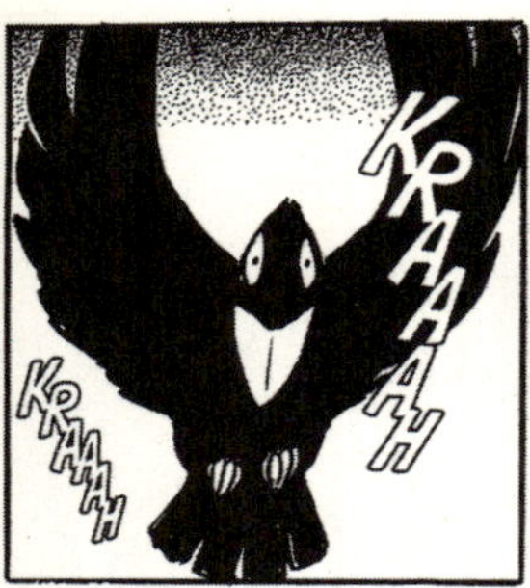
KRAAAAH
KRAAAAH

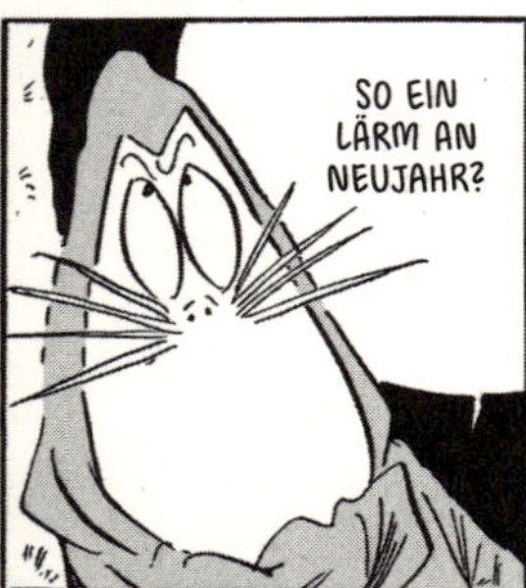
SO EIN LÄRM AN NEUJAHR?

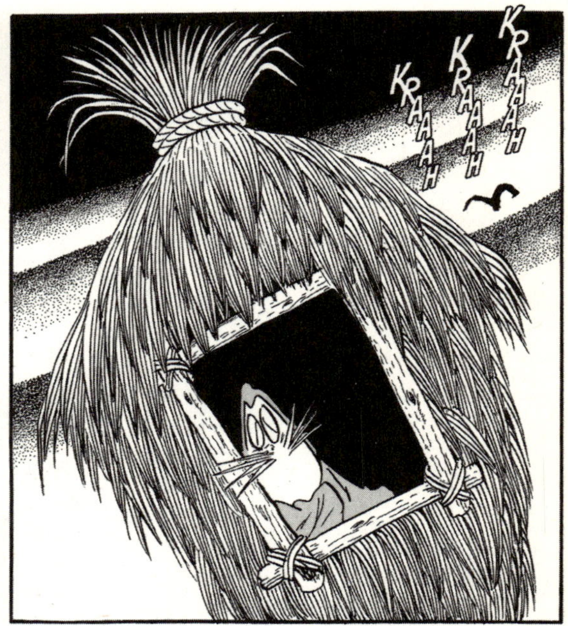
KRAAAAH
KRAAAAH
KRAAAAH

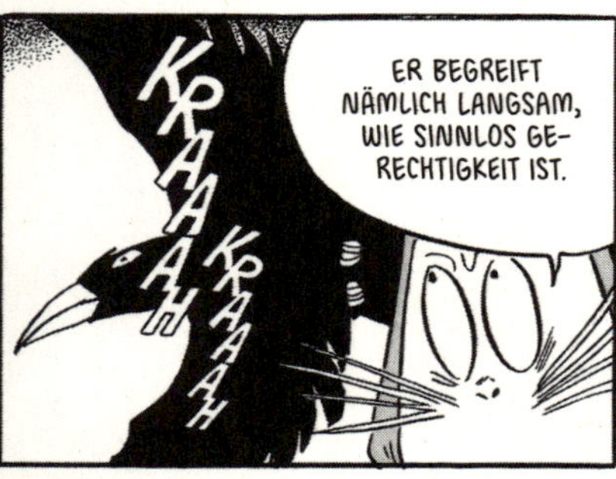
KRAAAAAH
KRAAAAAAH
ER BEGREIFT NÄMLICH LANGSAM, WIE SINNLOS GE-RECHTIGKEIT IST.

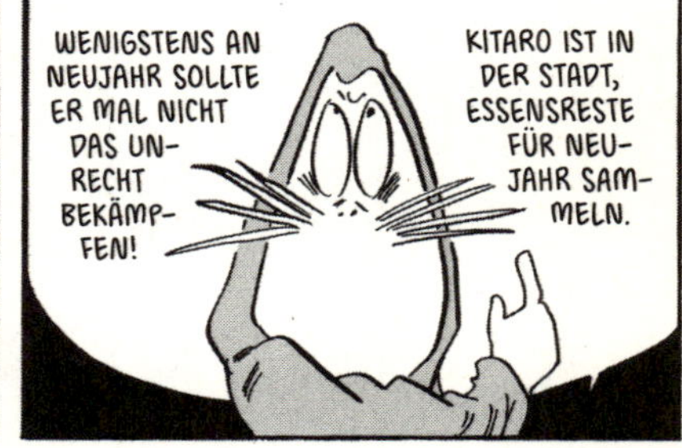
KITARO IST IN DER STADT, ESSENSRESTE FÜR NEU-JAHR SAM-MELN.
WENIGSTENS AN NEUJAHR SOLLTE ER MAL NICHT DAS UN-RECHT BEKÄMP-FEN!

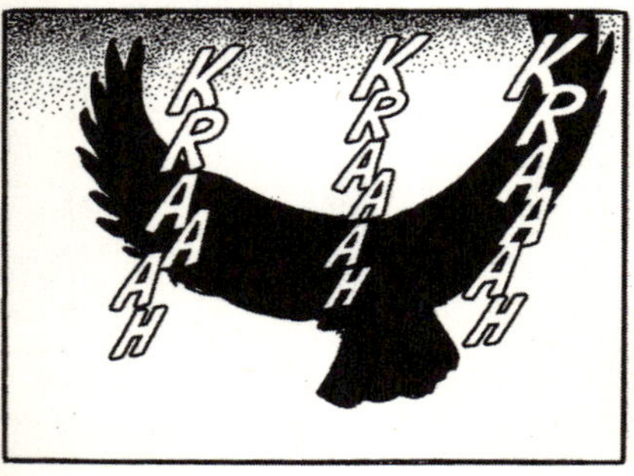
KRAAAAAH
KRAAAAH
KRAAAAH

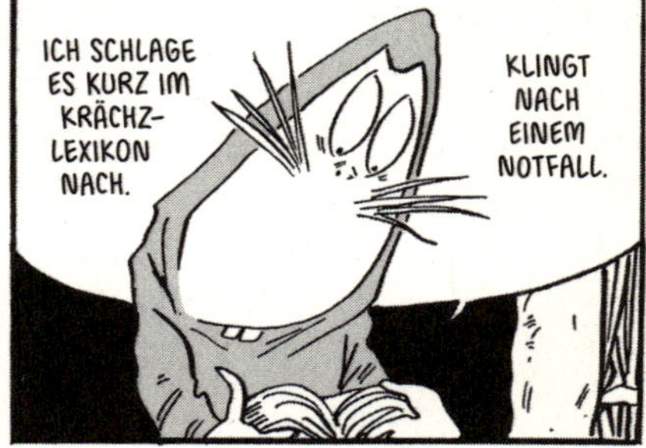
KLINGT NACH EINEM NOTFALL.
ICH SCHLAGE ES KURZ IM KRÄCHZ-LEXIKON NACH.

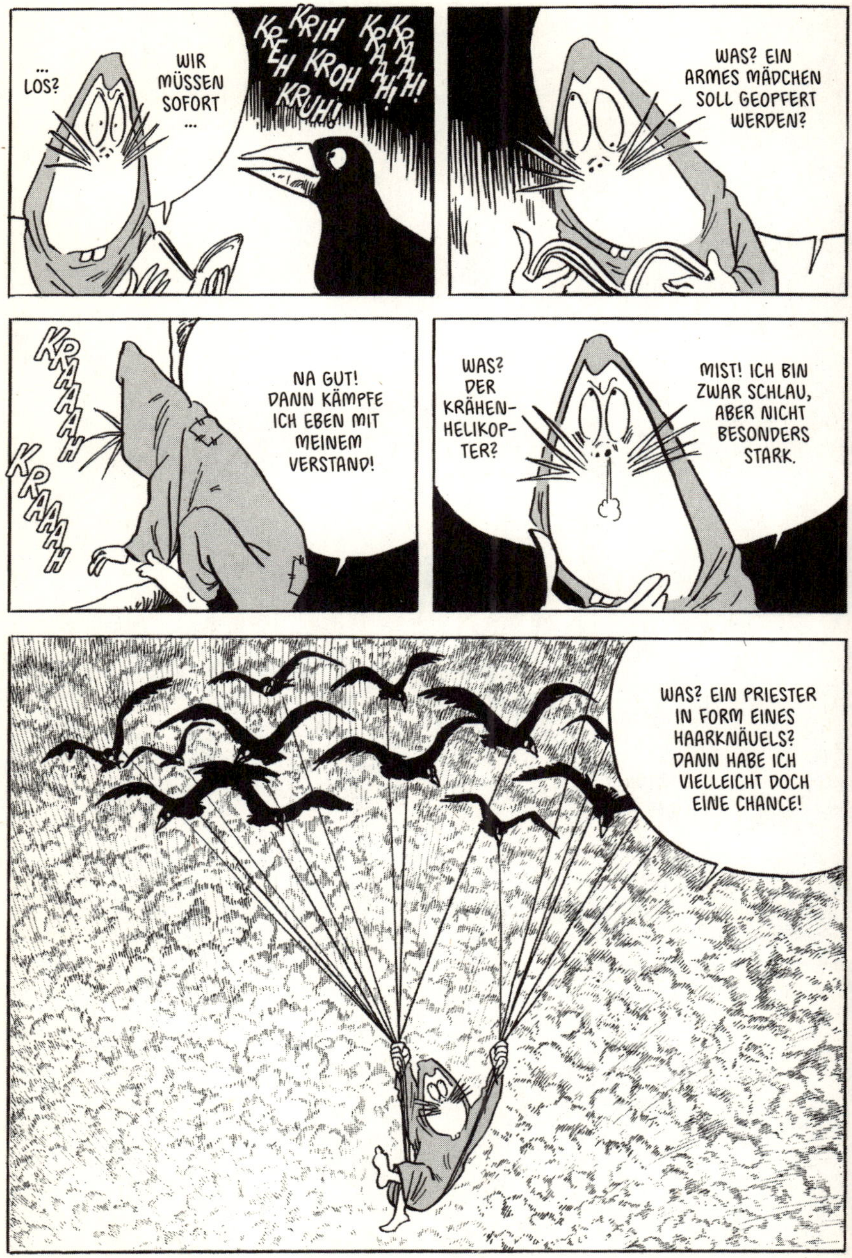

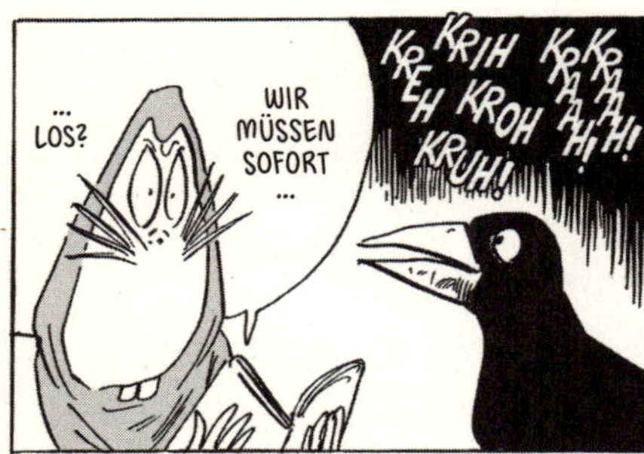

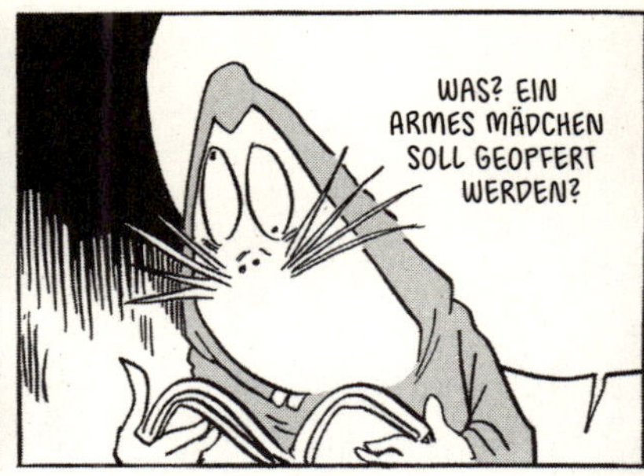

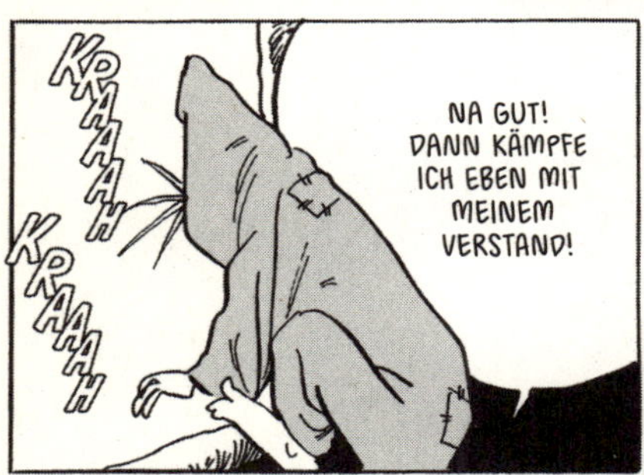

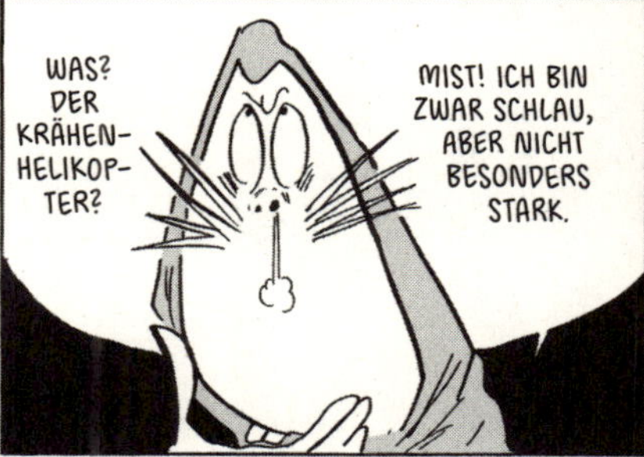

WAS? EIN PRIESTER IN FORM EINES HAARKNÄUELS? DANN HABE ICH VIELLEICHT DOCH EINE CHANCE!

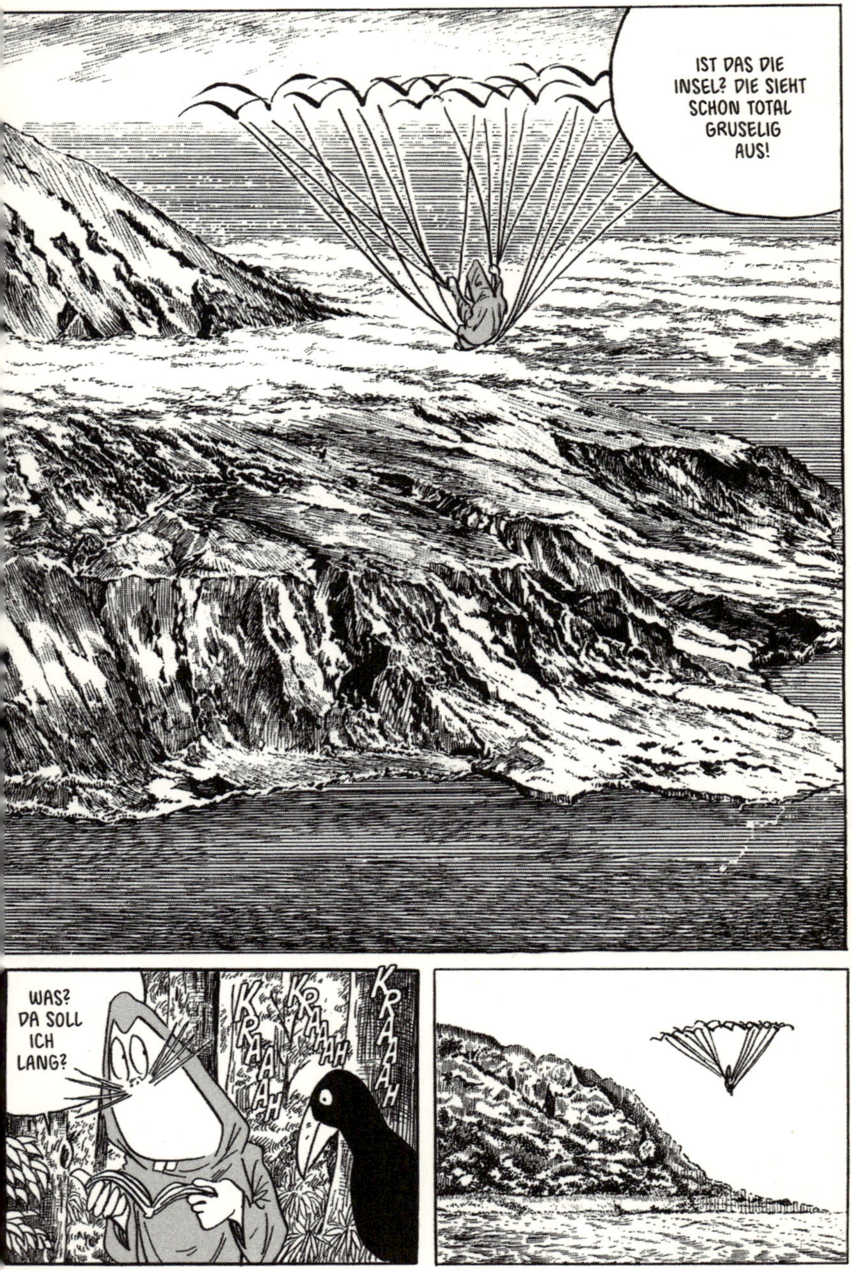

IST DAS DIE INSEL? DIE SIEHT SCHON TOTAL GRUSELIG AUS!

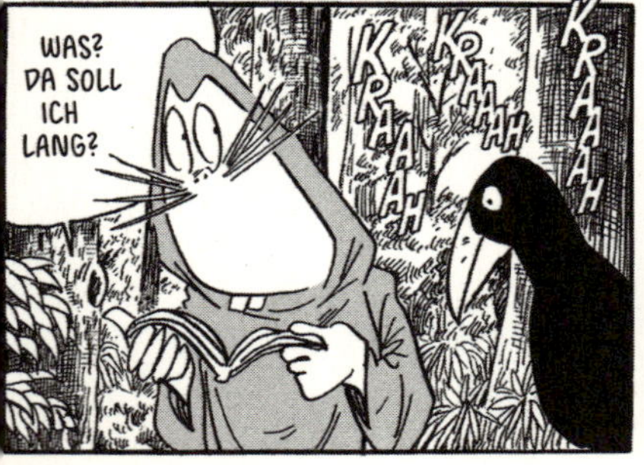

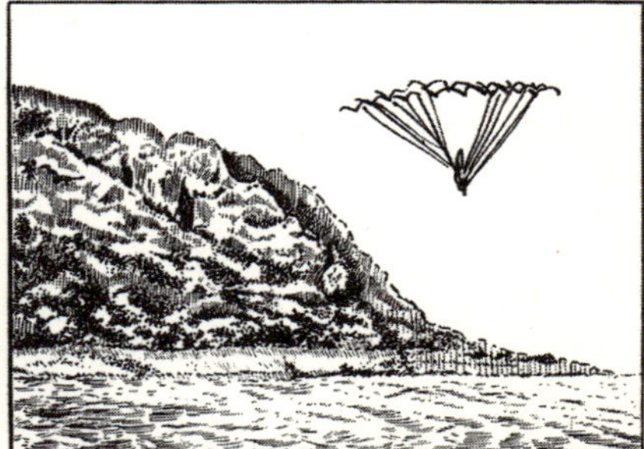

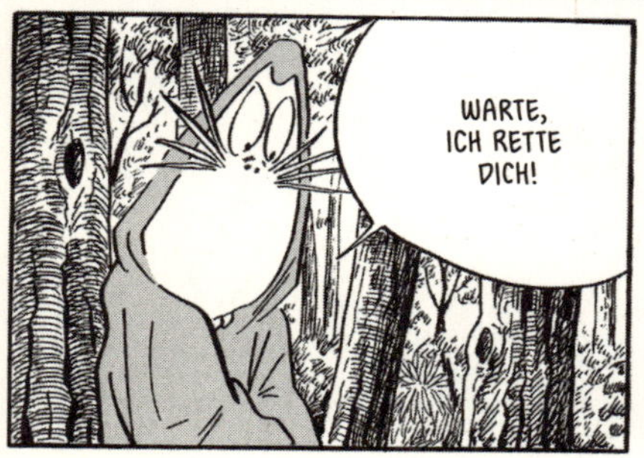
WARTE,
ICH RETTE
DICH!

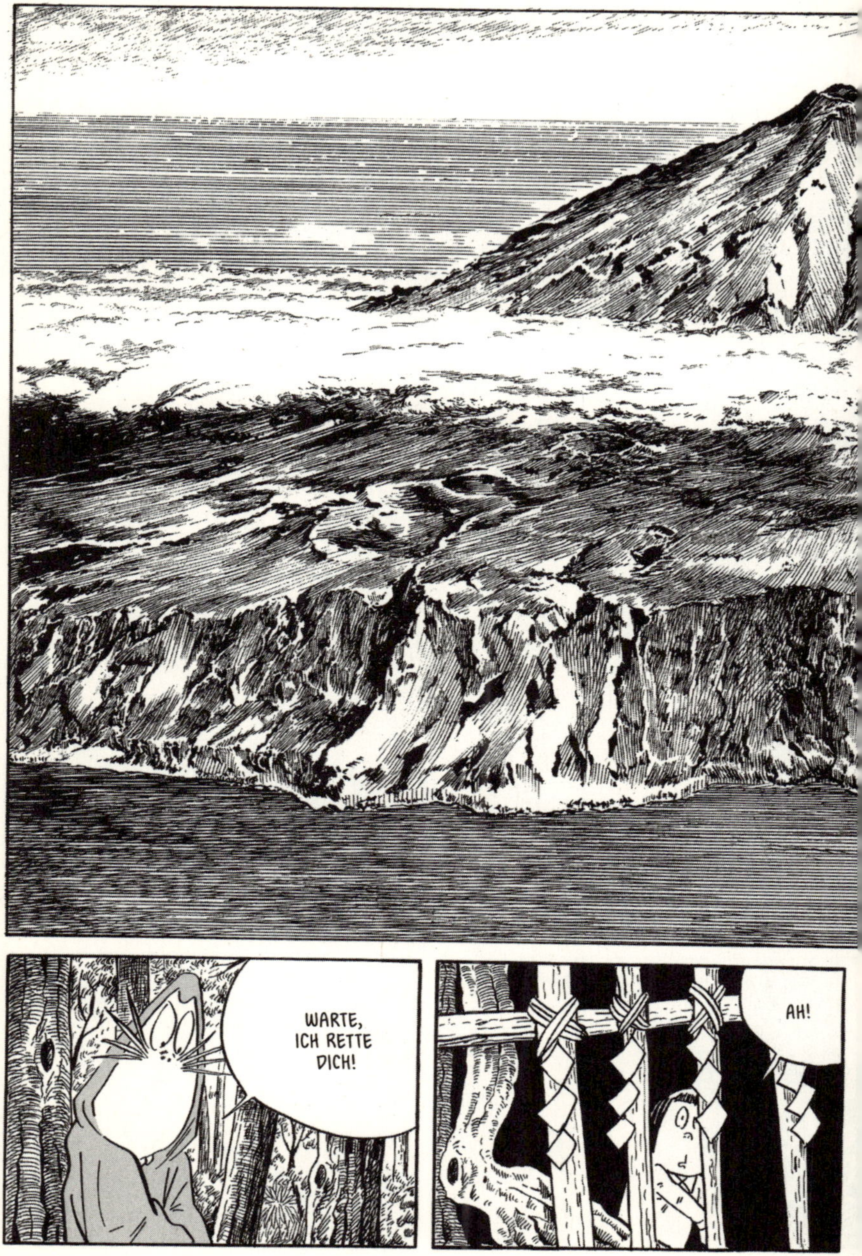

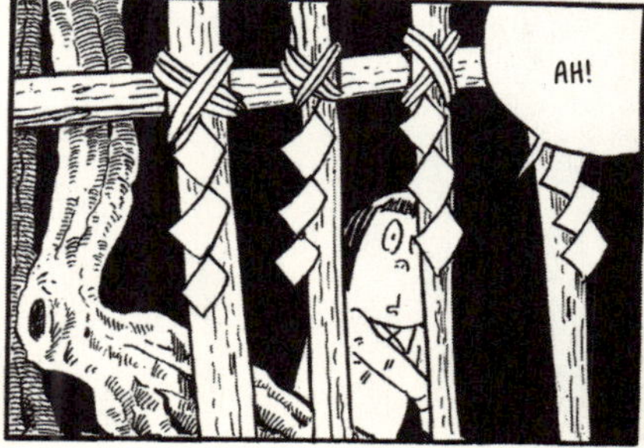
AH!

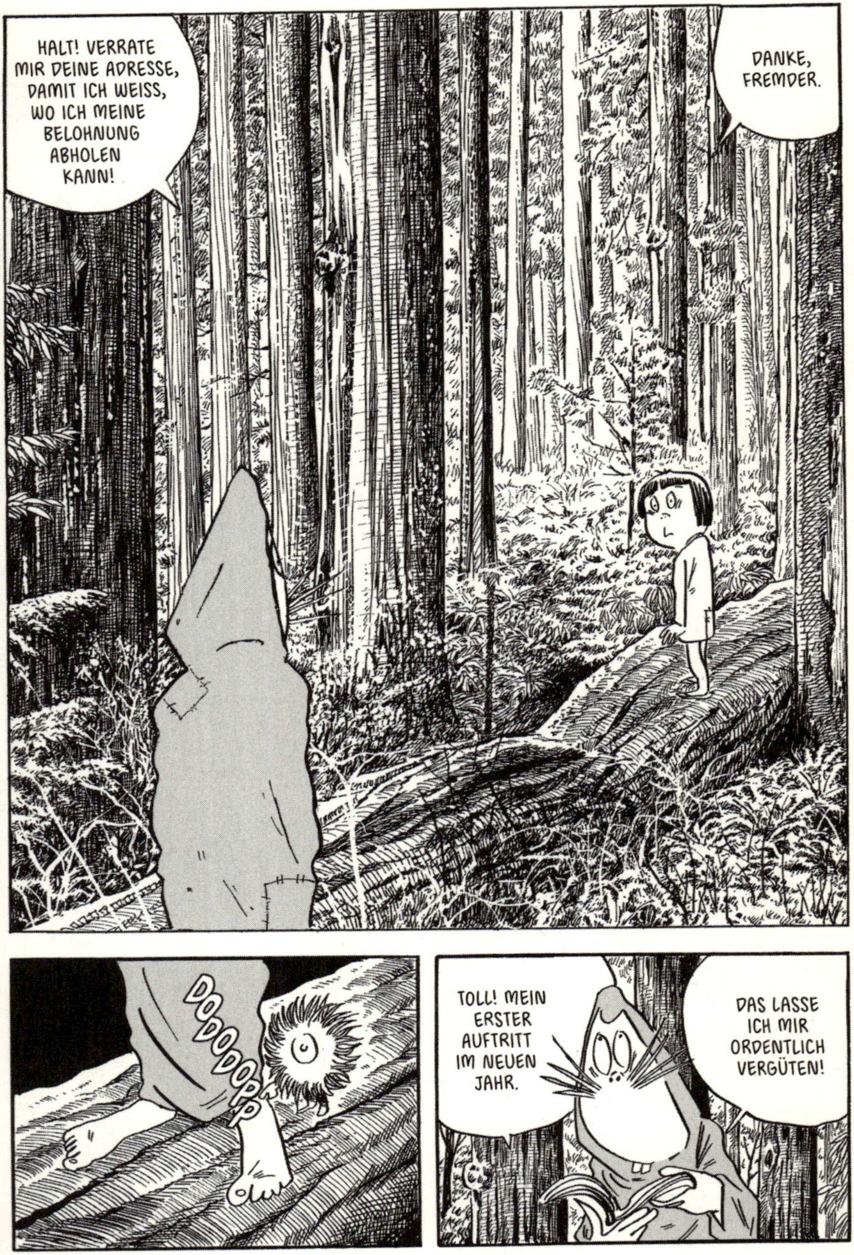

HALT! VERRATE MIR DEINE ADRESSE, DAMIT ICH WEISS, WO ICH MEINE BELOHNUNG ABHOLEN KANN!

DANKE, FREMDER.

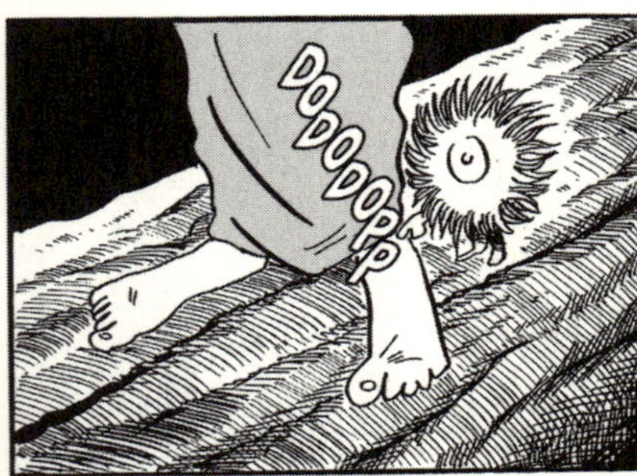

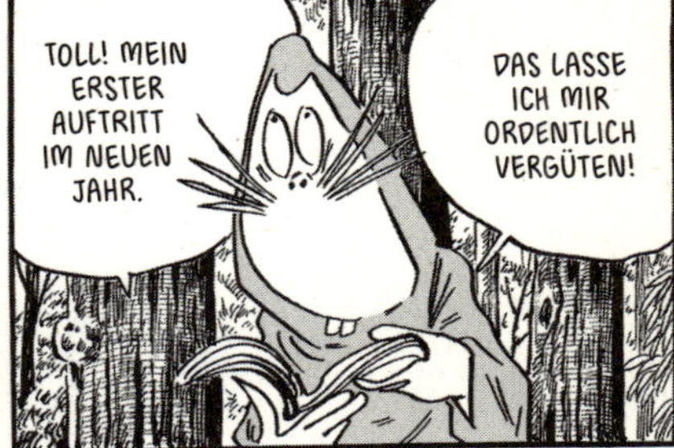

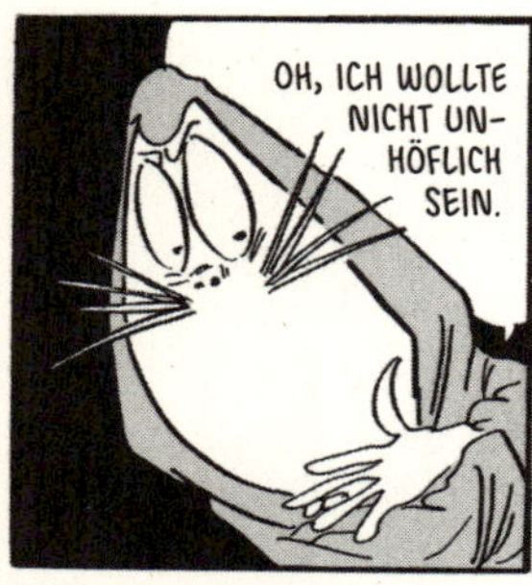
OH, ICH WOLLTE NICHT UNHÖFLICH SEIN.

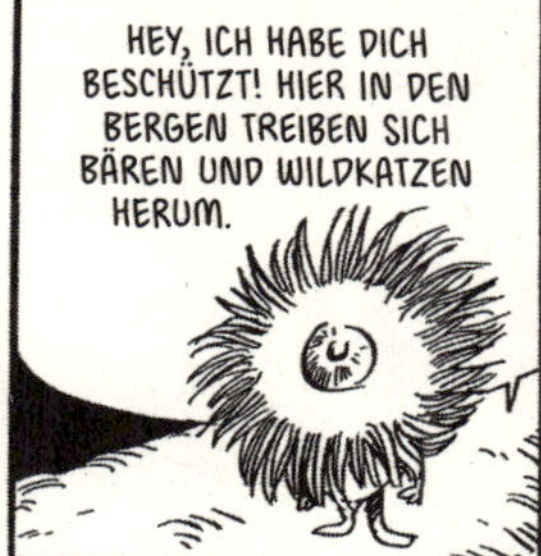
HEY, ICH HABE DICH BESCHÜTZT! HIER IN DEN BERGEN TREIBEN SICH BÄREN UND WILDKATZEN HERUM.

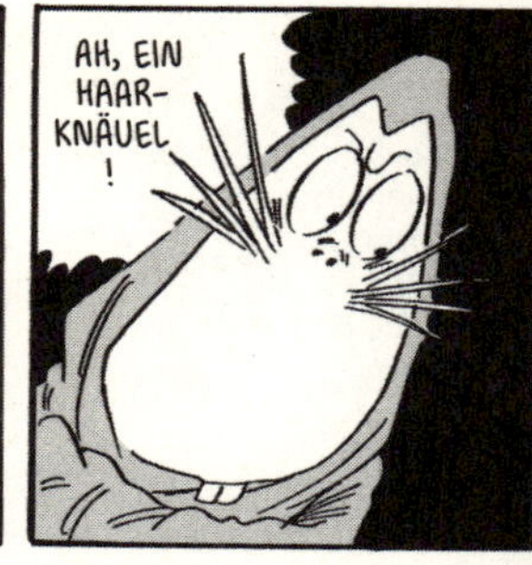
AH, EIN HAARKNÄUEL!

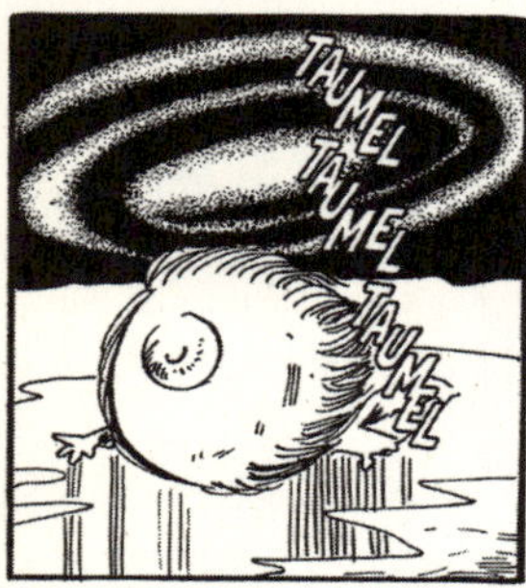
TAUMEL
TAUMEL
TAUMEL

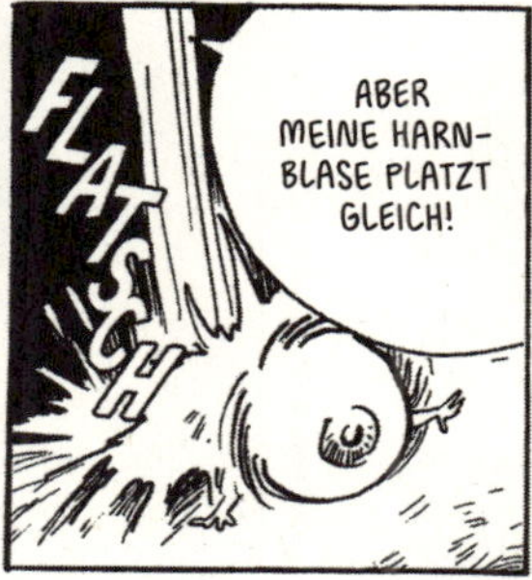
FLATSCH
ABER MEINE HARNBLASE PLATZT GLEICH!

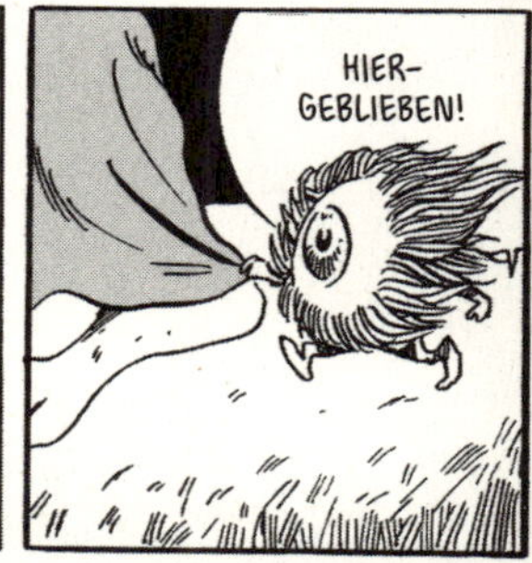
HIERGEBLIEBEN!

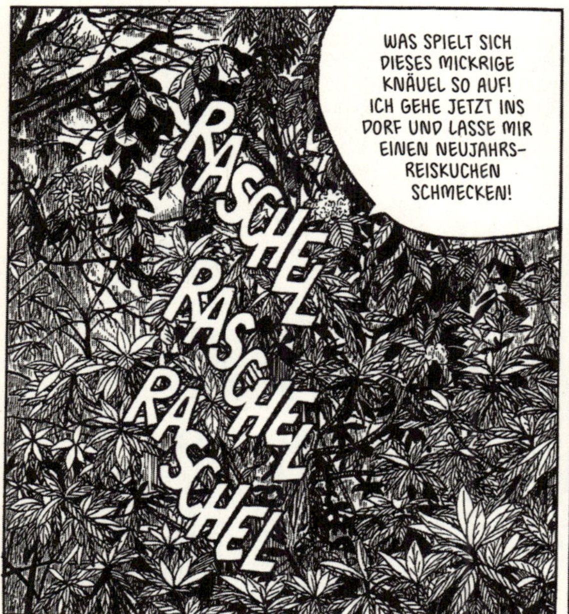
WAS SPIELT SICH DIESES MICKRIGE KNÄUEL SO AUF! ICH GEHE JETZT INS DORF UND LASSE MIR EINEN NEUJAHRSREISKUCHEN SCHMECKEN!
RASCHEL
RASCHEL
RASCHEL
RASCHEL

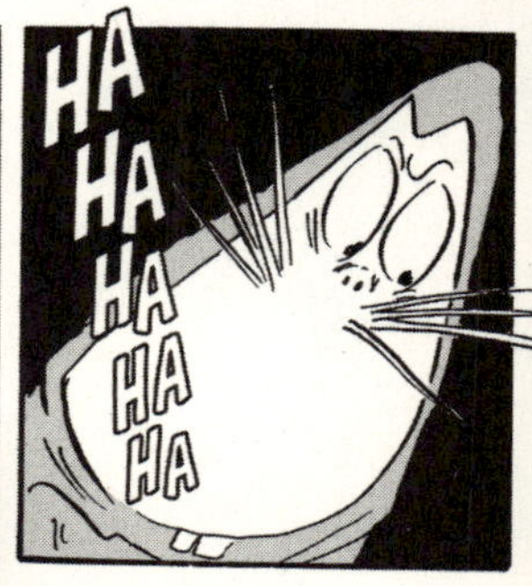
HA HA HA HA HA HA

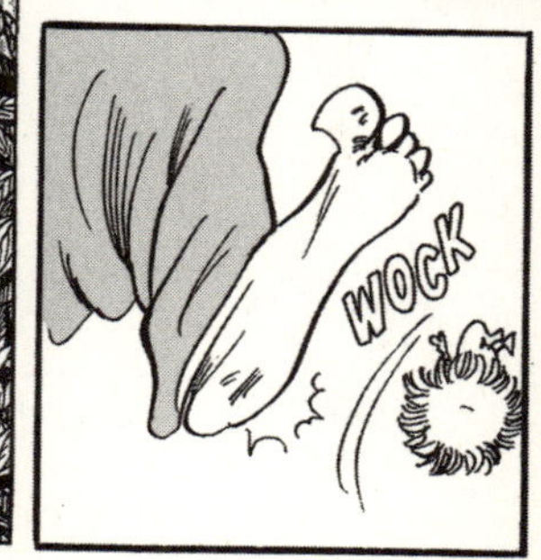
WOCK

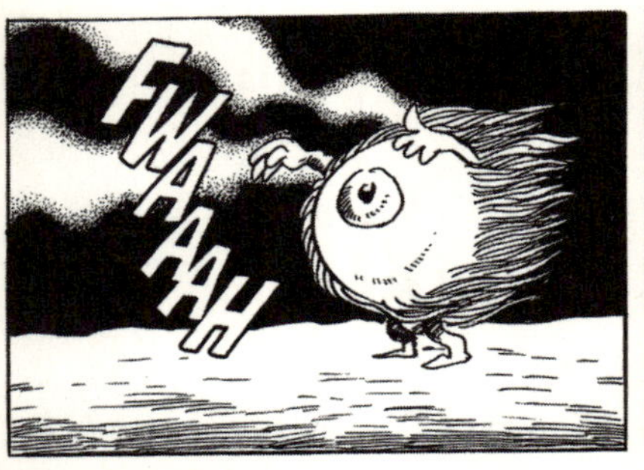
FWAAAAH

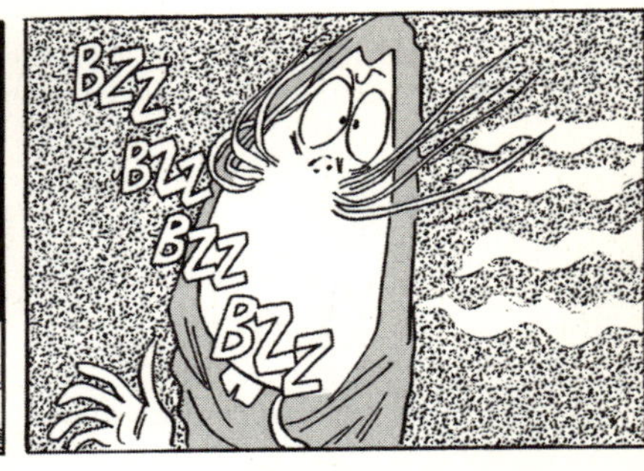
BZZ
BZZ
BZZ
BZZ

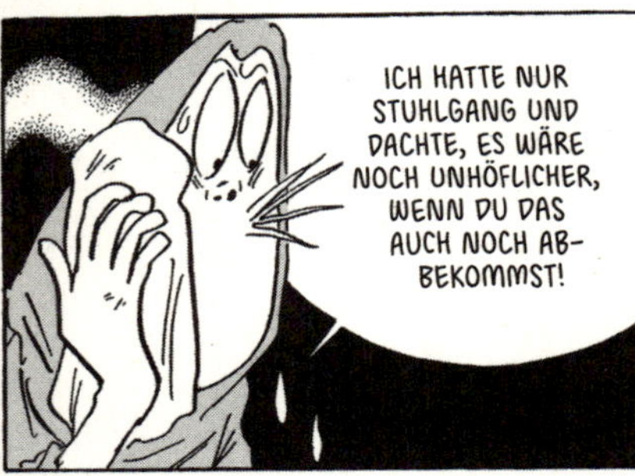
ICH HATTE NUR STUHLGANG UND DACHTE, ES WÄRE NOCH UNHÖFLICHER, WENN DU DAS AUCH NOCH ABBEKOMMST!

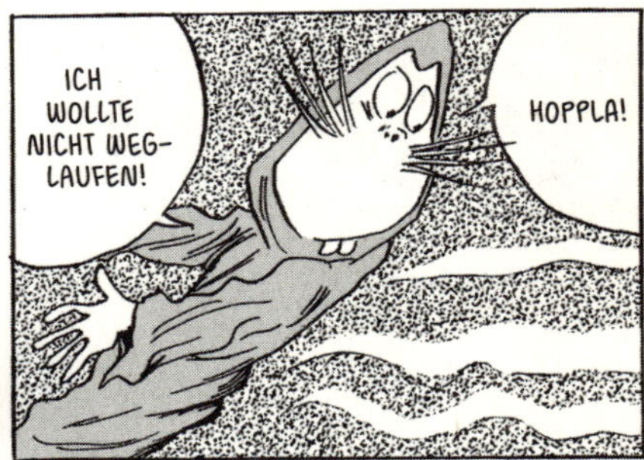
ICH WOLLTE NICHT WEG-LAUFEN!
HOPPLA!

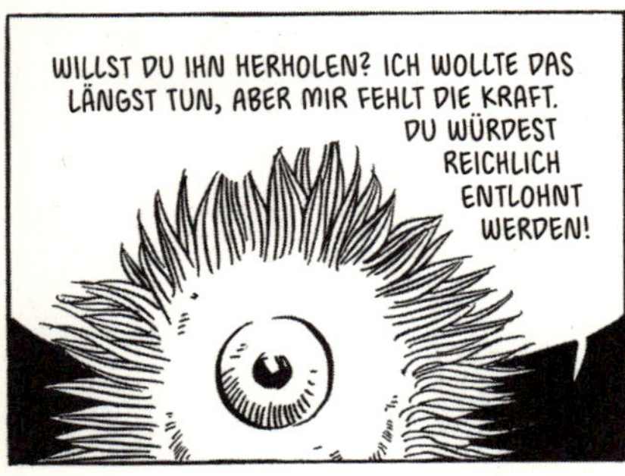
WILLST DU IHN HERHOLEN? ICH WOLLTE DAS LÄNGST TUN, ABER MIR FEHLT DIE KRAFT.
DU WÜRDEST REICHLICH ENTLOHNT WERDEN!

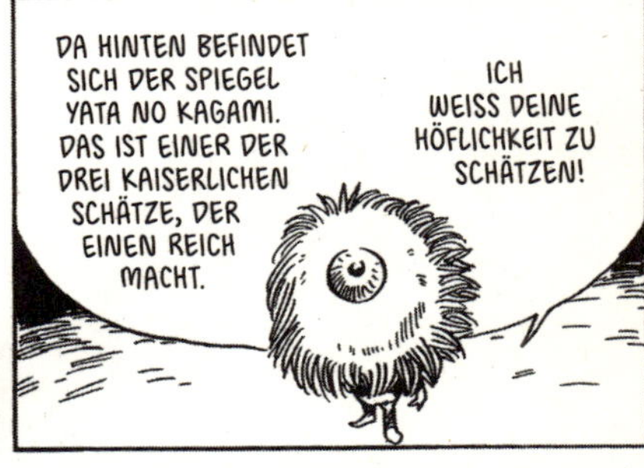
DA HINTEN BEFINDET SICH DER SPIEGEL YATA NO KAGAMI. DAS IST EINER DER DREI KAISERLICHEN SCHÄTZE, DER EINEN REICH MACHT.
ICH WEISS DEINE HÖFLICHKEIT ZU SCHÄTZEN!

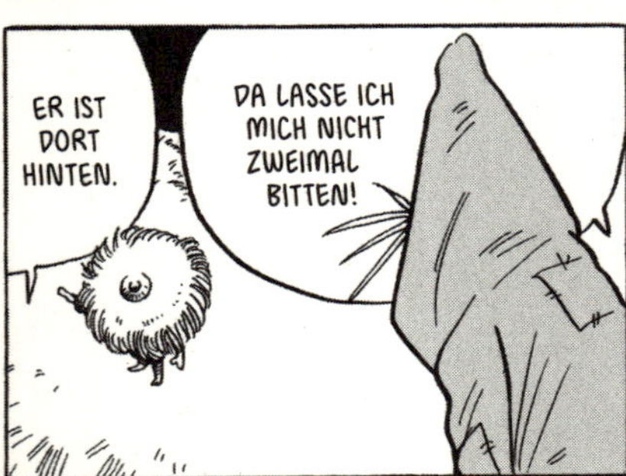
ER IST DORT HINTEN.
DA LASSE ICH MICH NICHT ZWEIMAL BITTEN!

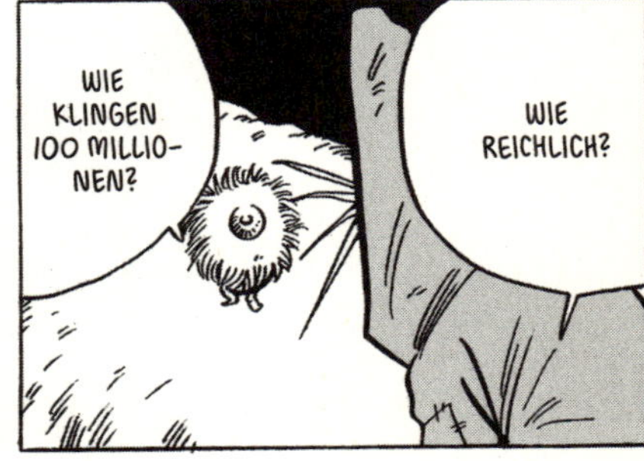
WIE KLINGEN 100 MILLIONEN?
WIE REICHLICH?

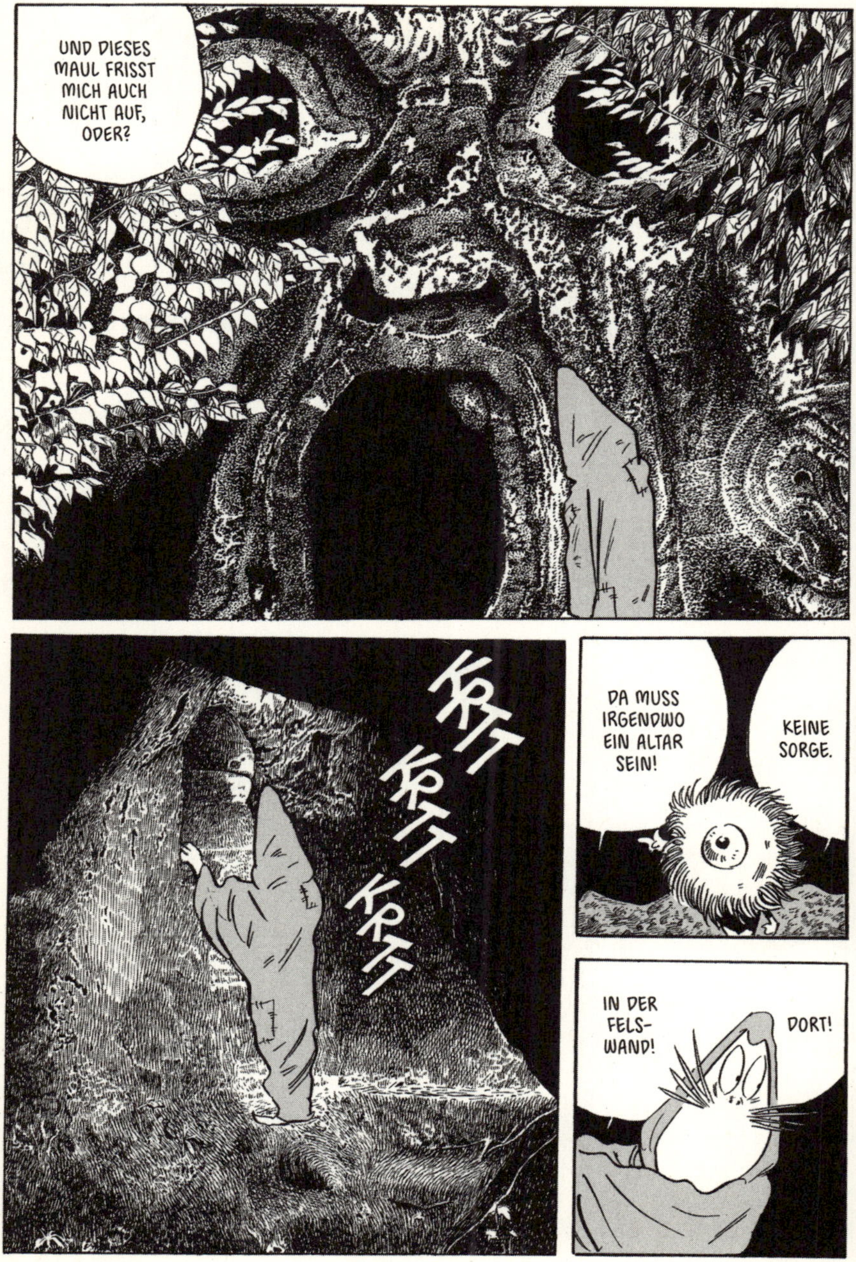

UND DIESES
MAUL FRISST
MICH AUCH
NICHT AUF,
ODER?

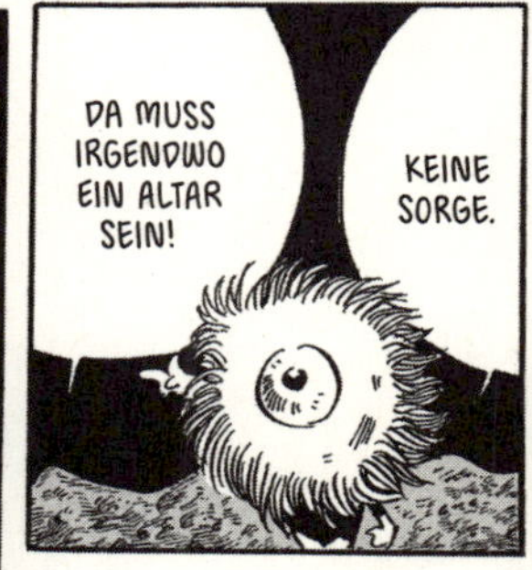

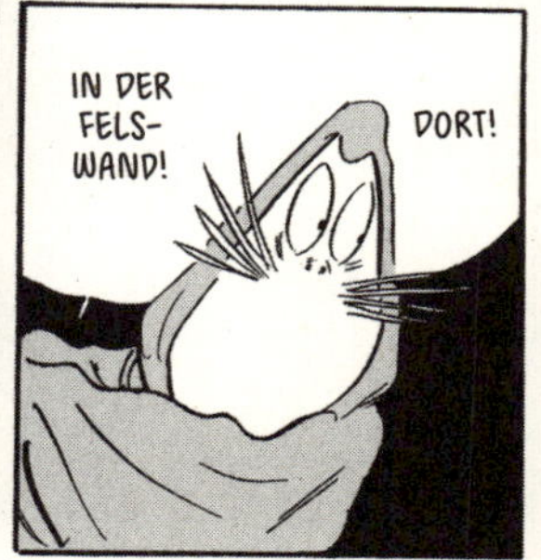

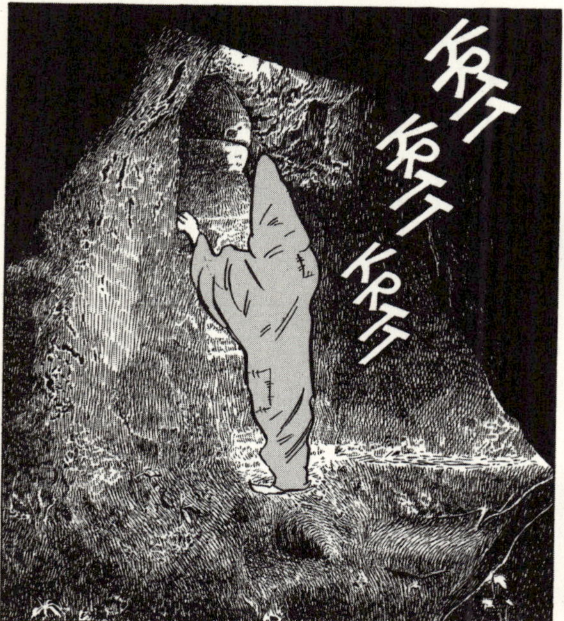

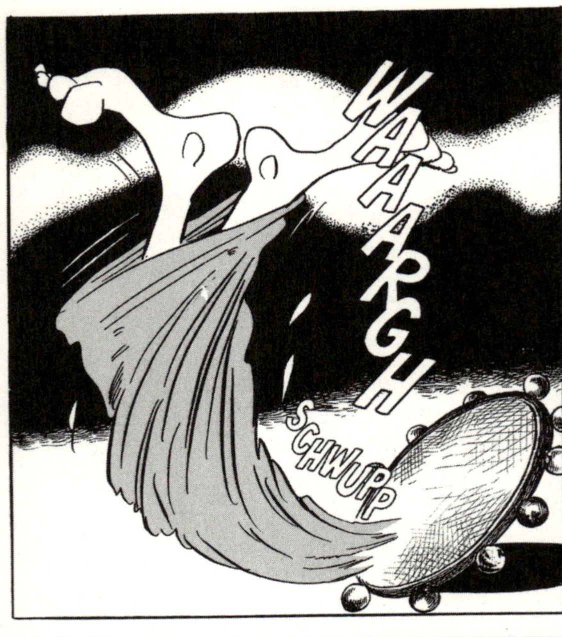
WAAARGH
SCHWUPP

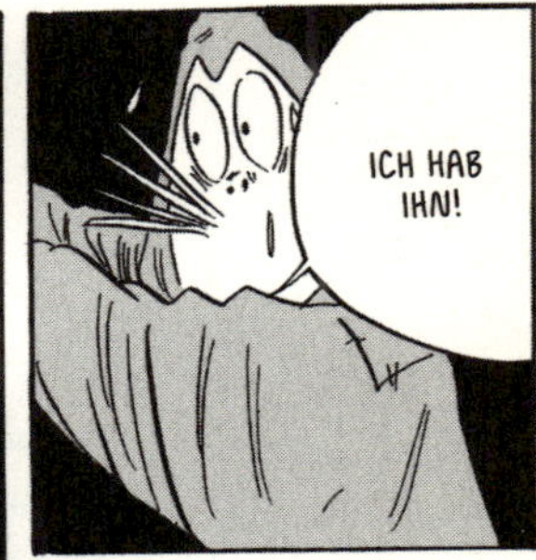
ICH HAB IHN!

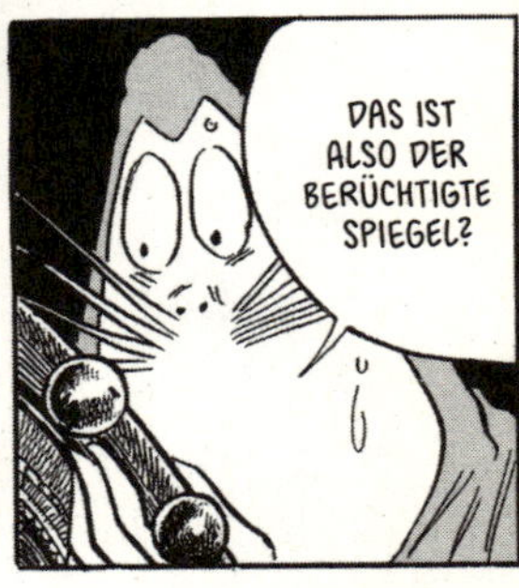
DAS IST ALSO DER BERÜCHTIGTE SPIEGEL?

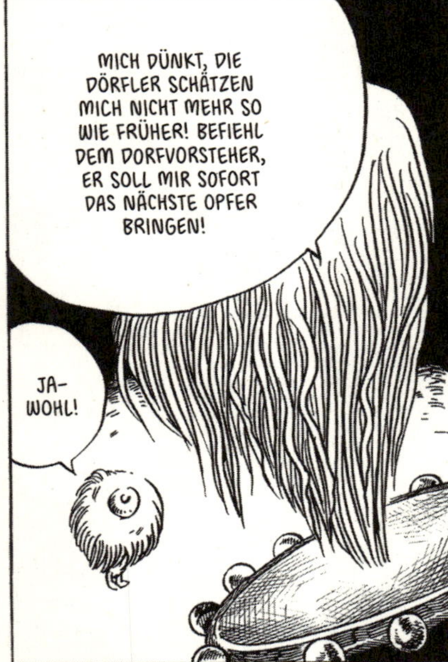
MICH DÜNKT, DIE DÖRFLER SCHÄTZEN MICH NICHT MEHR SO WIE FRÜHER! BEFIEHL DEM DORFVORSTEHER, ER SOLL MIR SOFORT DAS NÄCHSTE OPFER BRINGEN!
JA-WOHL!

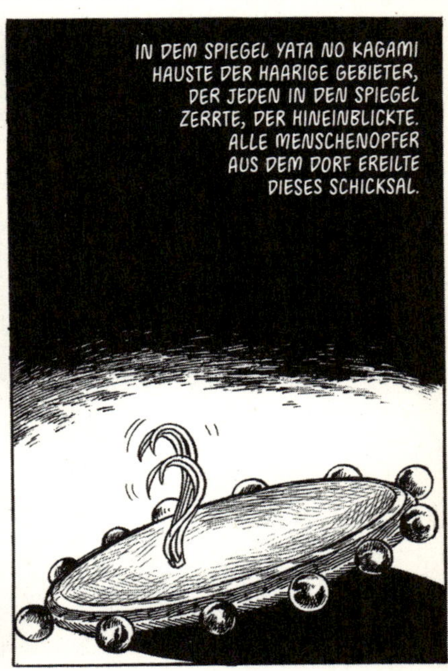
IN DEM SPIEGEL YATA NO KAGAMI HAUSTE DER HAARIGE GEBIETER, DER JEDEN IN DEN SPIEGEL ZERRTE, DER HINEINBLICKTE. ALLE MENSCHENOPFER AUS DEM DORF EREILTE DIESES SCHICKSAL.

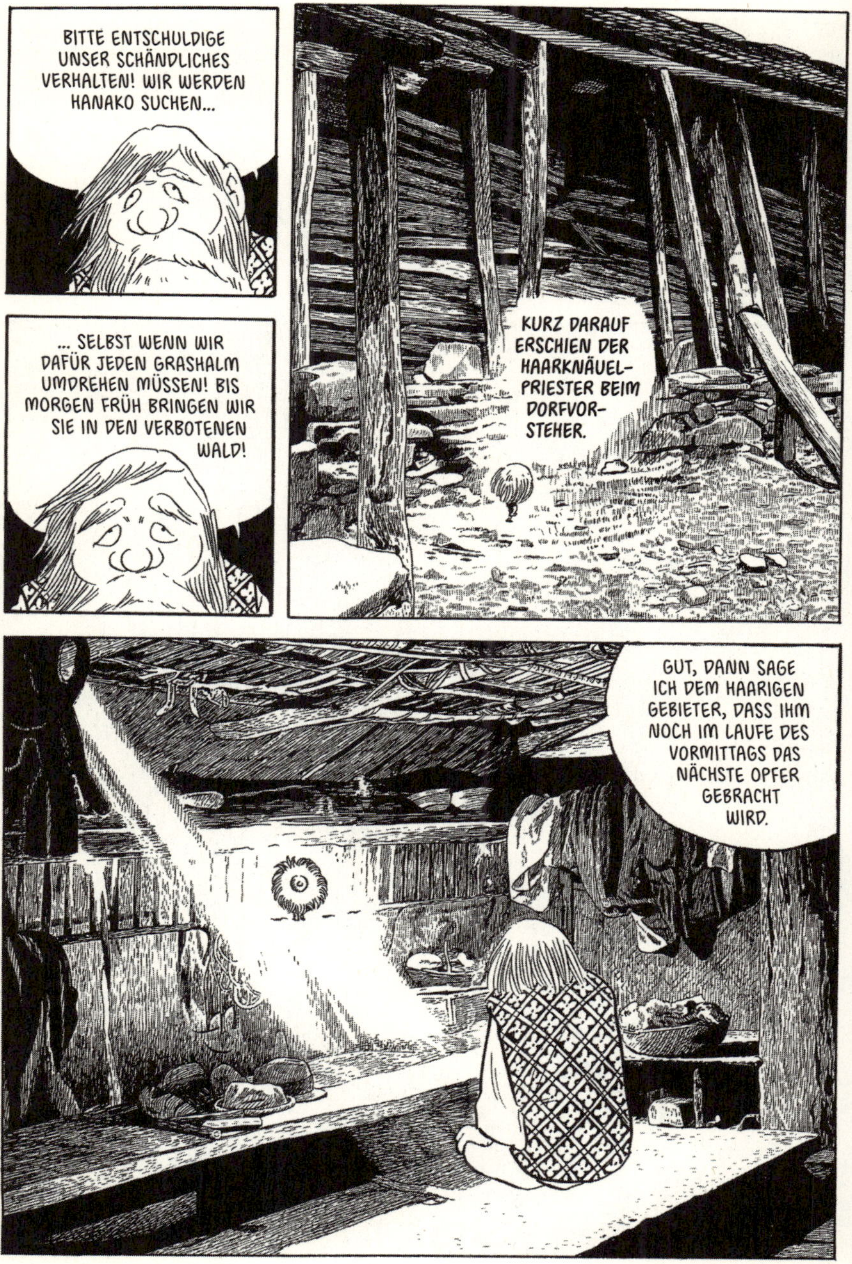

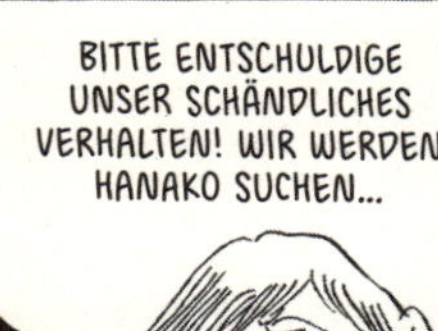

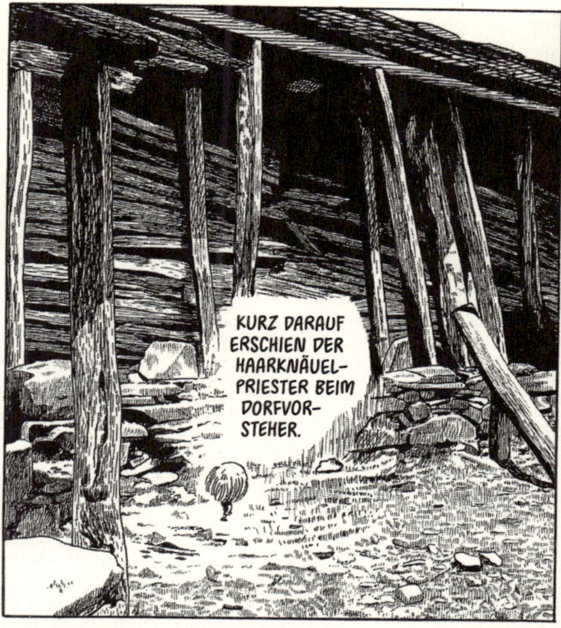

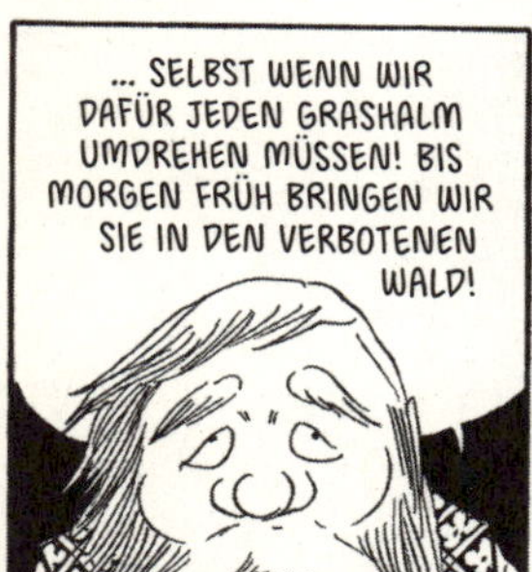

GUT, DANN SAGE ICH DEM HAARIGEN GEBIETER, DASS IHM NOCH IM LAUFE DES VORMITTAGS DAS NÄCHSTE OPFER GEBRACHT WIRD.

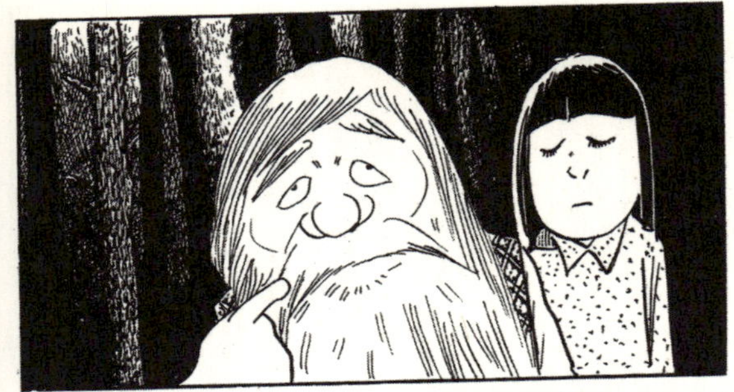

SO ANGESTRENGT DIE DÖRFLER AUCH NACH DEM ENTFLOHENEN OPFER SUCHTEN, VON HANAKO FEHLTE JEDE SPUR. DER RABE KRÄCHZI HATTE SIE GUT VERSTECKT. DEM DORFVORSTEHER BLIEB NICHTS ANDERES ÜBRIG, ALS EIN ANDERES OPFER MITZUNEHMEN.

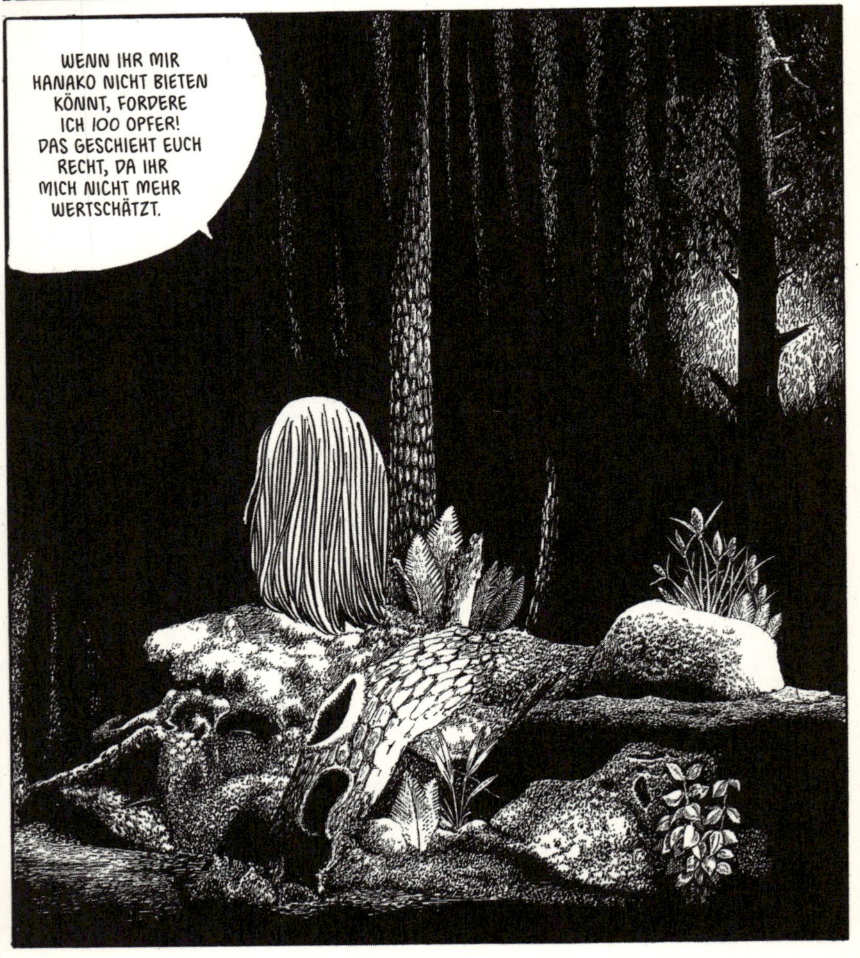

WENN IHR MIR HANAKO NICHT BIETEN KÖNNT, FORDERE ICH 100 OPFER! DAS GESCHIEHT EUCH RECHT, DA IHR MICH NICHT MEHR WERTSCHÄTZT.

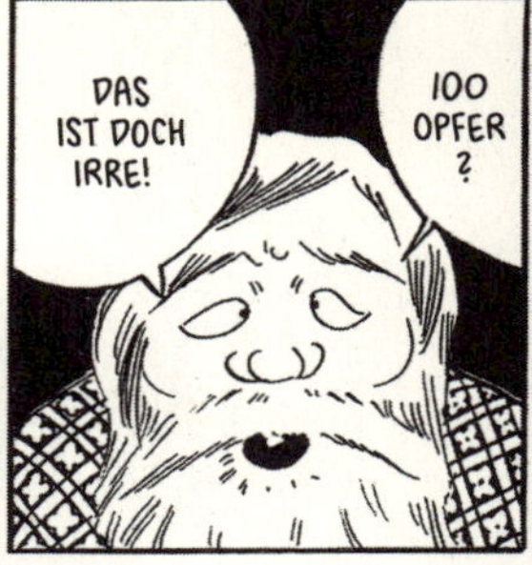

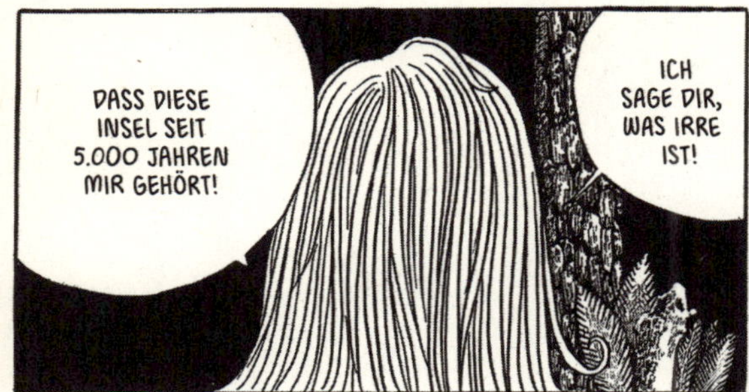

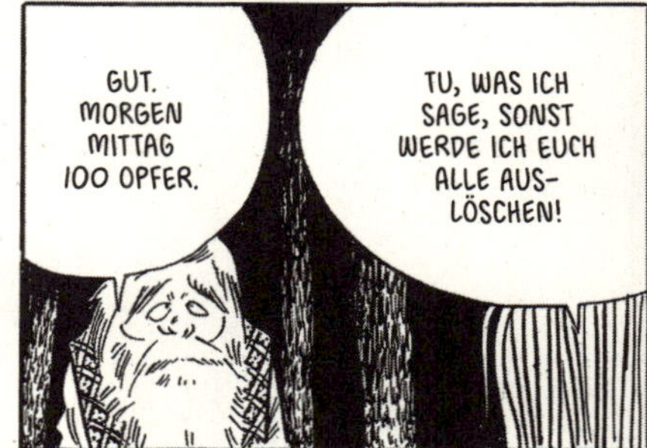

AUF DIESE IRRWITZIGE FORDERUNG WOLLTE SICH IM DORF NATÜRLICH NIEMAND EINLASSEN. MANCHE SAGTEN, DASS DAS MILITÄR EINGESCHALTET WERDEN MÜSSE. DOCH DANN EINIGTE MAN SICH DARAUF, DIE ANGELEGENHEIT BESSER UNTER SICH ZU KLÄREN, UM DEN HAARIGEN GEBIETER NICHT NOCH MEHR ZU ERZÜRNEN. MAN BESCHLOSS, AM FOLGENDEN TAG MIT DEM HAARIGEN GEBIETER ZU VERHANDELN, UND SCHLIESSLICH WAR DER TAG GEKOMMEN.

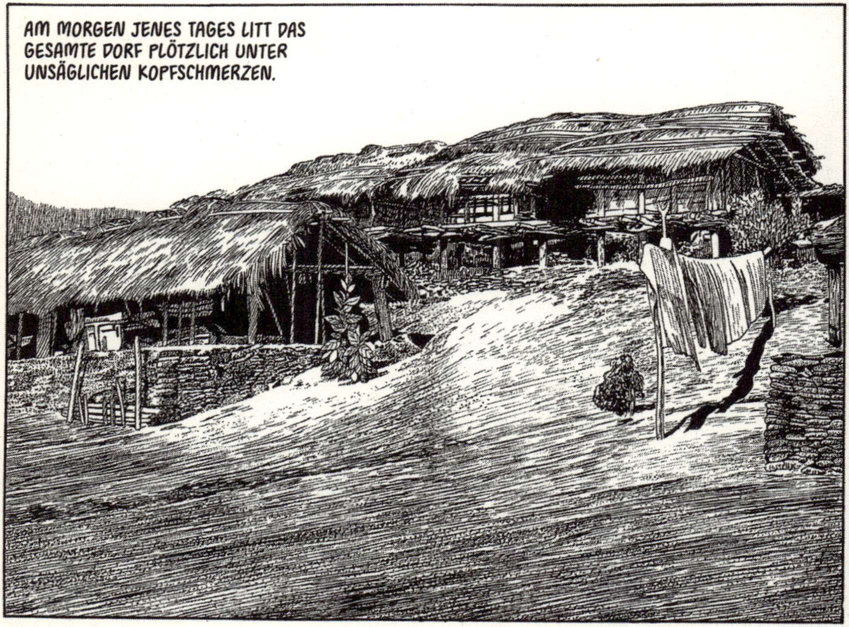

AM MORGEN JENES TAGES LITT DAS GESAMTE DORF PLÖTZLICH UNTER UNSÄGLICHEN KOPFSCHMERZEN.

Haariger Gebieter, Teil 1 – Ende

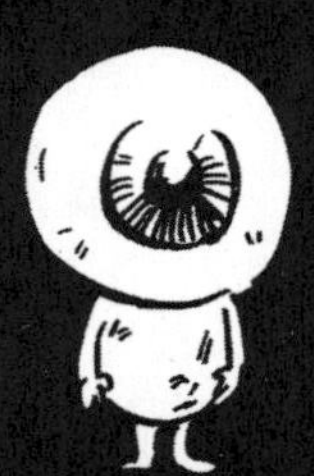

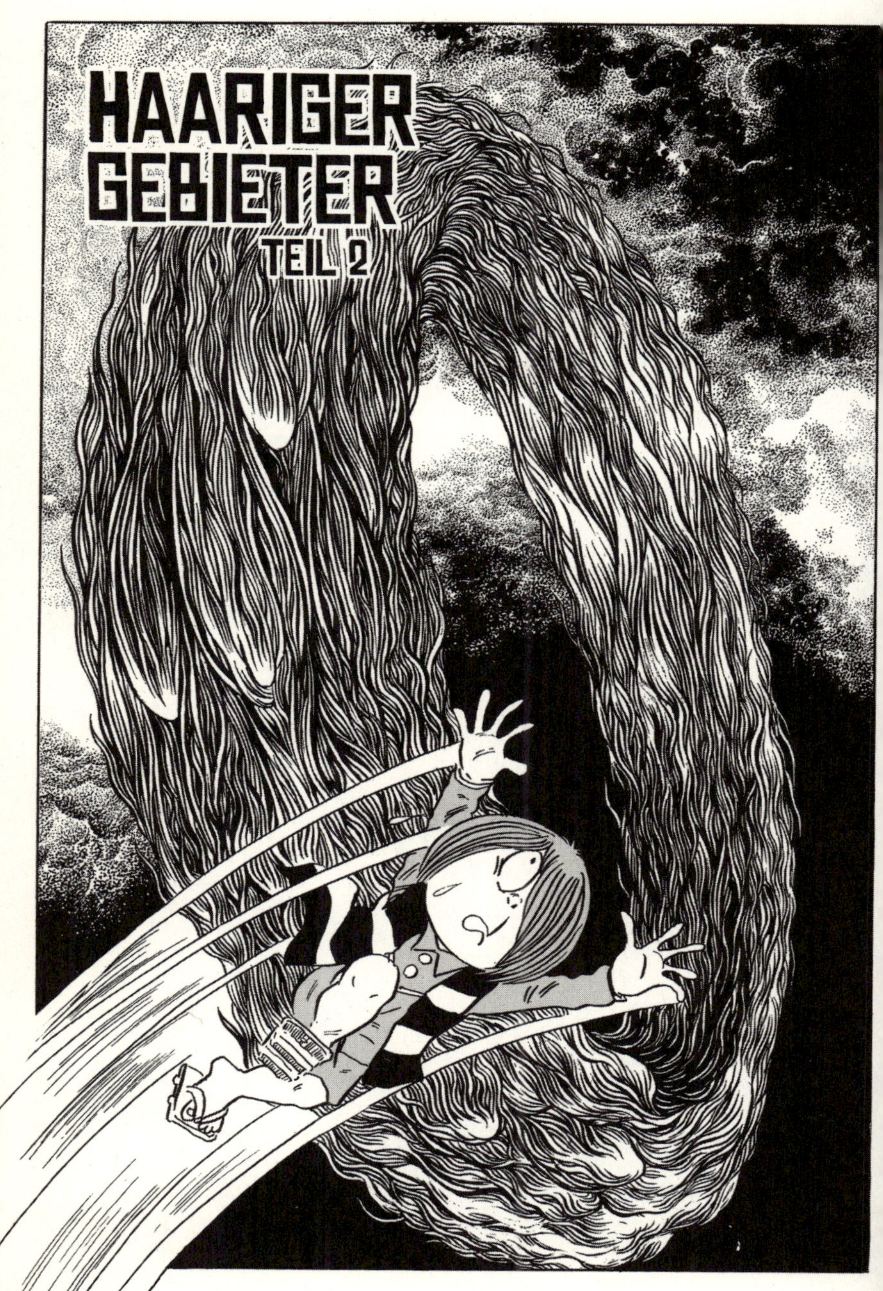
HAARIGER GEBIETER
TEIL 2

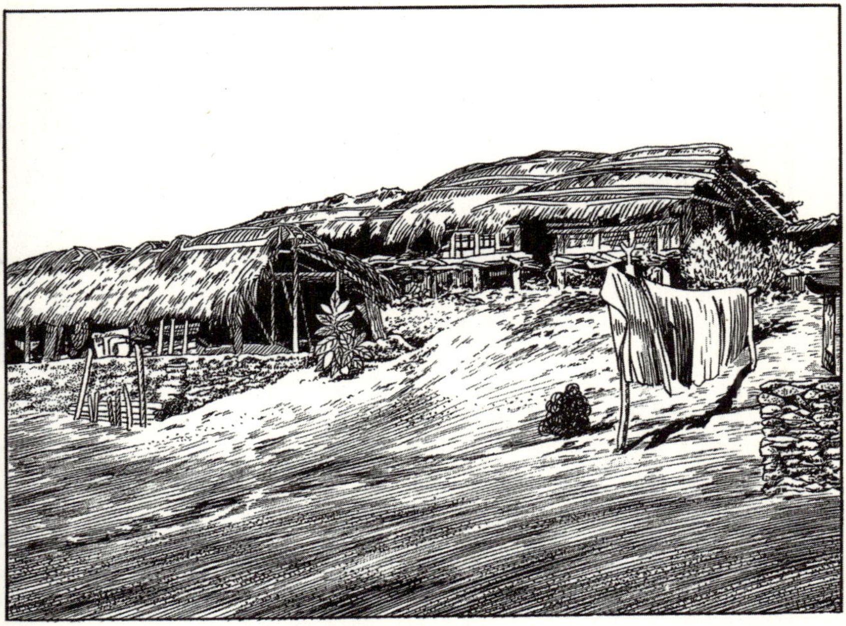

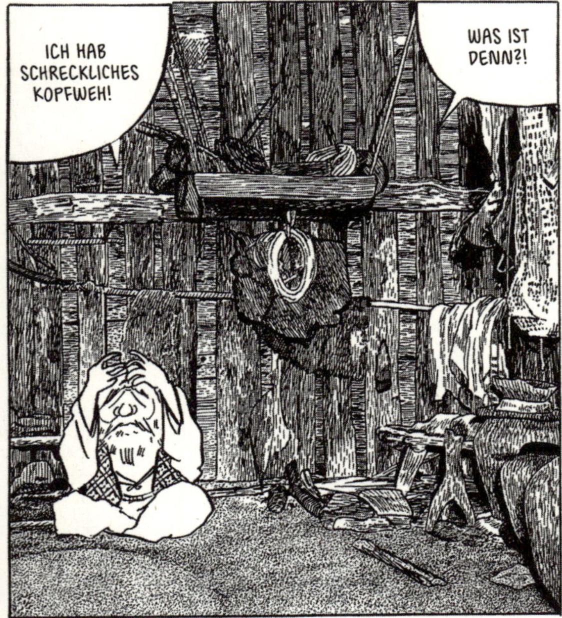

IN DEM FRIEDLICHEN INSEL-DÖRFCHEN, DAS ALLJÄHRLICH DEM HAARIGEN GEBIETER EIN MENSCHENOPFER DARBRINGT, WAR DER RATTENMANN AUFGETAUCHT UND HATTE DAS DIESJÄHRIGE OPFER GERETTET. DARAUFHIN SPERRTE IHN DER ERZÜRNTE HAARIGE GEBIETER IN EINEN MAGISCHEN SPIEGEL UND VERLANGTE ALS ENTSCHÄDIGUNG VOM DORFVORSTEHER 100 OPFER. OBWOHL DAS DORF NICHT MAL ANNÄHERND SO VIELE SEELEN ZÄHLTE...

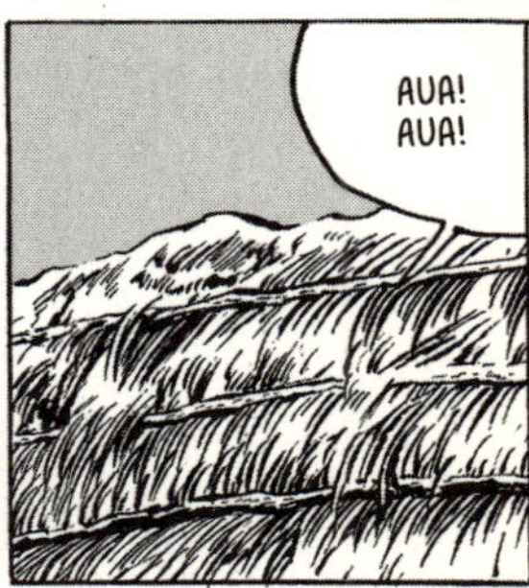

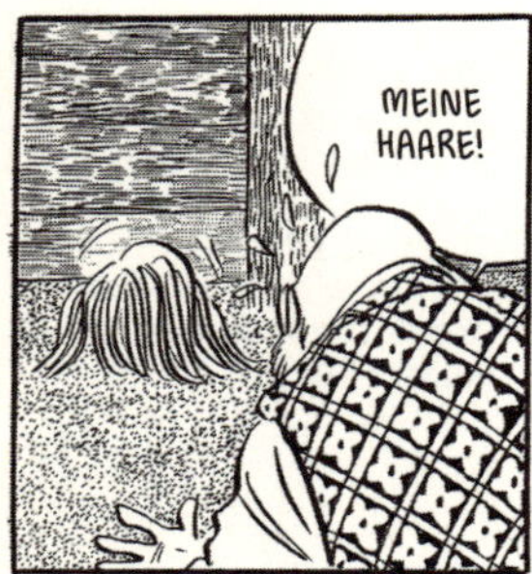
MEINE HAARE!

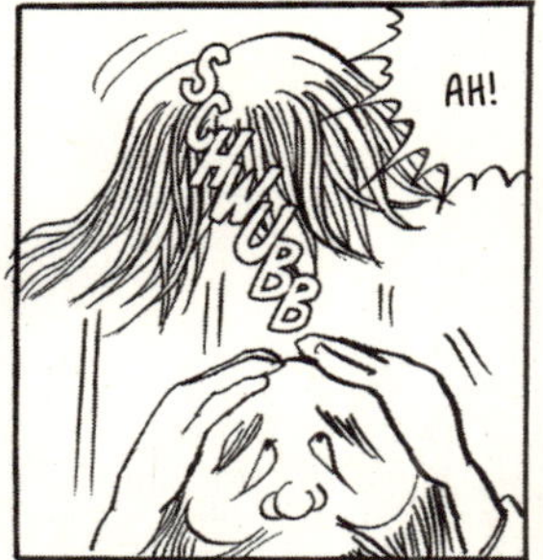
AH!
SCHWUBB

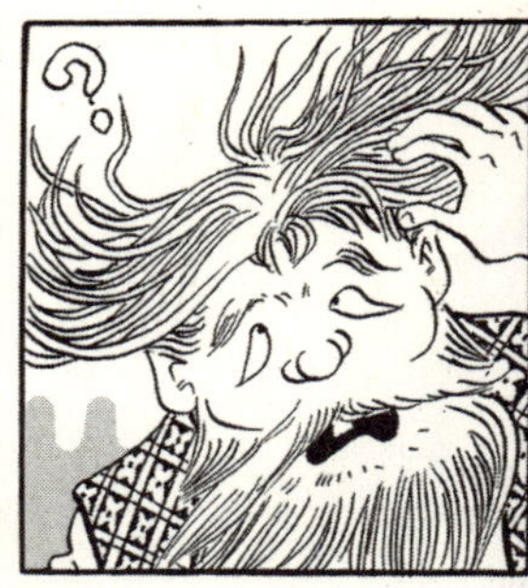
?

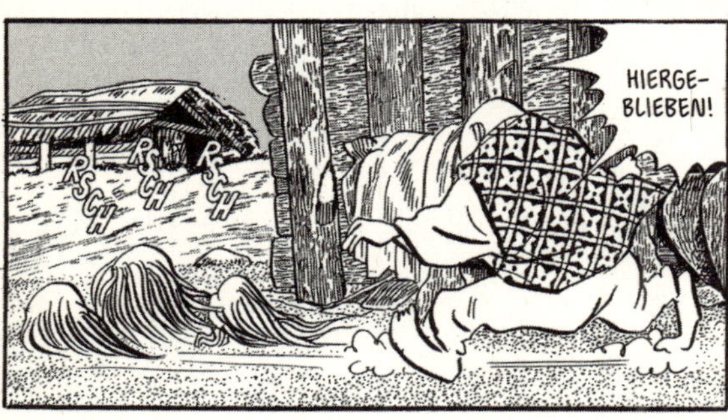
HIERGE-BLIEBEN!
RSCH
RSCH
RSCH

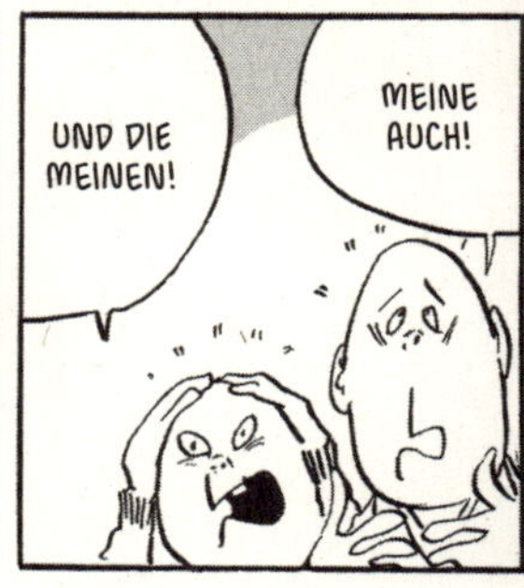
MEINE AUCH!
UND DIE MEINEN!

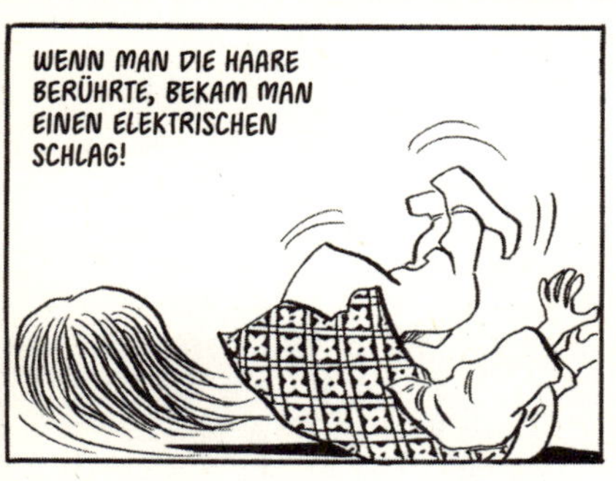
WENN MAN DIE HAARE BERÜHRTE, BEKAM MAN EINEN ELEKTRISCHEN SCHLAG!

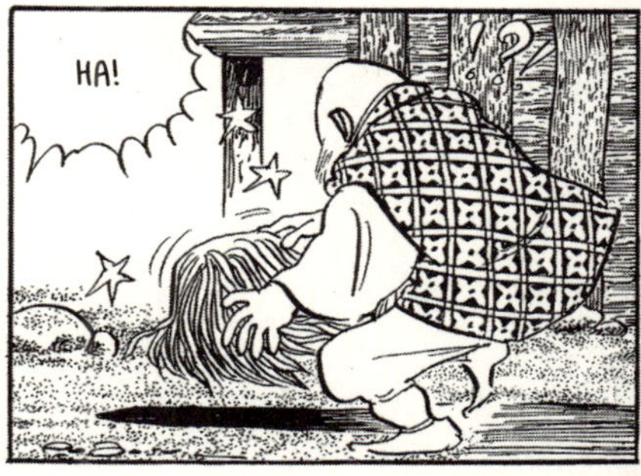
HA!
??

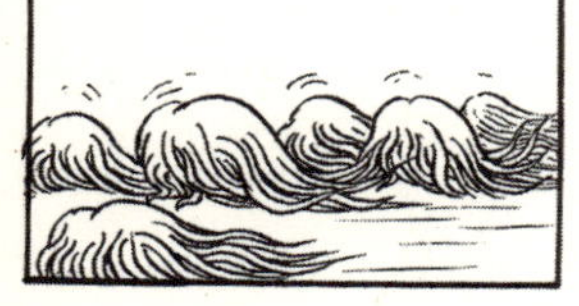
DIE HAARE SAUSTEN UNTERDESSEN IN DEN VERBOTENEN WALD.

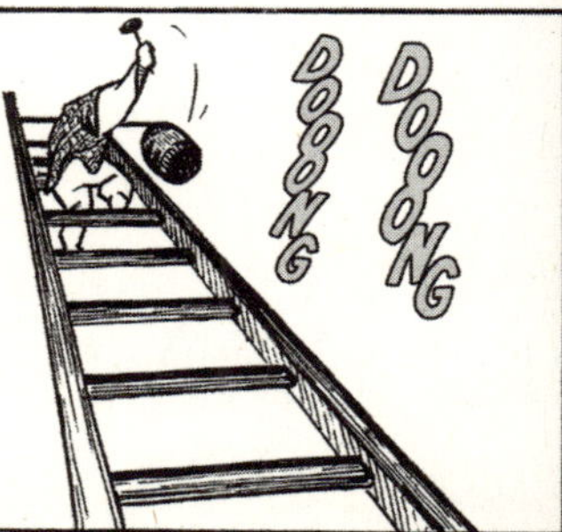
ÜBERSTÜRZT HATTE DER DORFVORSTEHER DIE FEUERGLOCKE GELÄUTET. ALS ER HÖRTE, DASS ALLEN IM DORF DIE HAARE DAVONGERANNT WAREN, STAUNTE ER NICHT SCHLECHT.
DOOONG
DOOONG

AUCH WENN EINIGE VERSUCHT HATTEN, IHRE HAARE WIEDER EINZUFANGEN, SO ZOGEN SIE SICH DOCH NUR EINEN ELEKTRISCHEN SCHLAG ZU UND GABEN SCHLIESSLICH AUF.

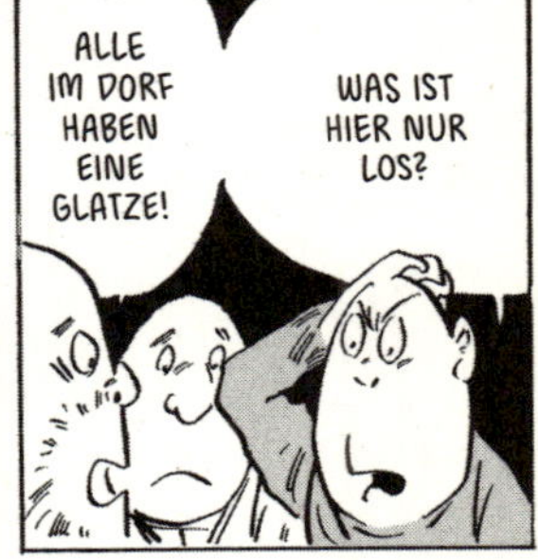

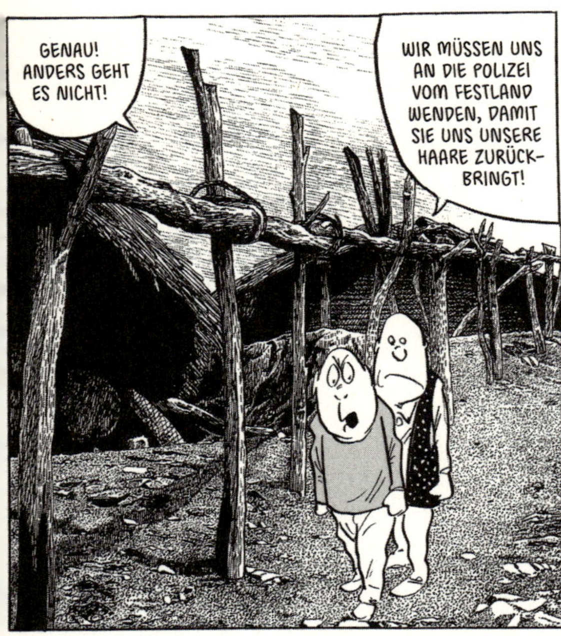

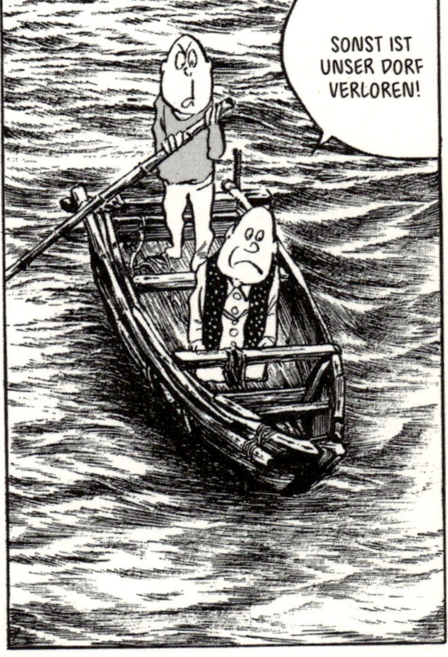

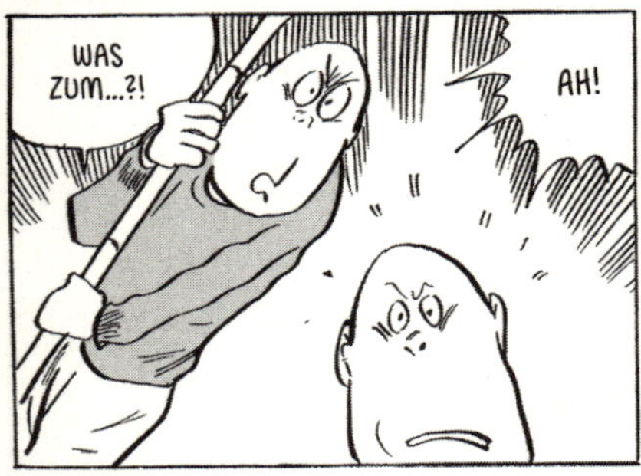

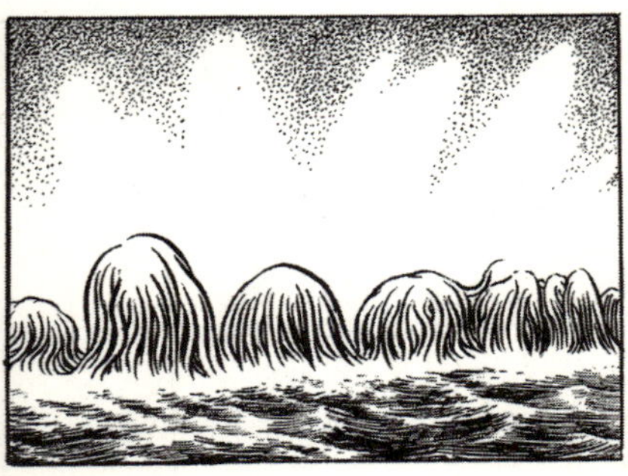

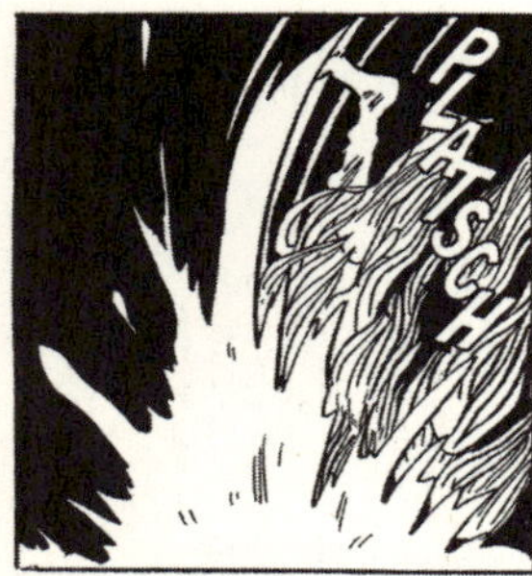
PLATSCH

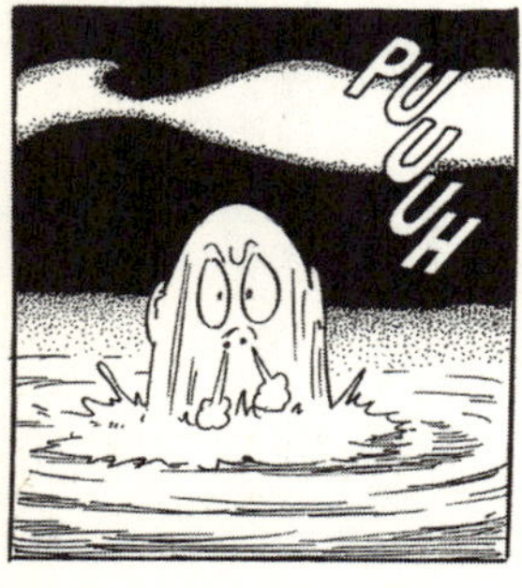
PUUUH

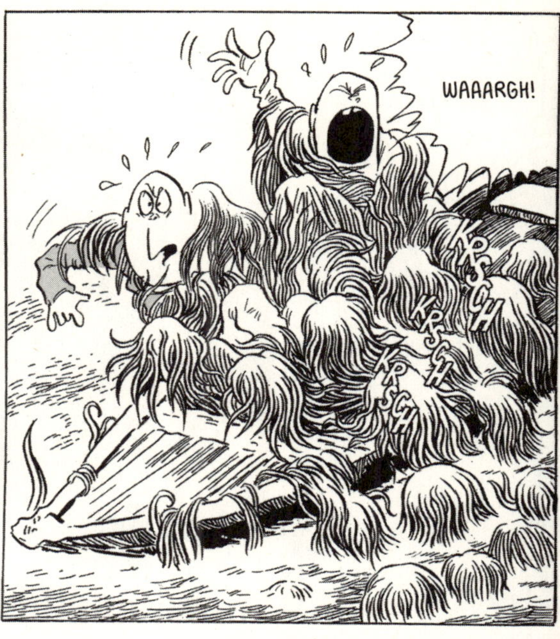
WAAARGH!
KRSCH
KRSCH
KRSCH

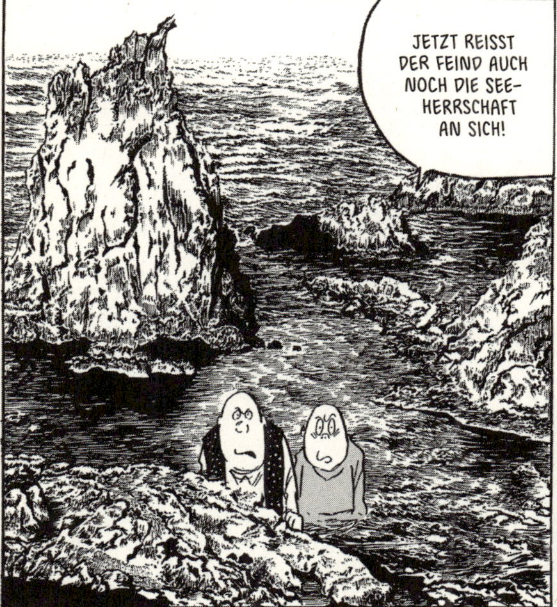
JETZT REISST DER FEIND AUCH NOCH DIE SEE-HERRSCHAFT AN SICH!

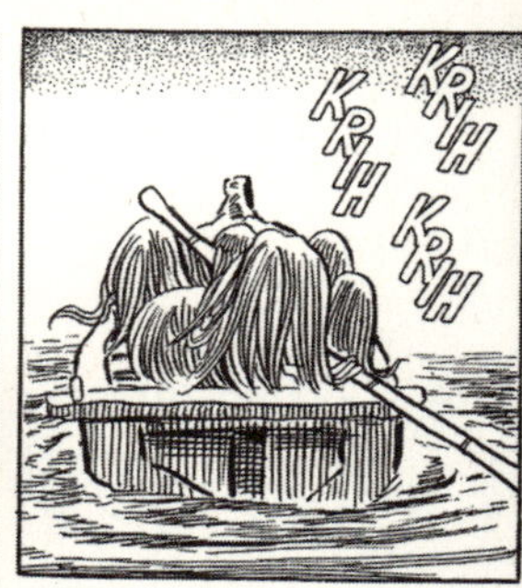
KRIH
KRIH
KRIH

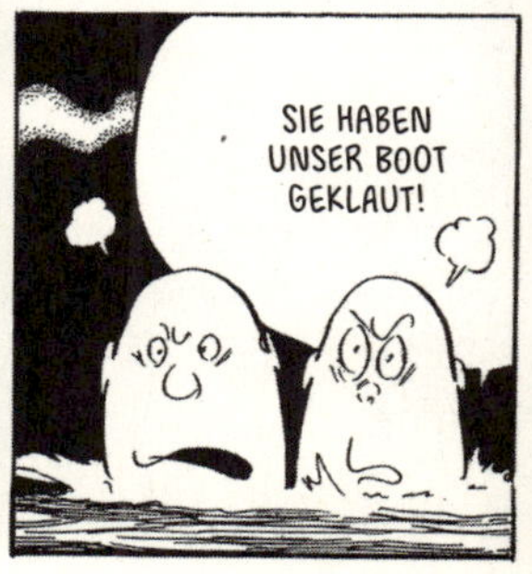
SIE HABEN UNSER BOOT GEKLAUT!

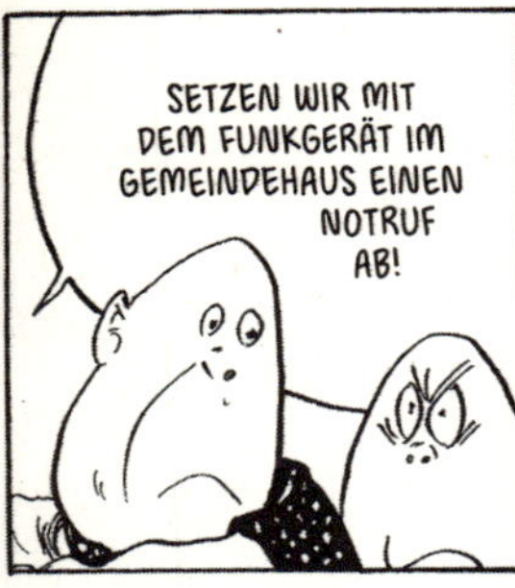
SETZEN WIR MIT DEM FUNKGERÄT IM GEMEINDEHAUS EINEN NOTRUF AB!

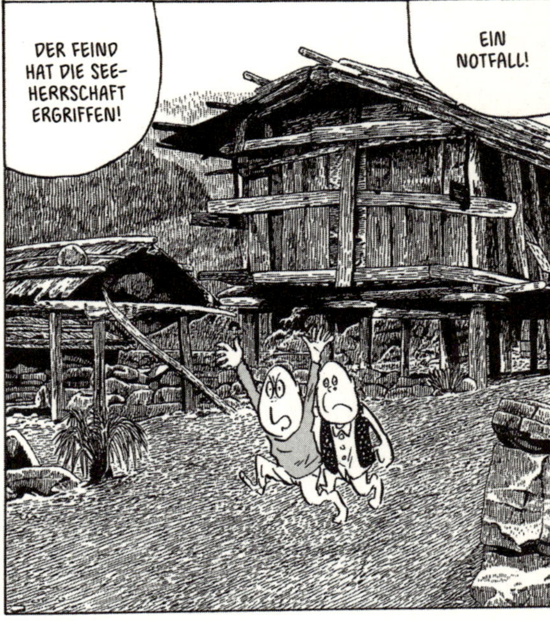
DER FEIND HAT DIE SEE-HERRSCHAFT ERGRIFFEN!
EIN NOTFALL!

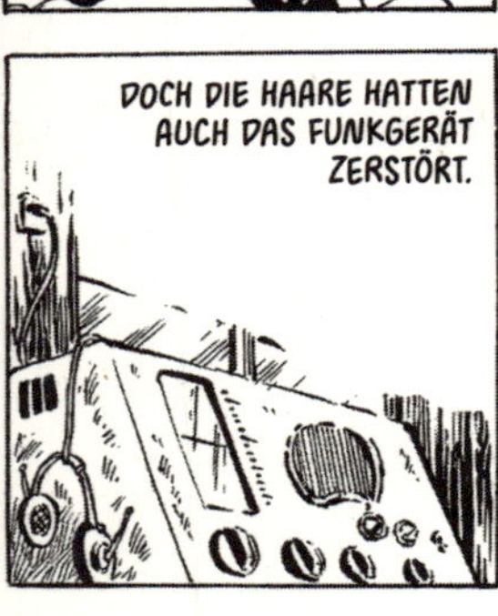
DOCH DIE HAARE HATTEN AUCH DAS FUNKGERÄT ZERSTÖRT.

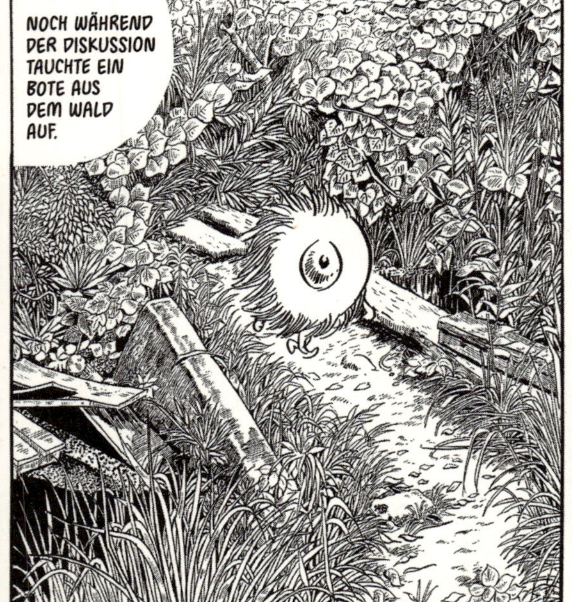
NOCH WÄHREND DER DISKUSSION TAUCHTE EIN BOTE AUS DEM WALD AUF.

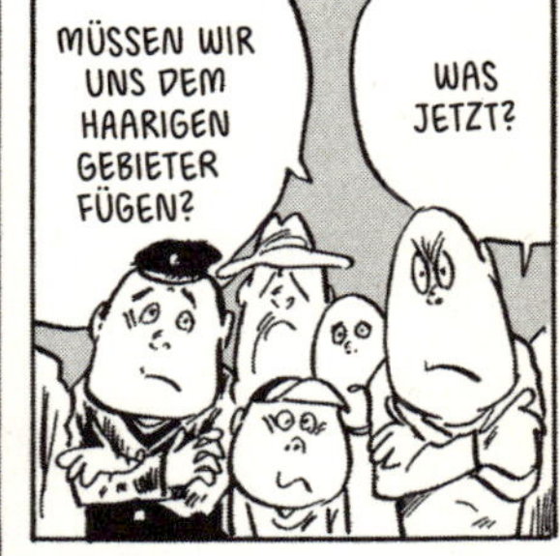
MÜSSEN WIR UNS DEM HAARIGEN GEBIETER FÜGEN?
WAS JETZT?

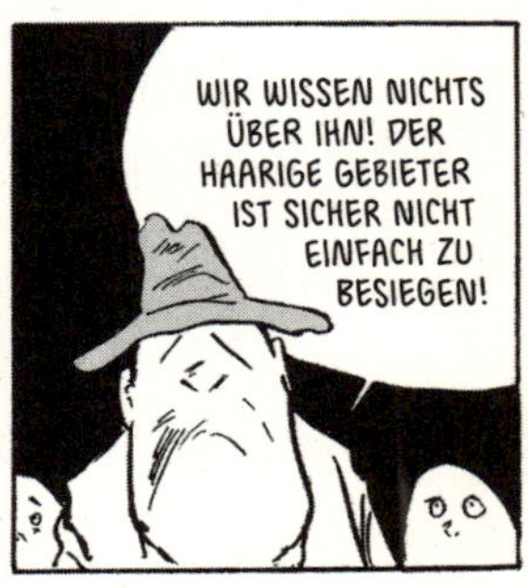
WIR WISSEN NICHTS ÜBER IHN! DER HAARIGE GEBIETER IST SICHER NICHT EINFACH ZU BESIEGEN!

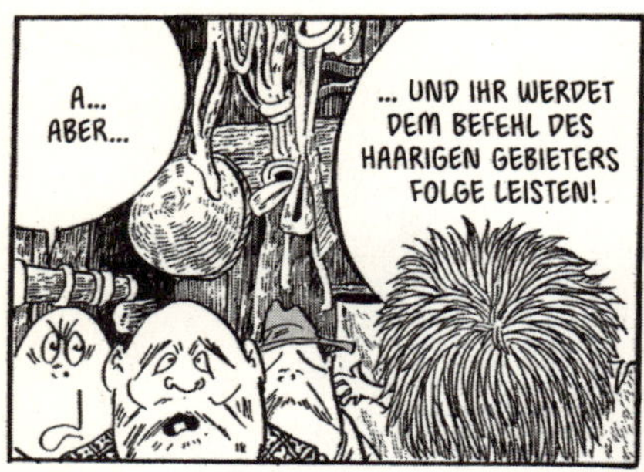
A...
ABER...
... UND IHR WERDET DEM BEFEHL DES HAARIGEN GEBIETERS FOLGE LEISTEN!

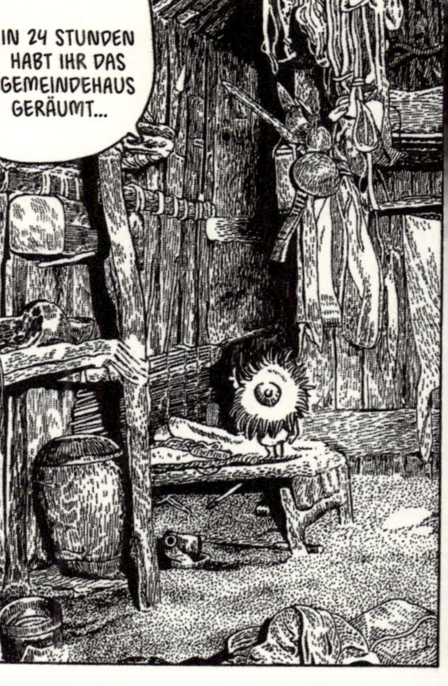
IN 24 STUNDEN HABT IHR DAS GEMEINDEHAUS GERÄUMT...

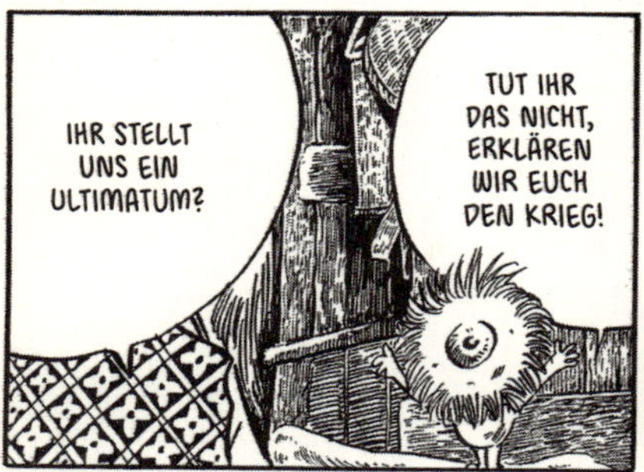
IHR STELLT UNS EIN ULTIMATUM?
TUT IHR DAS NICHT, ERKLÄREN WIR EUCH DEN KRIEG!

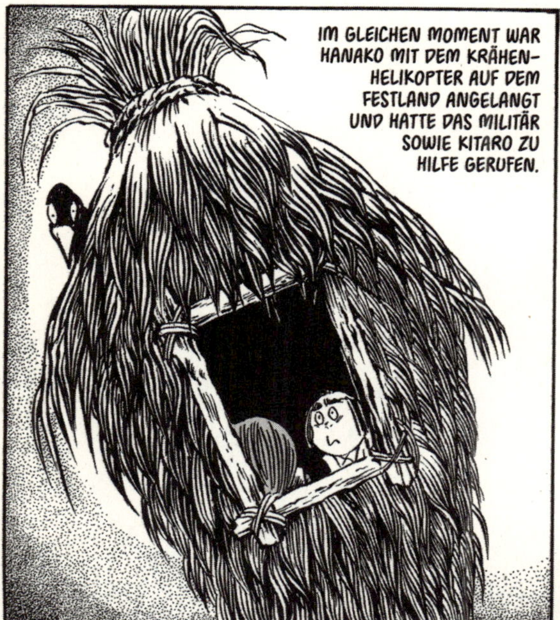
IM GLEICHEN MOMENT WAR HANAKO MIT DEM KRÄHEN-HELIKOPTER AUF DEM FESTLAND ANGELANGT UND HATTE DAS MILITÄR SOWIE KITARO ZU HILFE GERUFEN.

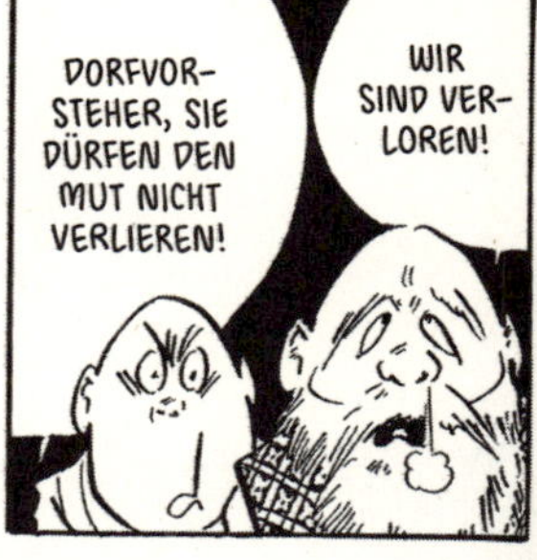
DORFVOR-STEHER, SIE DÜRFEN DEN MUT NICHT VERLIEREN!
WIR SIND VER-LOREN!

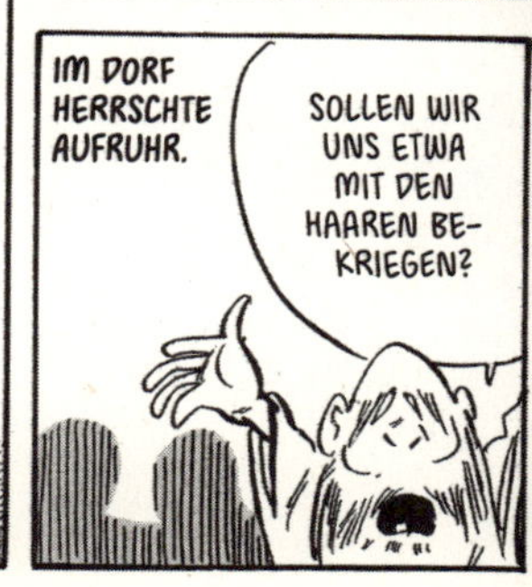
IM DORF HERRSCHTE AUFRUHR.
SOLLEN WIR UNS ETWA MIT DEN HAAREN BE-KRIEGEN?

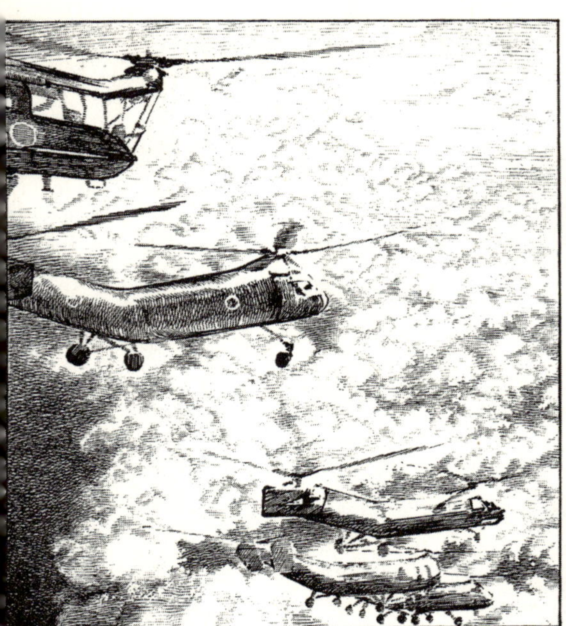

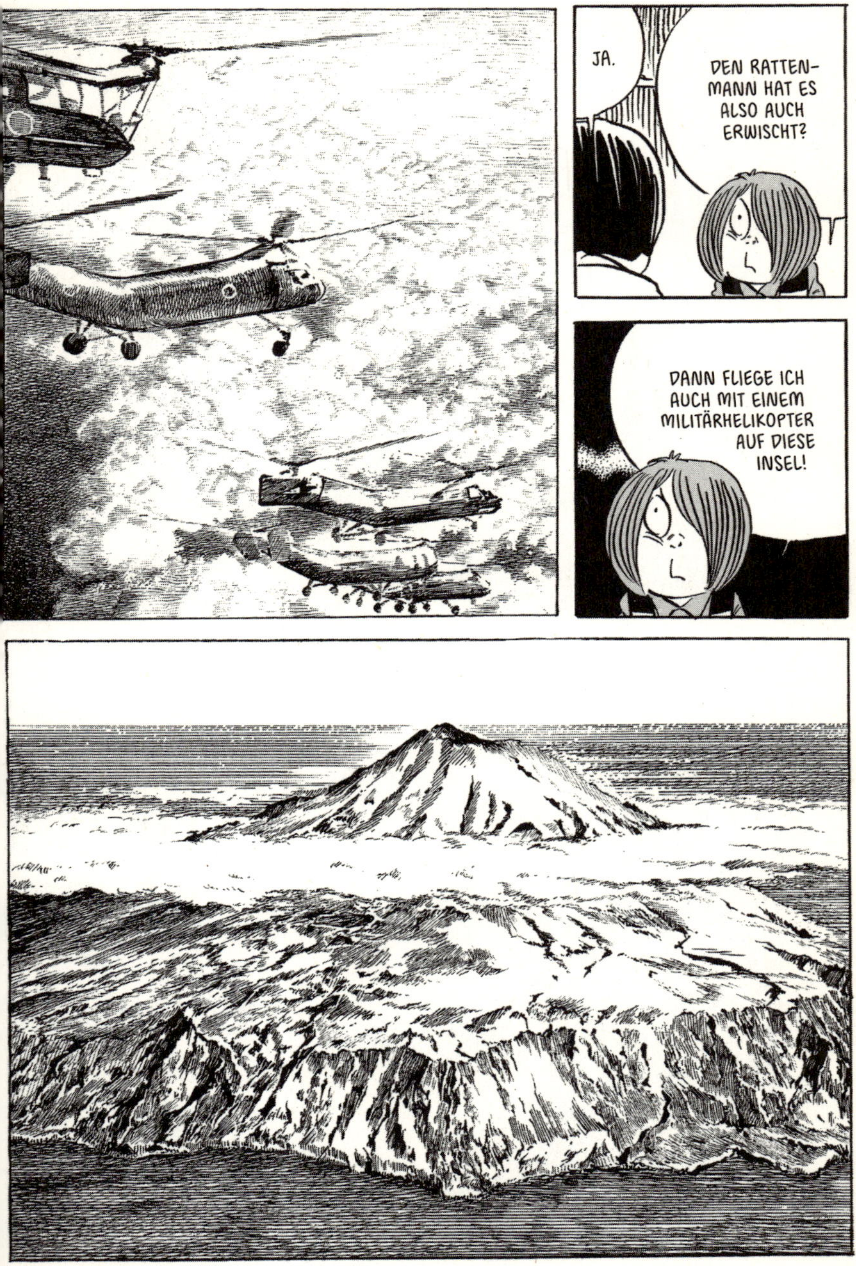

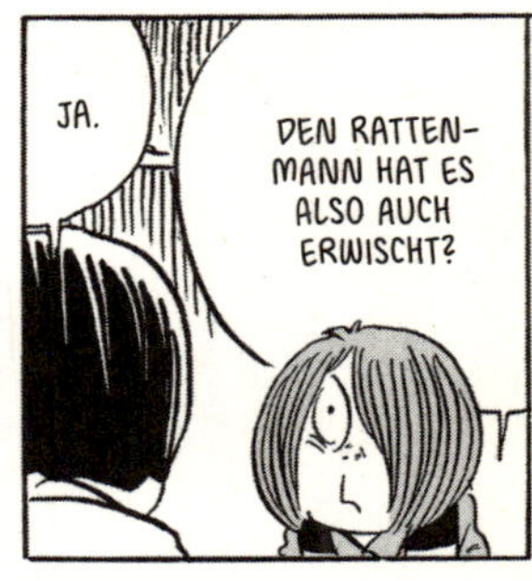
DEN RATTEN-
MANN HAT ES
ALSO AUCH
ERWISCHT?
JA.

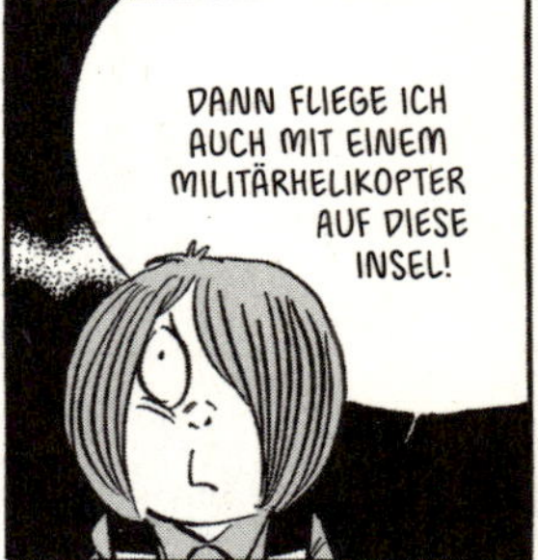
DANN FLIEGE ICH
AUCH MIT EINEM
MILITÄRHELIKOPTER
AUF DIESE
INSEL!

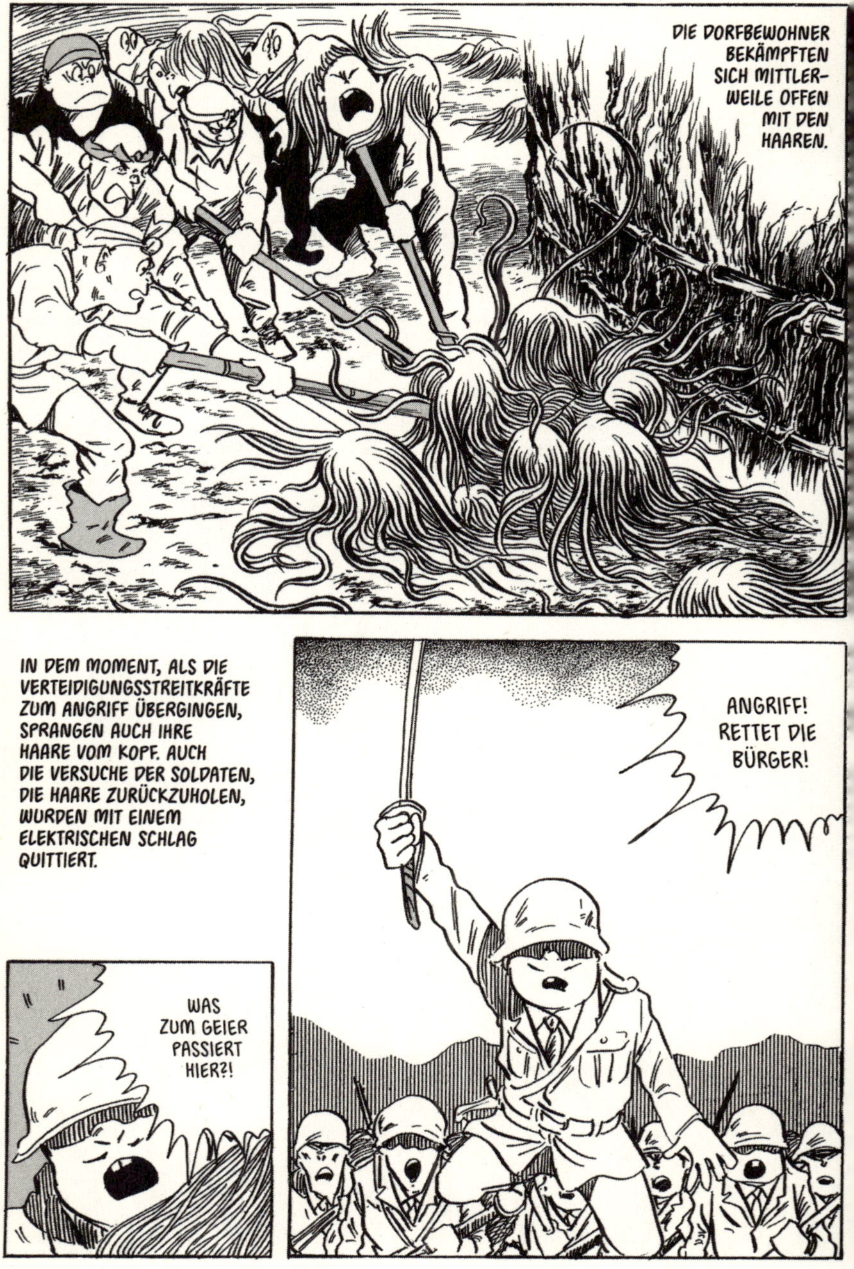

DIE DORFBEWOHNER BEKÄMPFTEN SICH MITTLERWEILE OFFEN MIT DEN HAAREN.

IN DEM MOMENT, ALS DIE VERTEIDIGUNGSSTREITKRÄFTE ZUM ANGRIFF ÜBERGINGEN, SPRANGEN AUCH IHRE HAARE VOM KOPF. AUCH DIE VERSUCHE DER SOLDATEN, DIE HAARE ZURÜCKZUHOLEN, WURDEN MIT EINEM ELEKTRISCHEN SCHLAG QUITTIERT.

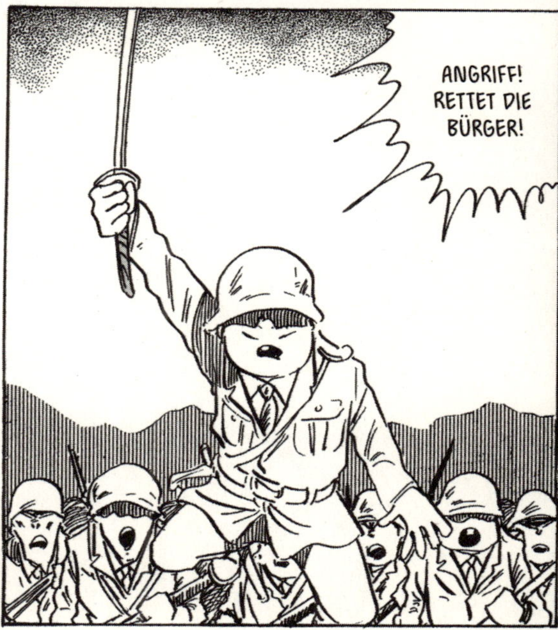

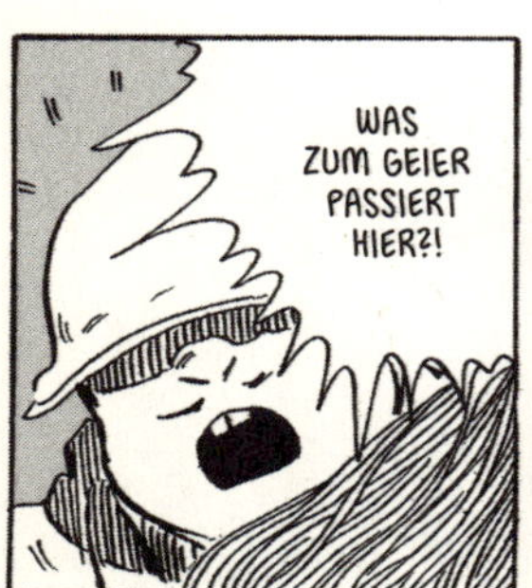

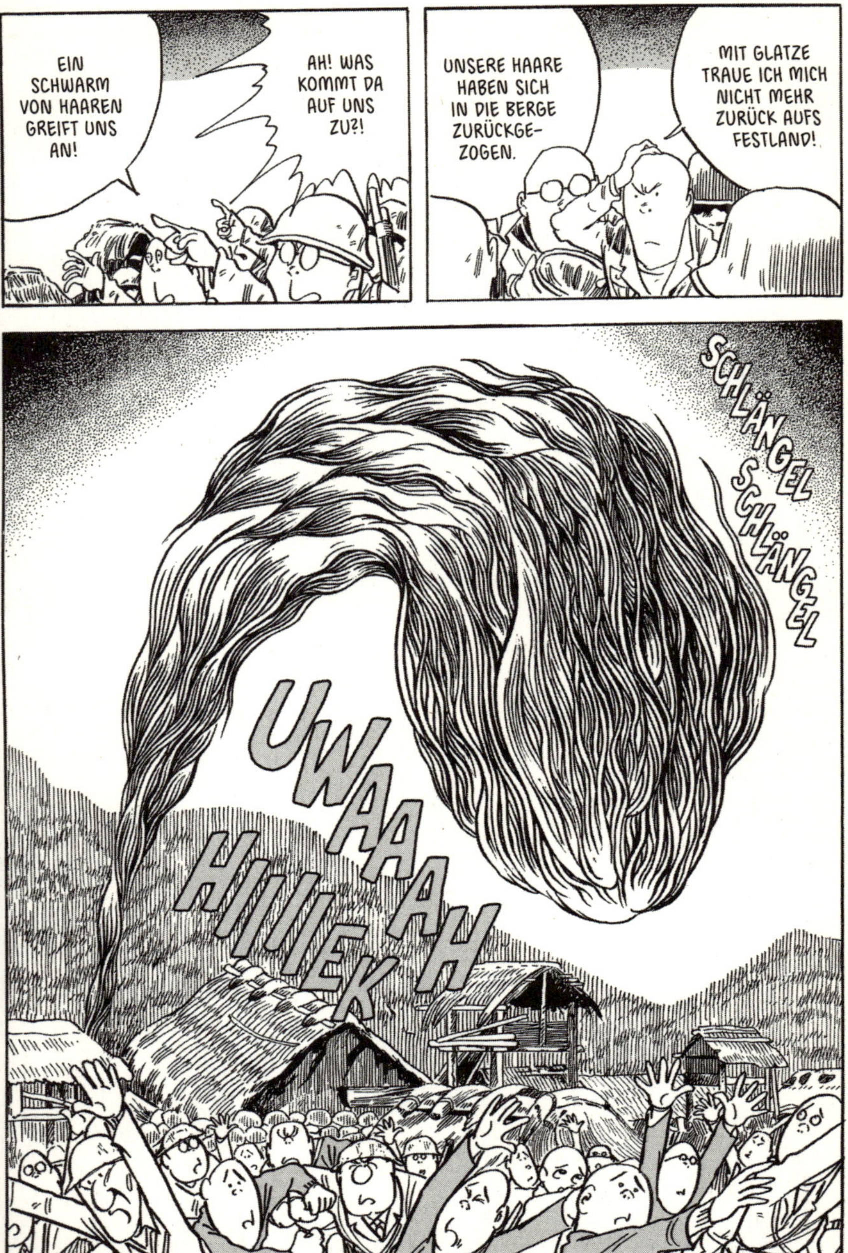

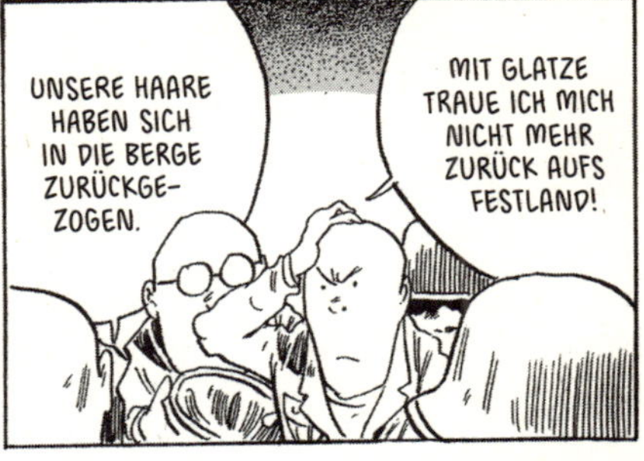
MIT GLATZE TRAUE ICH MICH NICHT MEHR ZURÜCK AUFS FESTLAND!
UNSERE HAARE HABEN SICH IN DIE BERGE ZURÜCKGE-ZOGEN.

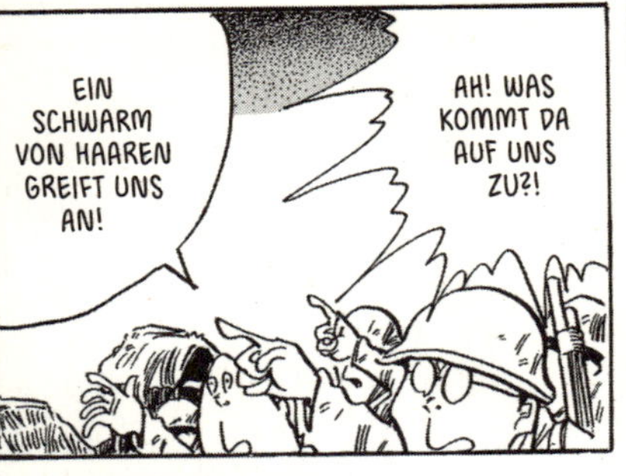
AH! WAS KOMMT DA AUF UNS ZU?!
EIN SCHWARM VON HAAREN GREIFT UNS AN!

SCHLÄNGEL SCHLÄNGEL
UWAAAAH
HIIIIEK

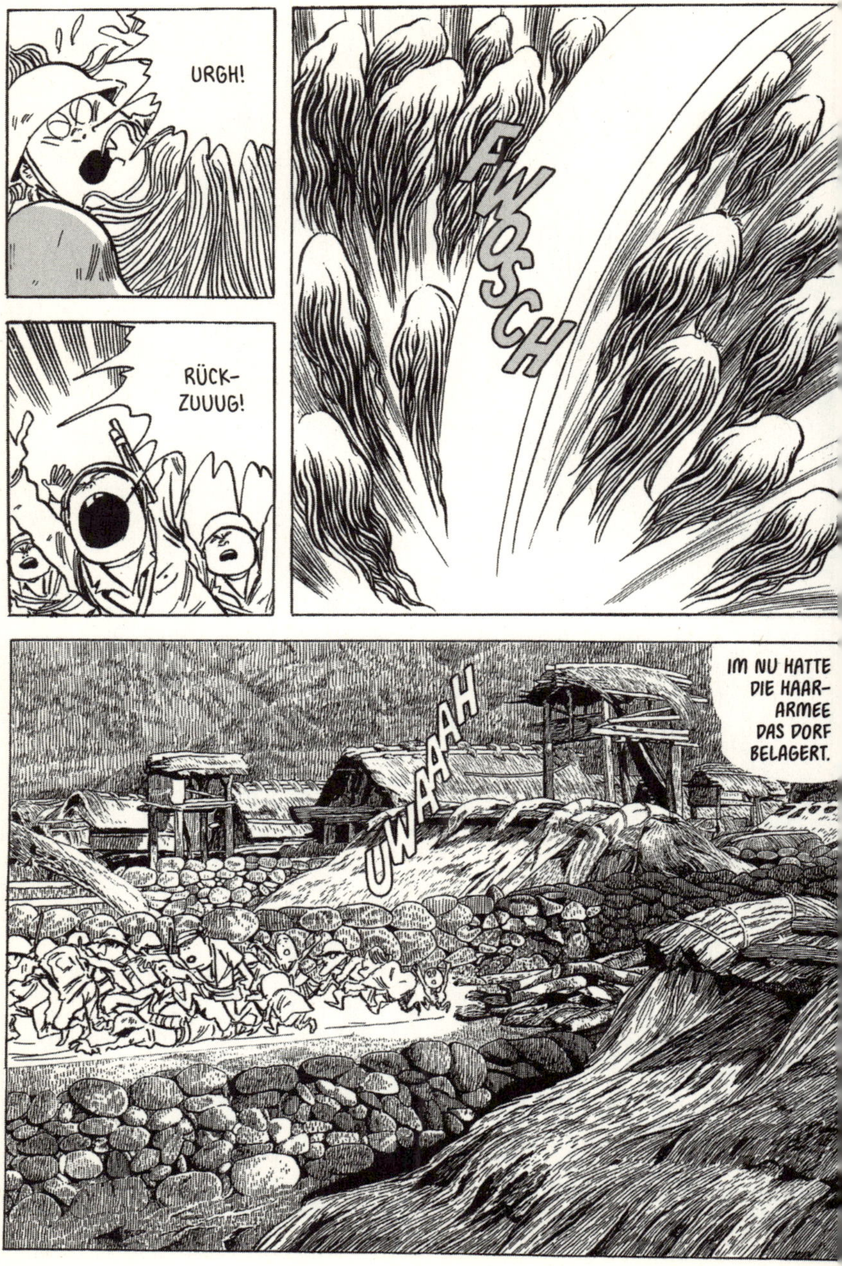

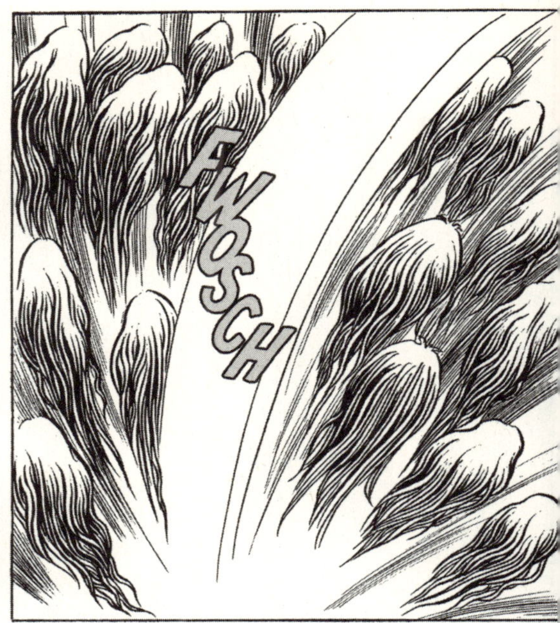

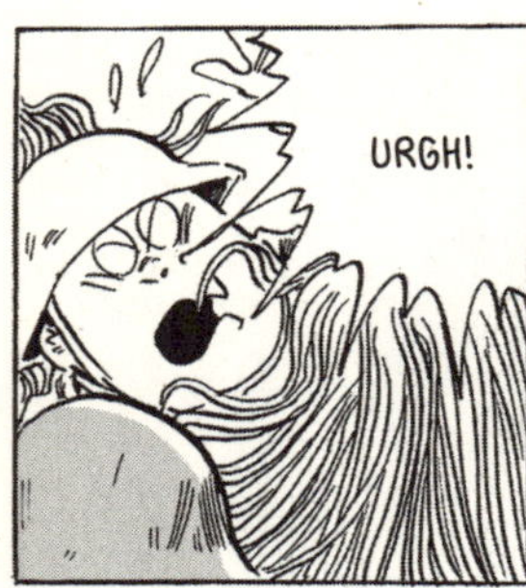

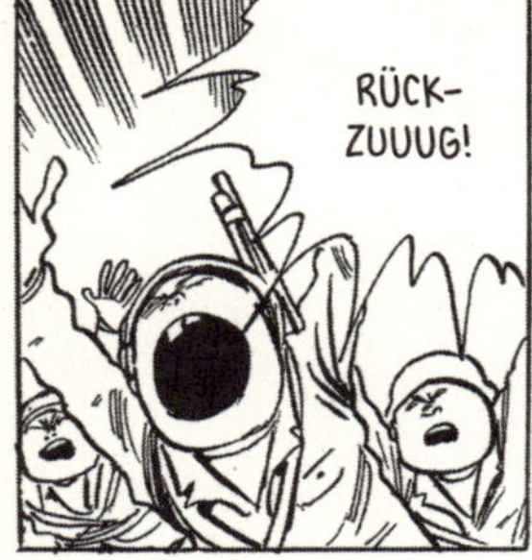

IM NU HATTE DIE HAAR-ARMEE DAS DORF BELAGERT.

UWAAAH

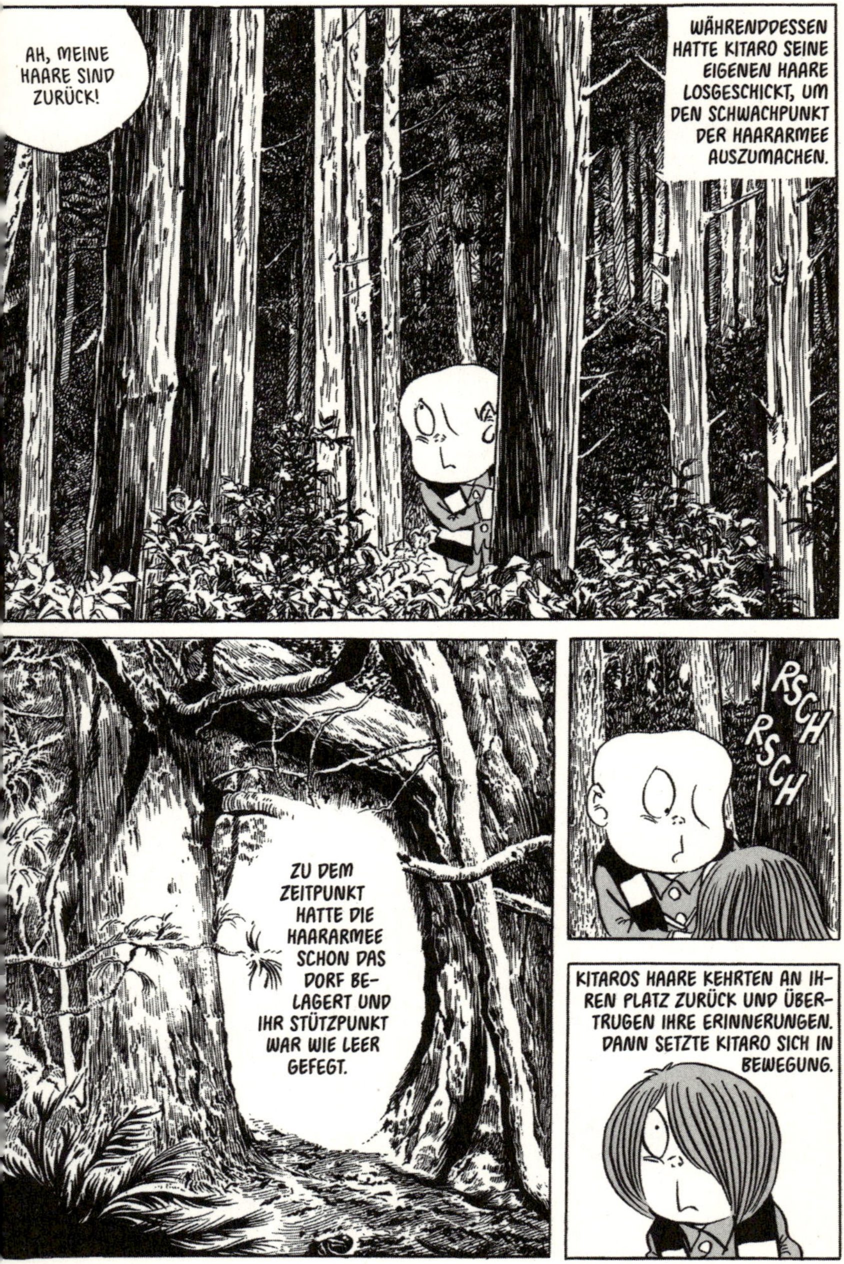

AH, MEINE HAARE SIND ZURÜCK!

WÄHRENDDESSEN HATTE KITARO SEINE EIGENEN HAARE LOSGESCHICKT, UM DEN SCHWACHPUNKT DER HAARARMEE AUSZUMACHEN.

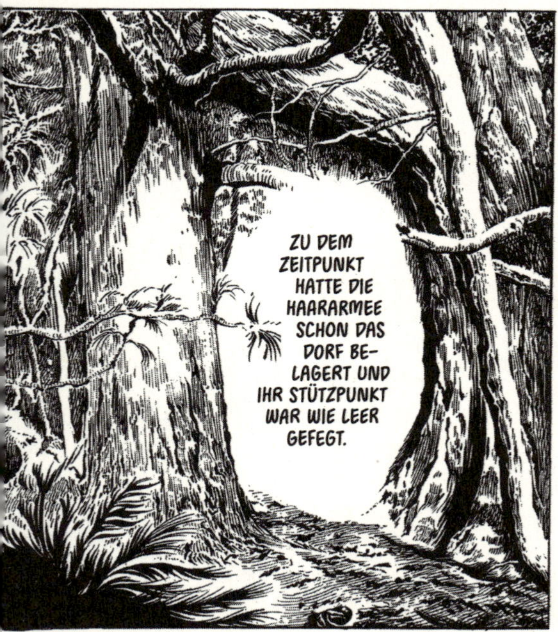

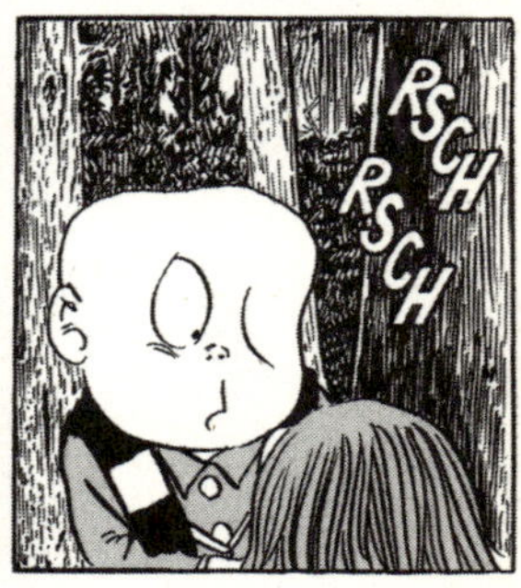

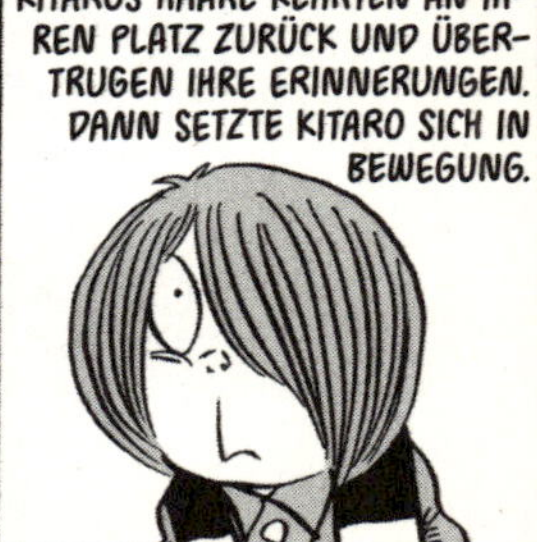

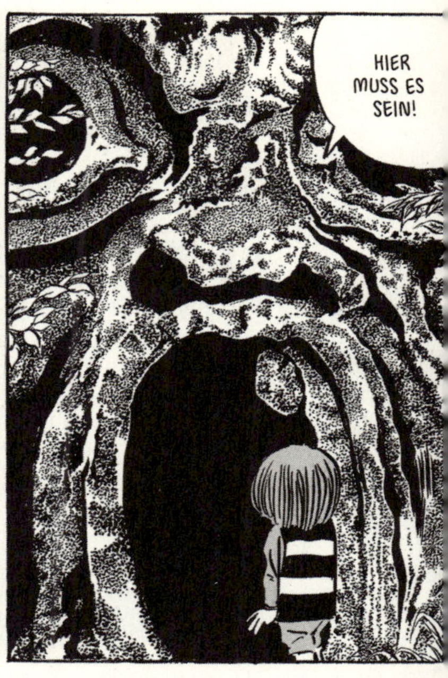
HIER
MUSS ES
SEIN!

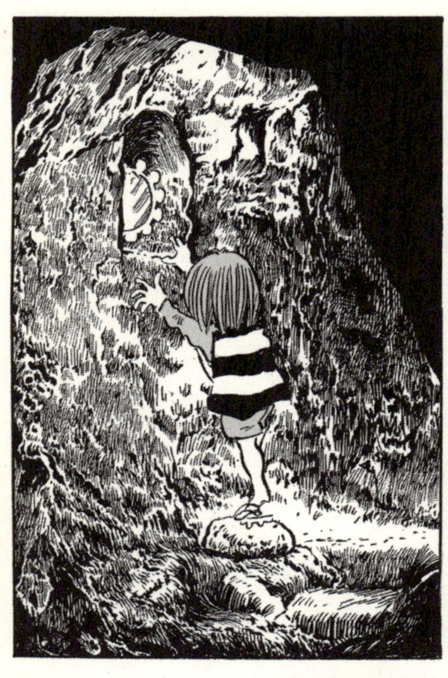

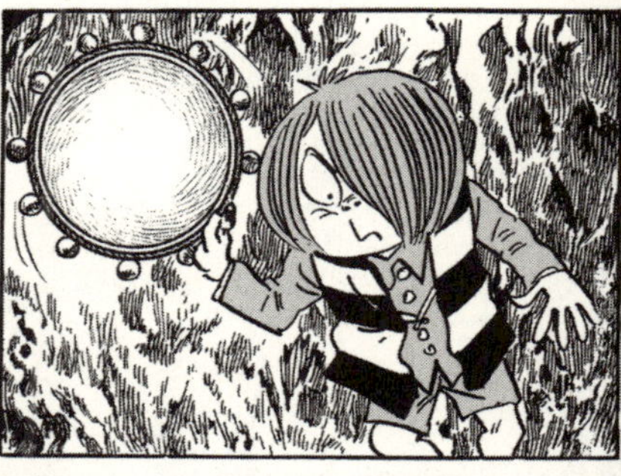

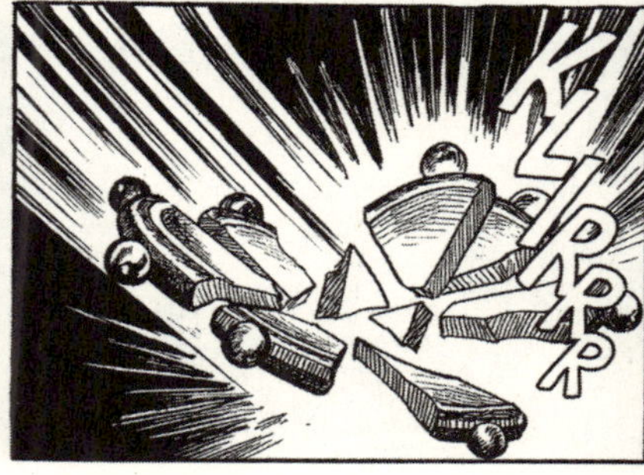
KLIRRR

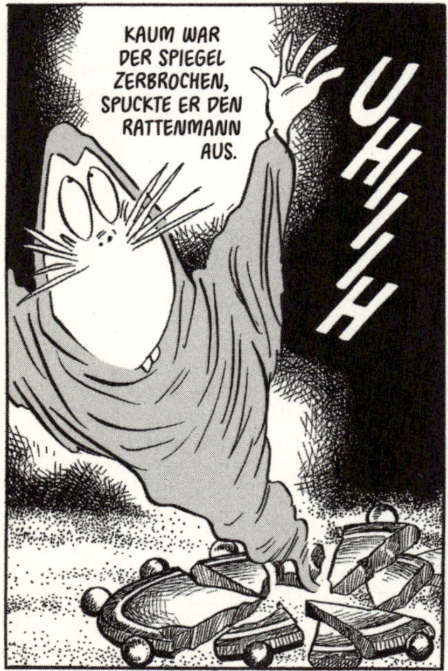
KAUM WAR
DER SPIEGEL
ZERBROCHEN,
SPUCKTE ER DEN
RATTENMANN
AUS.
UHIIIH

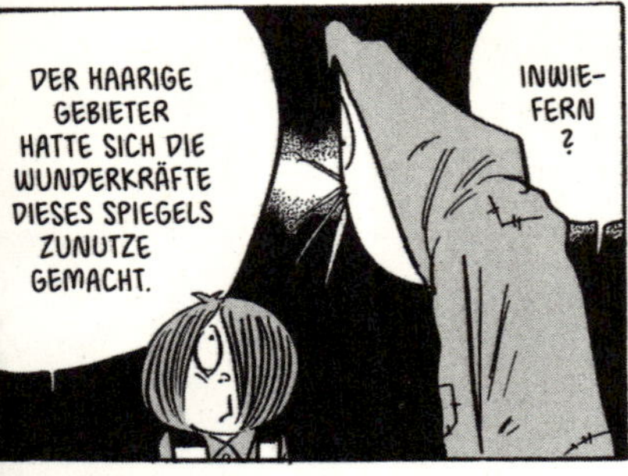
INWIE-FERN?
DER HAARIGE GEBIETER HATTE SICH DIE WUNDERKRÄFTE DIESES SPIEGELS ZUNUTZE GEMACHT.
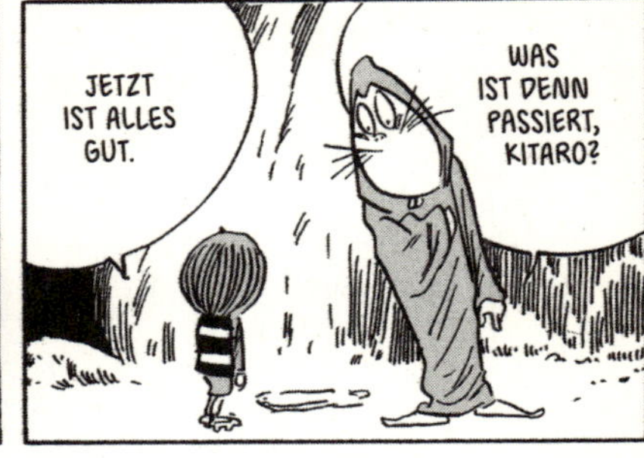
WAS IST DENN PASSIERT, KITARO?
JETZT IST ALLES GUT.
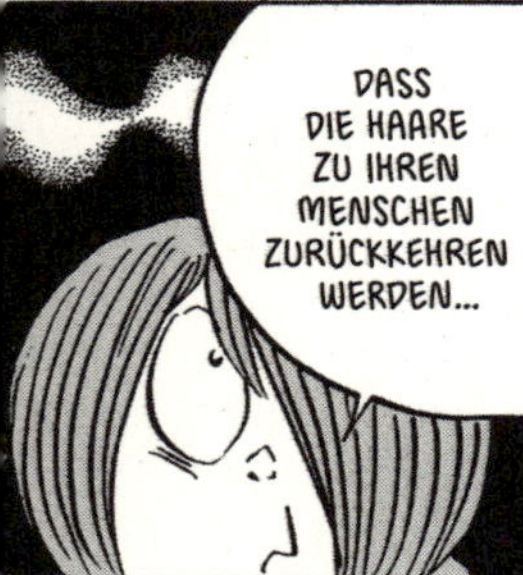
DASS DIE HAARE ZU IHREN MENSCHEN ZURÜCKKEHREN WERDEN...
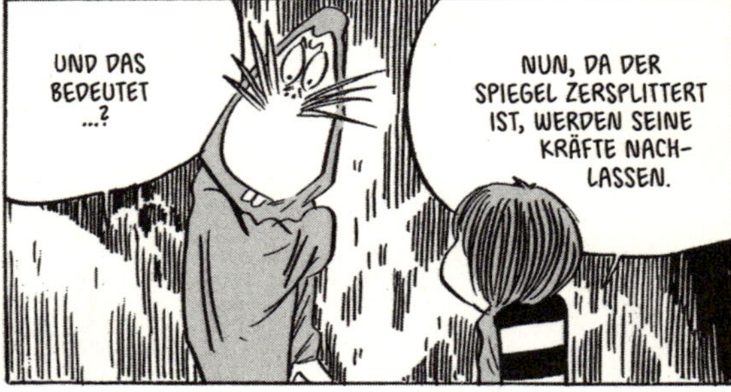
NUN, DA DER SPIEGEL ZERSPLITTERT IST, WERDEN SEINE KRÄFTE NACH-LASSEN.
UND DAS BEDEUTET ...?
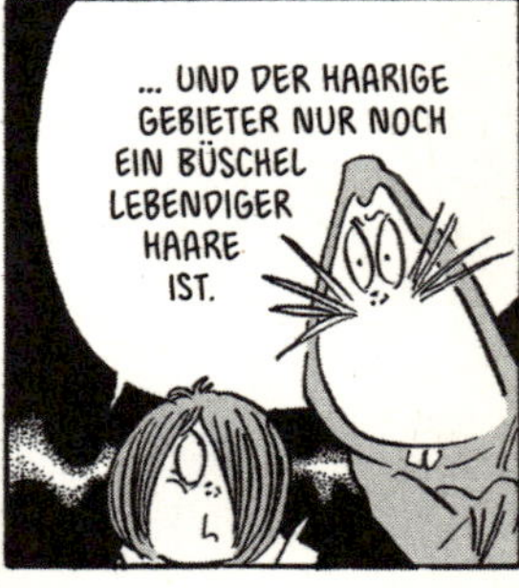
... UND DER HAARIGE GEBIETER NUR NOCH EIN BÜSCHEL LEBENDIGER HAARE IST.
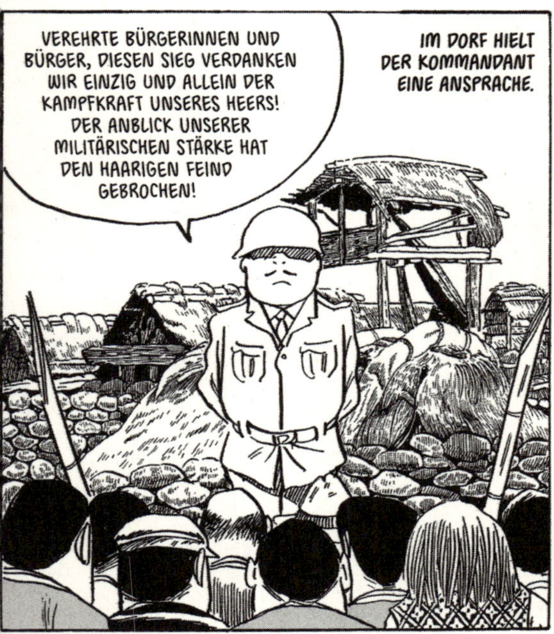
IM DORF HIELT DER KOMMANDANT EINE ANSPRACHE.
VEREHRTE BÜRGERINNEN UND BÜRGER, DIESEN SIEG VERDANKEN WIR EINZIG UND ALLEIN DER KAMPFKRAFT UNSERES HEERS! DER ANBLICK UNSERER MILITÄRISCHEN STÄRKE HAT DEN HAARIGEN FEIND GEBROCHEN!
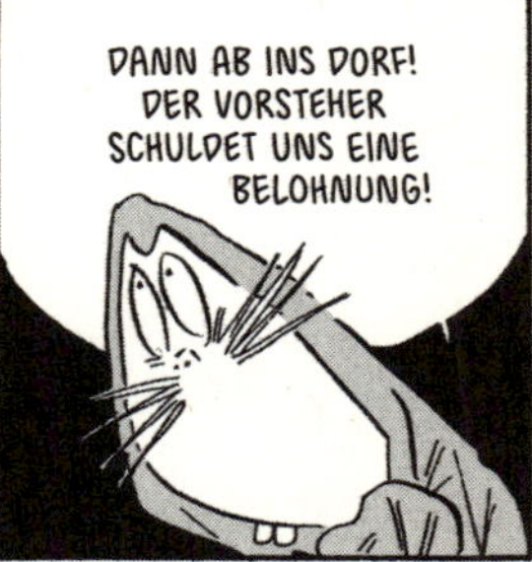
DANN AB INS DORF! DER VORSTEHER SCHULDET UNS EINE BELOHNUNG!

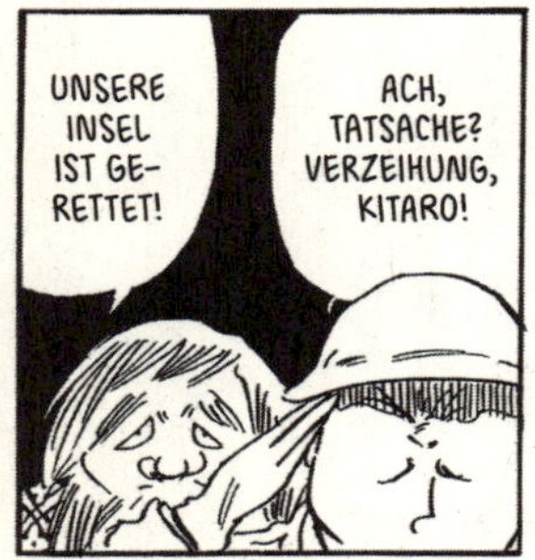

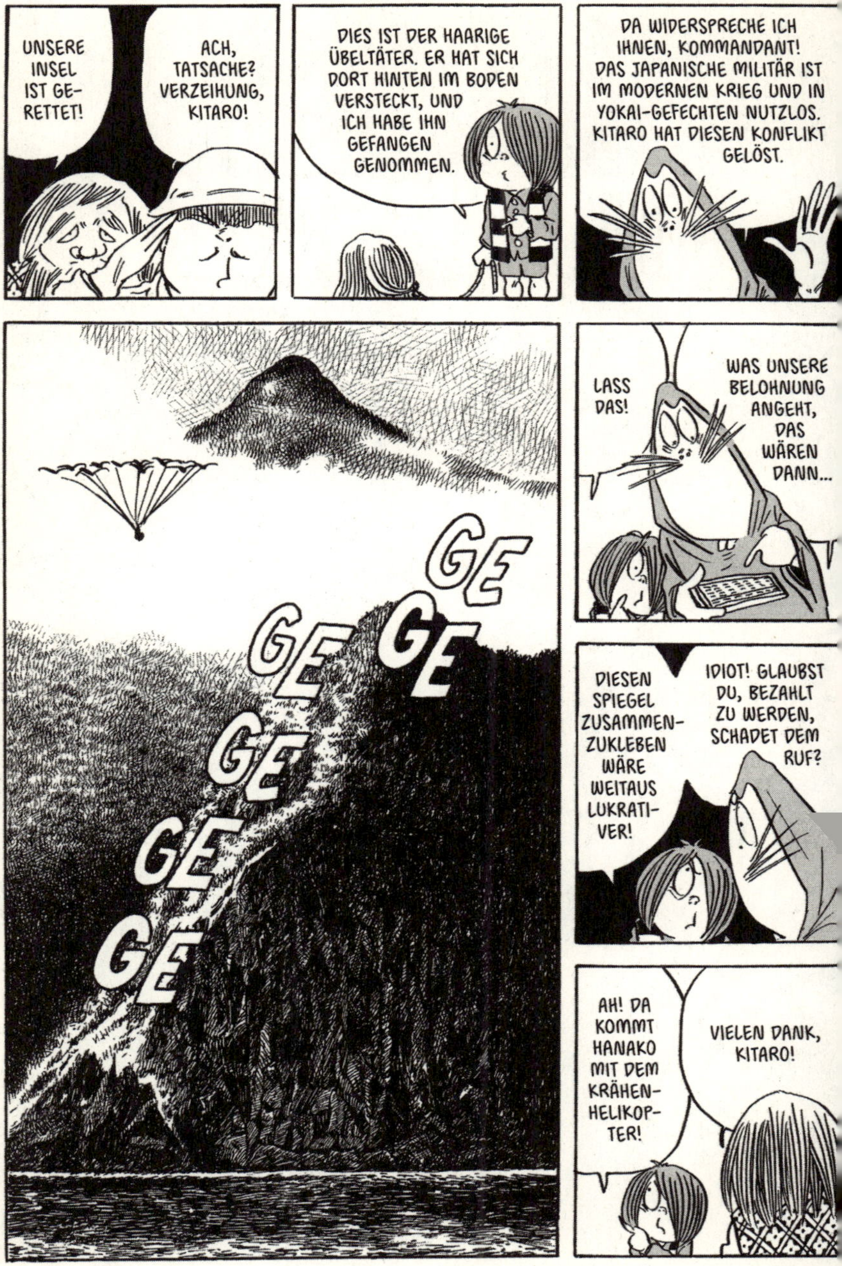

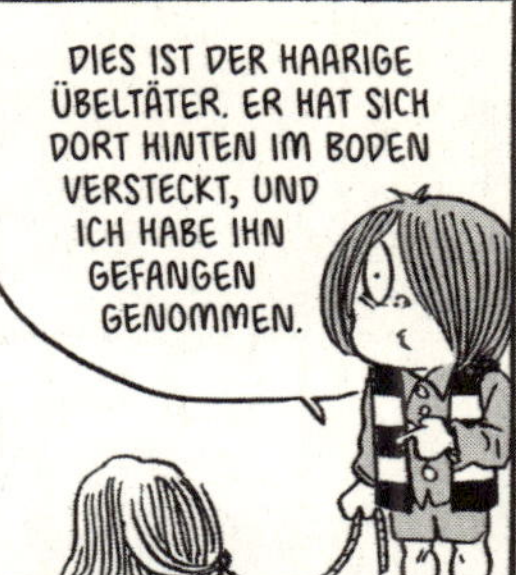

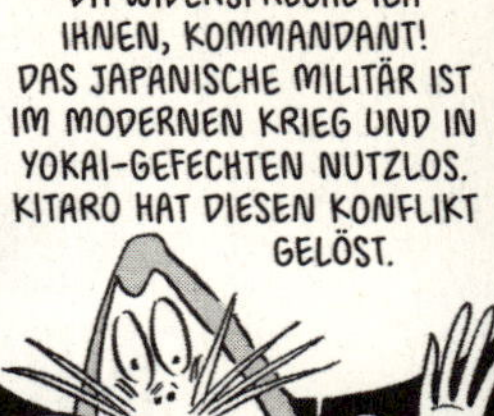

GE GE GE GE GE GE

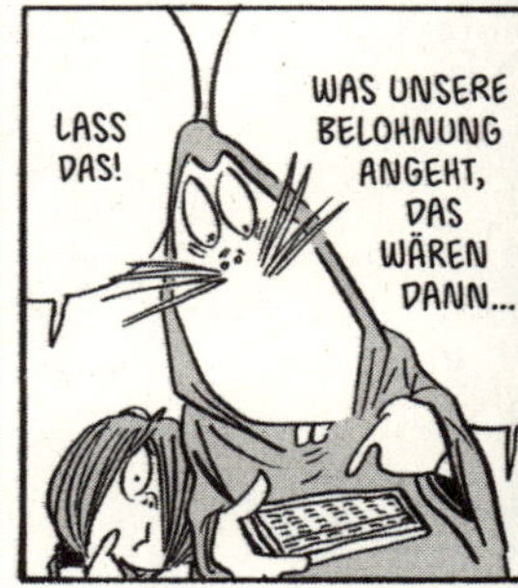

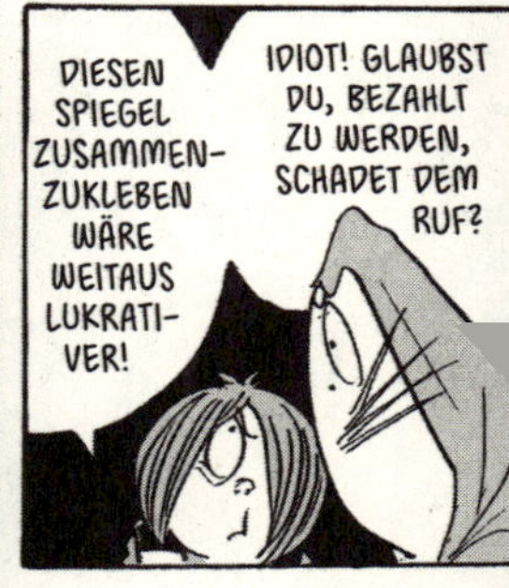

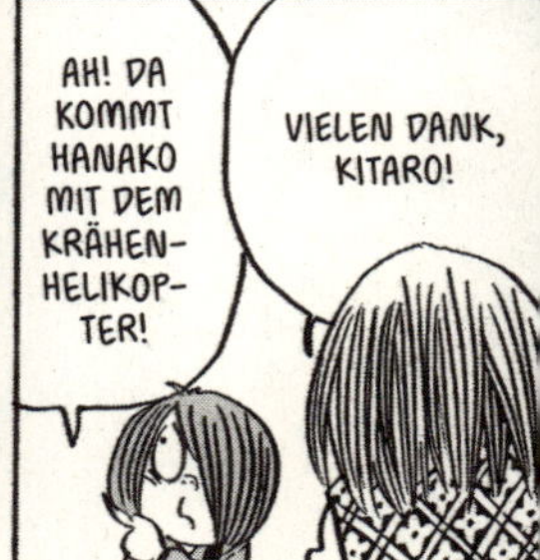

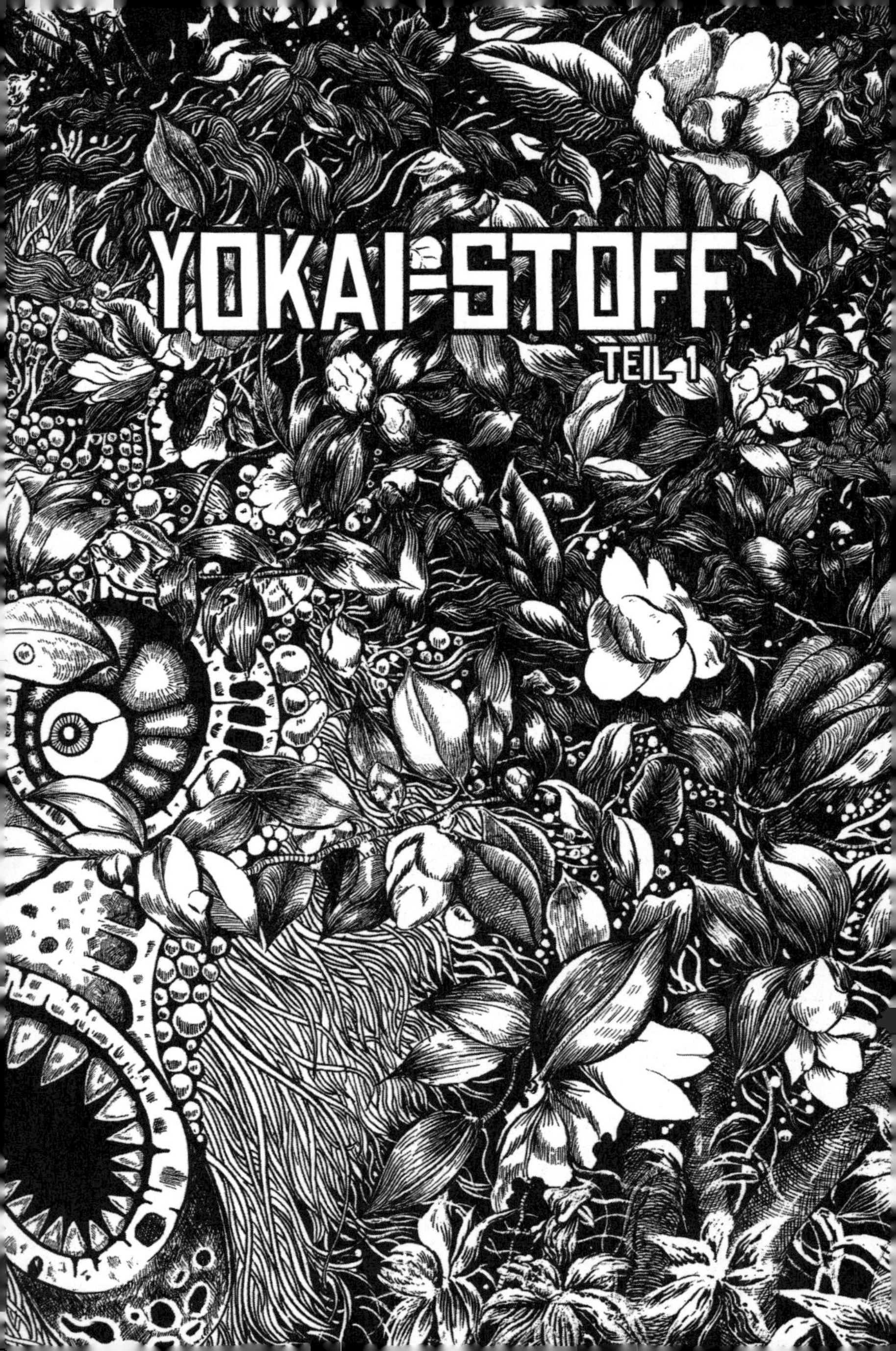
YOKAI-STOFF
TEIL 1

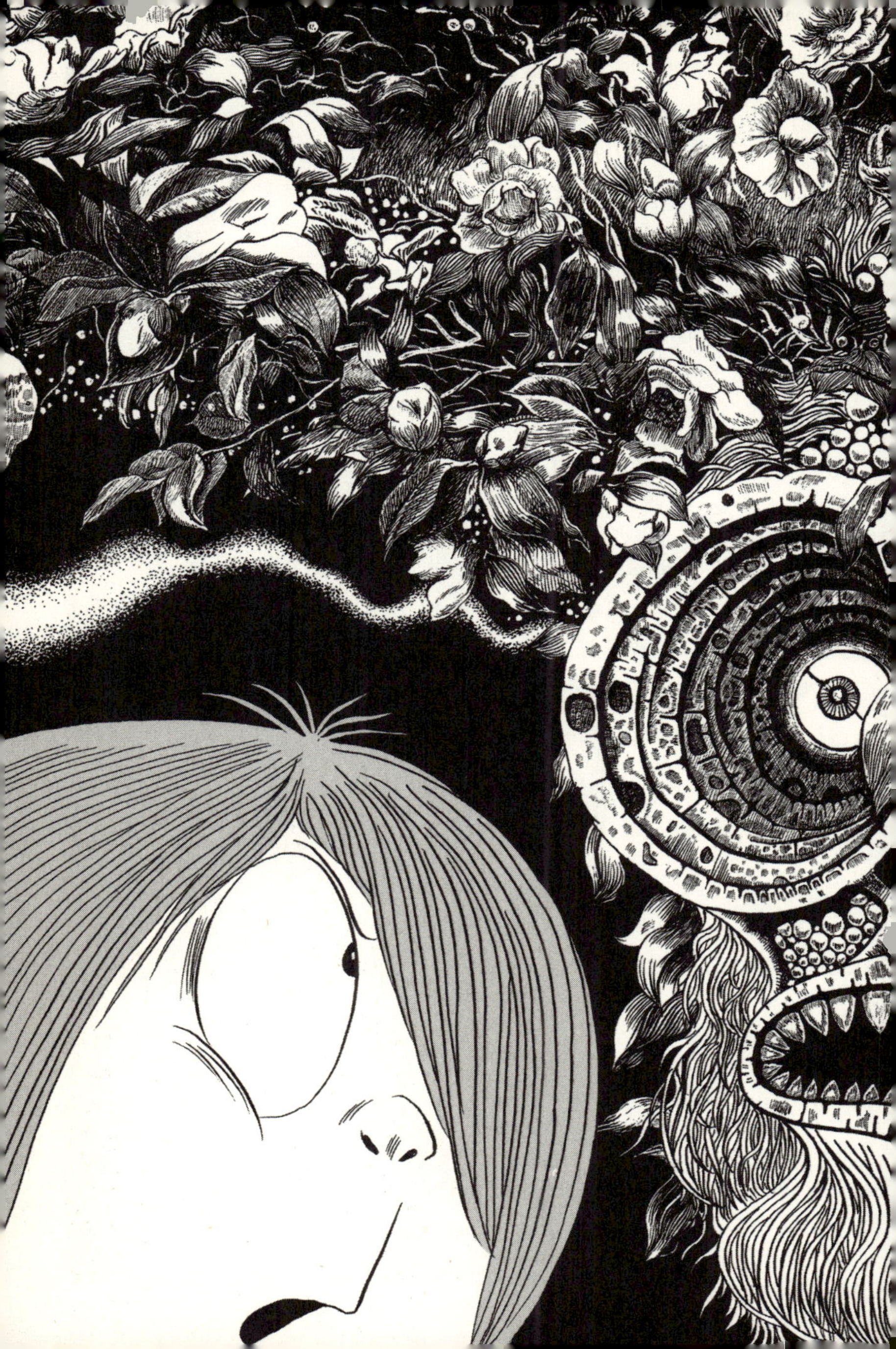

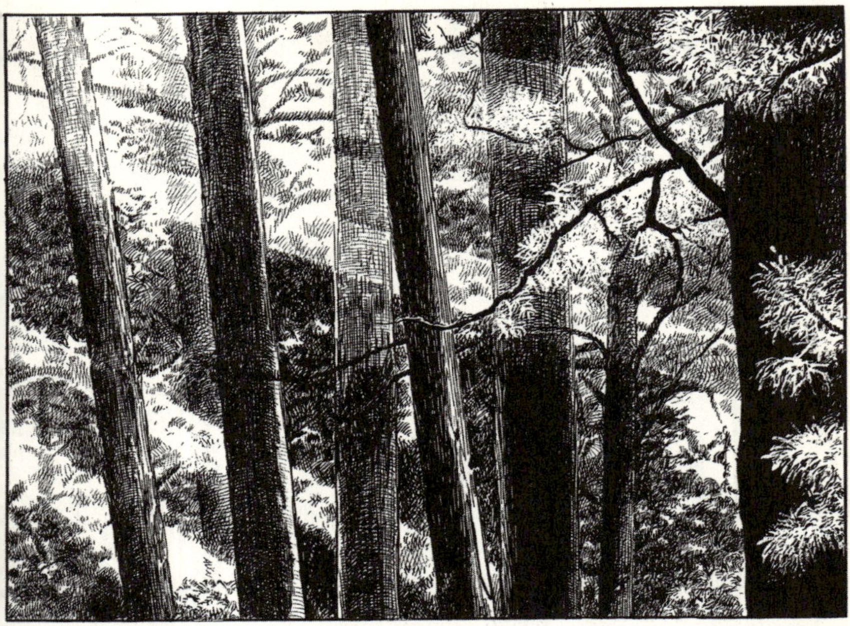

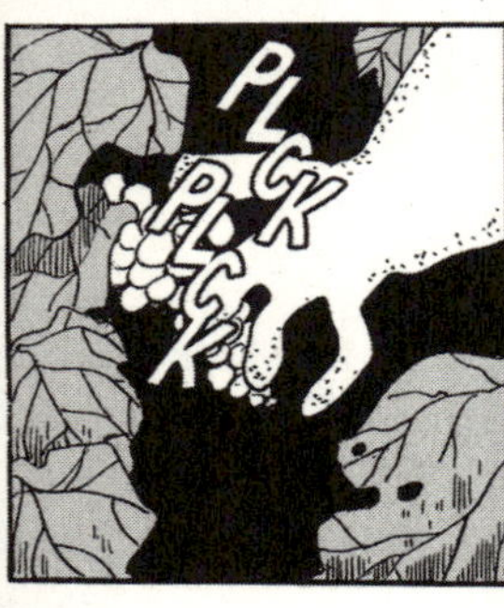

TIEF IM WALD WAR DER MAUERTEUFEL SEIT EINIGER ZEIT DAMIT BESCHÄFTIGT, WILDE TRAUBEN ZU PFLÜCKEN UND ZU ESSEN. AUSSER IHM HÄTTE EIGENTLICH NIEMAND DORT SEIN SOLLEN, DOCH DANN HÖRTE ER PLÖTZLICH EINE STIMME.

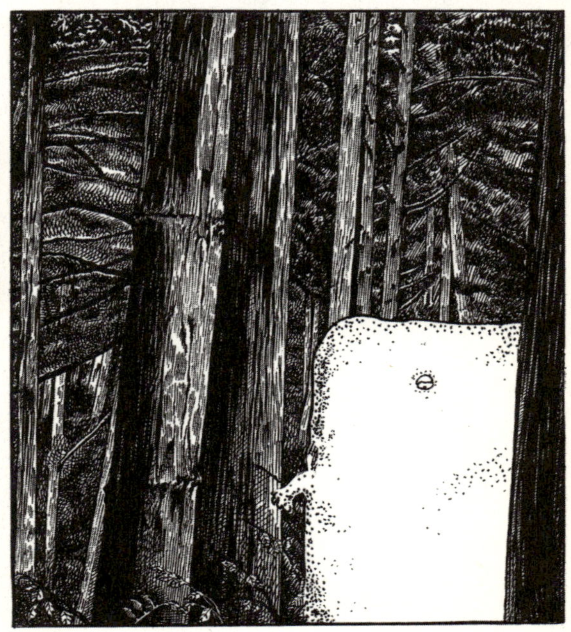

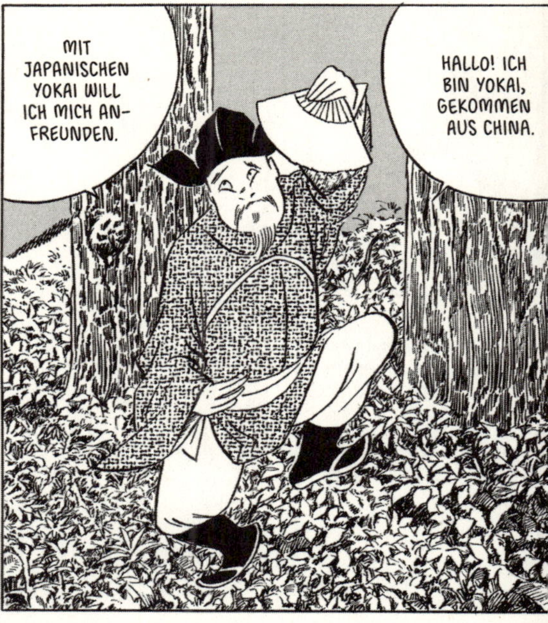
HALLO! ICH BIN YOKAI, GEKOMMEN AUS CHINA.
MIT JAPANISCHEN YOKAI WILL ICH MICH AN-FREUNDEN.

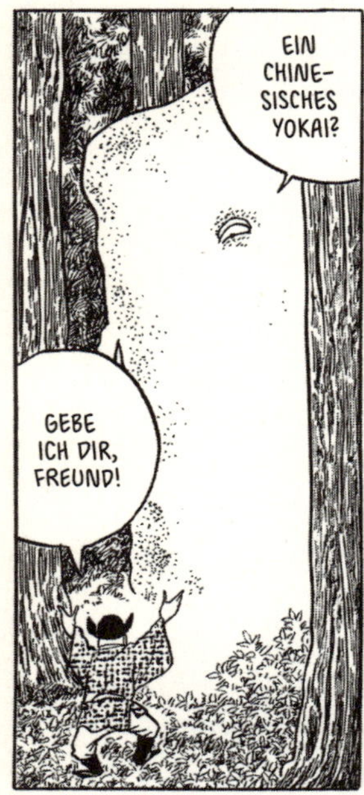
EIN CHINE-SISCHES YOKAI?
GEBE ICH DIR, FREUND!

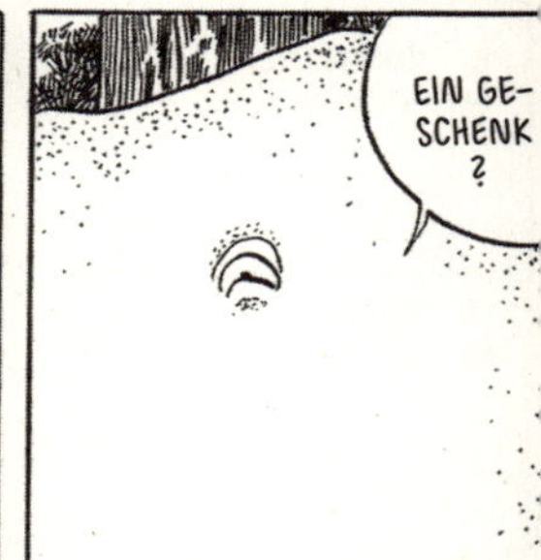
EIN GE-SCHENK ?

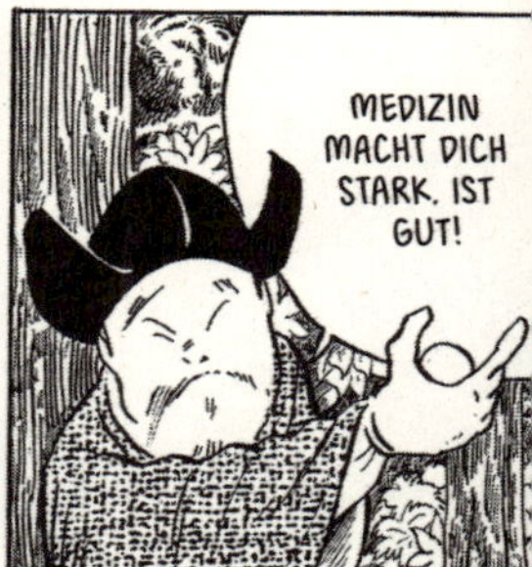
MEDIZIN MACHT DICH STARK. IST GUT!

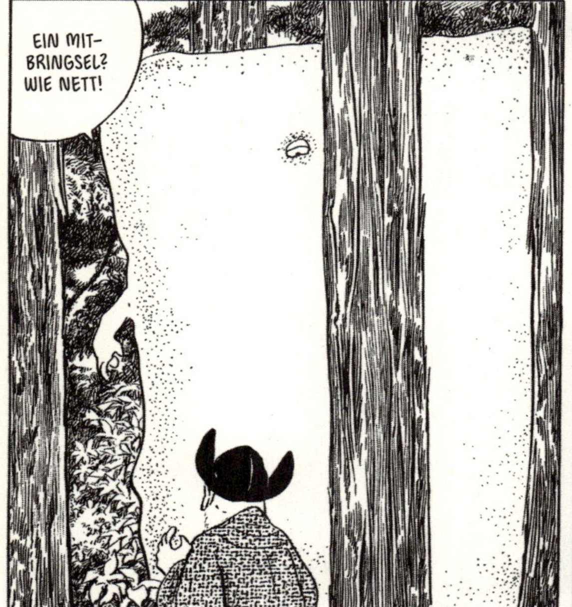
EIN MIT-BRINGSEL? WIE NETT!

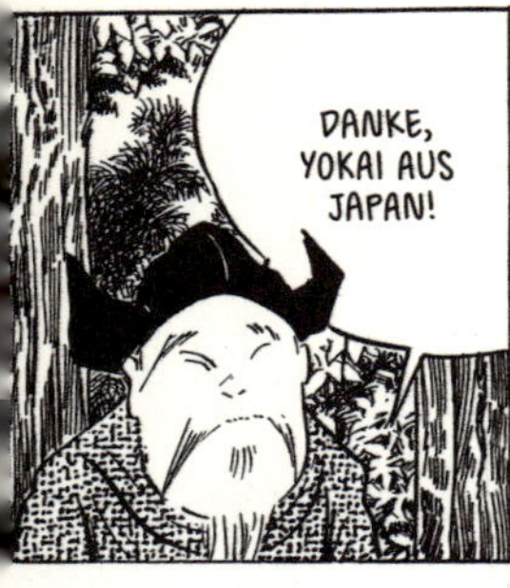

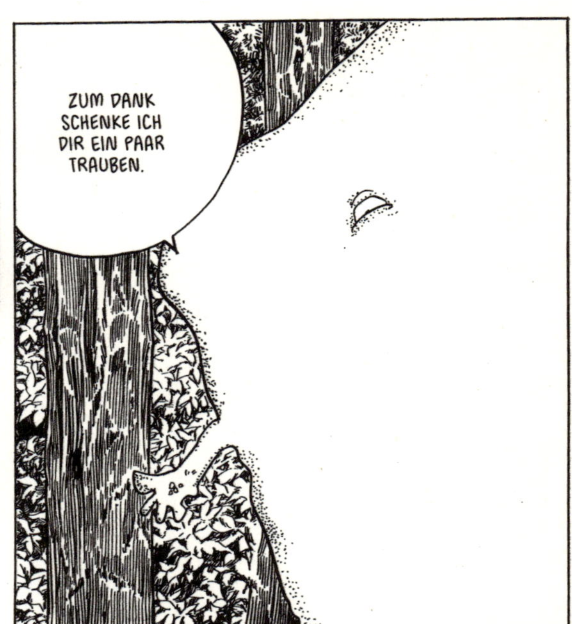

DER UNSCHULDIGE MAUERTEUFEL, DEM ARGWOHN EIN FREMDWORT WAR, SCHLUCKTE DIE WEISSE PILLE. DARAUFHIN WURDE SEIN KÖRPER IMMER FLACHER, BIS ER IRGENDWANN DALAG WIE EIN STÜCK STOFF.

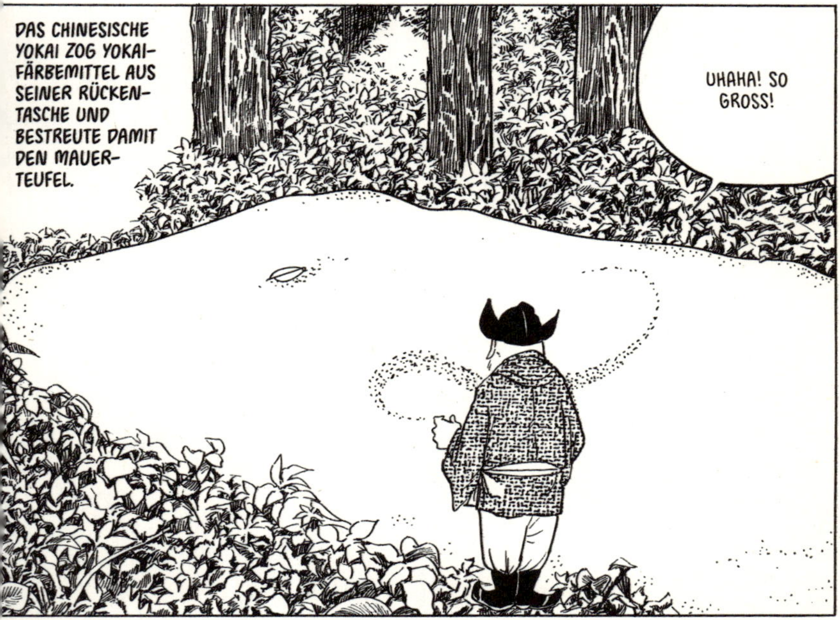

DAS CHINESISCHE YOKAI ZOG YOKAI-FÄRBEMITTEL AUS SEINER RÜCKENTASCHE UND BESTREUTE DAMIT DEN MAUERTEUFEL.

UHAHA! SO GROSS!

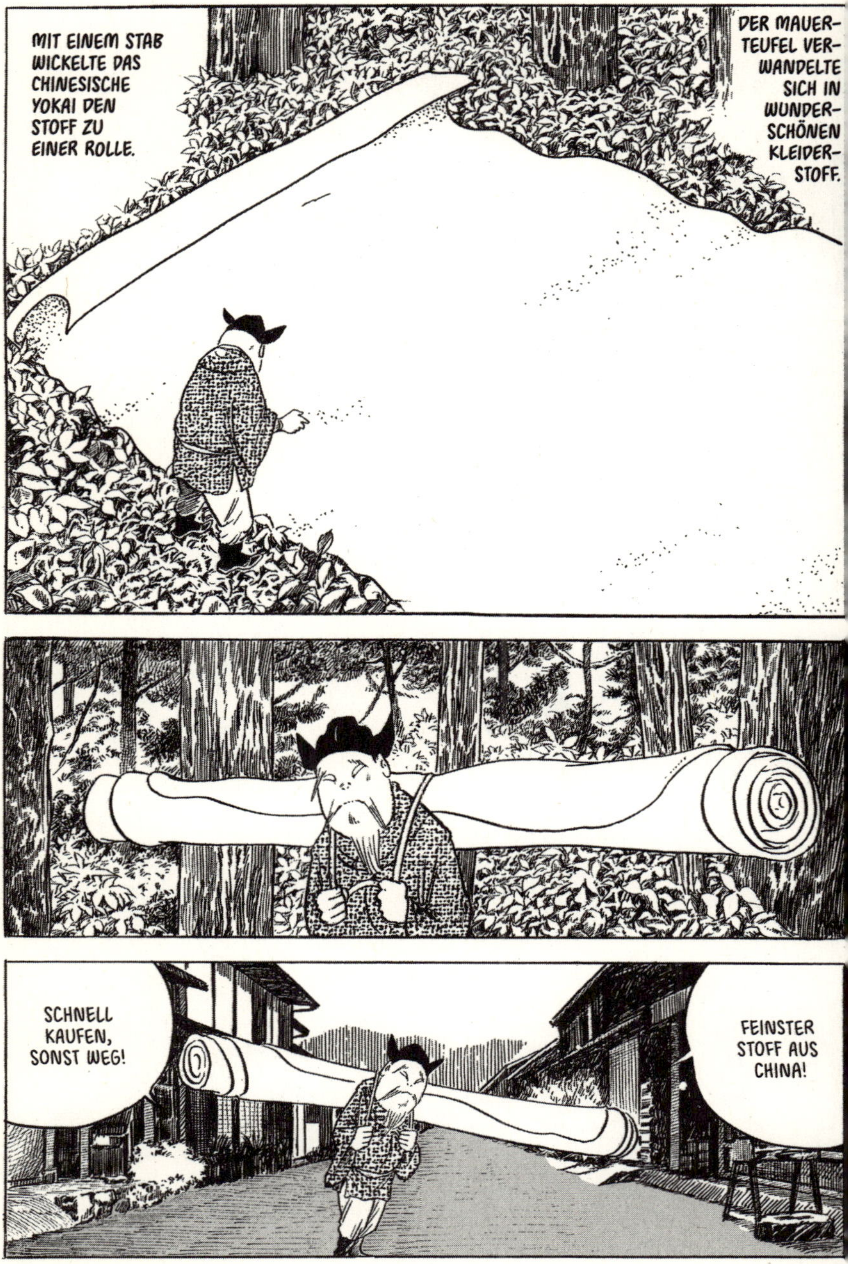

DER MAUER-
TEUFEL VER-
WANDELTE
SICH IN
WUNDER-
SCHÖNEN
KLEIDER-
STOFF.

MIT EINEM STAB
WICKELTE DAS
CHINESISCHE
YOKAI DEN
STOFF ZU
EINER ROLLE.

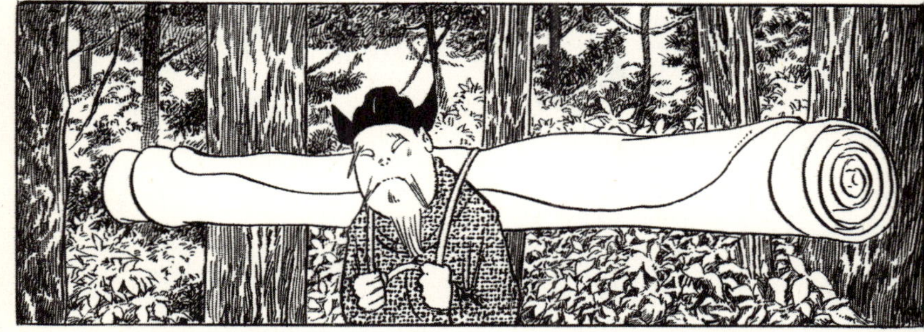

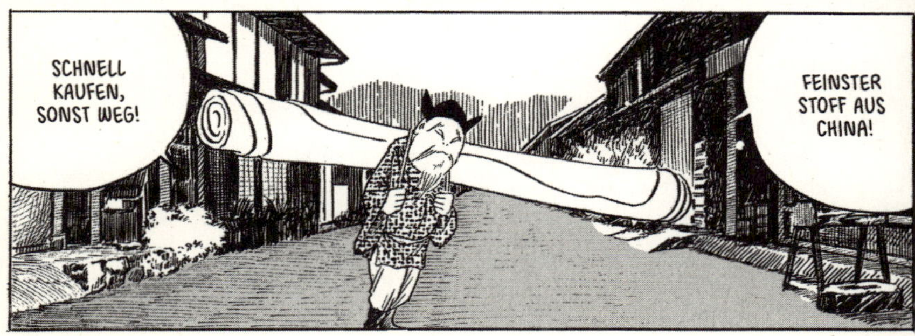

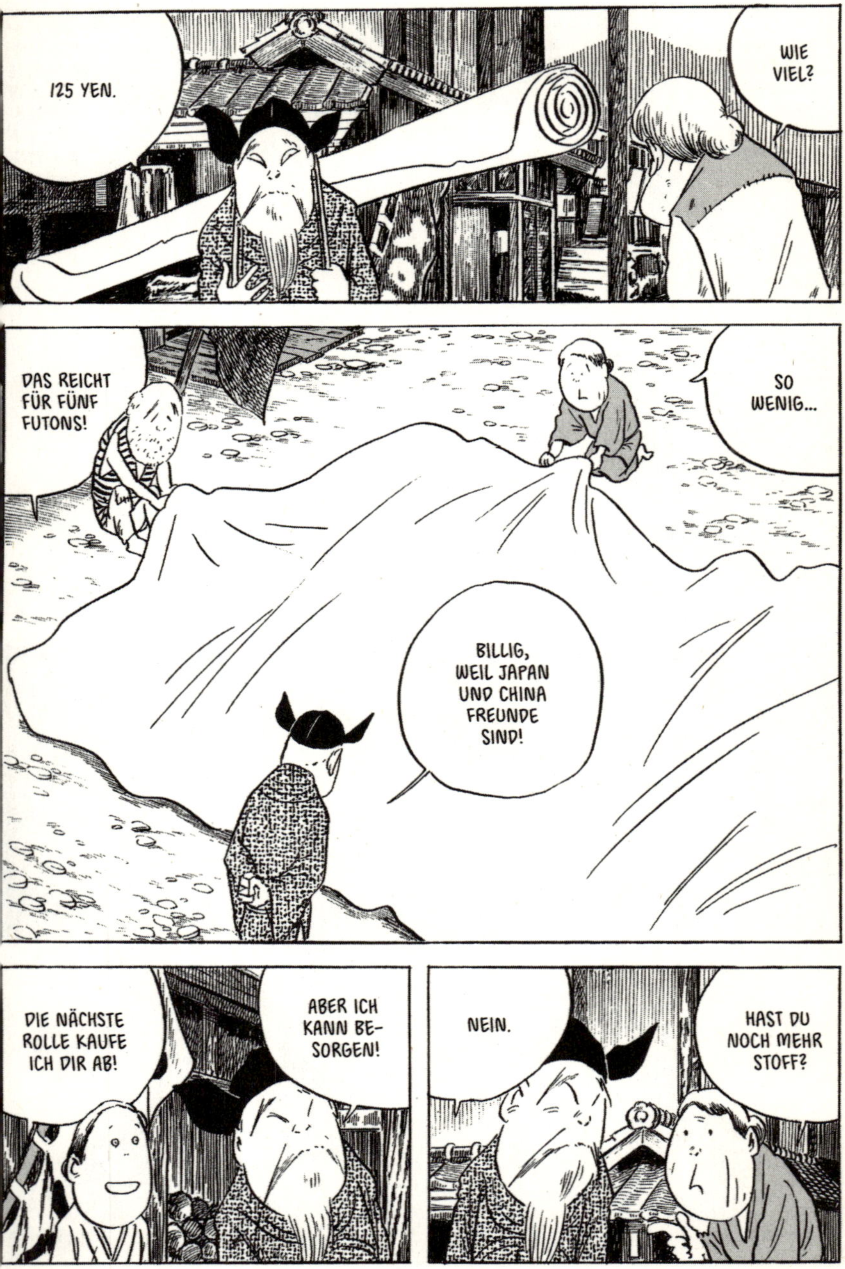

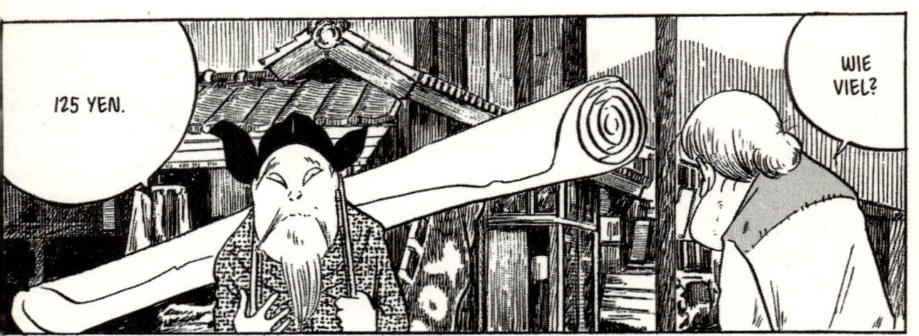
WIE VIEL?
125 YEN.

SO WENIG...
DAS REICHT FÜR FÜNF FUTONS!
BILLIG, WEIL JAPAN UND CHINA FREUNDE SIND!

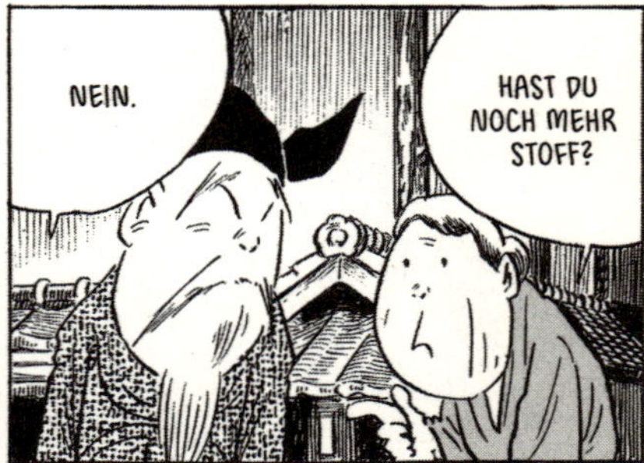
HAST DU NOCH MEHR STOFF?
NEIN.

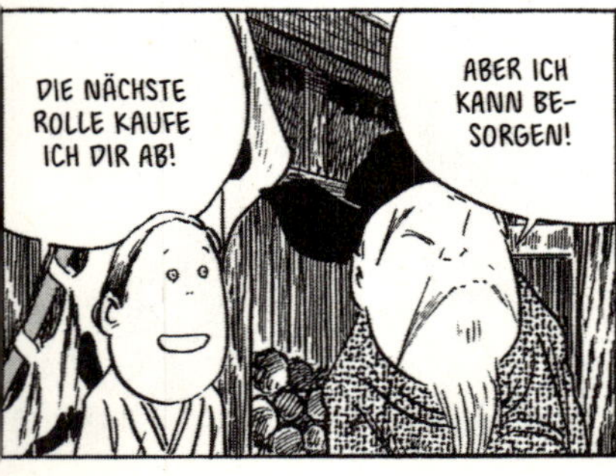
ABER ICH KANN BE-SORGEN!
DIE NÄCHSTE ROLLE KAUFE ICH DIR AB!

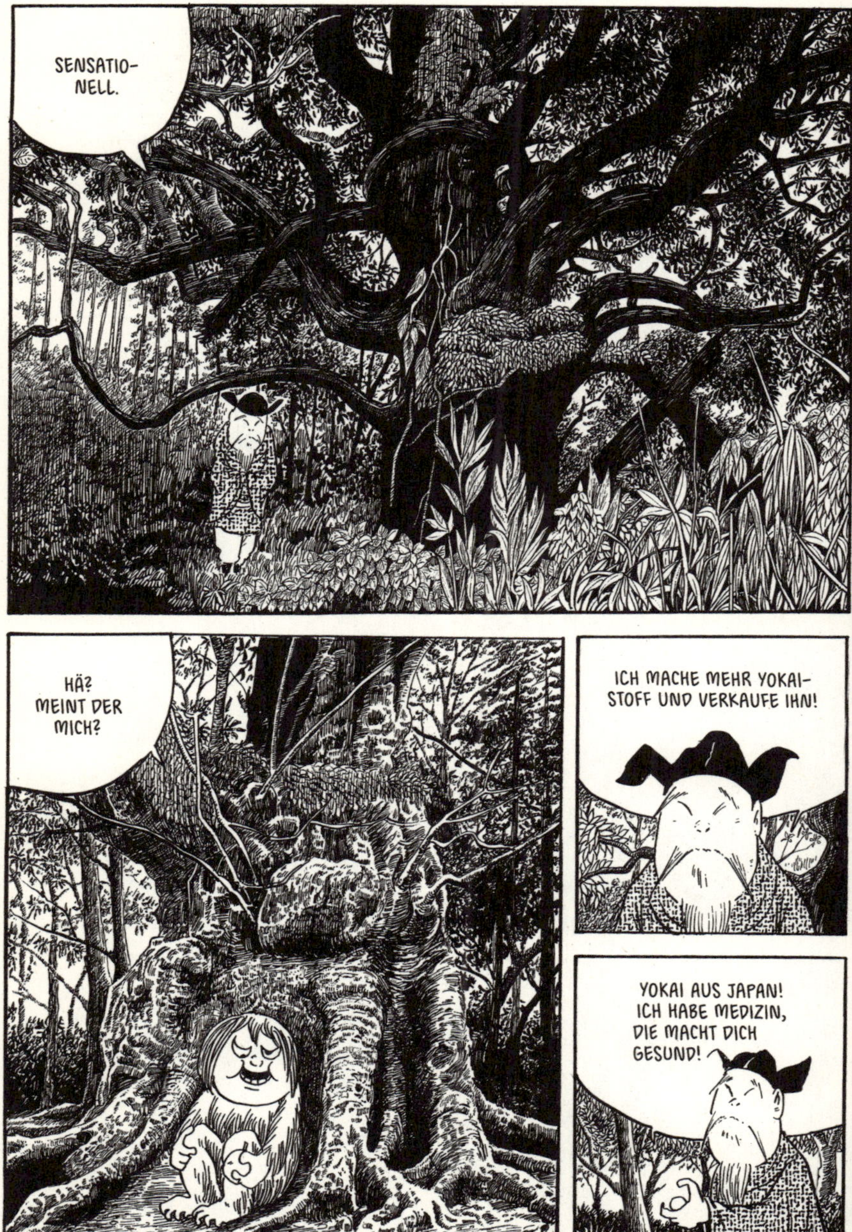

SENSATIO-
NELL.

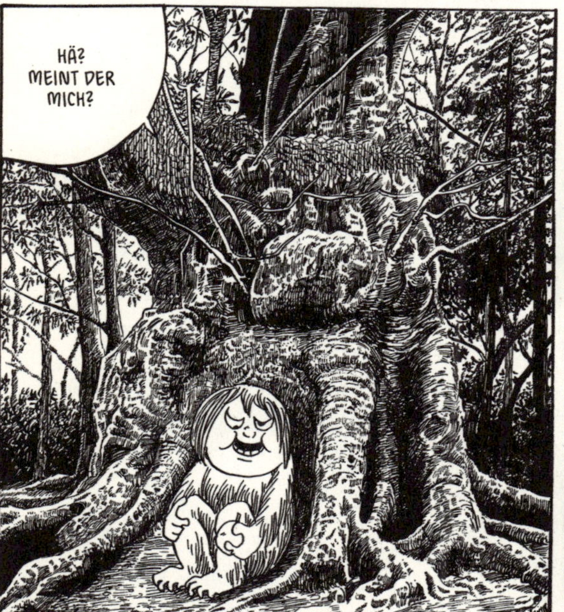

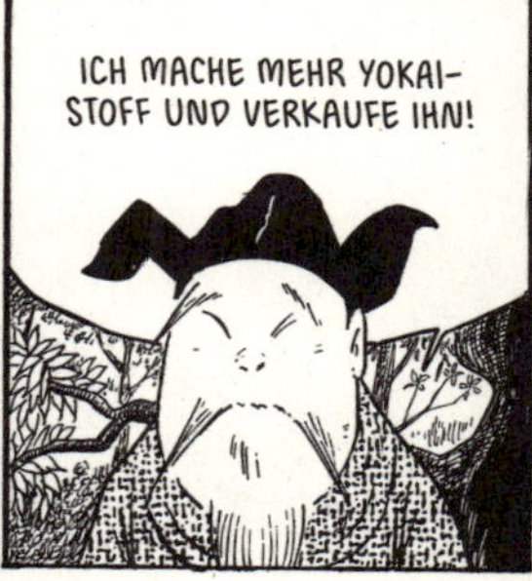

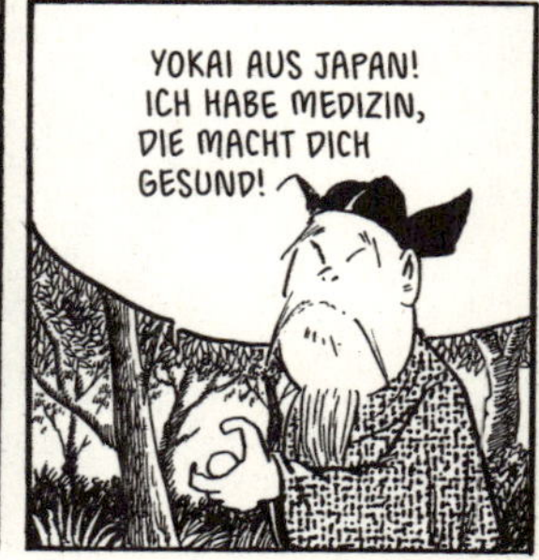

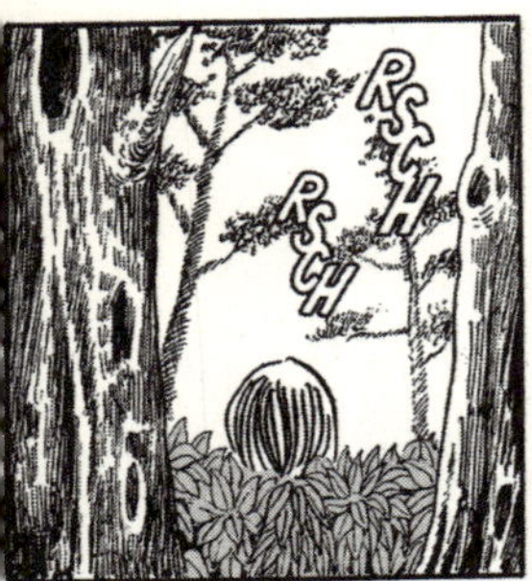

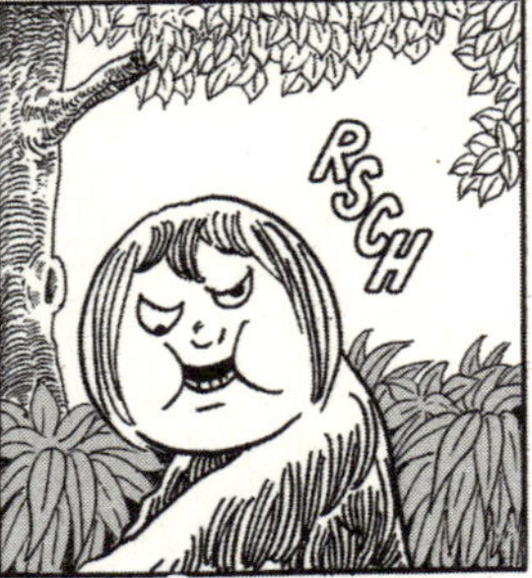

DAS YOKAI SATORI KANN GEDANKEN LESEN. IM HANDUMDREHEN HATTE ES DURCHSCHAUT, WAS DAS CHINESISCHE YOKAI IM SCHILDE FÜHRTE, UND RANNTE PANISCH DAVON.

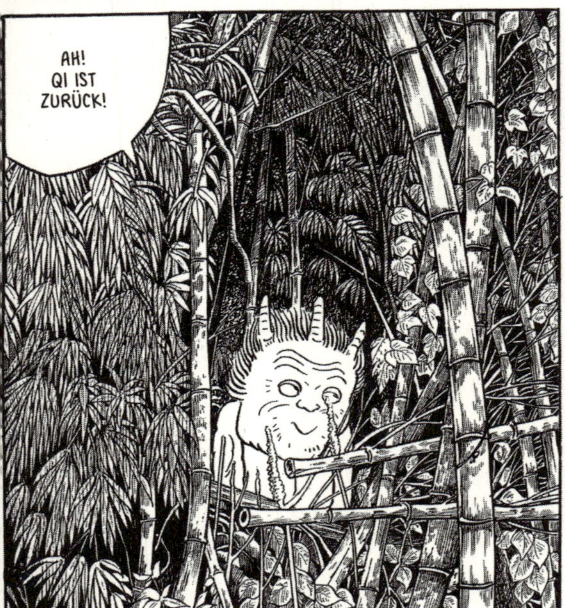

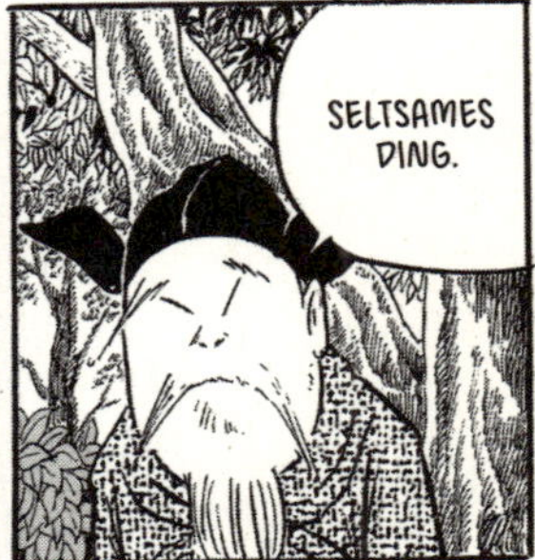

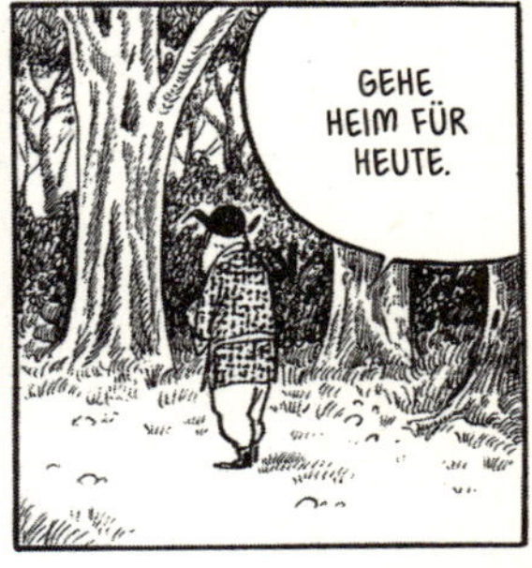

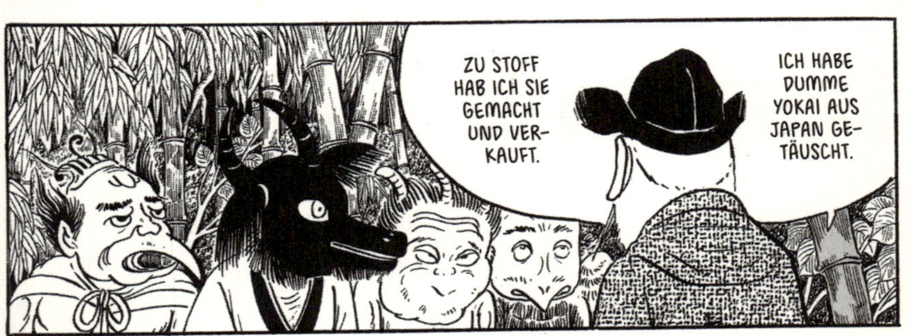

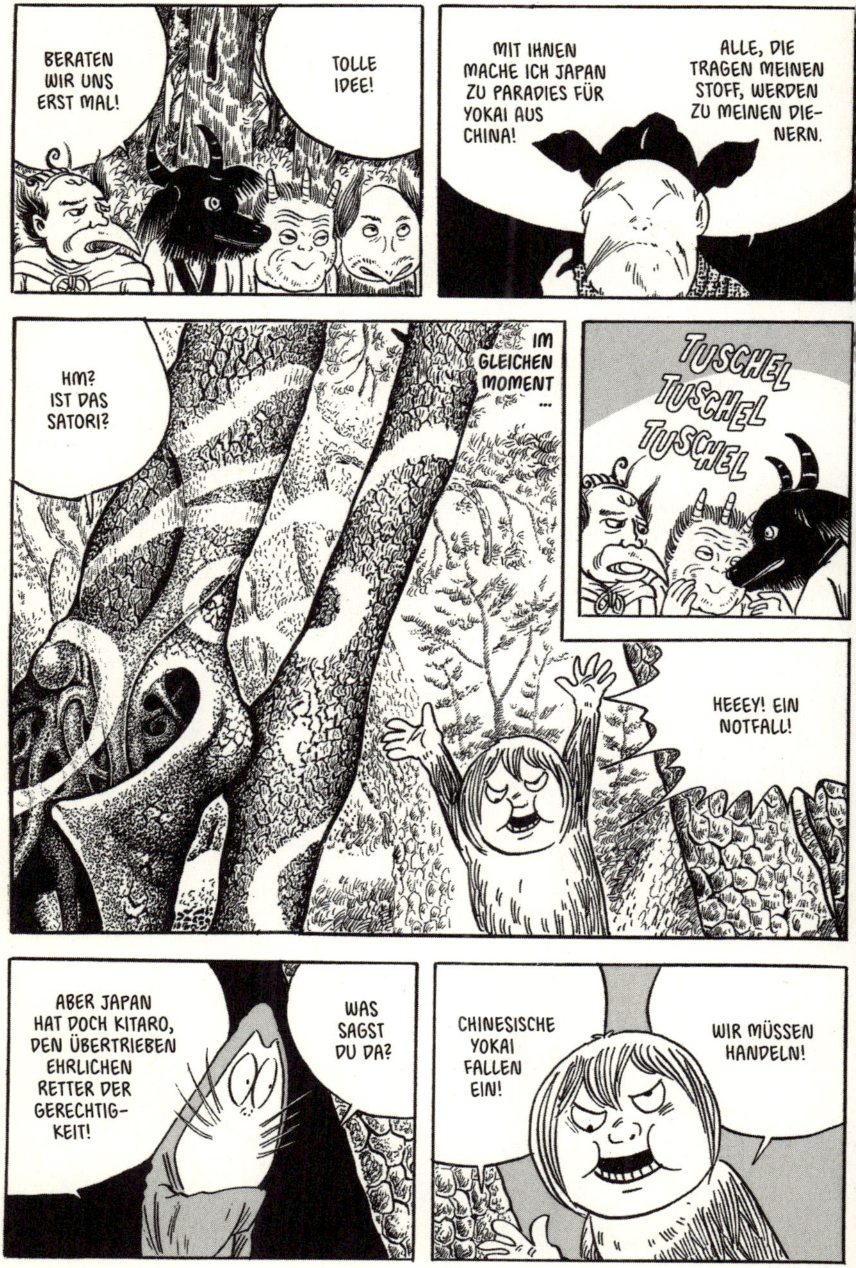

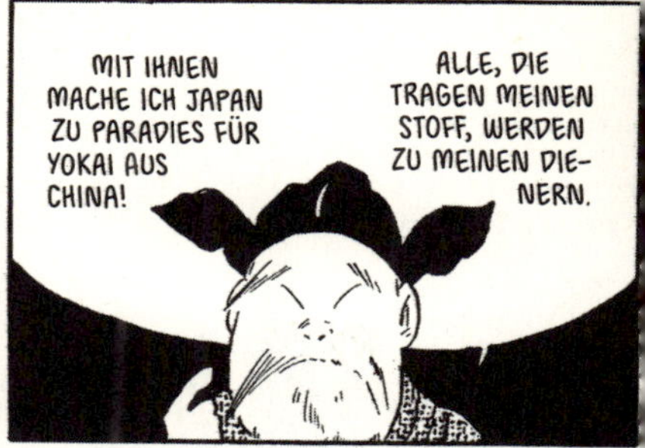

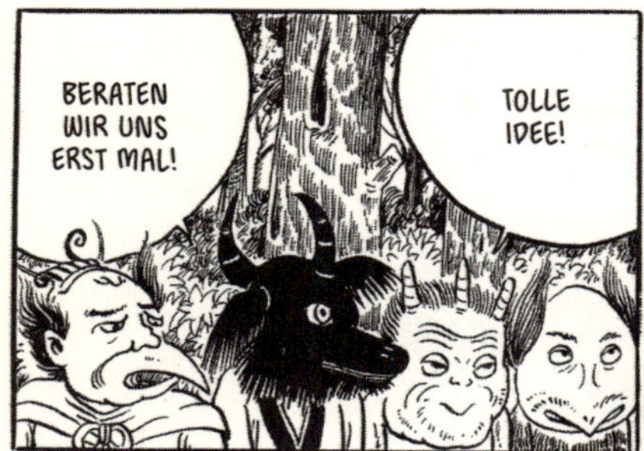

TUSCHEL TUSCHEL TUSCHEL

IM GLEICHEN MOMENT ...

HEEEY! EIN NOTFALL!

HM? IST DAS SATORI?

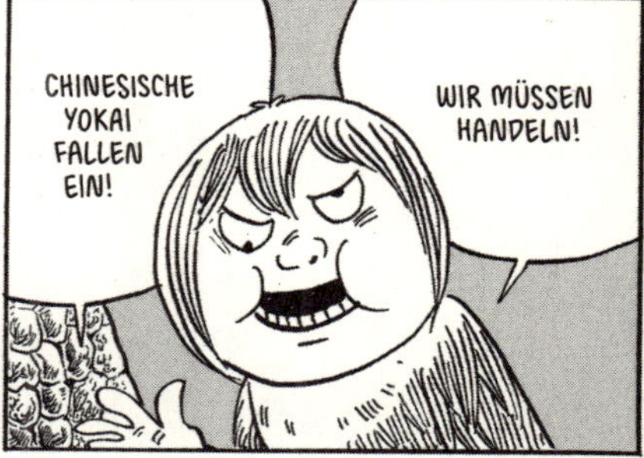

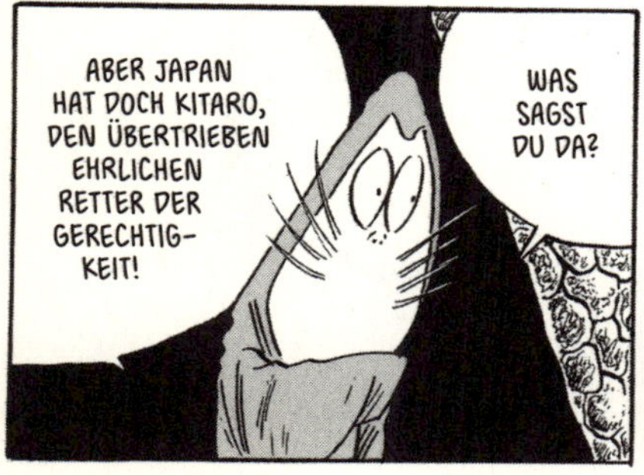

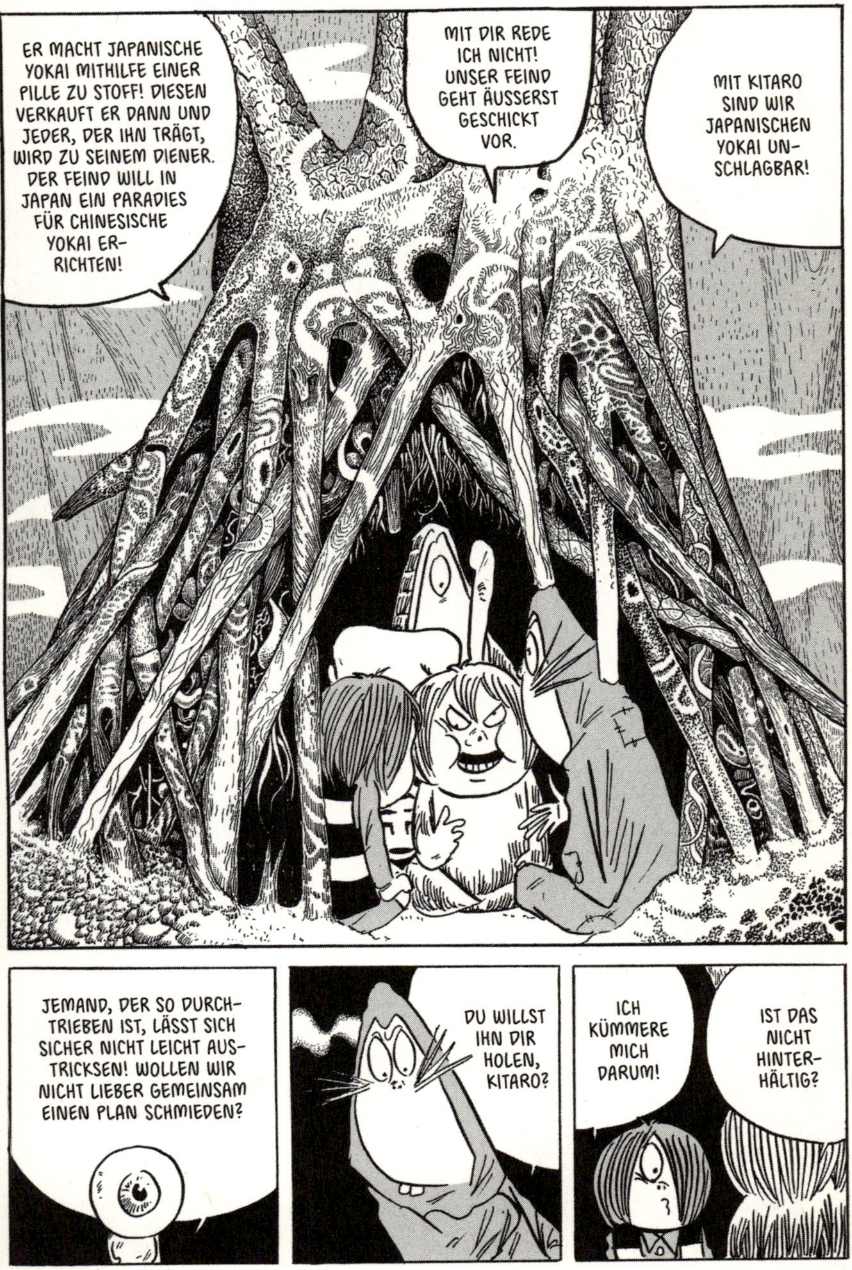

ER MACHT JAPANISCHE YOKAI MITHILFE EINER PILLE ZU STOFF! DIESEN VERKAUFT ER DANN UND JEDER, DER IHN TRÄGT, WIRD ZU SEINEM DIENER. DER FEIND WILL IN JAPAN EIN PARADIES FÜR CHINESISCHE YOKAI ERRICHTEN!

MIT DIR REDE ICH NICHT! UNSER FEIND GEHT ÄUSSERST GESCHICKT VOR.

MIT KITARO SIND WIR JAPANISCHEN YOKAI UNSCHLAGBAR!

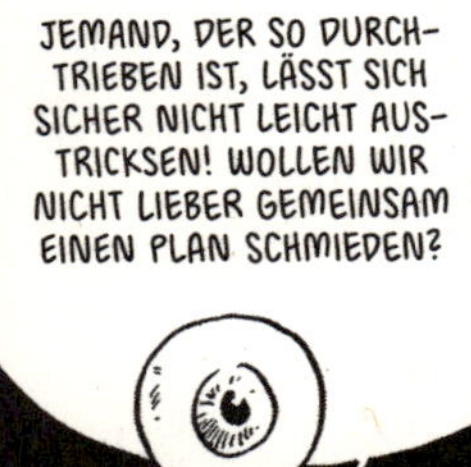

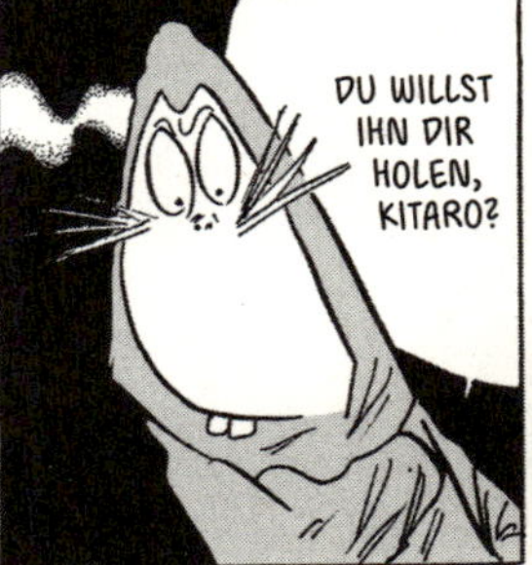

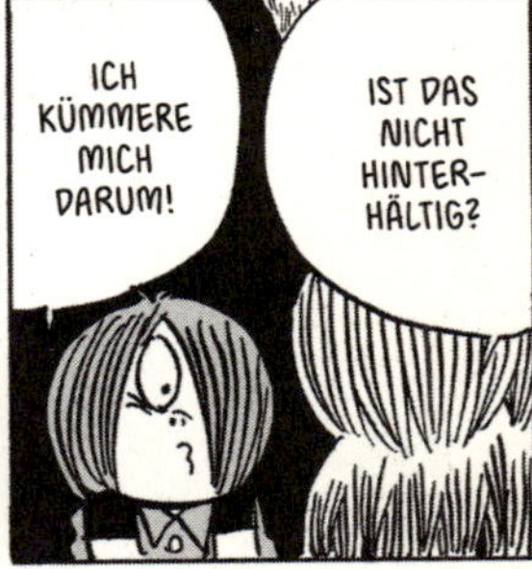

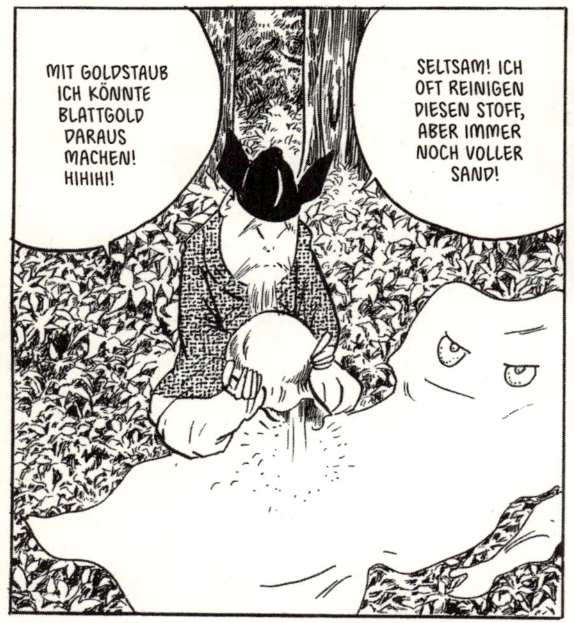

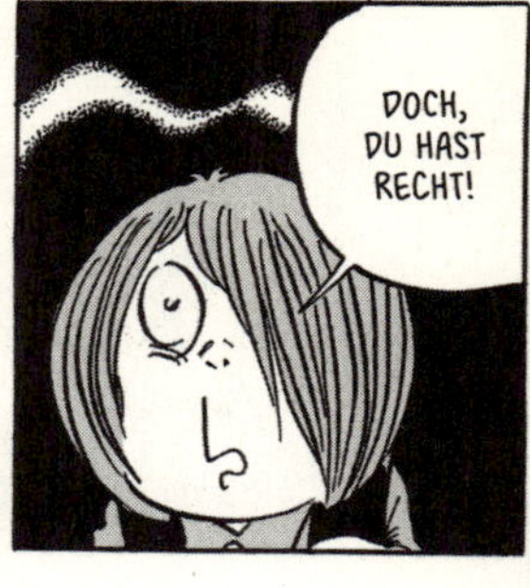

KITARO SCHICKTE EIN PAAR INSEKTEN LOS, UM SEINE YOKAI-FREUNDE ZU KONTAKTIEREN, ABER FÜR MANCHE KAM JEDE HILFE ZU SPÄT. DIE SANDHEXE HATTE DAS CHINESISCHE YOKAI AUCH LÄNGST ZU STOFF VERWANDELT.

DIE ALTEN LEUTE HATTEN SICH AUS DEM CHINESISCHEN STOFF KIMONOS GENÄHT UND VERSAMMELTEN SICH BEI DEM YOKAI AUS CHINA. SIE WAREN MEISTER QIS STOFFMAGIE ERLEGEN UND KONNTEN NICHT MEHR ANDERS, ALS SEINEM BEFEHL ZU GEHORCHEN.

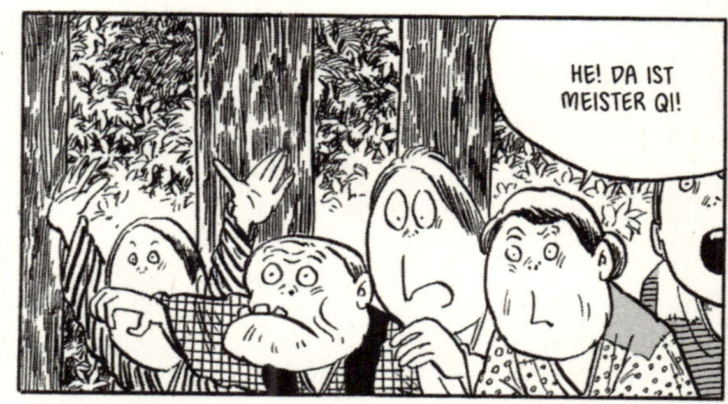

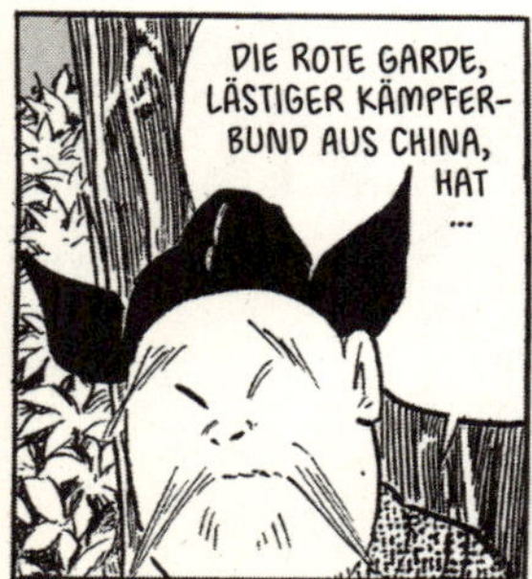

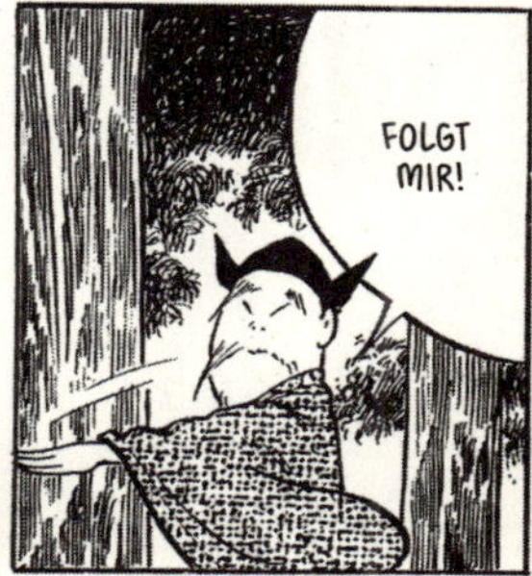

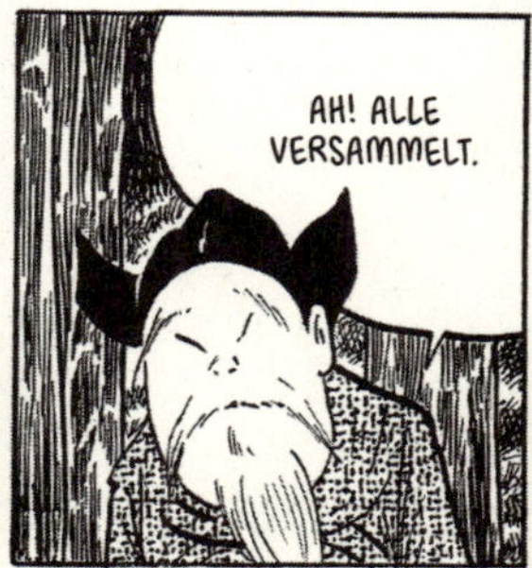

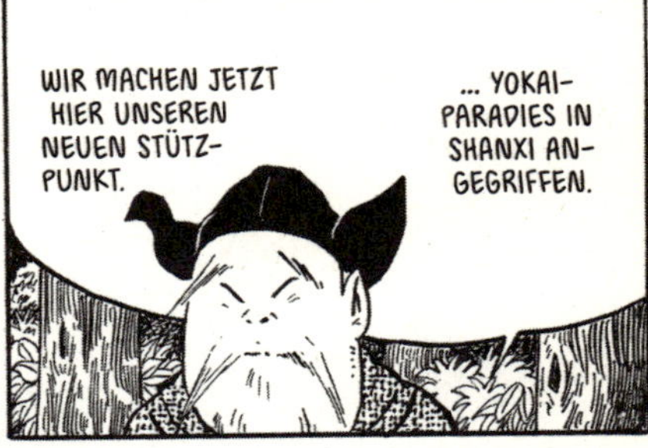
... YOKAI-PARADIES IN SHANXI ANGEGRIFFEN.
WIR MACHEN JETZT HIER UNSEREN NEUEN STÜTZPUNKT.

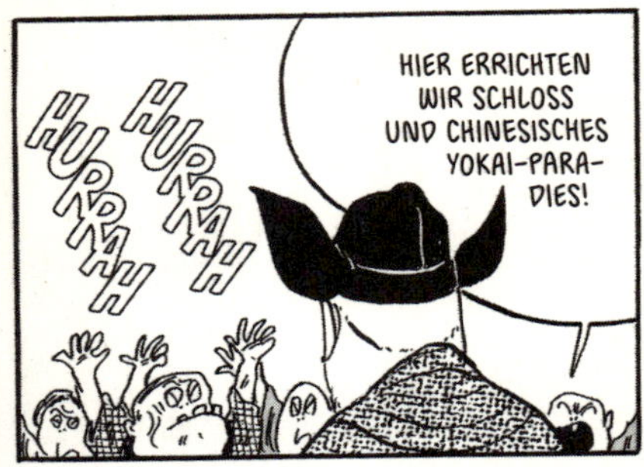
HIER ERRICHTEN WIR SCHLOSS UND CHINESISCHES YOKAI-PARADIES!
HURRAH
HURRAH

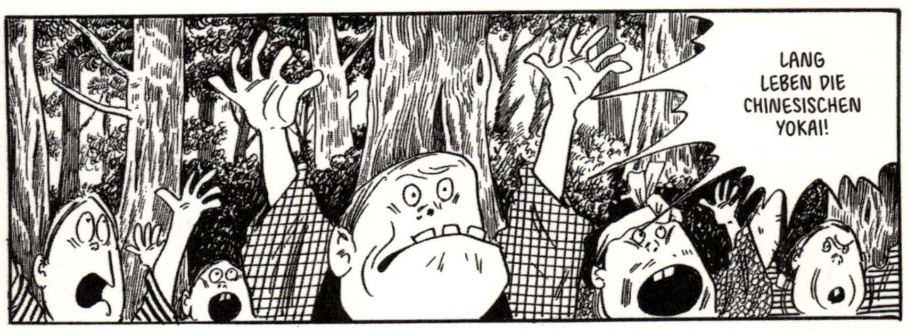
LANG LEBEN DIE CHINESISCHEN YOKAI!

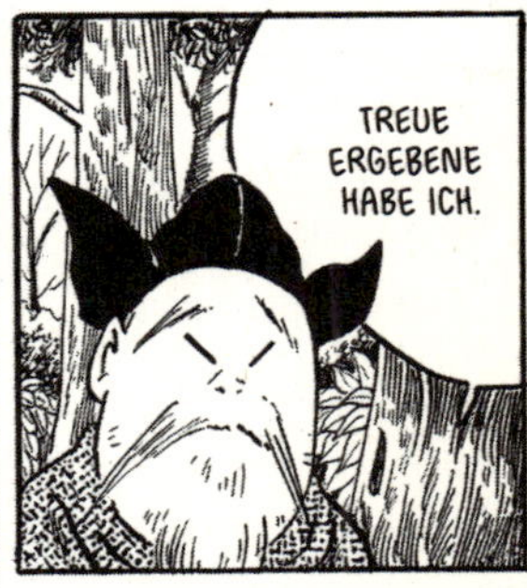
TREUE ERGEBENE HABE ICH.

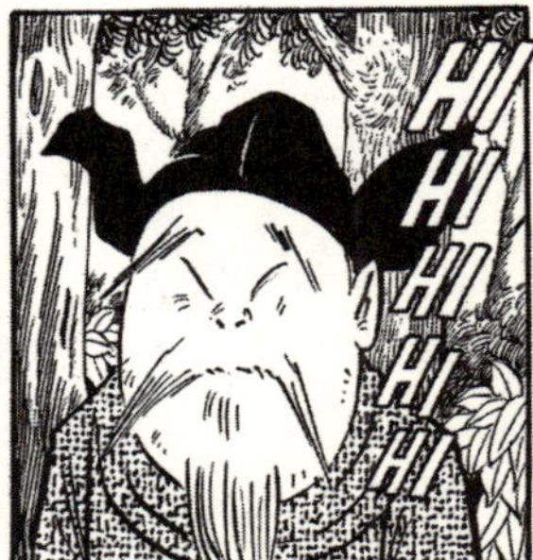
HI HI HI HI HI HI

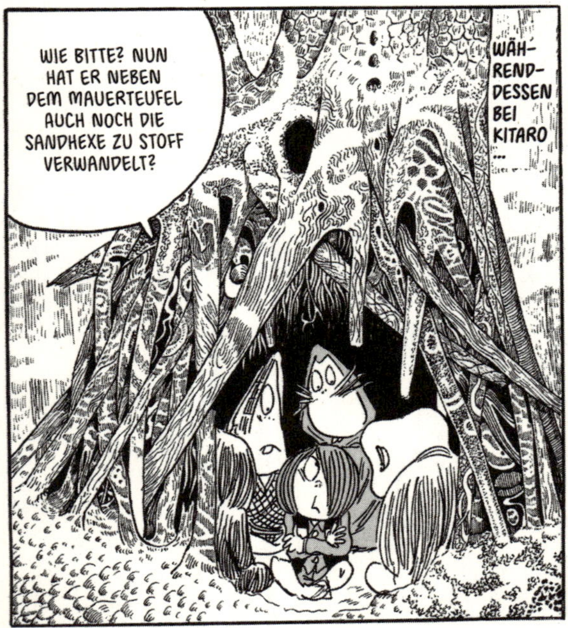
WÄHRENDDESSEN BEI KITARO ...
WIE BITTE? NUN HAT ER NEBEN DEM MAUERTEUFEL AUCH NOCH DIE SANDHEXE ZU STOFF VERWANDELT?

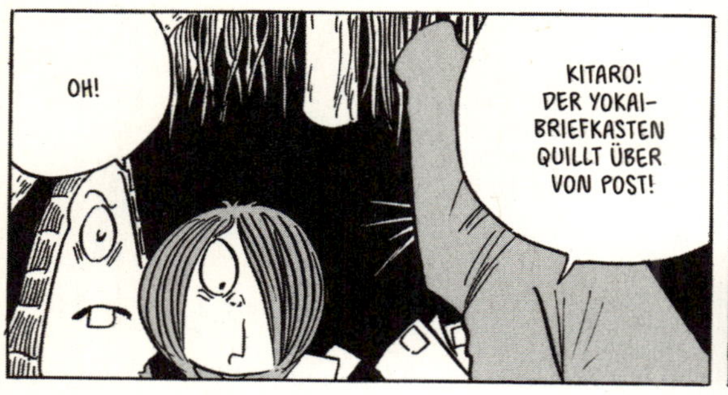
OH!
KITARO! DER YOKAI-BRIEFKASTEN QUILLT ÜBER VON POST!

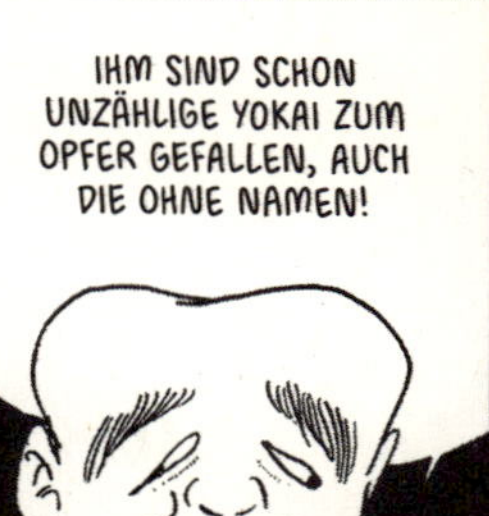
IHM SIND SCHON UNZÄHLIGE YOKAI ZUM OPFER GEFALLEN, AUCH DIE OHNE NAMEN!

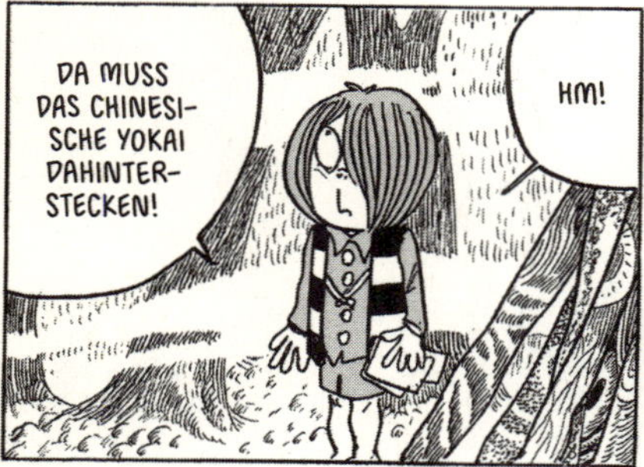
DA MUSS DAS CHINESI-SCHE YOKAI DAHINTER-STECKEN!
HM!

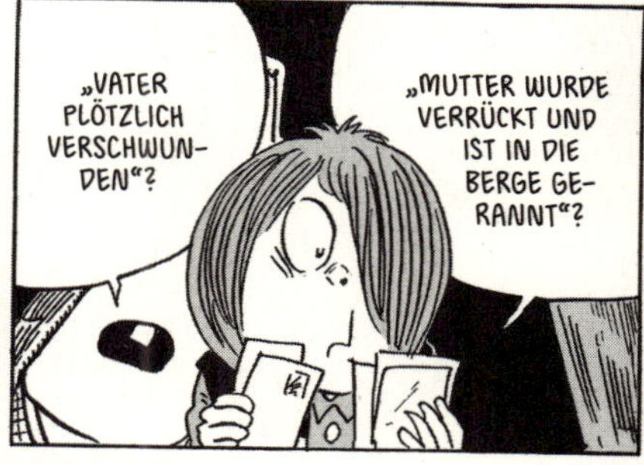
„VATER PLÖTZLICH VERSCHWUN-DEN“?
„MUTTER WURDE VERRÜCKT UND IST IN DIE BERGE GE-RANNT“?

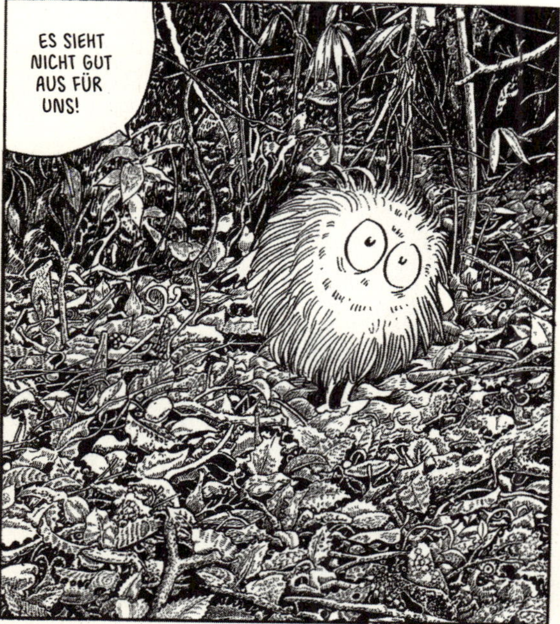
ES SIEHT NICHT GUT AUS FÜR UNS!

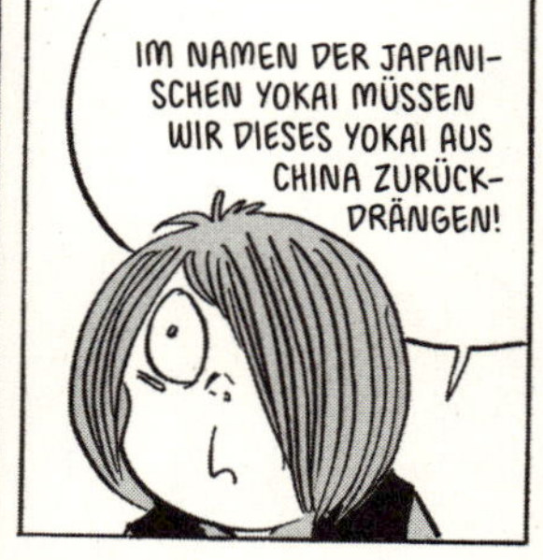
IM NAMEN DER JAPANI-SCHEN YOKAI MÜSSEN WIR DIESES YOKAI AUS CHINA ZURÜCK-DRÄNGEN!

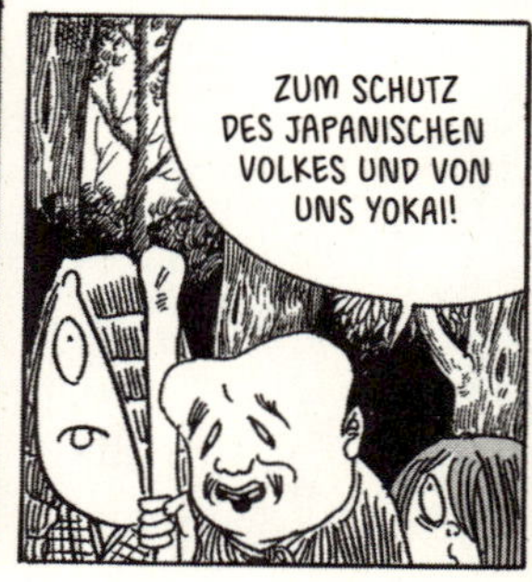
ZUM SCHUTZ DES JAPANISCHEN VOLKES UND VON UNS YOKAI!

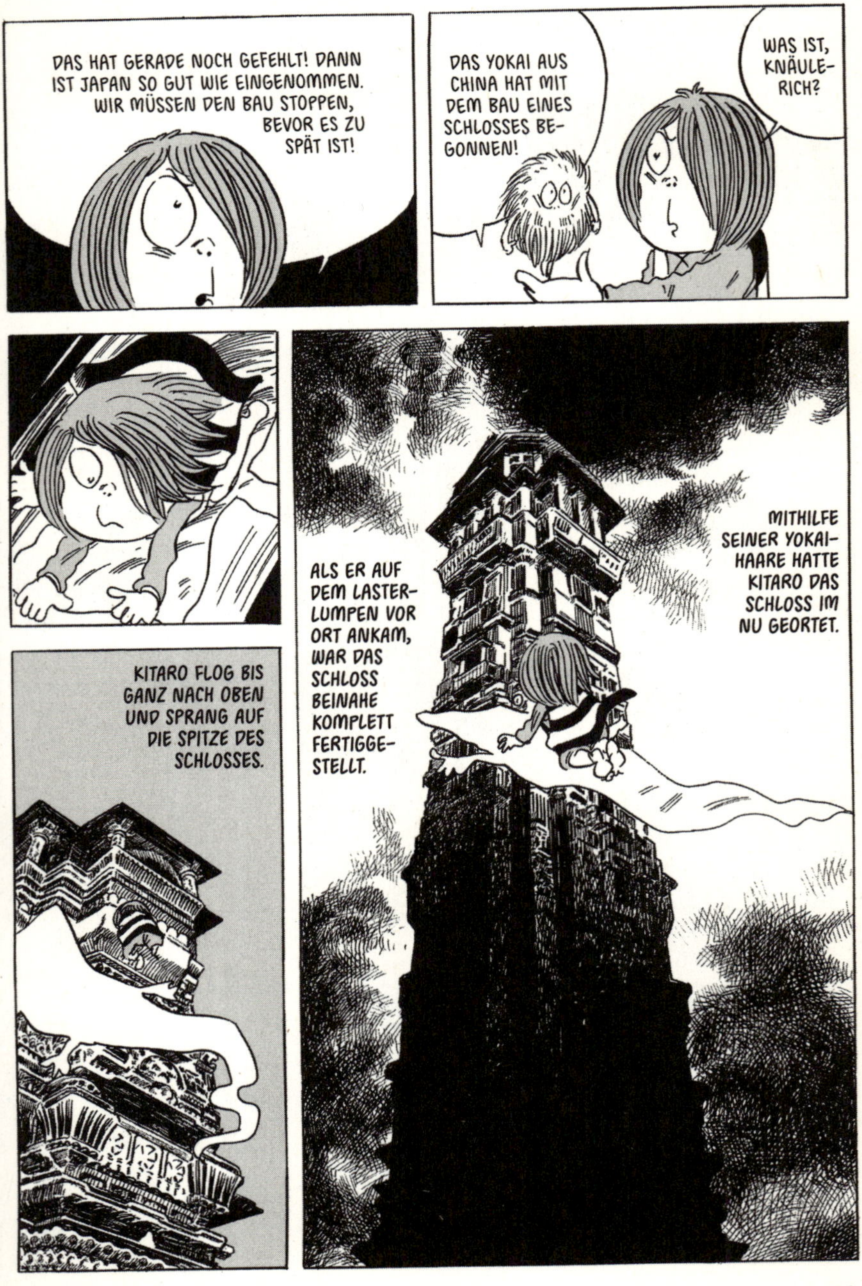

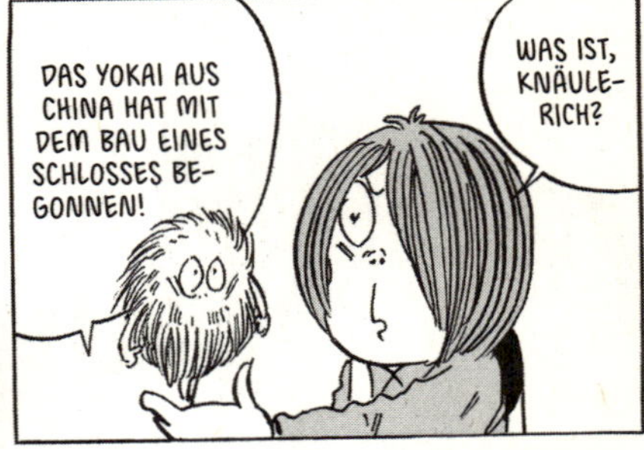

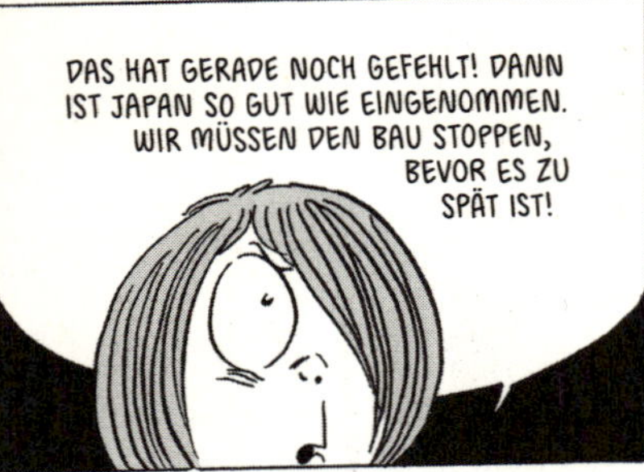

MITHILFE SEINER YOKAIHAARE HATTE KITARO DAS SCHLOSS IM NU GEORTET.

ALS ER AUF DEM LASTERLUMPEN VOR ORT ANKAM, WAR DAS SCHLOSS BEINAHE KOMPLETT FERTIGGESTELLT.

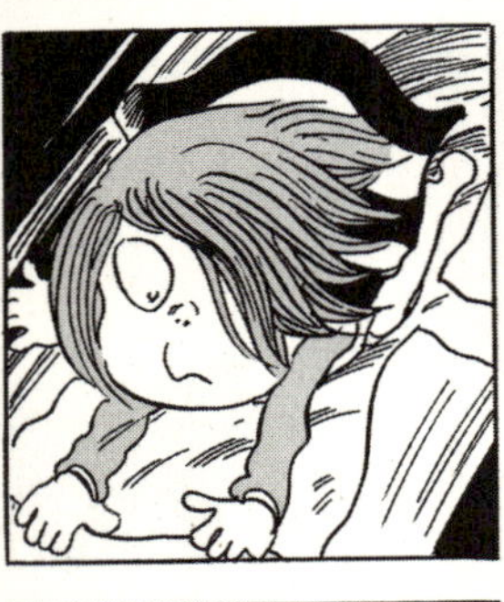

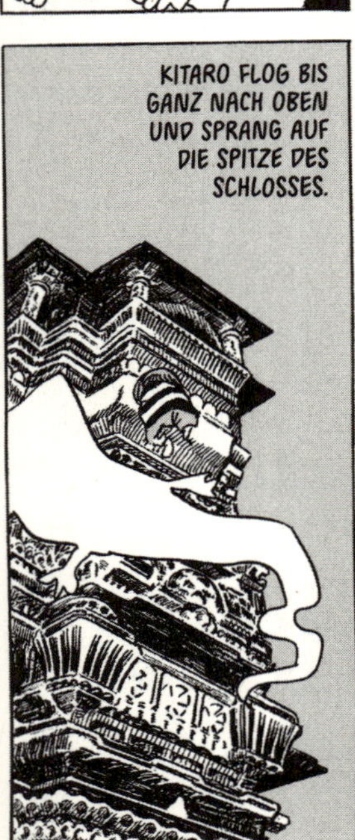

Yokai-Stoff, Teil 1 – Ende

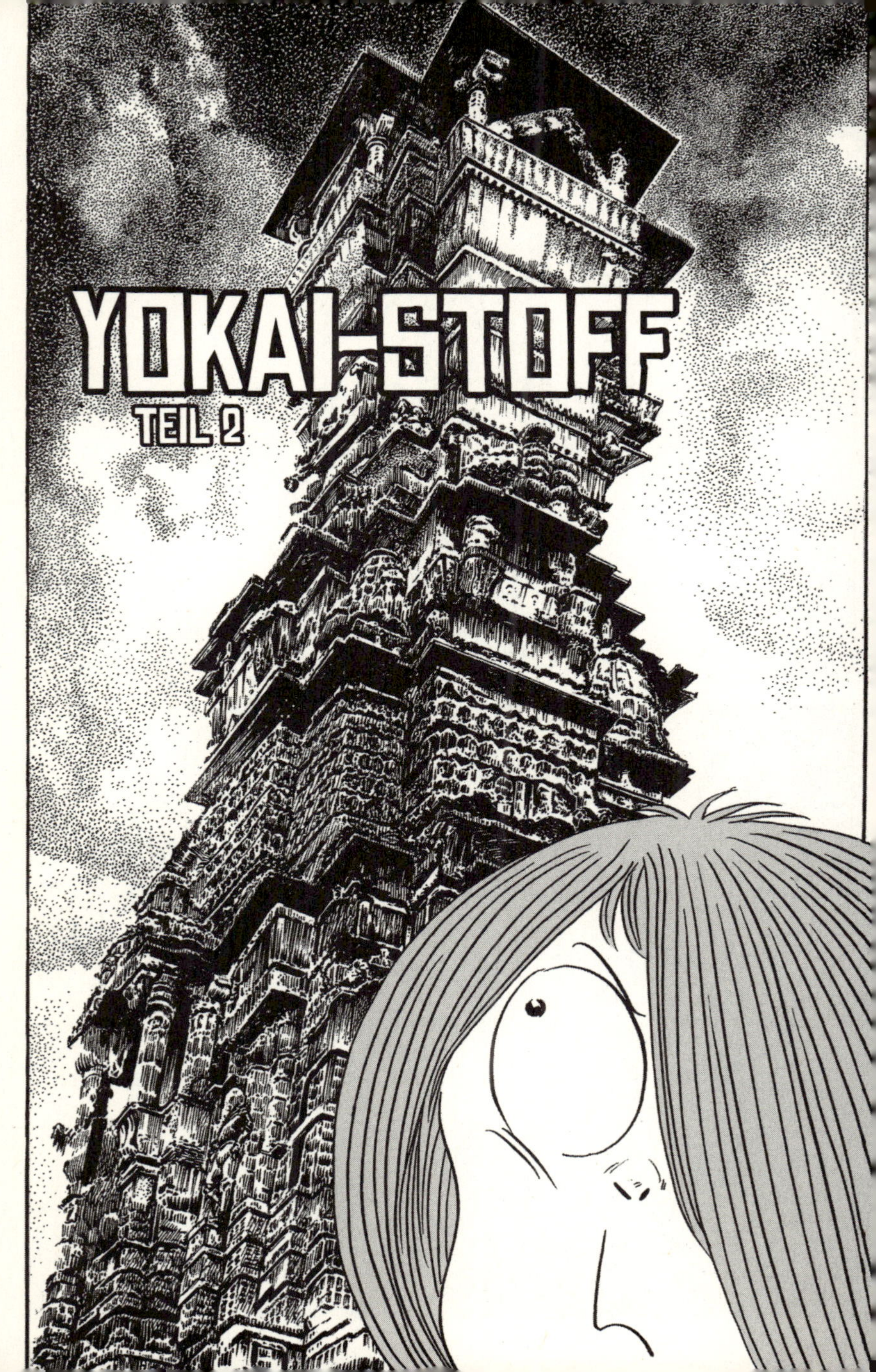
YOKAI-STOFF
TEIL 2

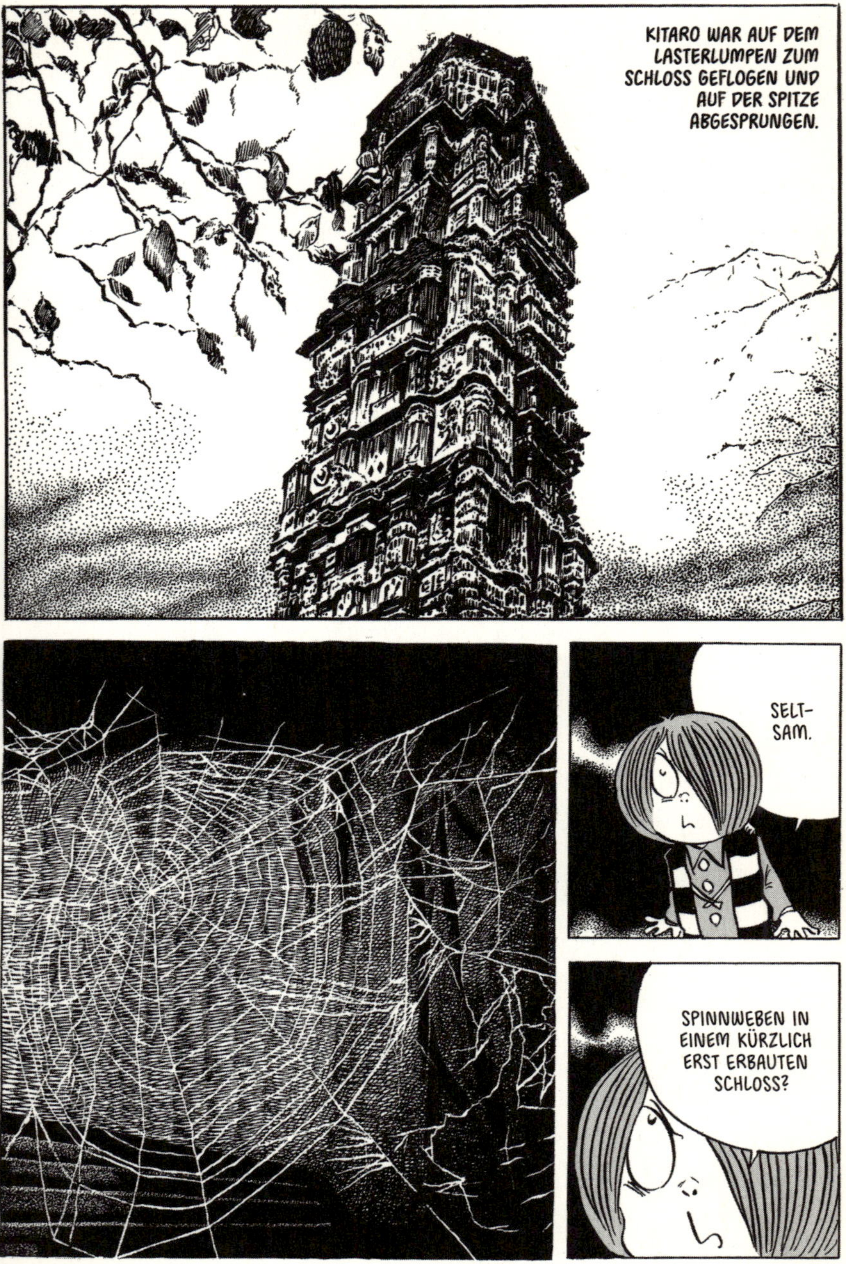

KITARO WAR AUF DEM LASTERLUMPEN ZUM SCHLOSS GEFLOGEN UND AUF DER SPITZE ABGESPRUNGEN.

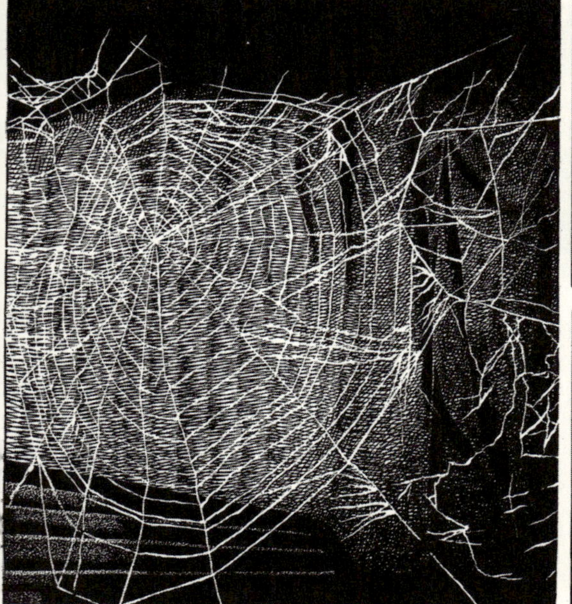

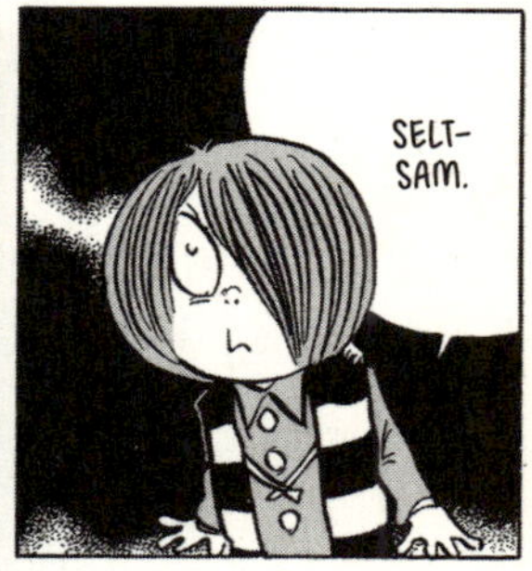

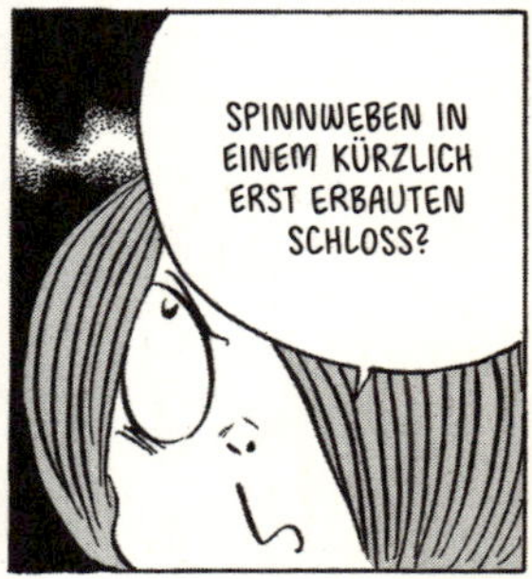

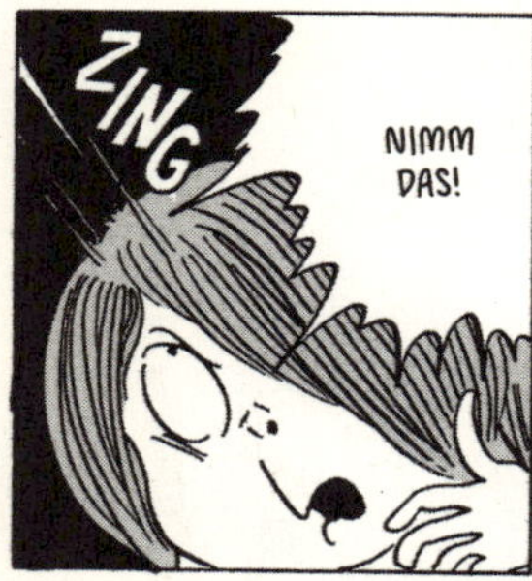
ZING
NIMM DAS!

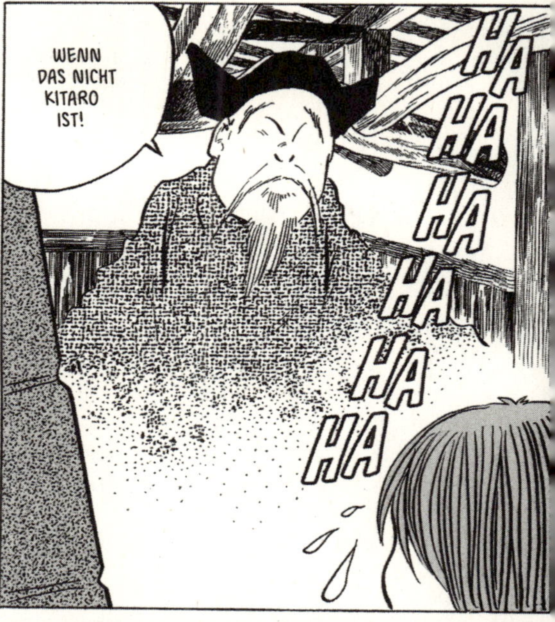
WENN DAS NICHT KITARO IST!
HA HA HA HA HA HA HA

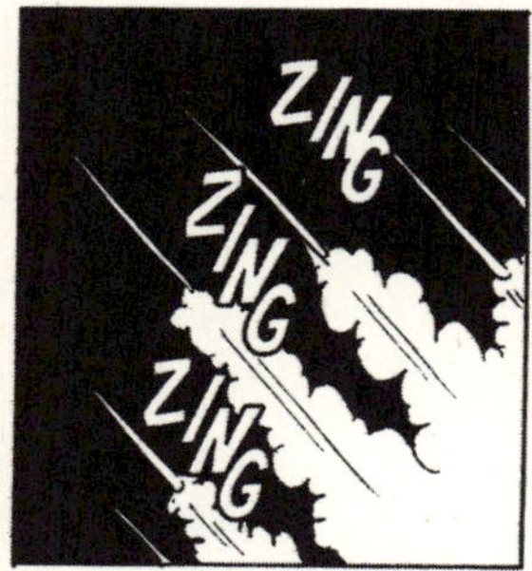
ZING
ZING
ZING

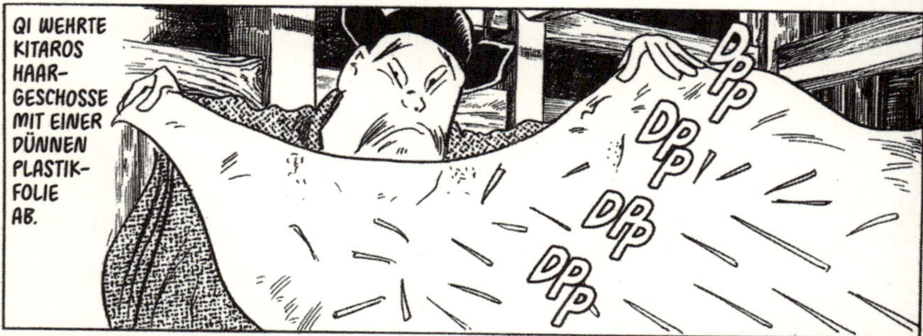
QI WEHRTE KITAROS HAAR-GESCHOSSE MIT EINER DÜNNEN PLASTIK-FOLIE AB.
DPP
DPP
DPP
DPP

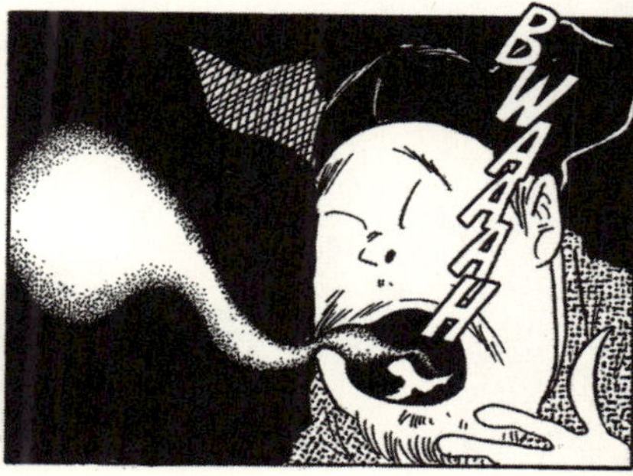
BWAAAAH

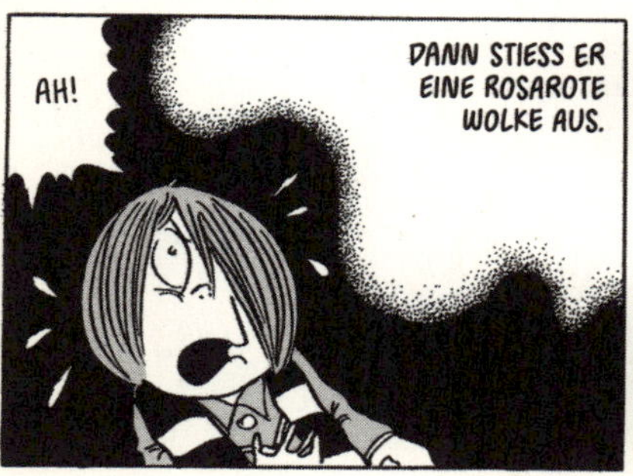
DANN STIESS ER EINE ROSAROTE WOLKE AUS.
AH!

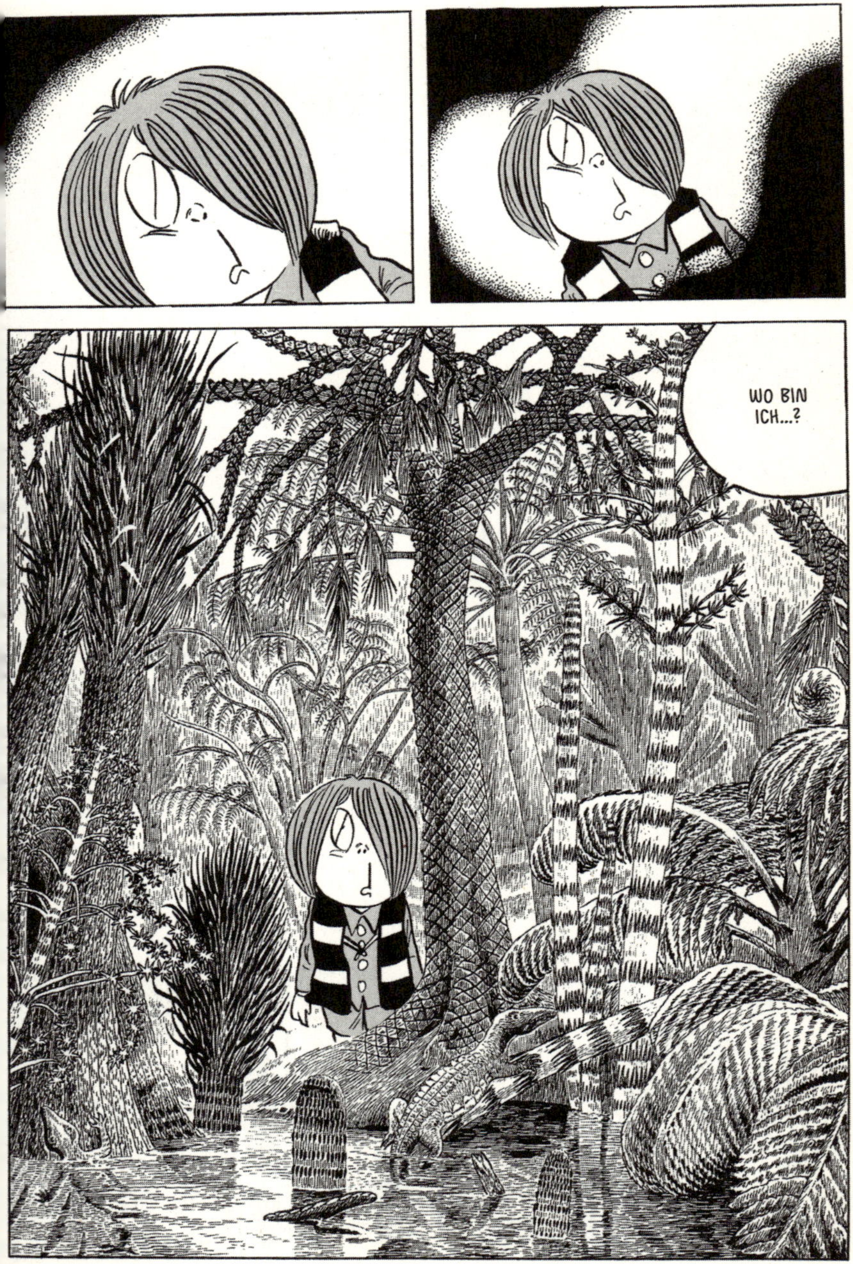

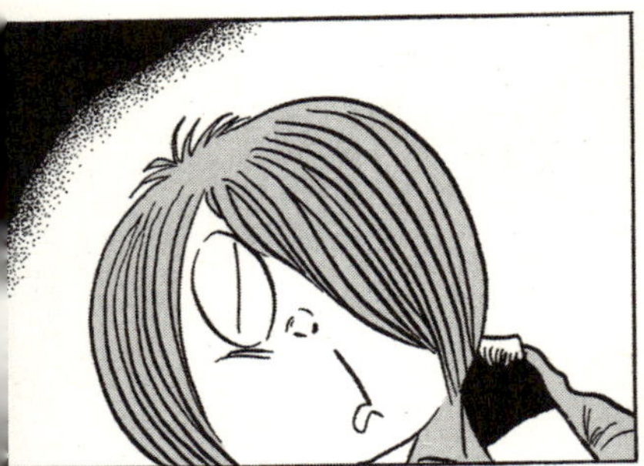

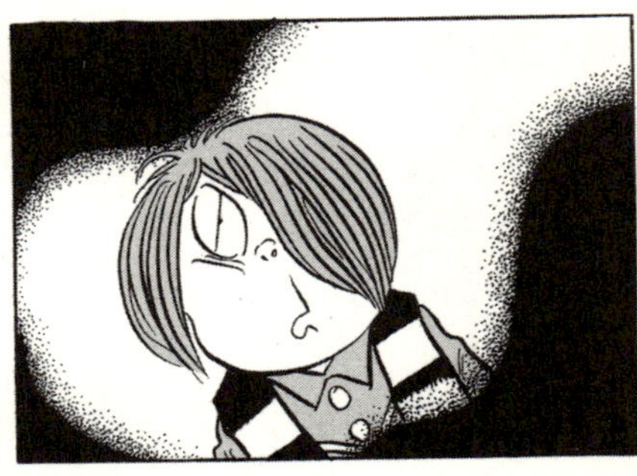

WO BIN
ICH…?

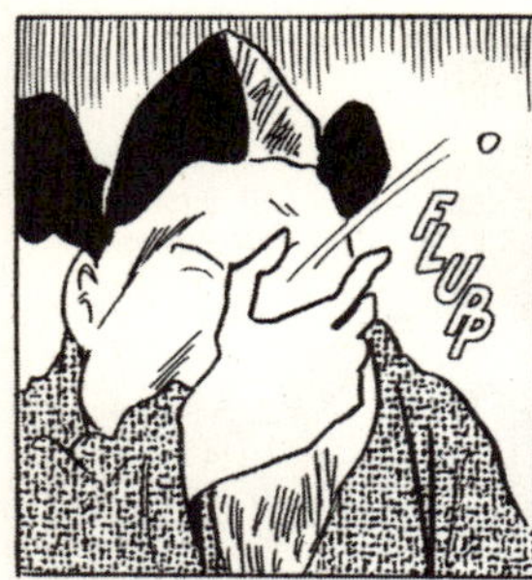

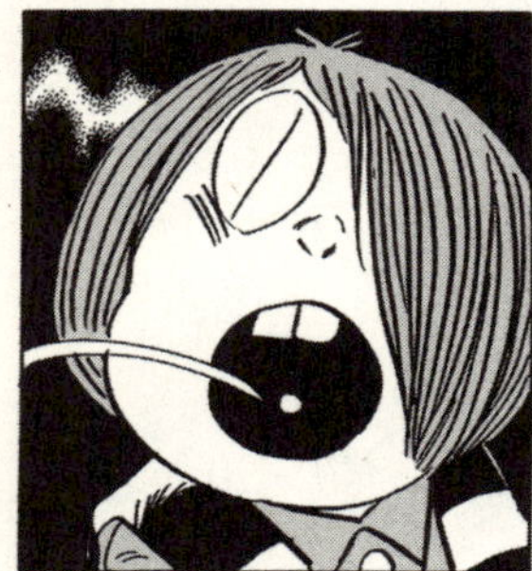

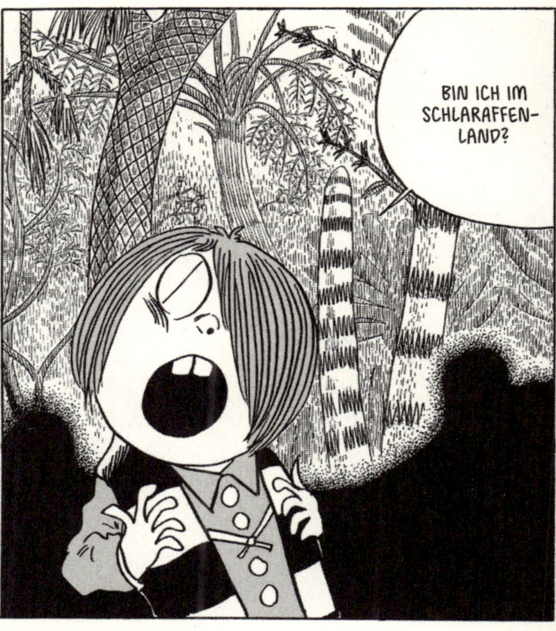

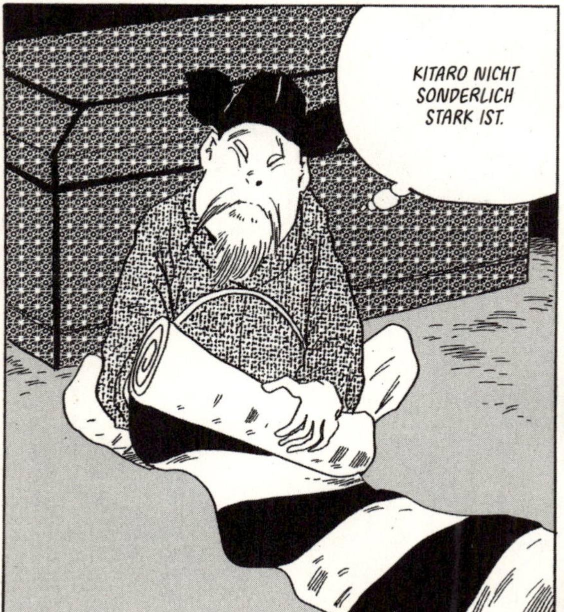

WÄHREND KITARO DER PARADIESISCHEN ILLUSION ERLAG, SCHOSS QI IHM EINE SEINER PILLEN IN DEN MUND. DARAUFHIN VERWANDELTE SICH KITARO NACH UND NACH IN YOKAI-STOFF.

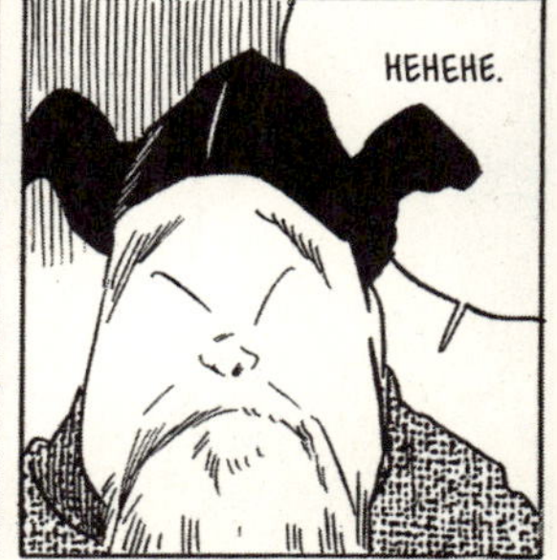

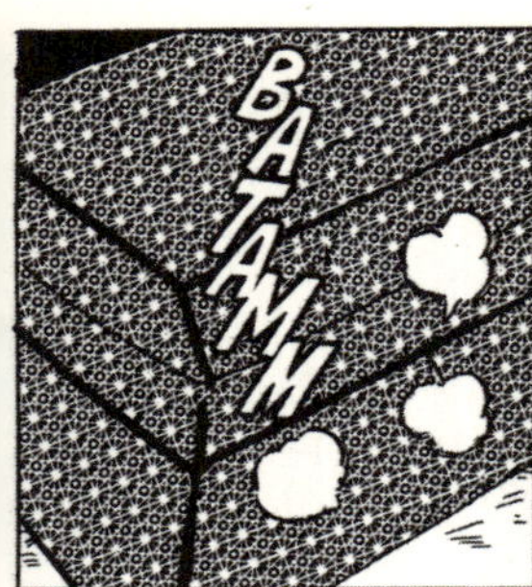
BATAMM

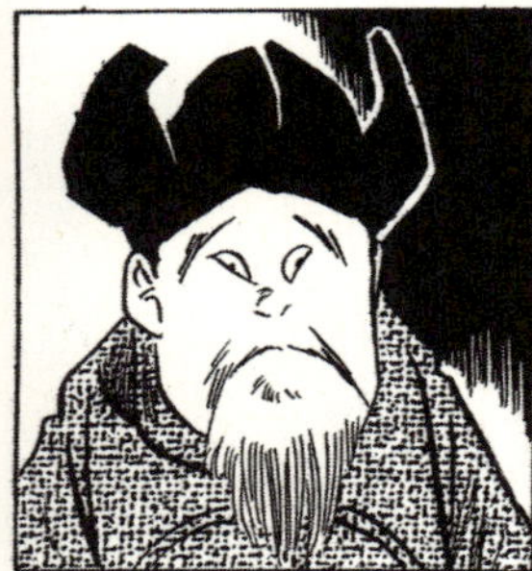

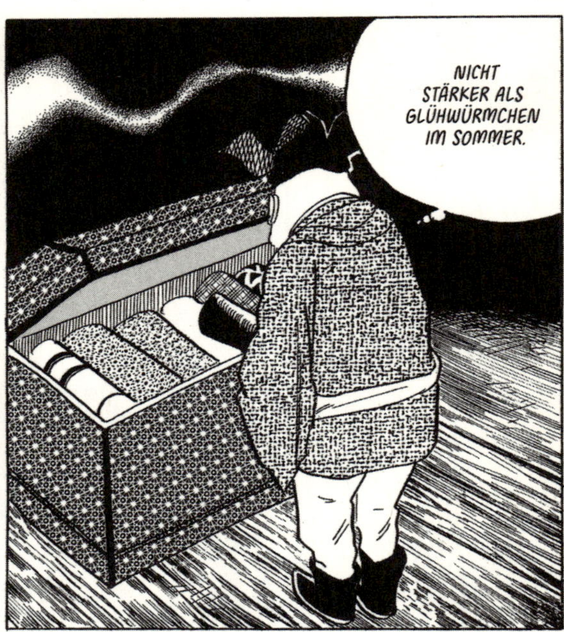
NICHT STÄRKER ALS GLÜHWÜRMCHEN IM SOMMER.

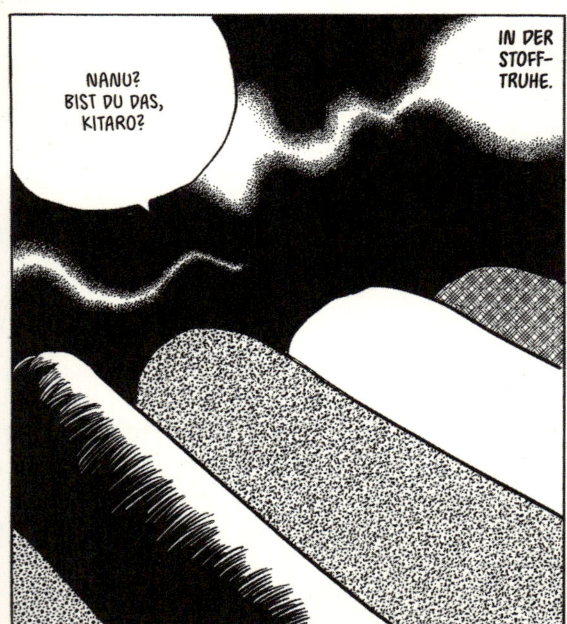
IN DER STOFF-TRUHE.
NANU? BIST DU DAS, KITARO?

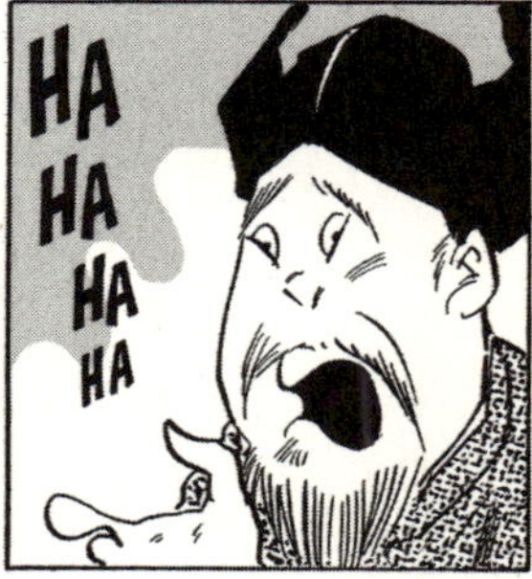
HA HA HA HA

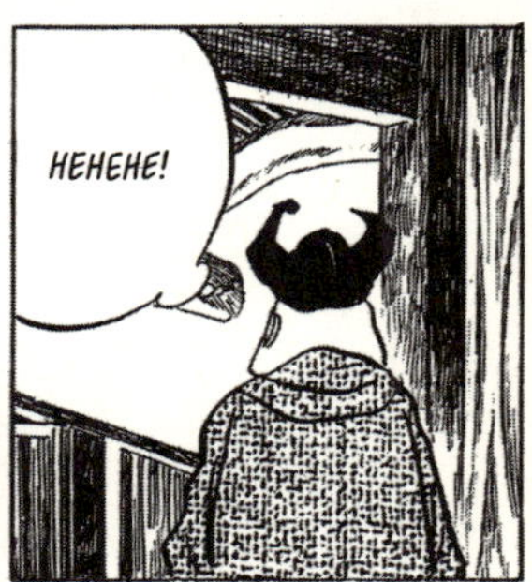
HEHEHE!

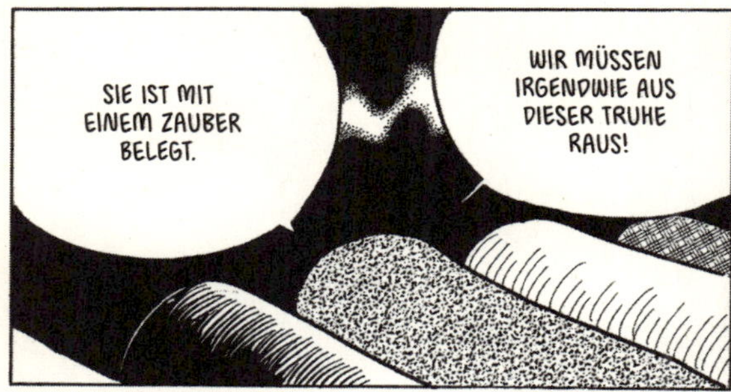
WIR MÜSSEN IRGENDWIE AUS DIESER TRUHE RAUS!
SIE IST MIT EINEM ZAUBER BELEGT.

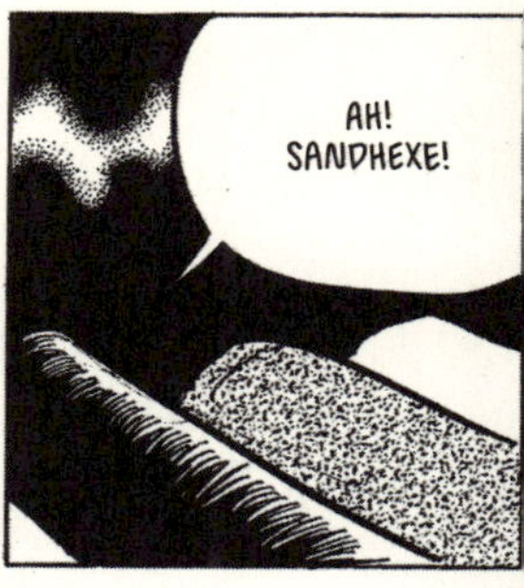
AH! SANDHEXE!

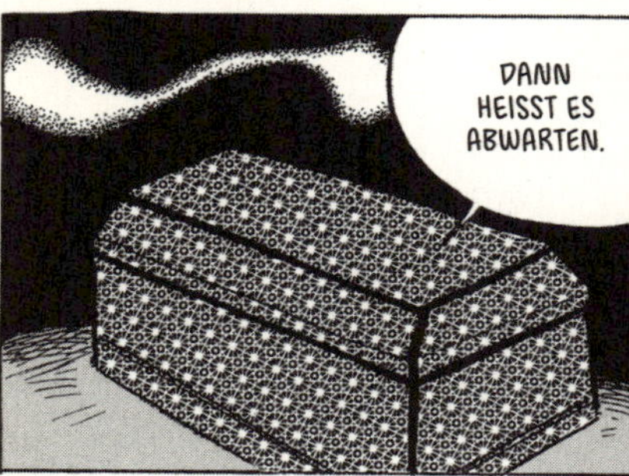
DANN HEISST ES ABWARTEN.

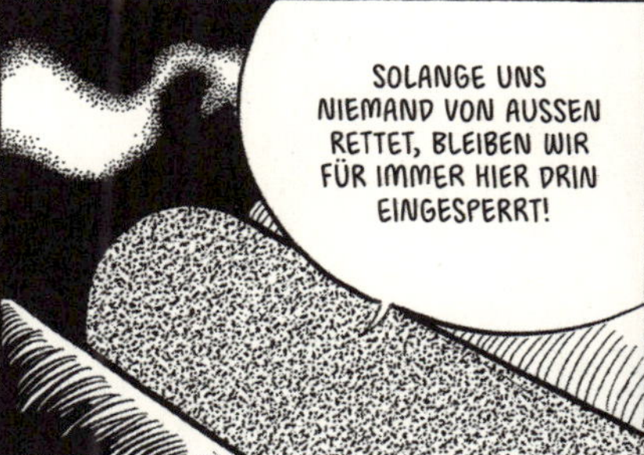
SOLANGE UNS NIEMAND VON AUSSEN RETTET, BLEIBEN WIR FÜR IMMER HIER DRIN EINGESPERRT!

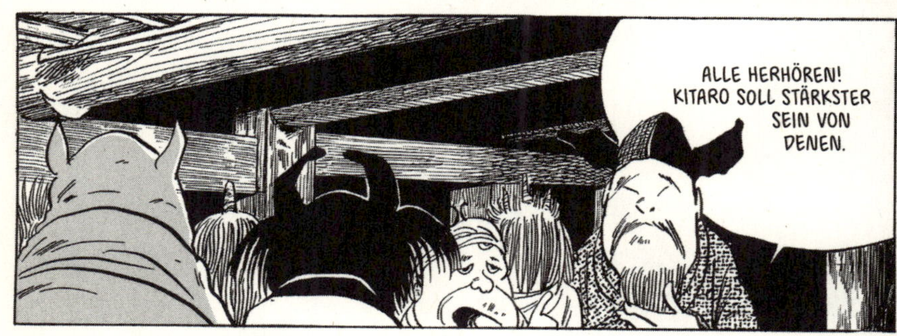
ALLE HERHÖREN! KITARO SOLL STÄRKSTER SEIN VON DENEN.

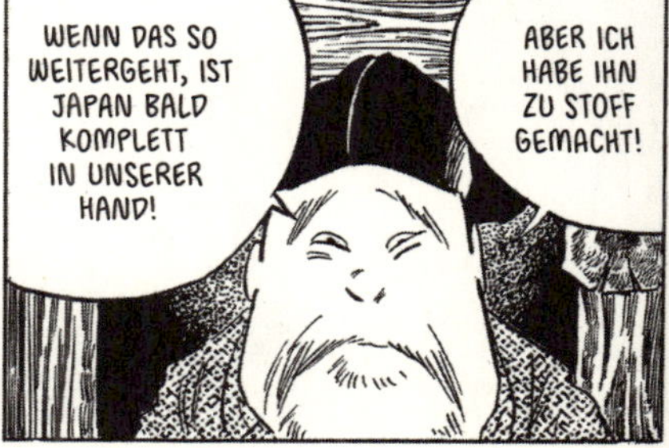
ABER ICH HABE IHN ZU STOFF GEMACHT!
WENN DAS SO WEITERGEHT, IST JAPAN BALD KOMPLETT IN UNSERER HAND!

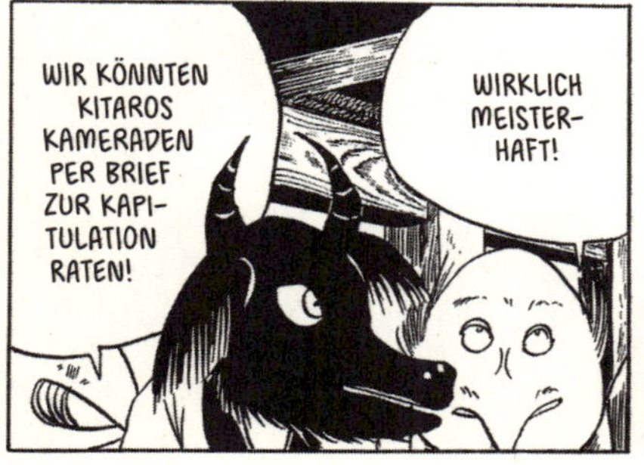
WIRKLICH MEISTER-HAFT!
WIR KÖNNTEN KITAROS KAMERADEN PER BRIEF ZUR KAPI-TULATION RATEN!

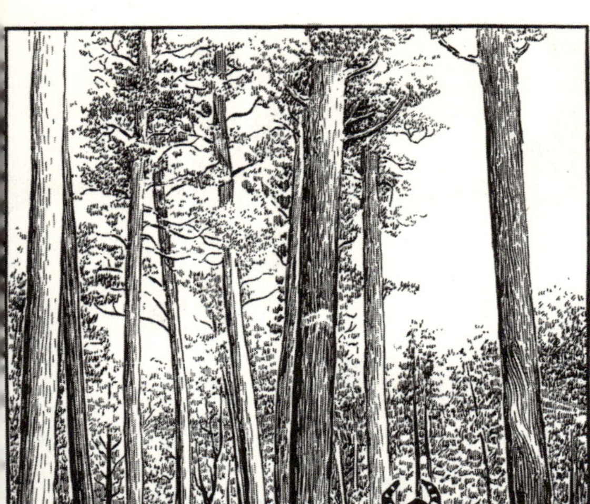

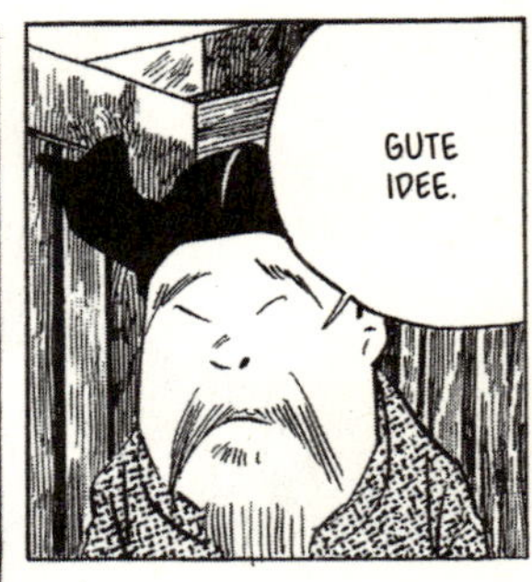
GUTE IDEE.

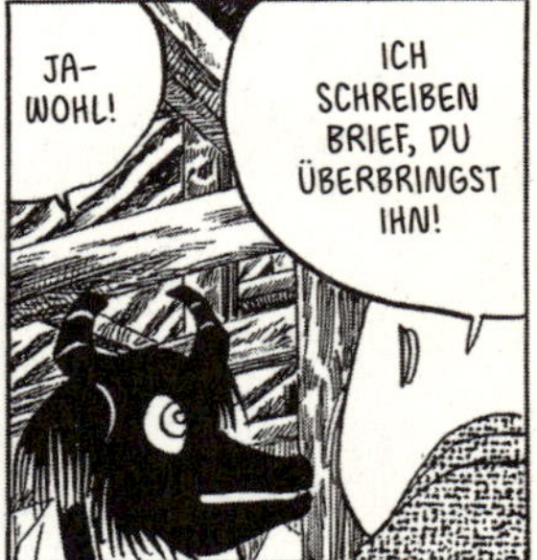
ICH SCHREIBEN BRIEF, DU ÜBERBRINGST IHN!
JA-WOHL!

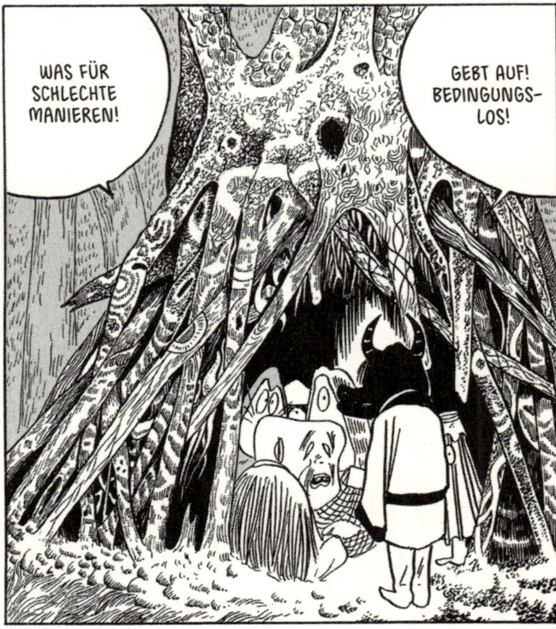
GEBT AUF! BEDINGUNGS-LOS!
WAS FÜR SCHLECHTE MANIEREN!

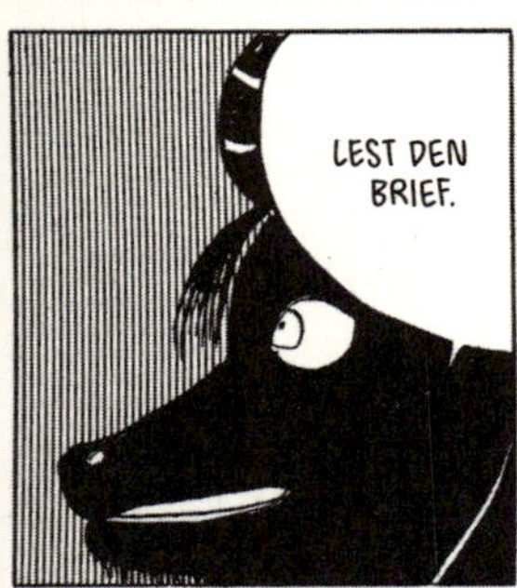
LEST DEN BRIEF.

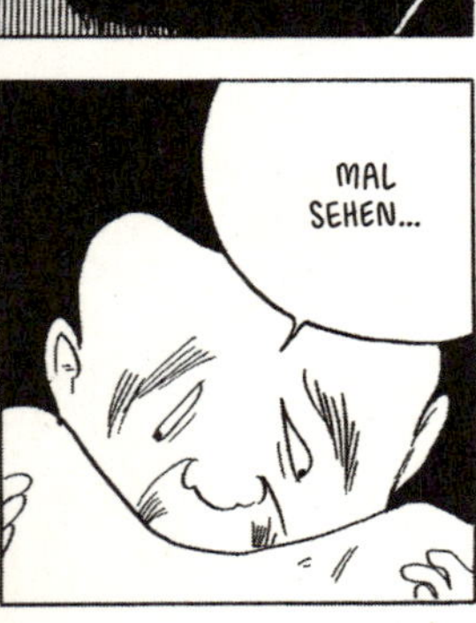
MAL SEHEN...

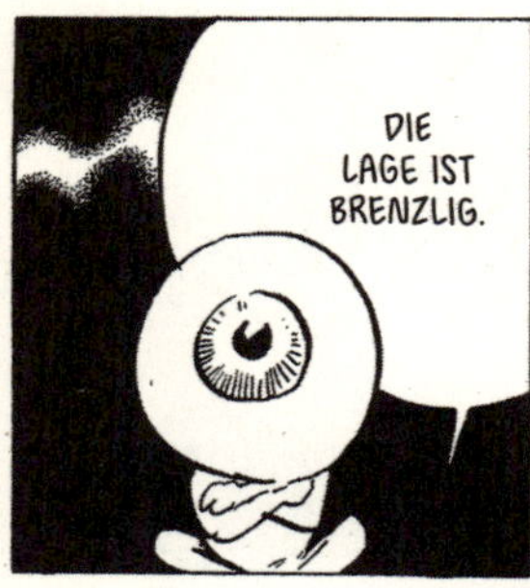
DIE LAGE IST BRENZLIG.

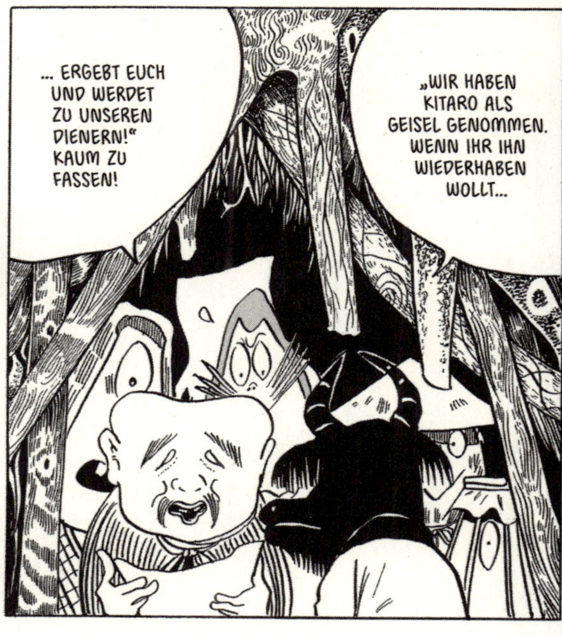
„WIR HABEN KITARO ALS GEISEL GENOMMEN. WENN IHR IHN WIEDERHABEN WOLLT…
… ERGEBT EUCH UND WERDET ZU UNSEREN DIENERN!“ KAUM ZU FASSEN!

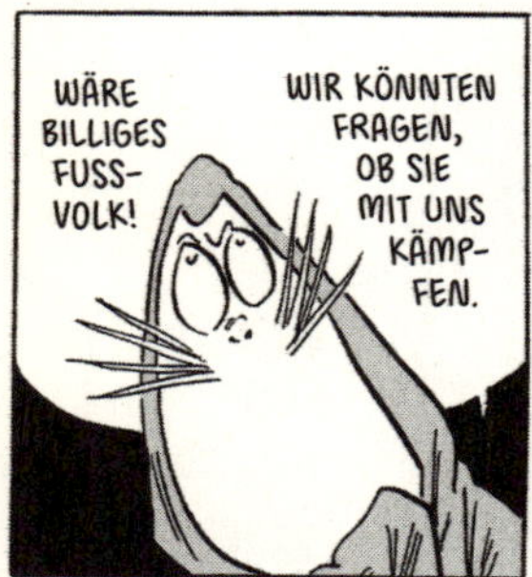
WIR KÖNNTEN FRAGEN, OB SIE MIT UNS KÄMPFEN.
WÄRE BILLIGES FUSSVOLK!

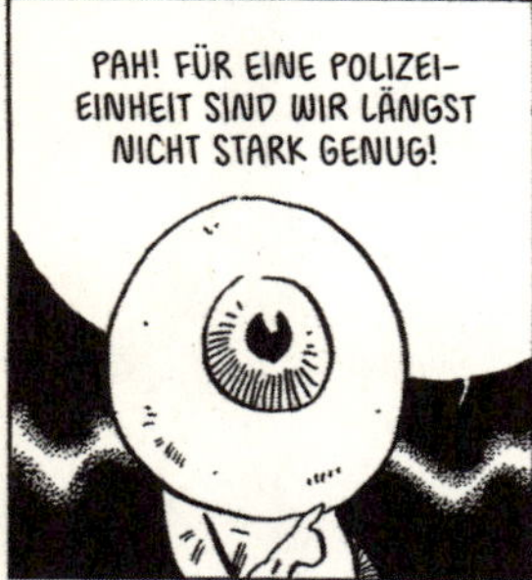
PAH! FÜR EINE POLIZEIEINHEIT SIND WIR LÄNGST NICHT STARK GENUG!

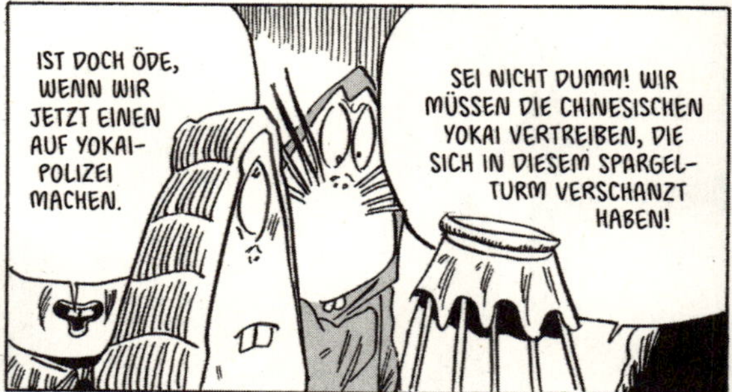
IST DOCH ÖDE, WENN WIR JETZT EINEN AUF YOKAI-POLIZEI MACHEN.
SEI NICHT DUMM! WIR MÜSSEN DIE CHINESISCHEN YOKAI VERTREIBEN, DIE SICH IN DIESEM SPARGELTURM VERSCHANZT HABEN!

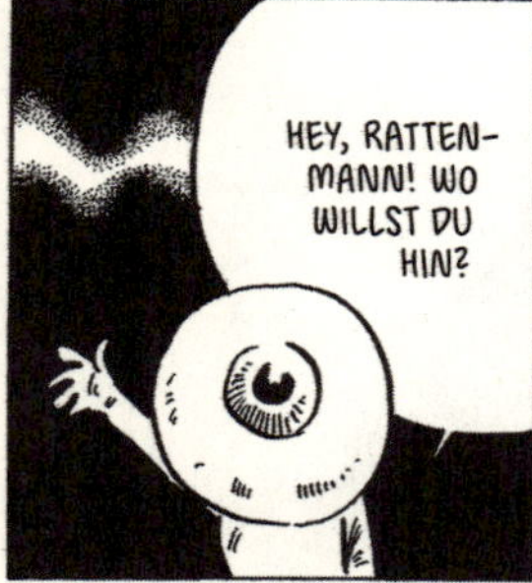
HEY, RATTENMANN! WO WILLST DU HIN?

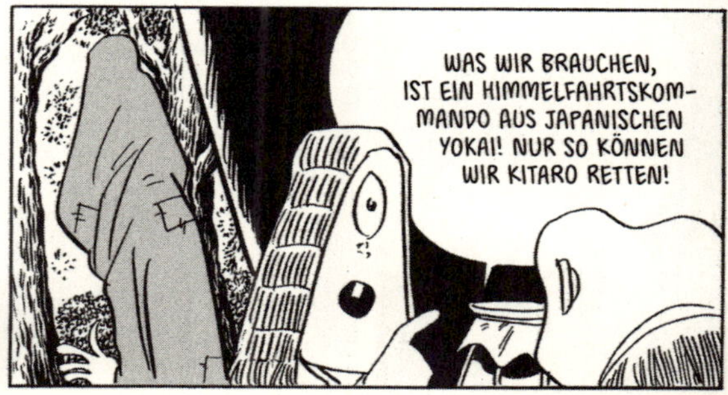
WAS WIR BRAUCHEN, IST EIN HIMMELFAHRTSKOMMANDO AUS JAPANISCHEN YOKAI! NUR SO KÖNNEN WIR KITARO RETTEN!

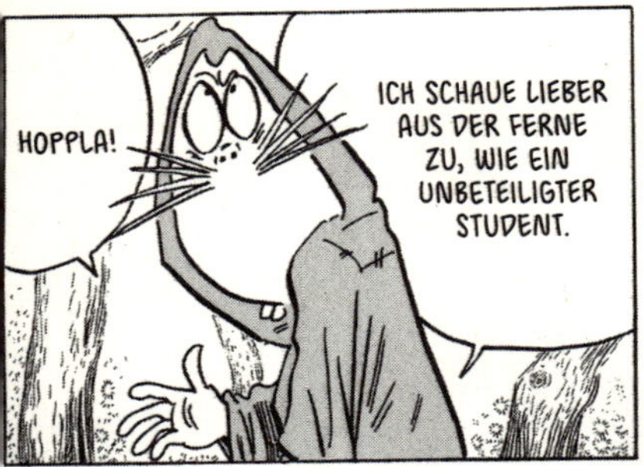
ICH SCHAUE LIEBER AUS DER FERNE ZU, WIE EIN UNBETEILIGTER STUDENT.
HOPPLA!
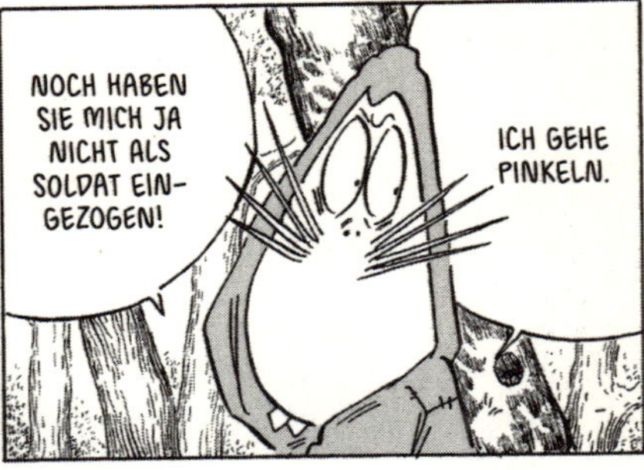
ICH GEHE PINKELN.
NOCH HABEN SIE MICH JA NICHT ALS SOLDAT EIN-GEZOGEN!
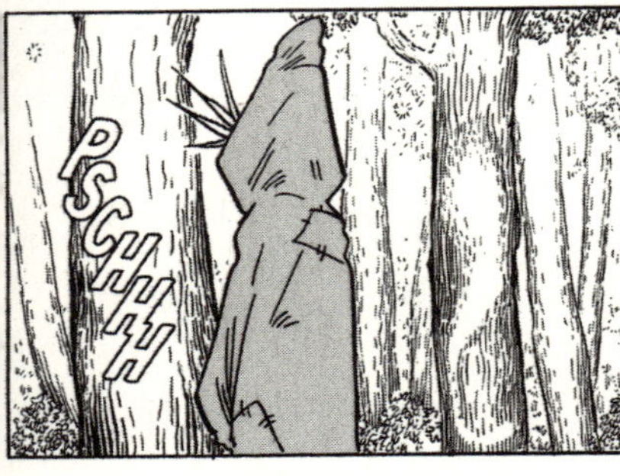
PSCHHH
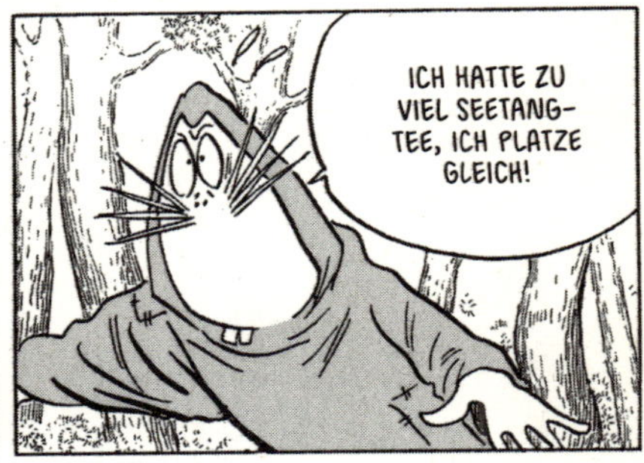
ICH HATTE ZU VIEL SEETANG-TEE, ICH PLATZE GLEICH!
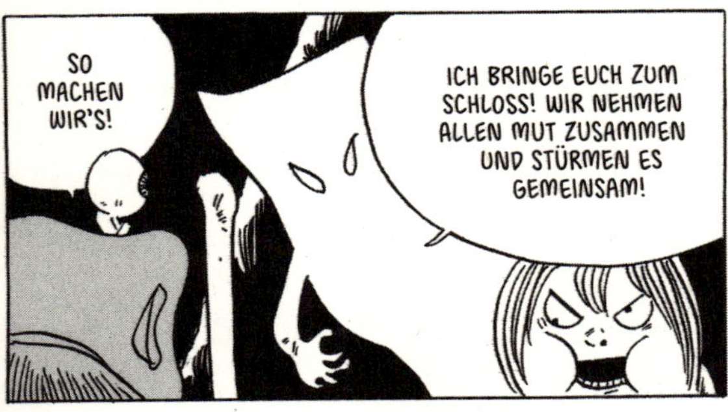
ICH BRINGE EUCH ZUM SCHLOSS! WIR NEHMEN ALLEN MUT ZUSAMMEN UND STÜRMEN ES GEMEINSAM!
SO MACHEN WIR'S!
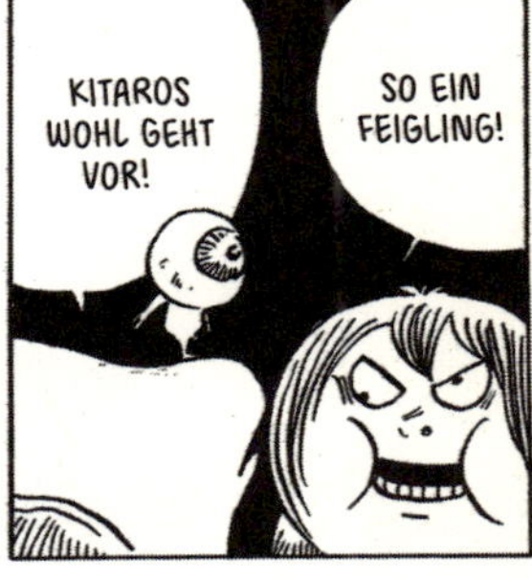
SO EIN FEIGLING!
KITAROS WOHL GEHT VOR!
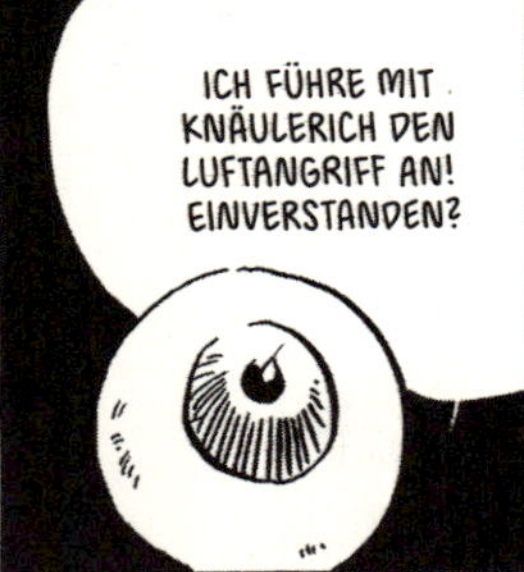
ICH FÜHRE MIT KNÄULERICH DEN LUFTANGRIFF AN! EINVERSTANDEN?
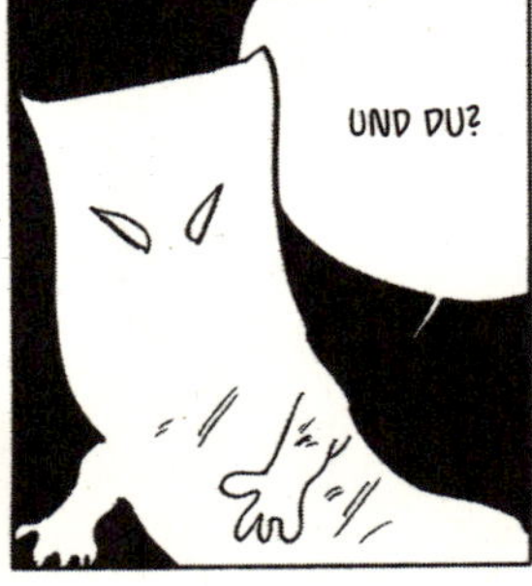
UND DU?
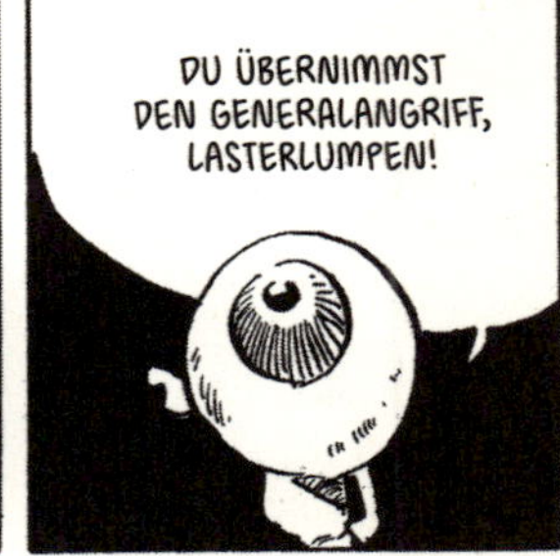
DU ÜBERNIMMST DEN GENERALANGRIFF, LASTERLUMPEN!

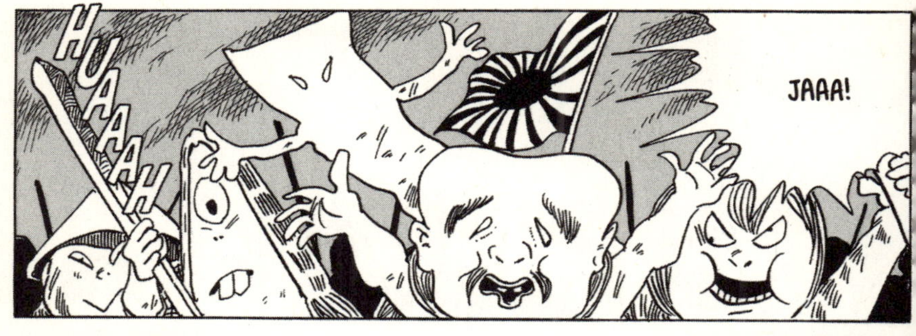
JAAA!
HUAAAAH

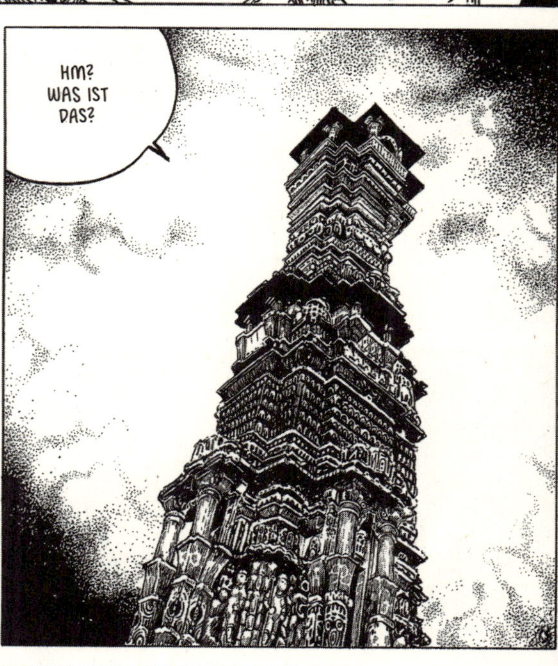
HM? WAS IST DAS?

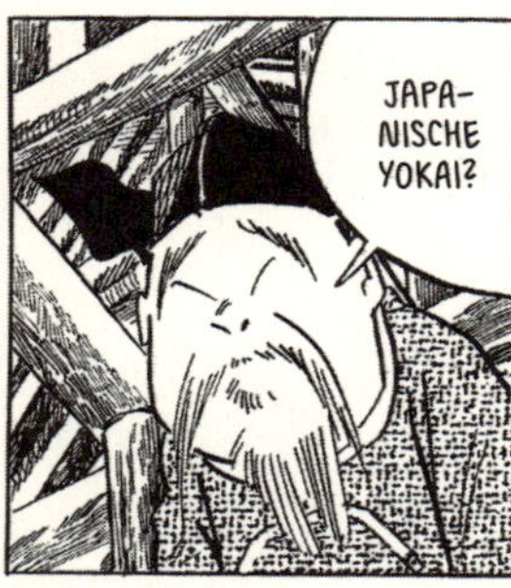
JAPA-NISCHE YOKAI?

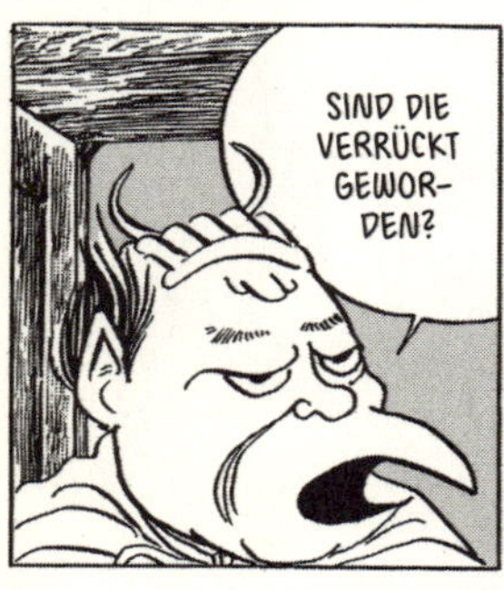
SIND DIE VERRÜCKT GEWOR-DEN?

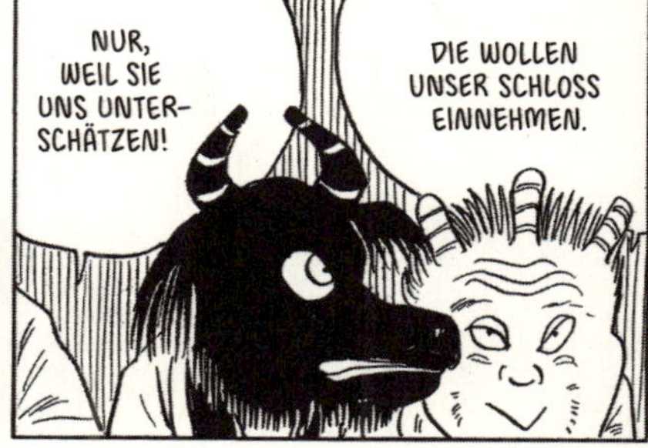
DIE WOLLEN UNSER SCHLOSS EINNEHMEN.
NUR, WEIL SIE UNS UNTER-SCHÄTZEN!

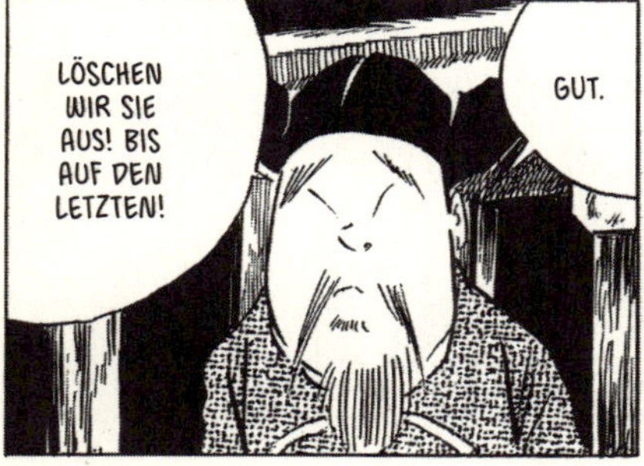
GUT.
LÖSCHEN WIR SIE AUS! BIS AUF DEN LETZTEN!

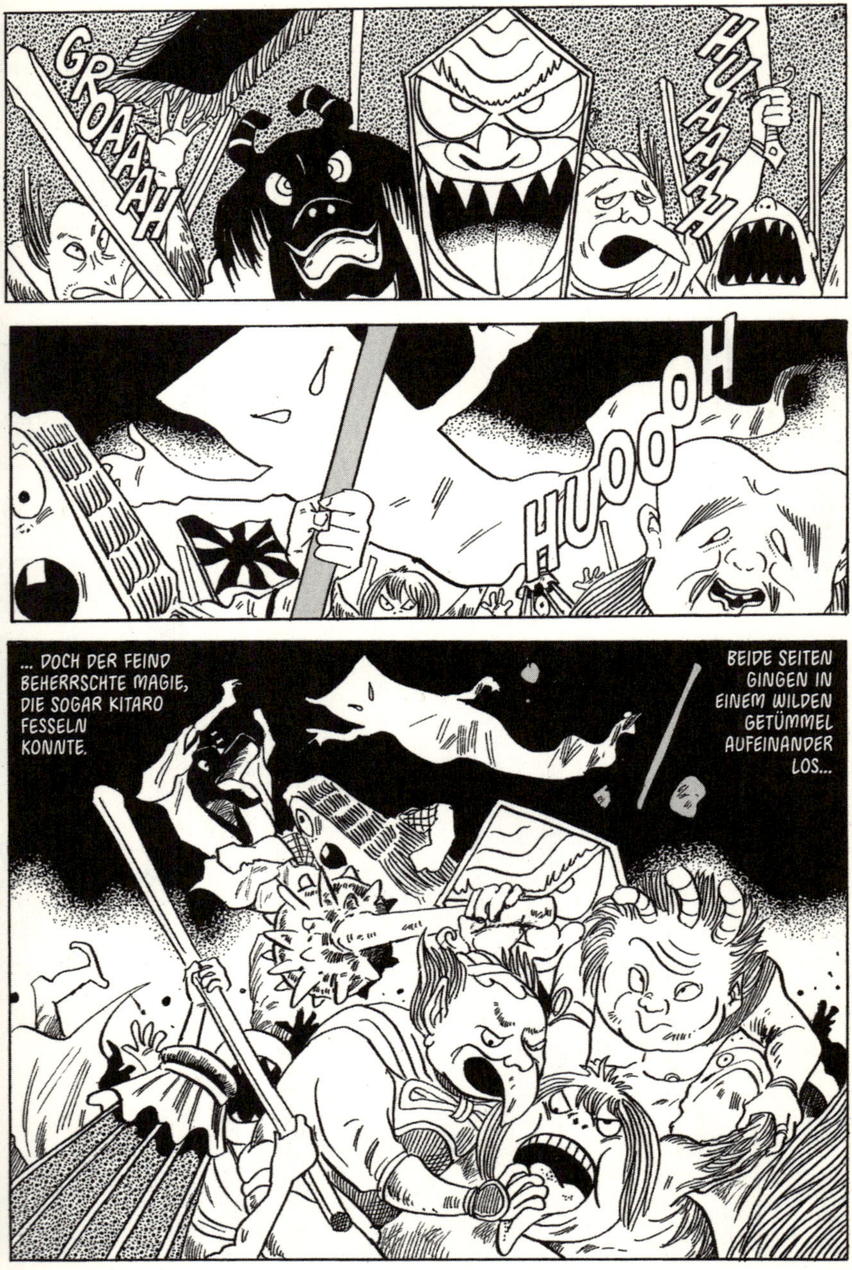

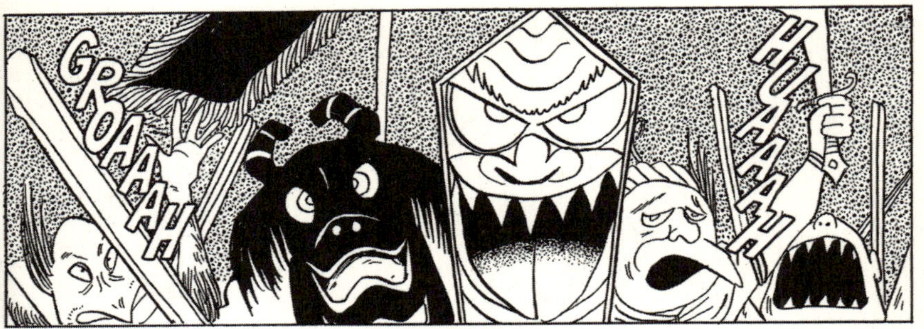

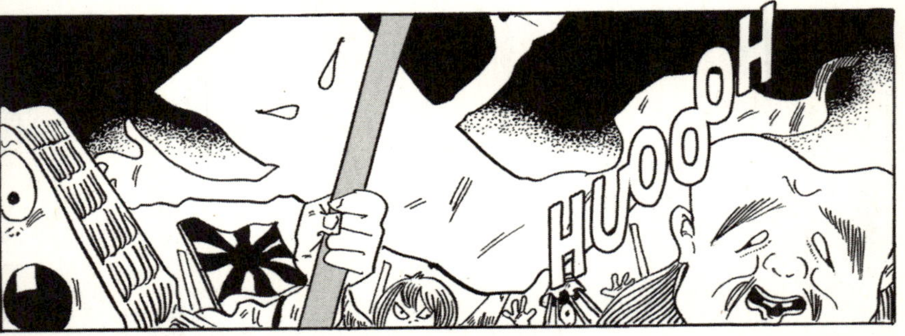

BEIDE SEITEN GINGEN IN EINEM WILDEN GETÜMMEL AUFEINANDER LOS...

... DOCH DER FEIND BEHERRSCHTE MAGIE, DIE SOGAR KITARO FESSELN KONNTE.

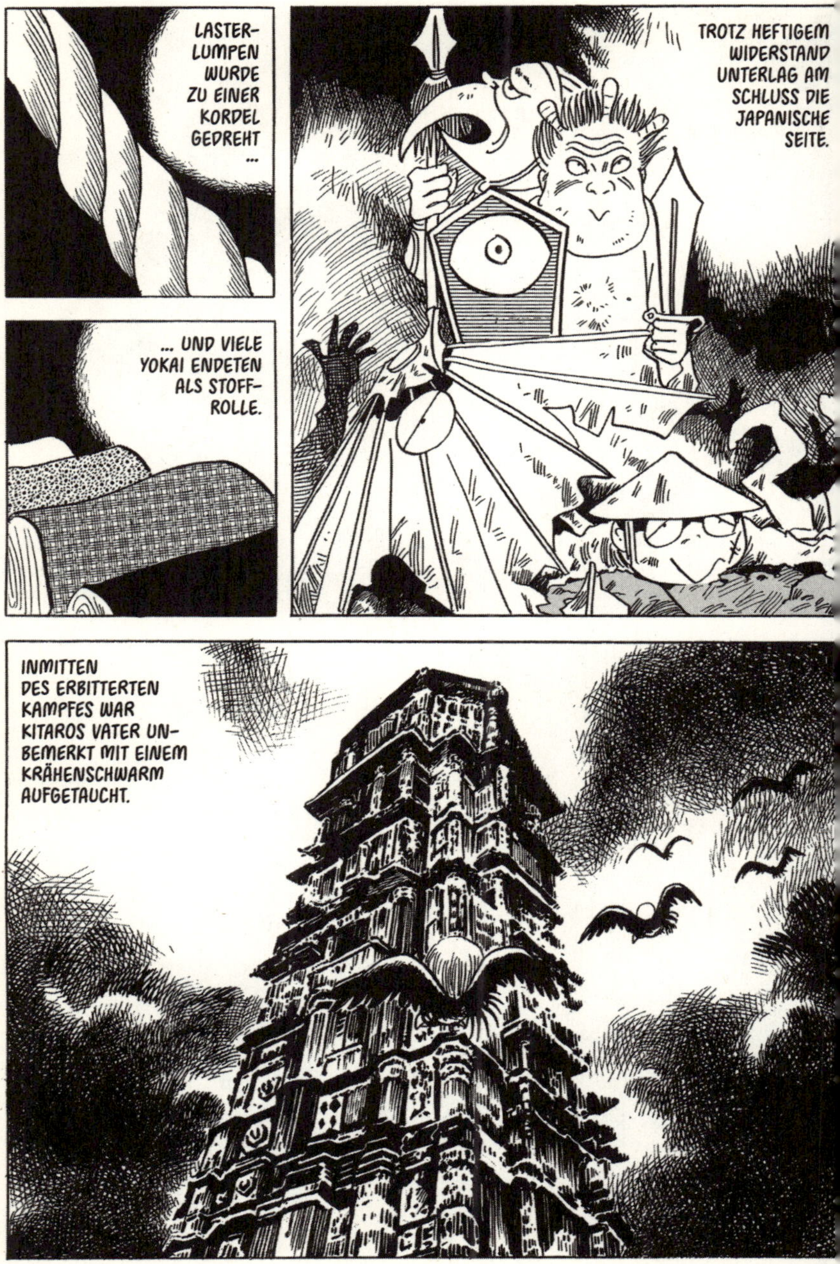

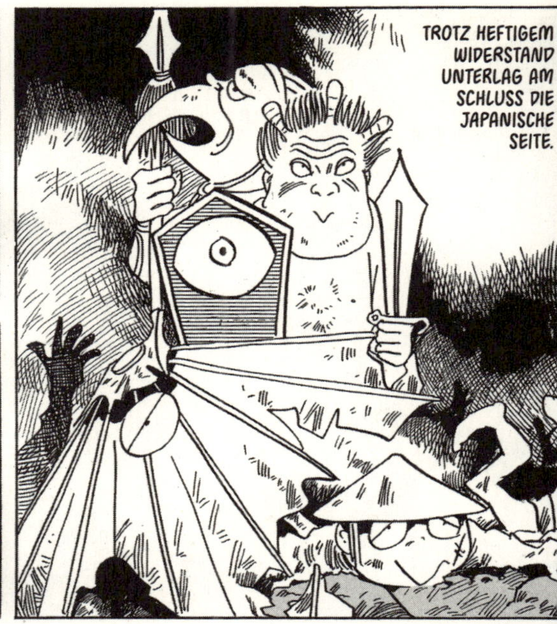

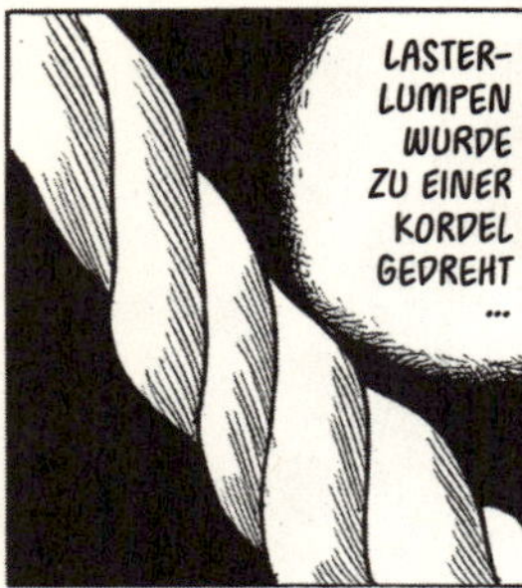

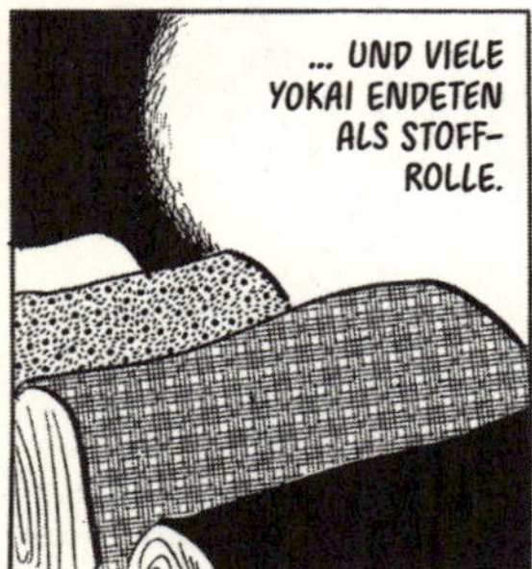

INMITTEN DES ERBITTERTEN KAMPFES WAR KITAROS VATER UN-BEMERKT MIT EINEM KRÄHENSCHWARM AUFGETAUCHT.

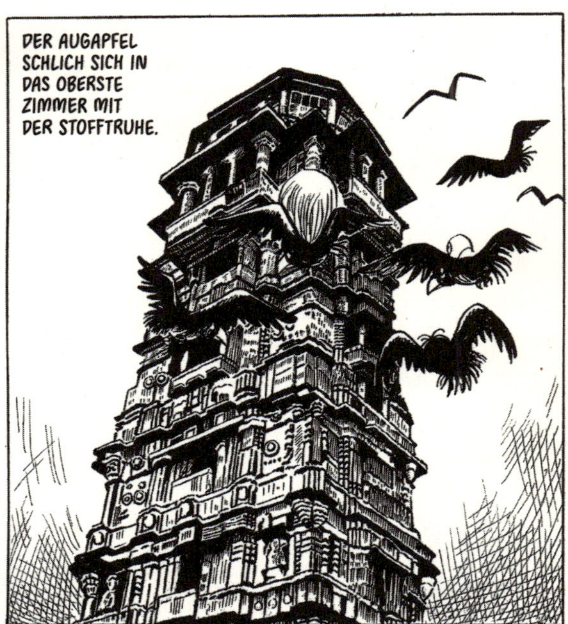
DER AUGAPFEL SCHLICH SICH IN DAS OBERSTE ZIMMER MIT DER STOFFTRUHE.

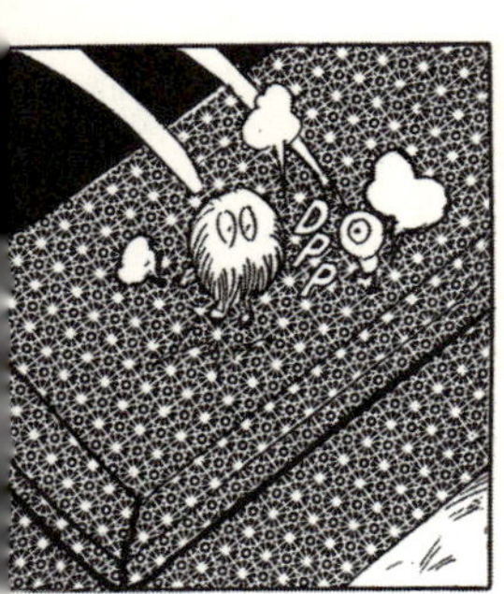

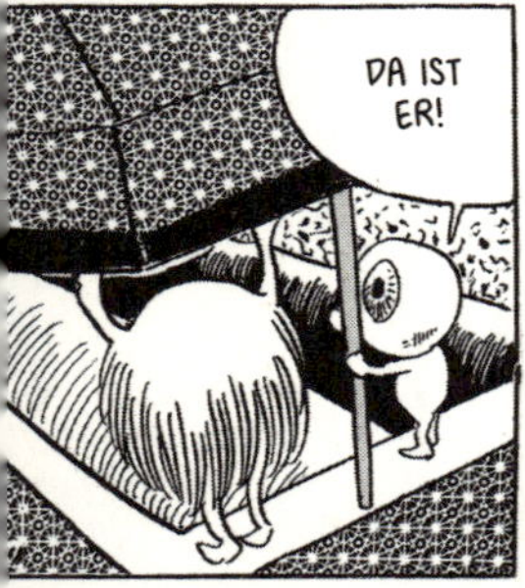
DA IST ER!

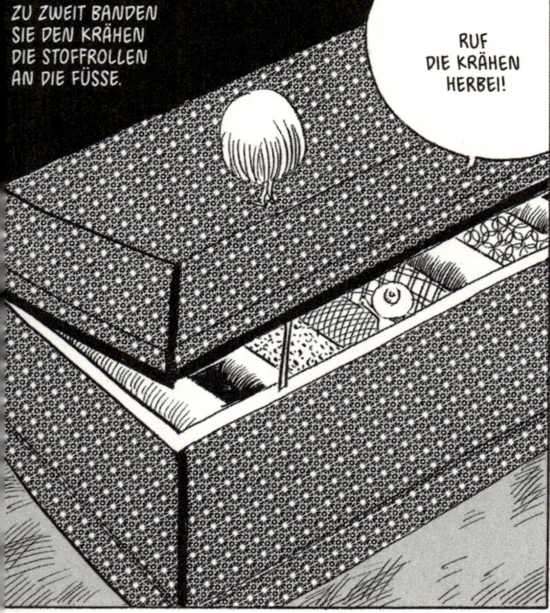
ZU ZWEIT BANDEN SIE DEN KRÄHEN DIE STOFFROLLEN AN DIE FÜSSE.
RUF DIE KRÄHEN HERBEI!

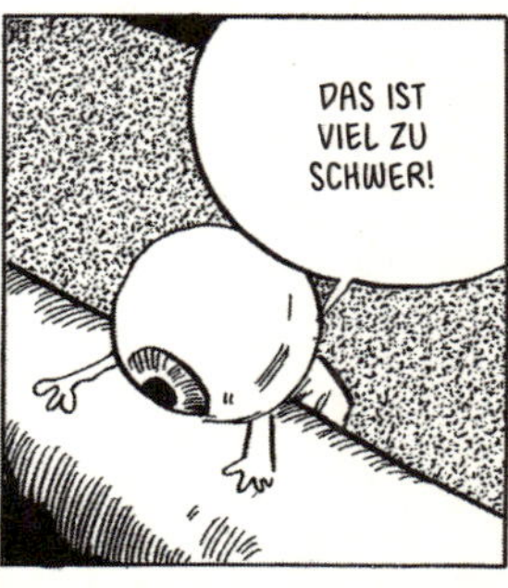
DAS IST VIEL ZU SCHWER!

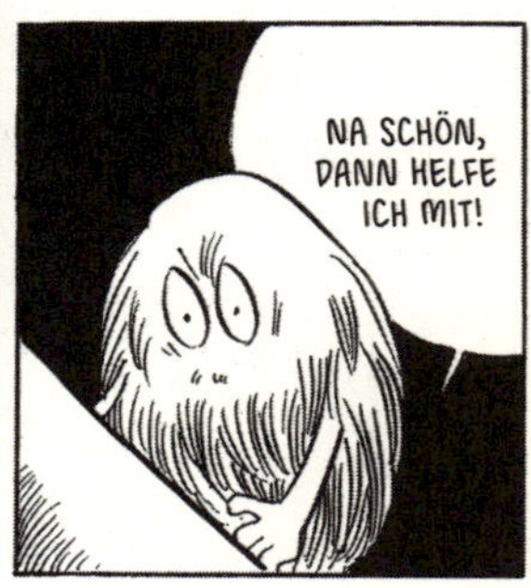
NA SCHÖN, DANN HELFE ICH MIT!

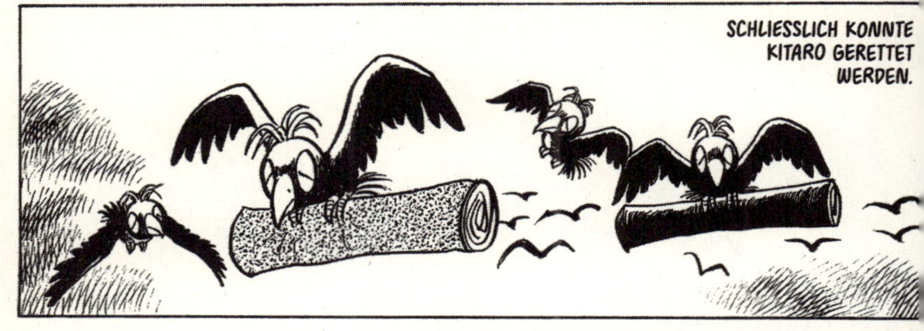

KURZ NACHDEM LASTERLUMPEN ZU EINEM SEIL VERDREHT WURDE, HATTE DER HEULEGREIS ZUM RÜCKZUG GERUFEN UND SCHLIMMERES VERHINDERT.

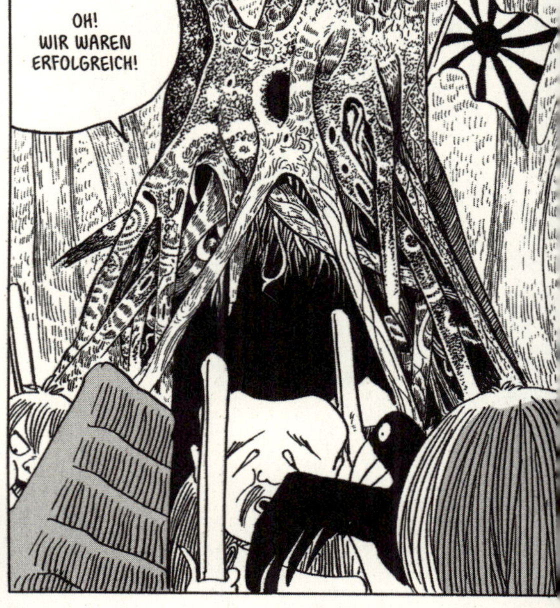

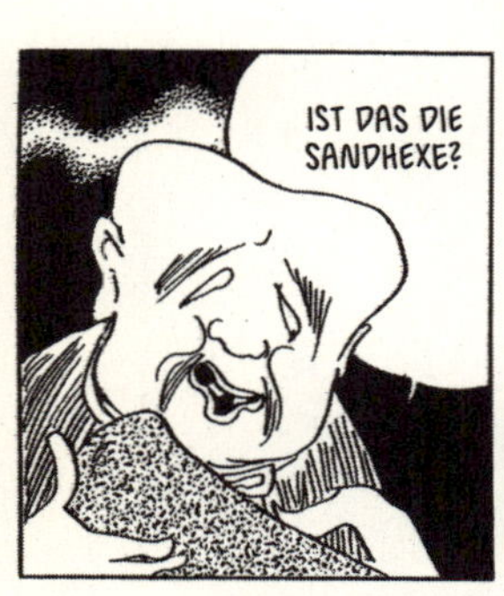

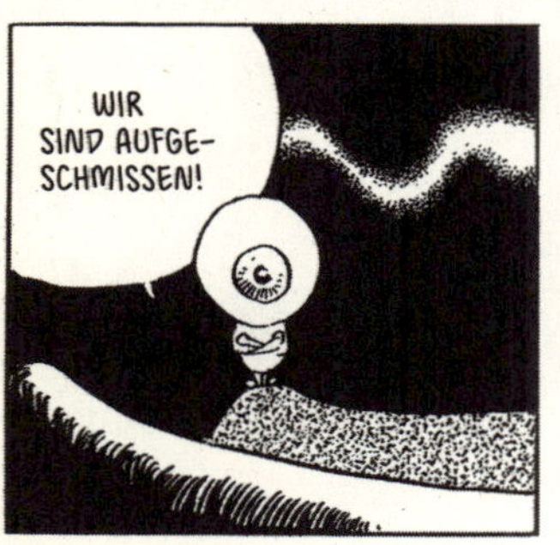

DUMMERWEISE WAREN KITARO UND DIE SAND-HEXE DURCH FREMDE MAGIE ZU STOFF VERWANDELT WORDEN, DIE MIT YOKAI-MAGIE NICHT RÜCKGÄNGIG ZU MACHEN WAR.

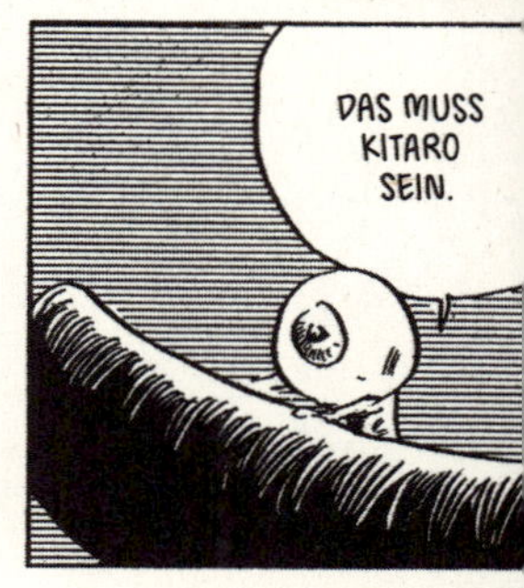

Yokai-Stoff, Teil 2 – Ende

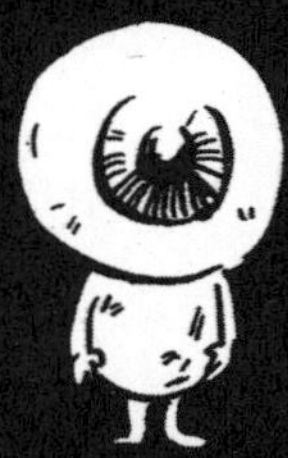

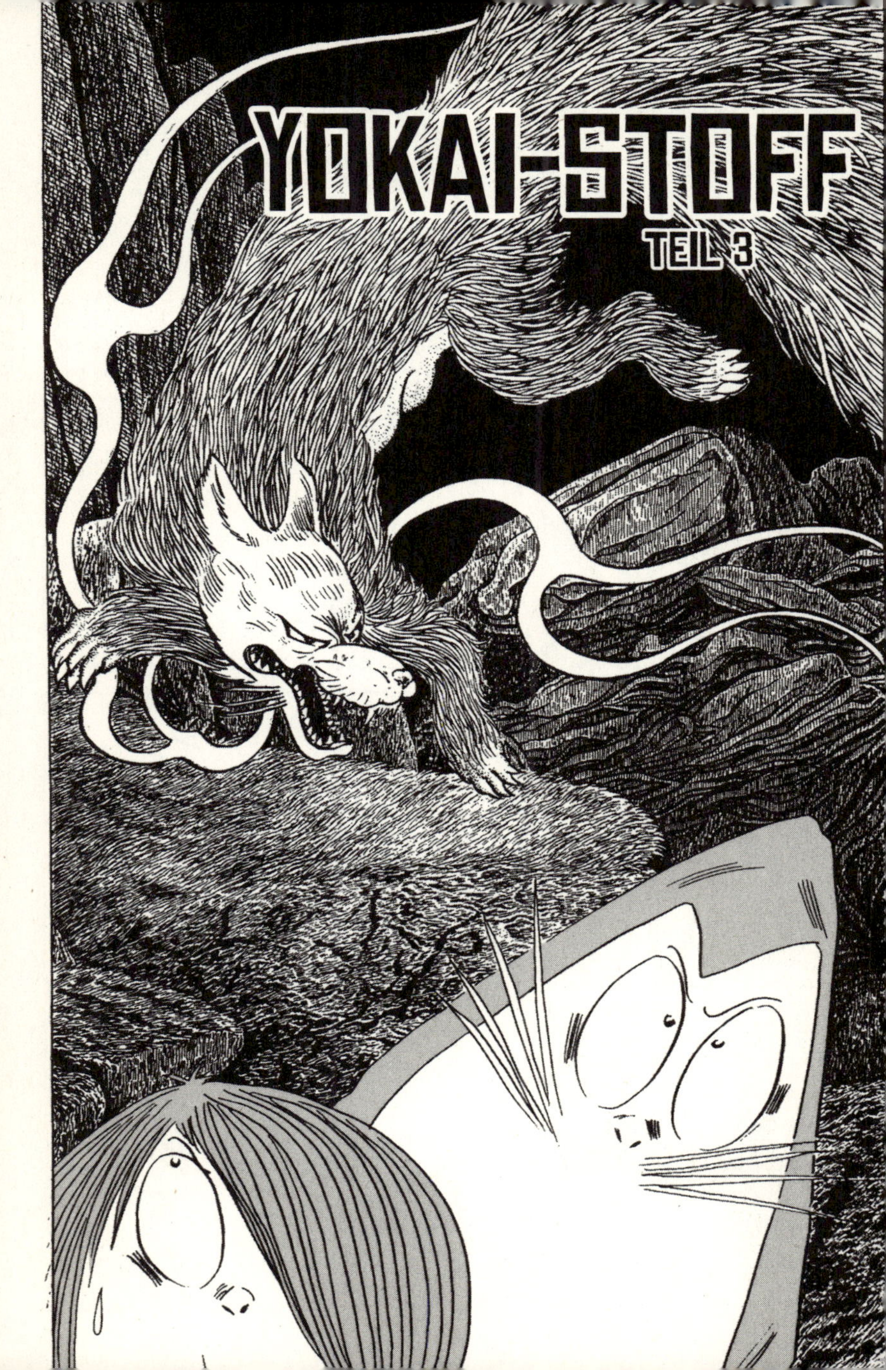
YOKAI-STOFF
TEIL 3

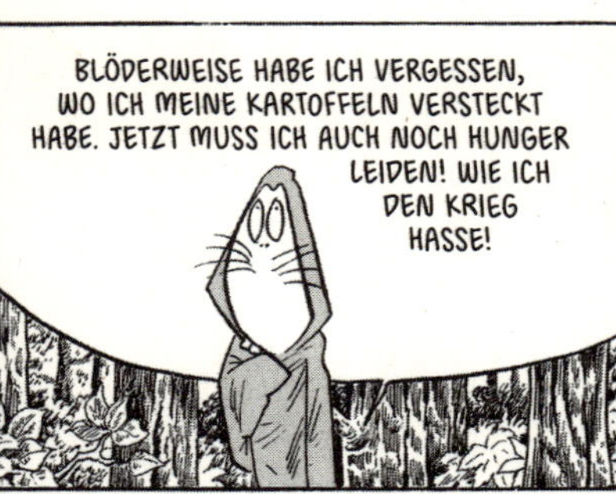
BLÖDERWEISE HABE ICH VERGESSEN, WO ICH MEINE KARTOFFELN VERSTECKT HABE. JETZT MUSS ICH AUCH NOCH HUNGER LEIDEN! WIE ICH DEN KRIEG HASSE!

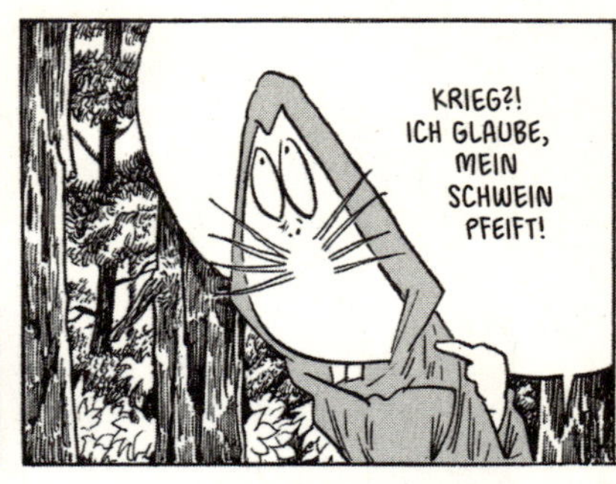
KRIEG?! ICH GLAUBE, MEIN SCHWEIN PFEIFT!

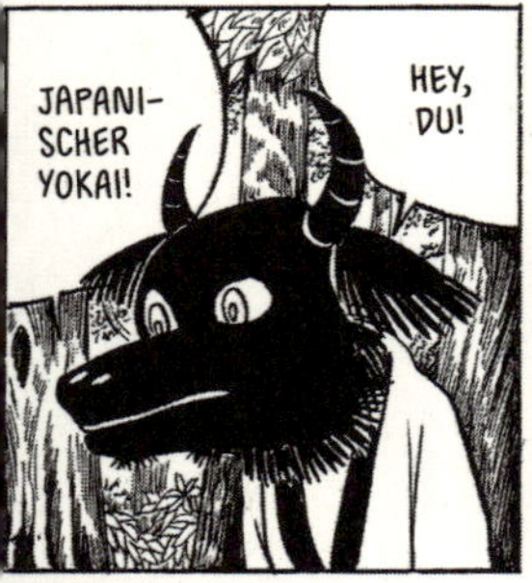
HEY, DU!
JAPANI-SCHER YOKAI!

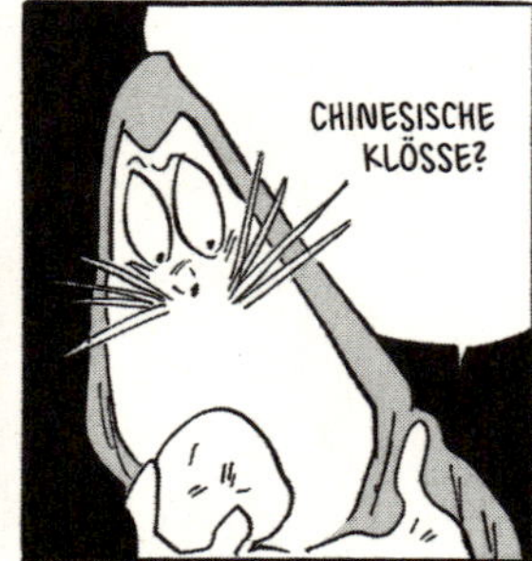
CHINESISCHE KLÖSSE?

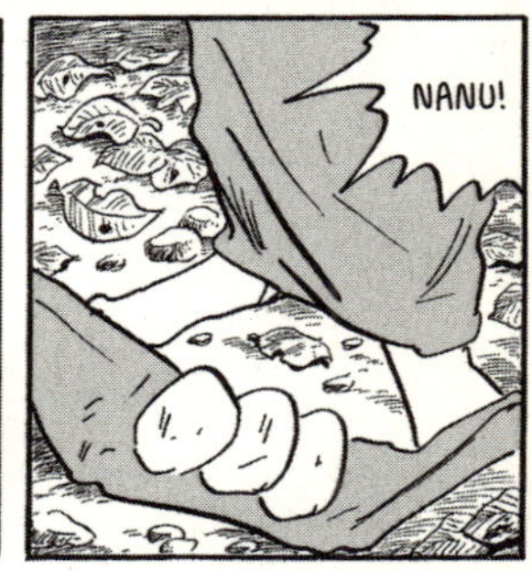
NANU!

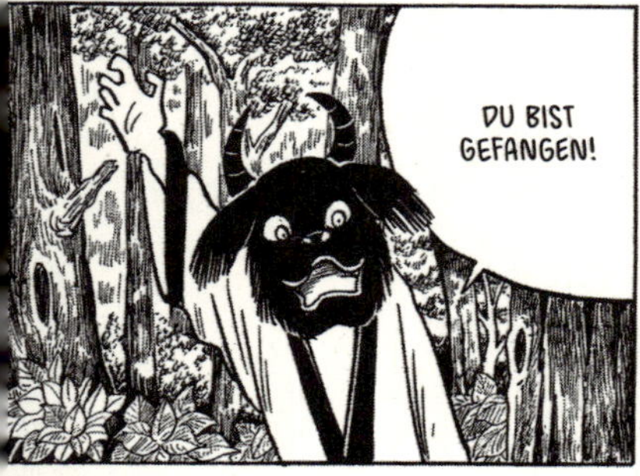
DU BIST GEFANGEN!

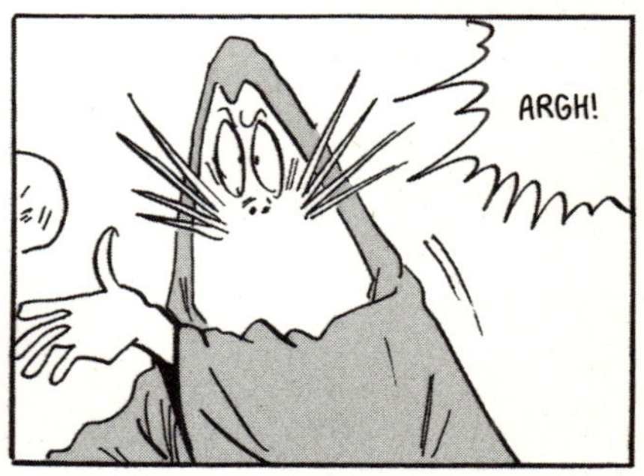
ARGH!

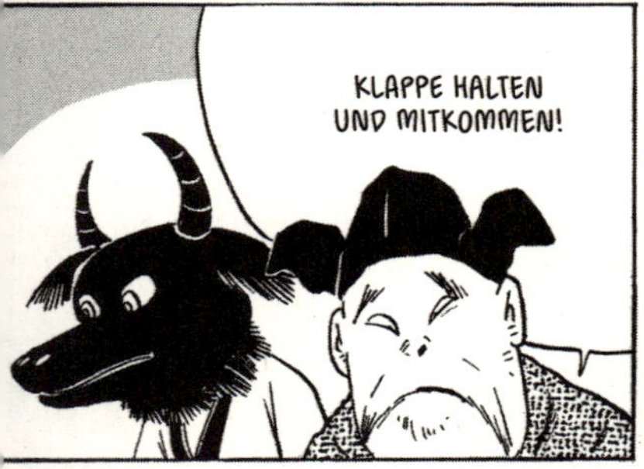
KLAPPE HALTEN UND MITKOMMEN!

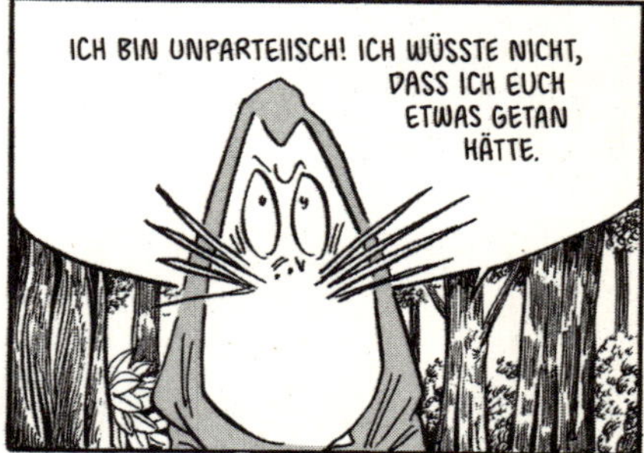
ICH BIN UNPARTEIISCH! ICH WÜSSTE NICHT, DASS ICH EUCH ETWAS GETAN HÄTTE.

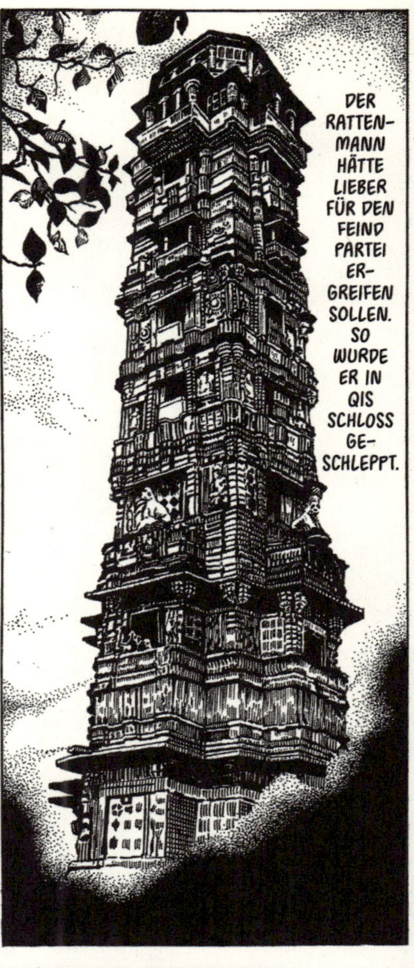
DER RATTEN-MANN HÄTTE LIEBER FÜR DEN FEIND PARTEI ER-GREIFEN SOLLEN. SO WURDE ER IN QIS SCHLOSS GE-SCHLEPPT.

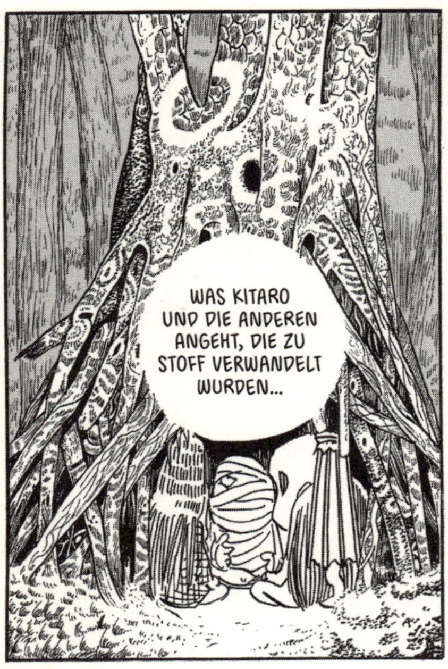
WAS KITARO UND DIE ANDEREN ANGEHT, DIE ZU STOFF VERWANDELT WURDEN...

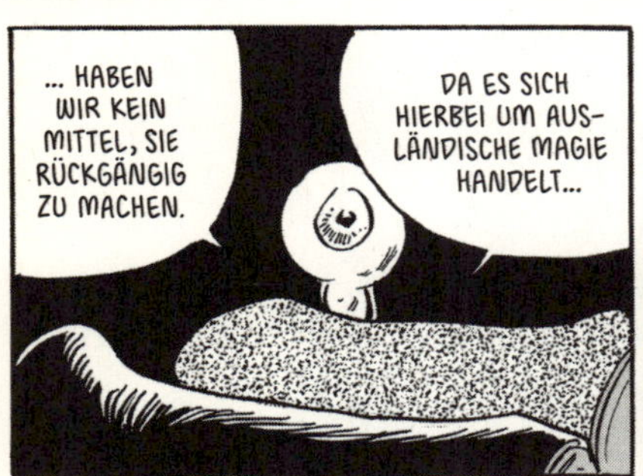
DA ES SICH HIERBEI UM AUS-LÄNDISCHE MAGIE HANDELT...
... HABEN WIR KEIN MITTEL, SIE RÜCKGÄNGIG ZU MACHEN.

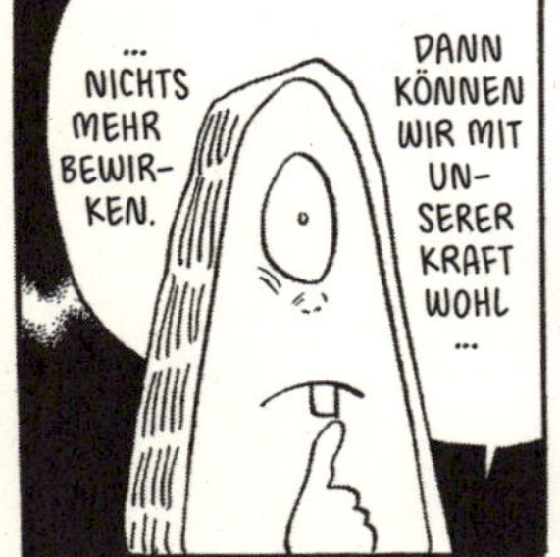
DANN KÖNNEN WIR MIT UN-SERER KRAFT WOHL ...
... NICHTS MEHR BEWIR-KEN.

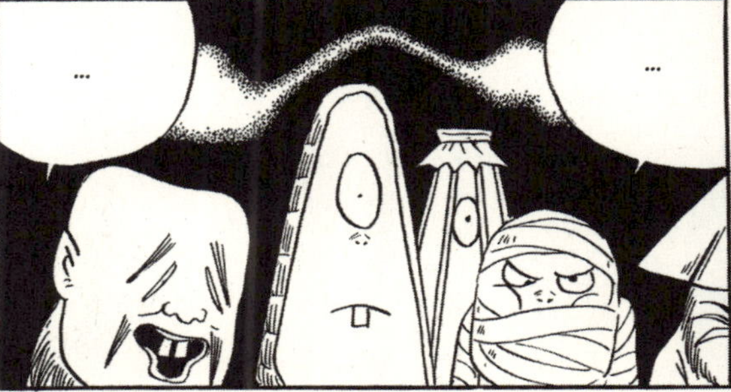
...
...

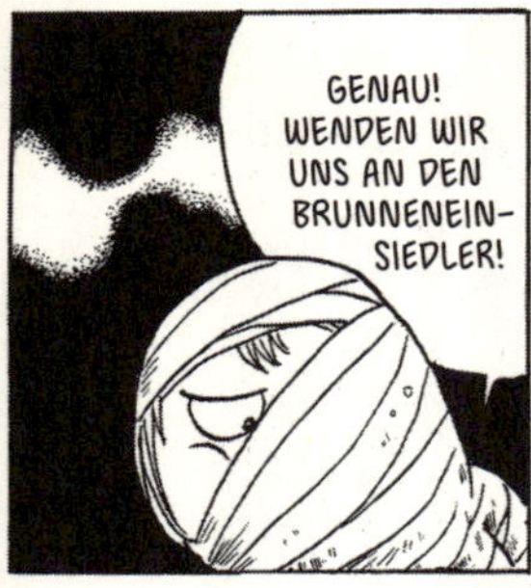
GENAU! WENDEN WIR UNS AN DEN BRUNNENEIN-SIEDLER!

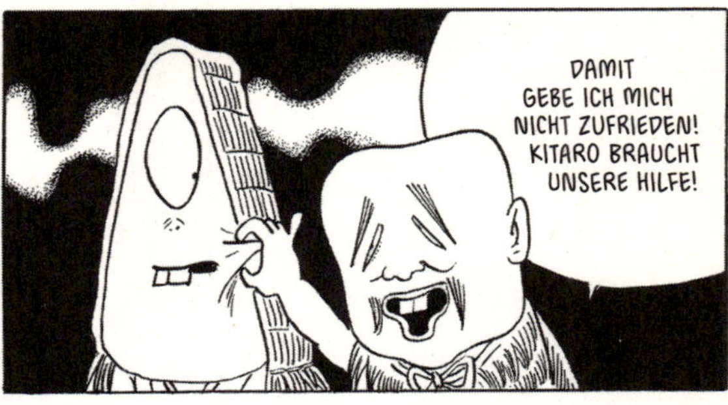
DAMIT GEBE ICH MICH NICHT ZUFRIEDEN! KITARO BRAUCHT UNSERE HILFE!

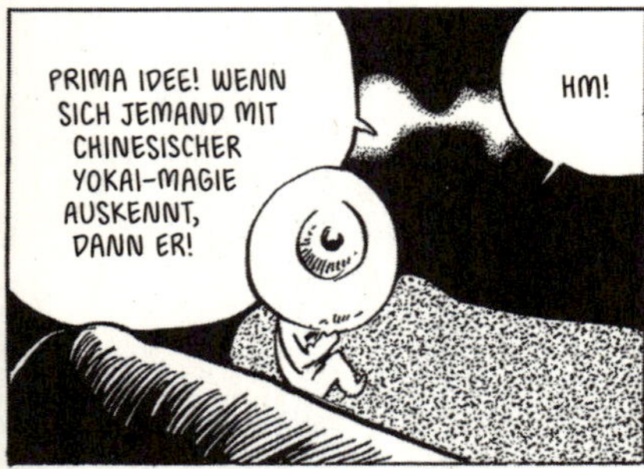
PRIMA IDEE! WENN SICH JEMAND MIT CHINESISCHER YOKAI-MAGIE AUSKENNT, DANN ER!
HM!

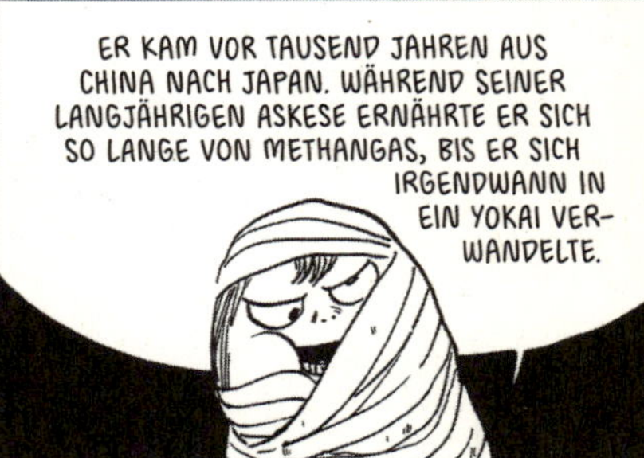
ER KAM VOR TAUSEND JAHREN AUS CHINA NACH JAPAN. WÄHREND SEINER LANGJÄHRIGEN ASKESE ERNÄHRTE ER SICH SO LANGE VON METHANGAS, BIS ER SICH IRGENDWANN IN EIN YOKAI VER-WANDELTE.

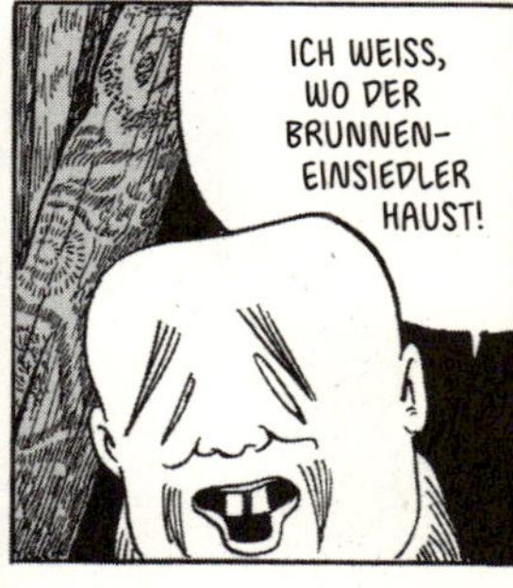
ICH WEISS, WO DER BRUNNEN-EINSIEDLER HAUST!

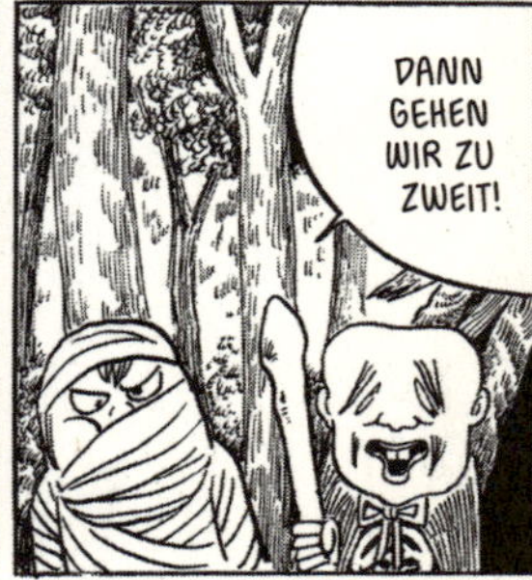
DANN GEHEN WIR ZU ZWEIT!

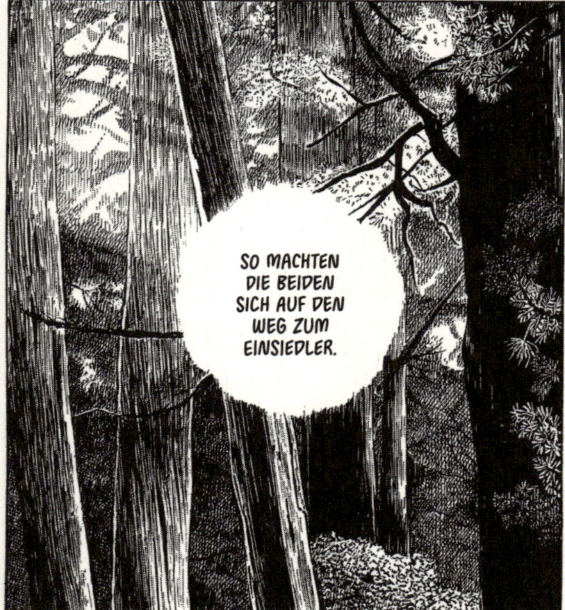
SO MACHTEN DIE BEIDEN SICH AUF DEN WEG ZUM EINSIEDLER.

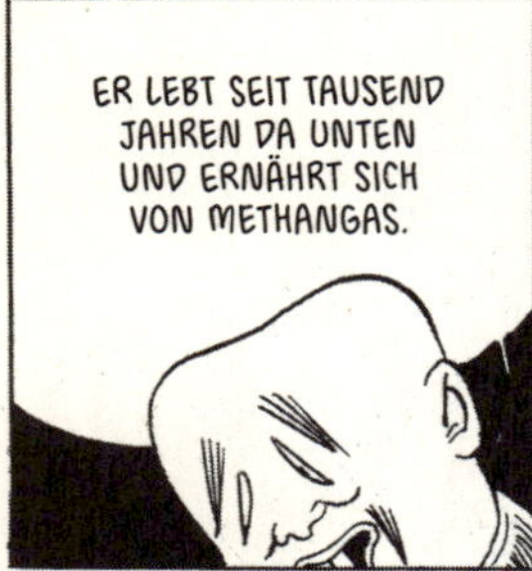
ER LEBT SEIT TAUSEND JAHREN DA UNTEN UND ERNÄHRT SICH VON METHANGAS.

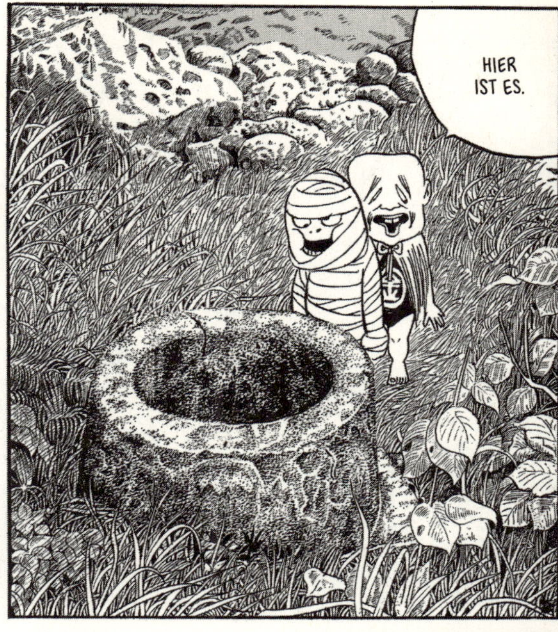
HIER IST ES.

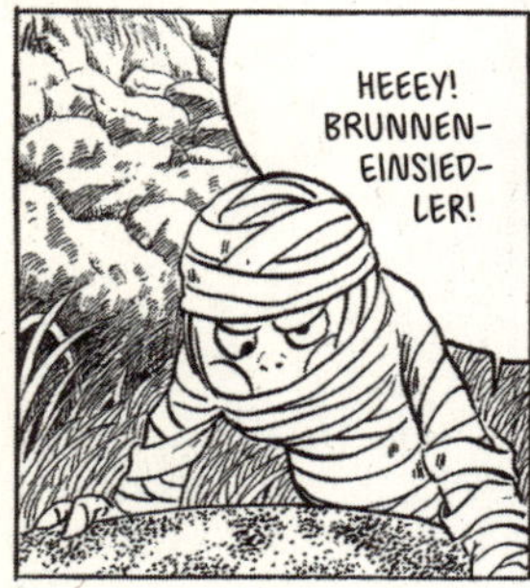
HEEEY! BRUNNEN-EINSIEDLER!

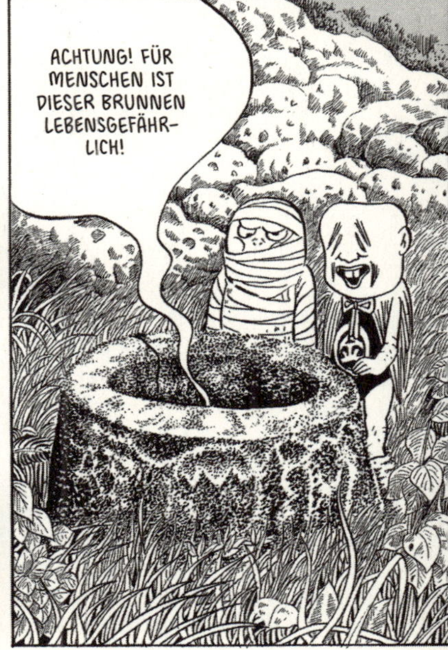
ACHTUNG! FÜR MENSCHEN IST DIESER BRUNNEN LEBENSGEFÄHRLICH!

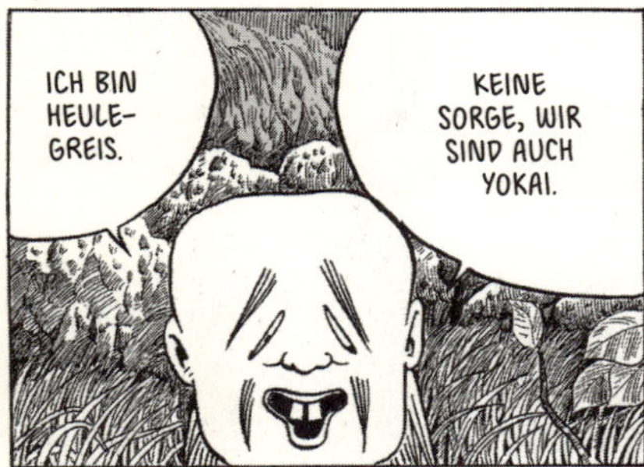
KEINE SORGE, WIR SIND AUCH YOKAI.
ICH BIN HEULE-GREIS.

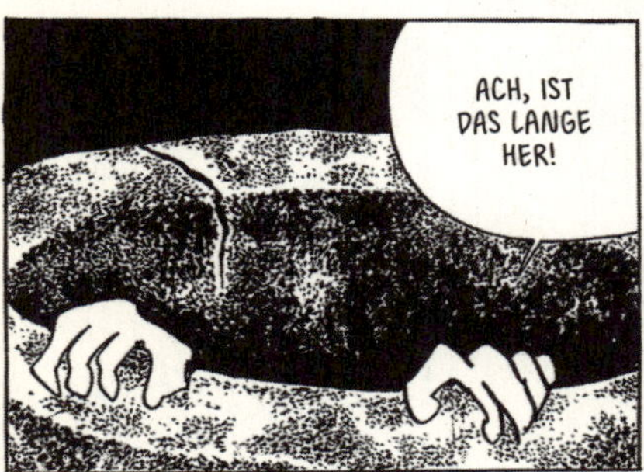
ACH, IST DAS LANGE HER!

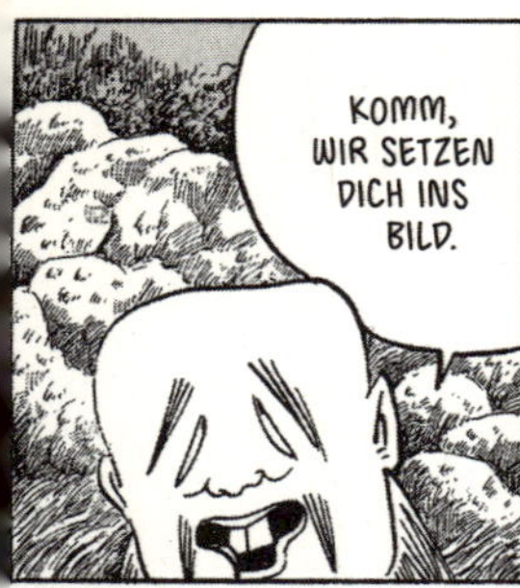
KOMM,
WIR SETZEN
DICH INS
BILD.

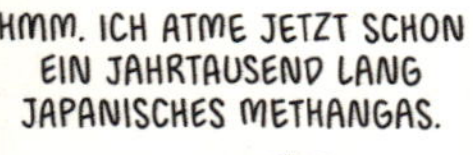
HMM. ICH ATME JETZT SCHON
EIN JAHRTAUSEND LANG
JAPANISCHES METHANGAS.

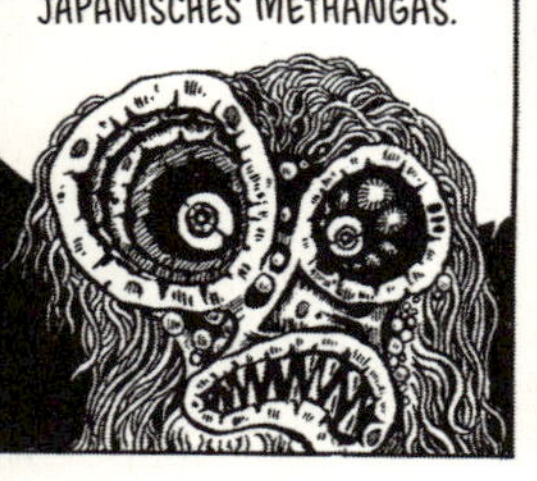

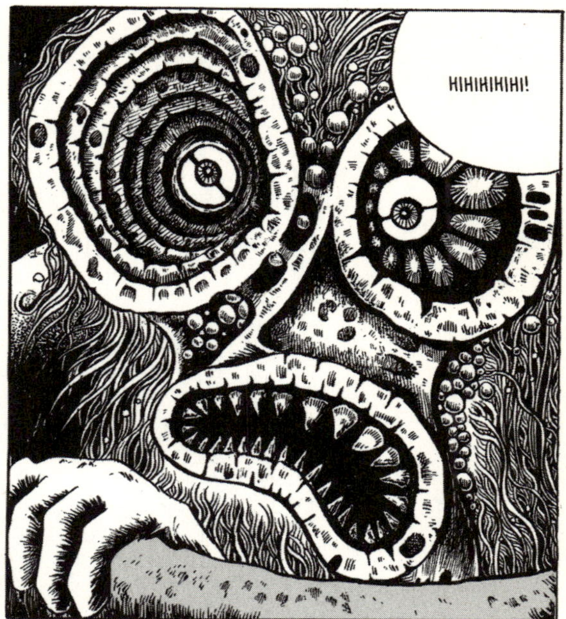
HIHIHIHIHI!

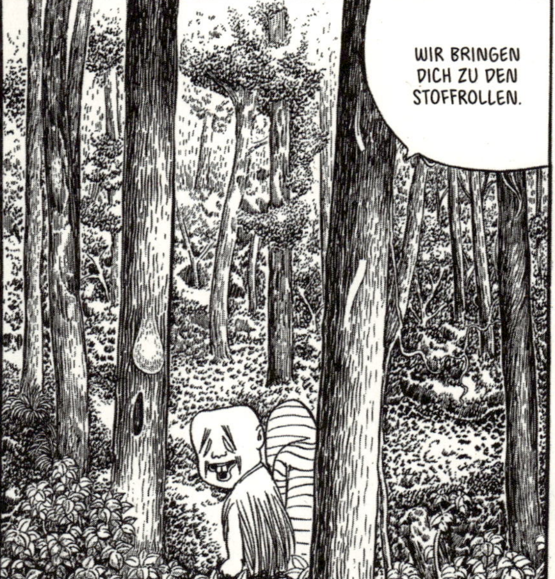
WIR BRINGEN
DICH ZU DEN
STOFFROLLEN.

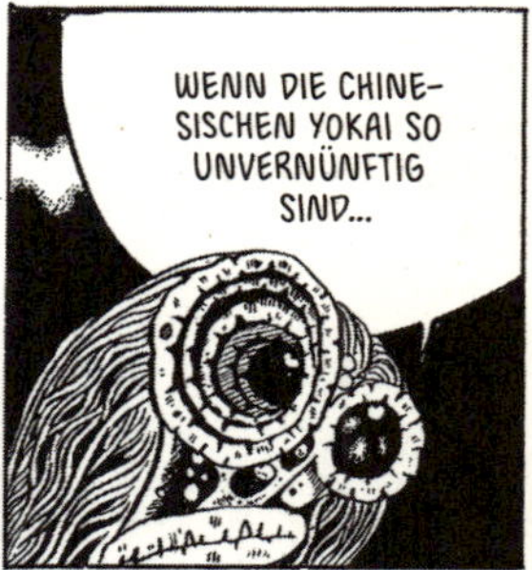
WENN DIE CHINE-
SISCHEN YOKAI SO
UNVERNÜNFTIG
SIND...

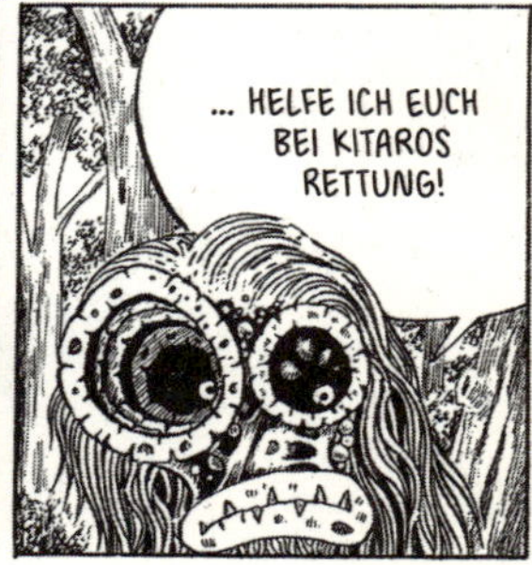
... HELFE ICH EUCH
BEI KITAROS
RETTUNG!

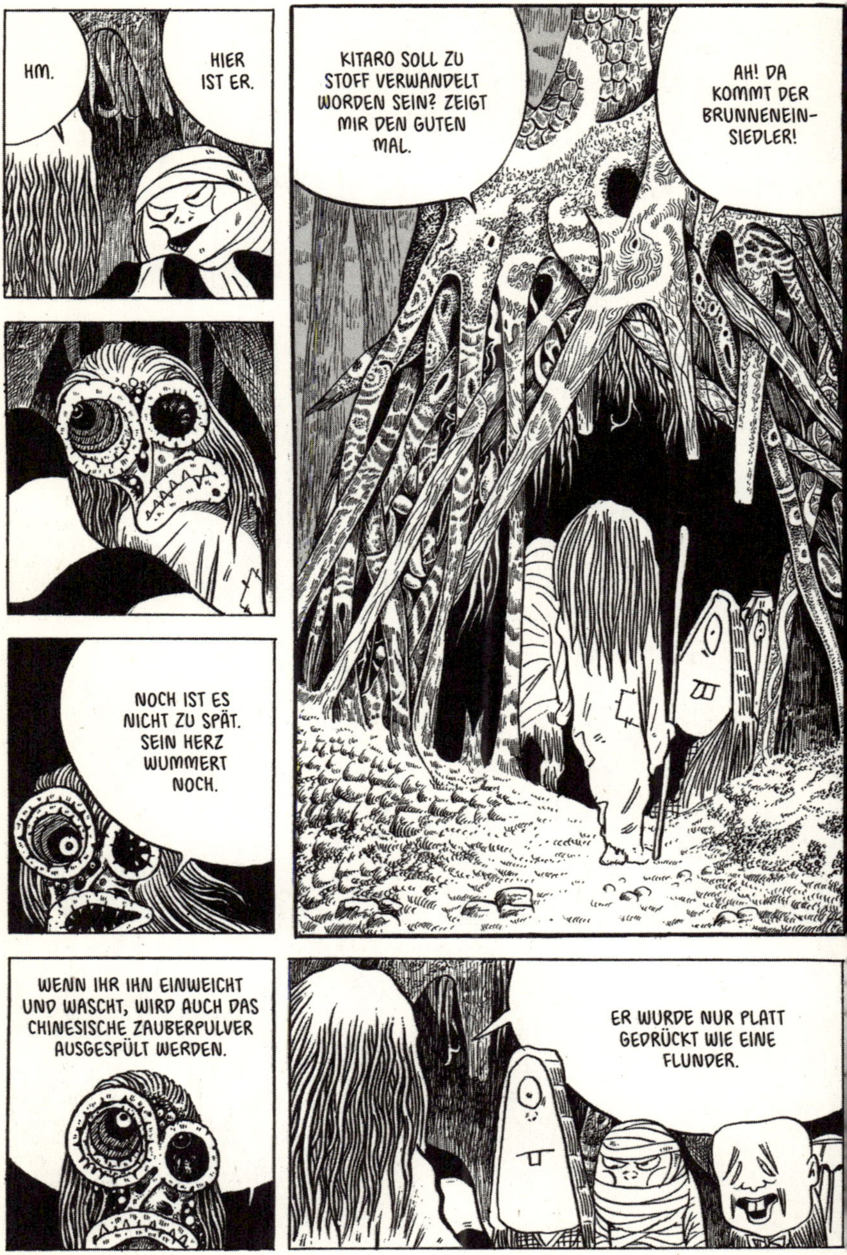

AH! DA KOMMT DER BRUNNENEIN-SIEDLER!

KITARO SOLL ZU STOFF VERWANDELT WORDEN SEIN? ZEIGT MIR DEN GUTEN MAL.

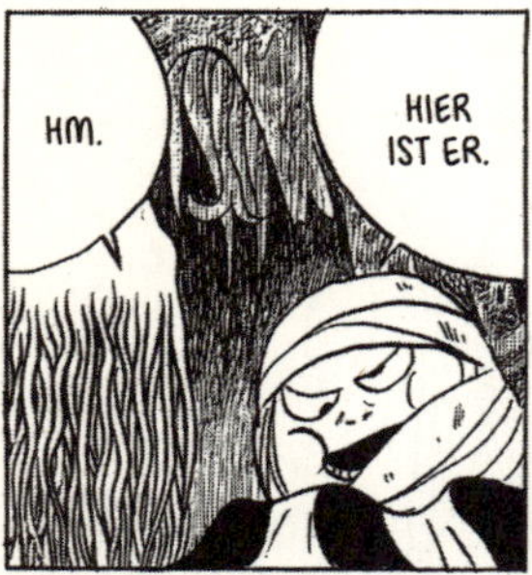

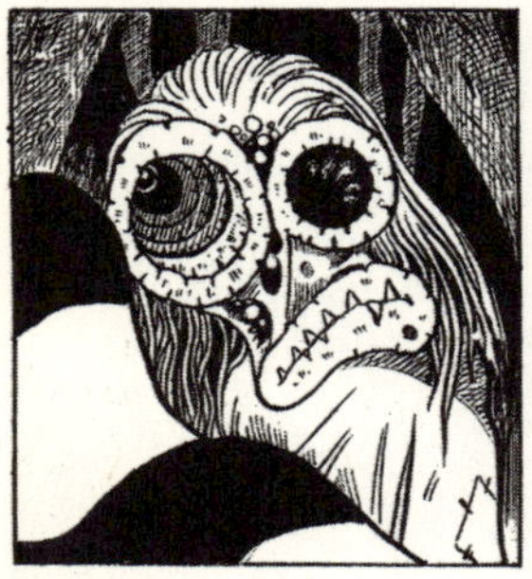

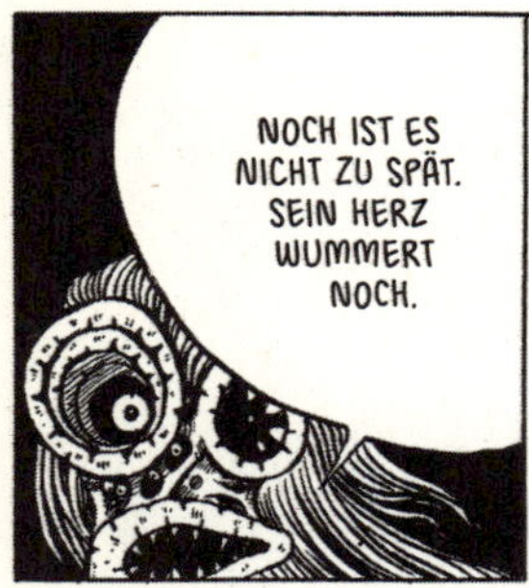

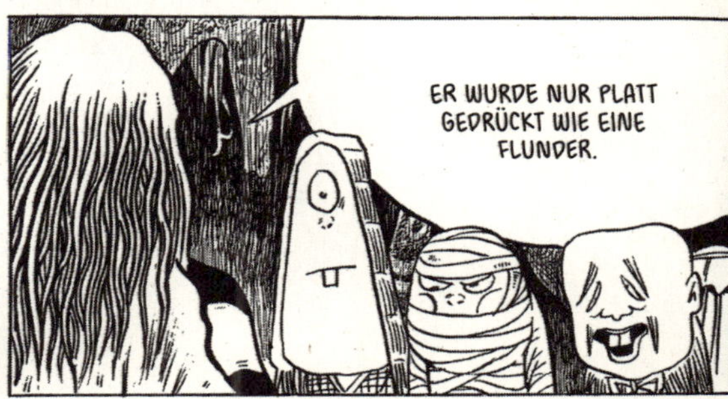

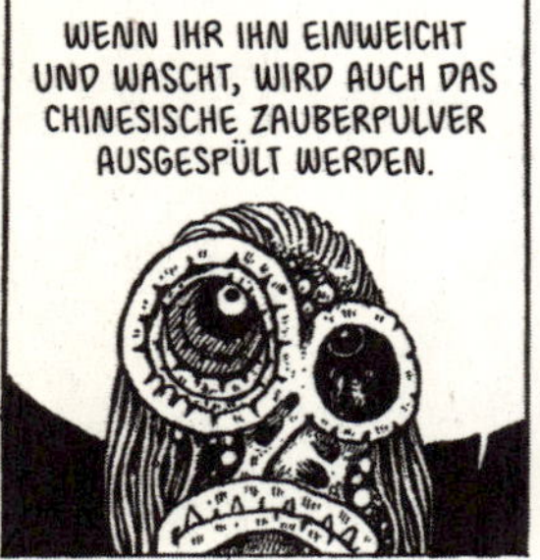

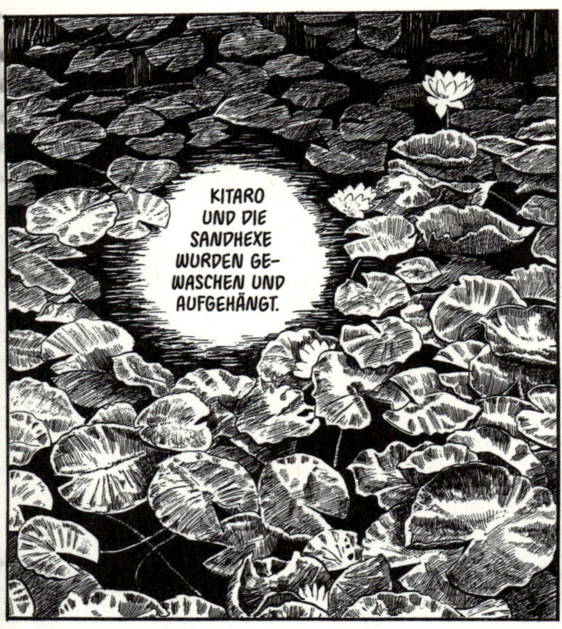
KITARO UND DIE SANDHEXE WURDEN GE-WASCHEN UND AUFGEHÄNGT.

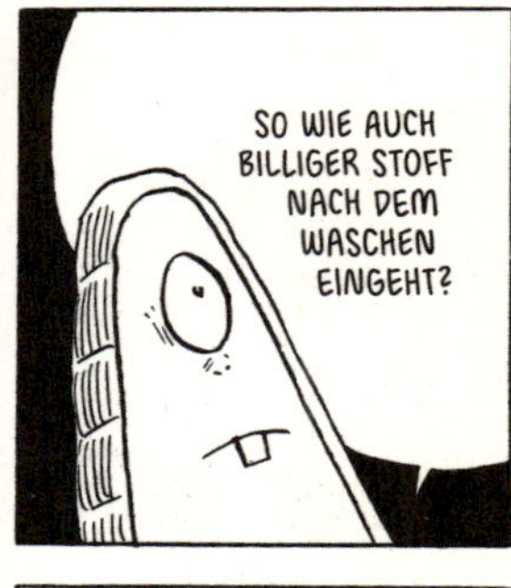
SO WIE AUCH BILLIGER STOFF NACH DEM WASCHEN EINGEHT?

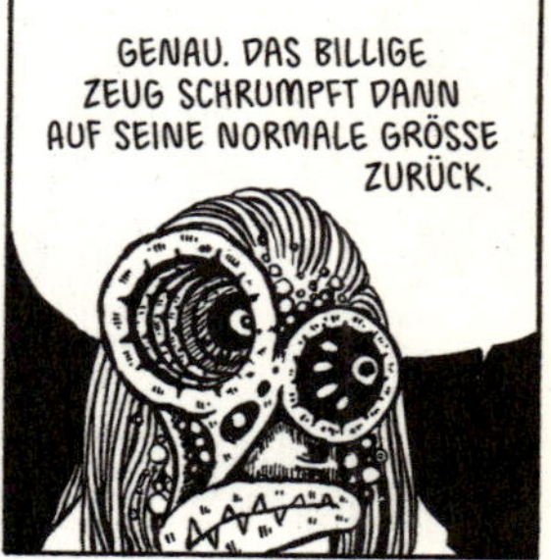
GENAU. DAS BILLIGE ZEUG SCHRUMPFT DANN AUF SEINE NORMALE GRÖSSE ZURÜCK.

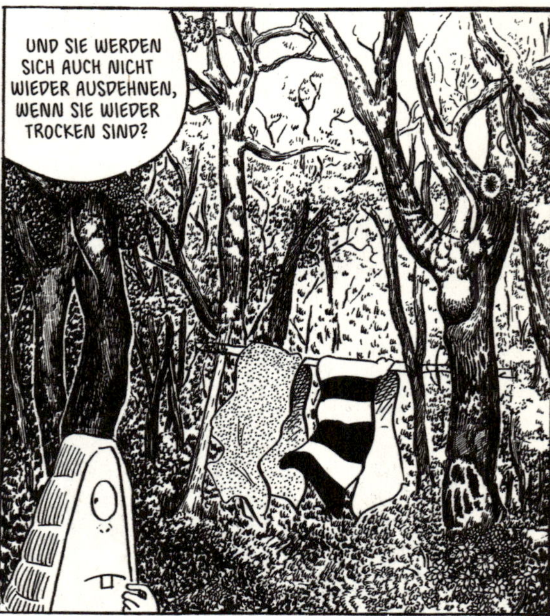
UND SIE WERDEN SICH AUCH NICHT WIEDER AUSDEHNEN, WENN SIE WIEDER TROCKEN SIND?

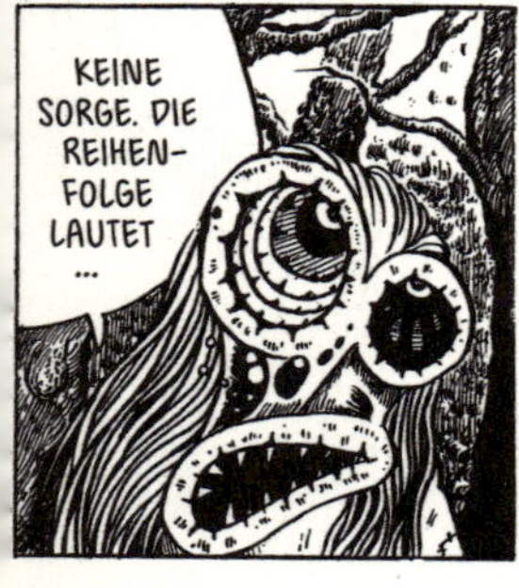
KEINE SORGE. DIE REIHEN-FOLGE LAUTET ...

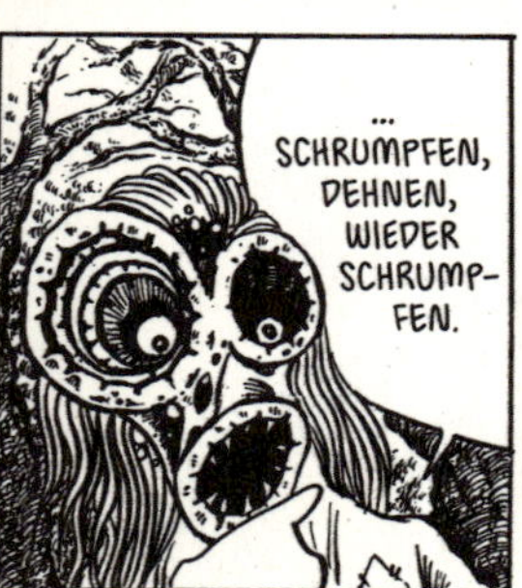
... SCHRUMPFEN, DEHNEN, WIEDER SCHRUMP-FEN.

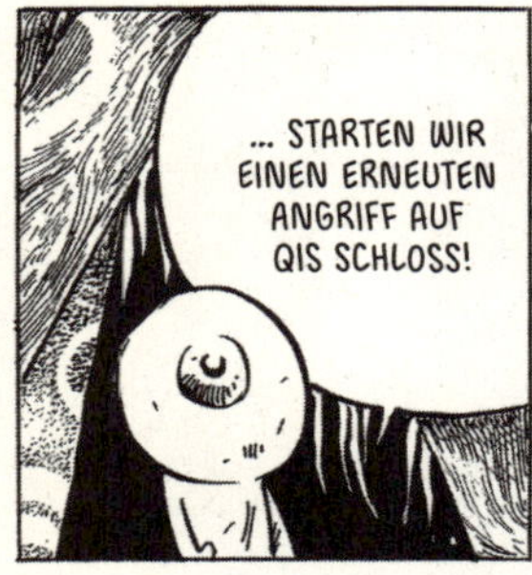
... STARTEN WIR EINEN ERNEUTEN ANGRIFF AUF QIS SCHLOSS!

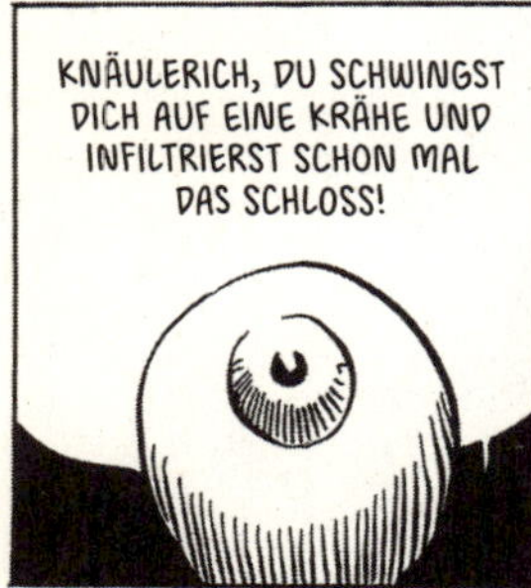
KNÄULERICH, DU SCHWINGST DICH AUF EINE KRÄHE UND INFILTRIERST SCHON MAL DAS SCHLOSS!

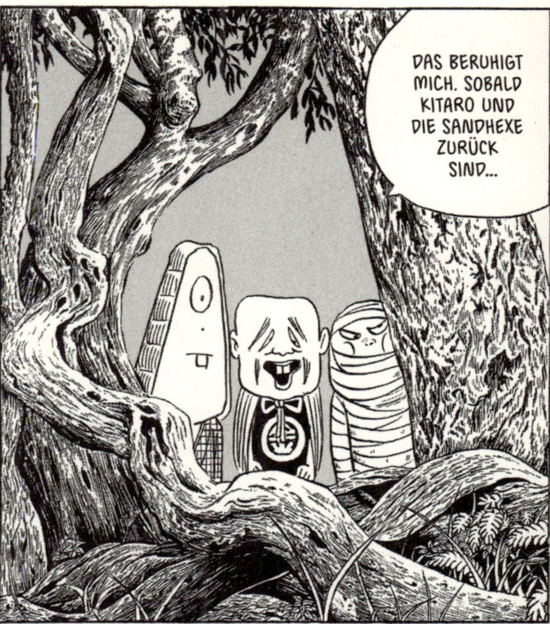
DAS BERUHIGT MICH. SOBALD KITARO UND DIE SANDHEXE ZURÜCK SIND...

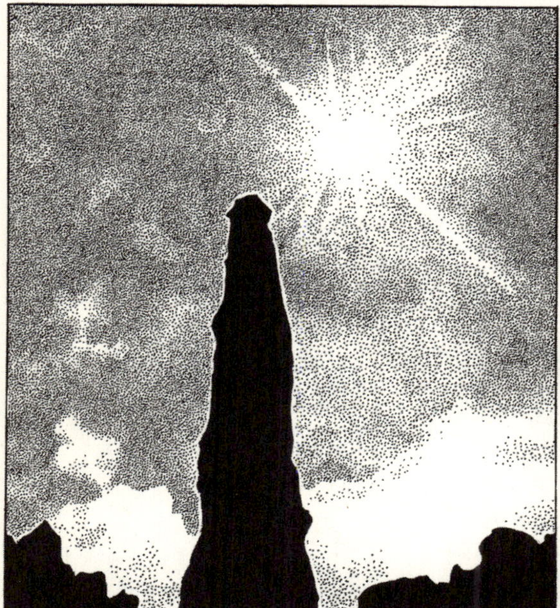

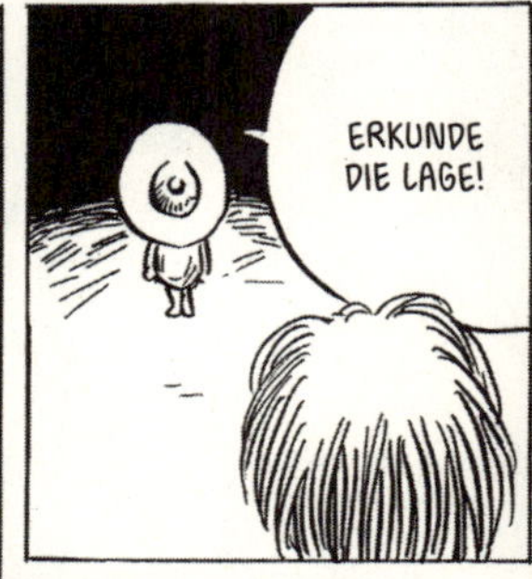
ERKUNDE DIE LAGE!

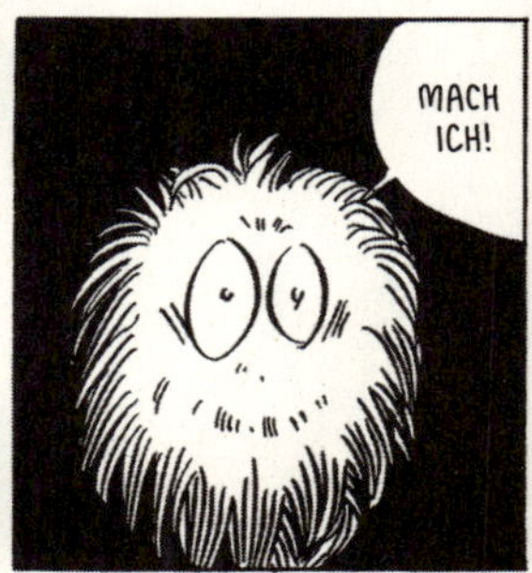
MACH ICH!

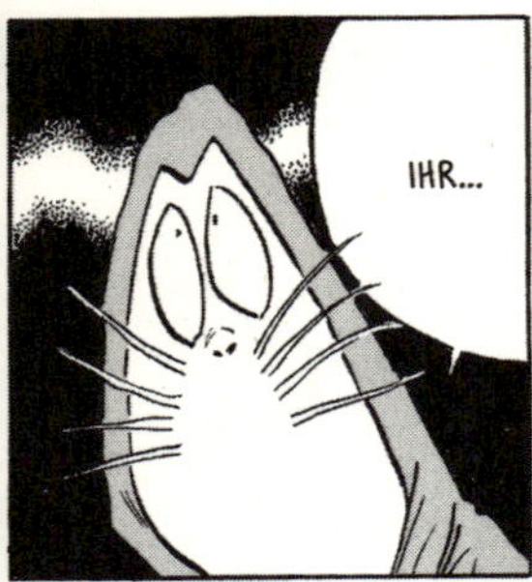
IHR...

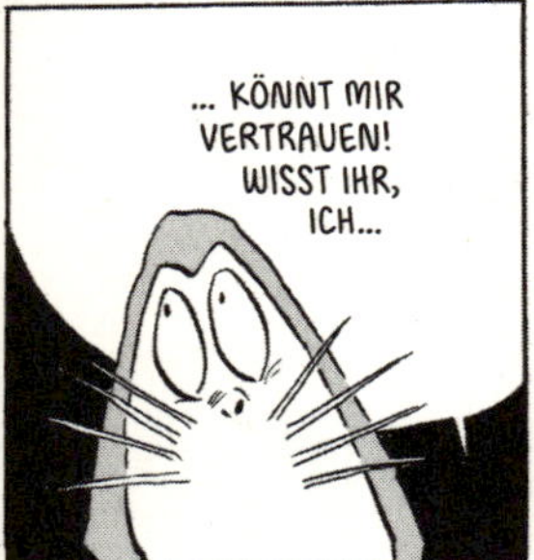
... KÖNNT MIR VERTRAUEN! WISST IHR, ICH...

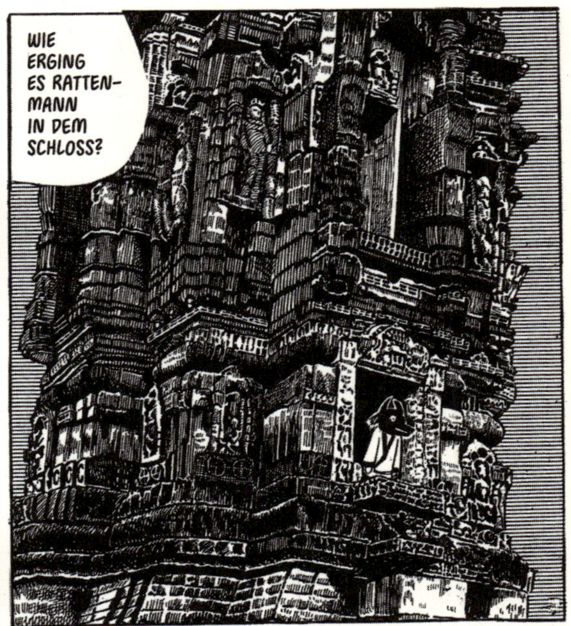
WIE ERGING ES RATTEN-MANN IN DEM SCHLOSS?

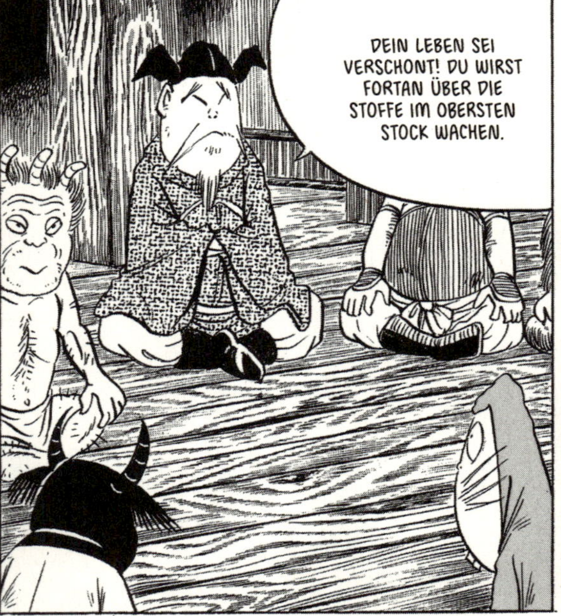
DEIN LEBEN SEI VERSCHONT! DU WIRST FORTAN ÜBER DIE STOFFE IM OBERSTEN STOCK WACHEN.

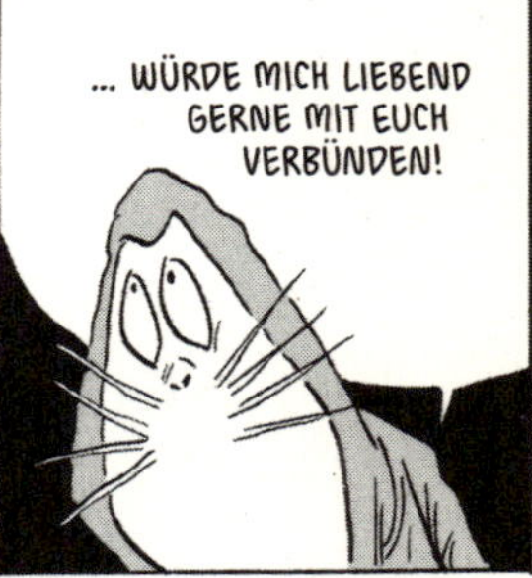
... WÜRDE MICH LIEBEND GERNE MIT EUCH VERBÜNDEN!

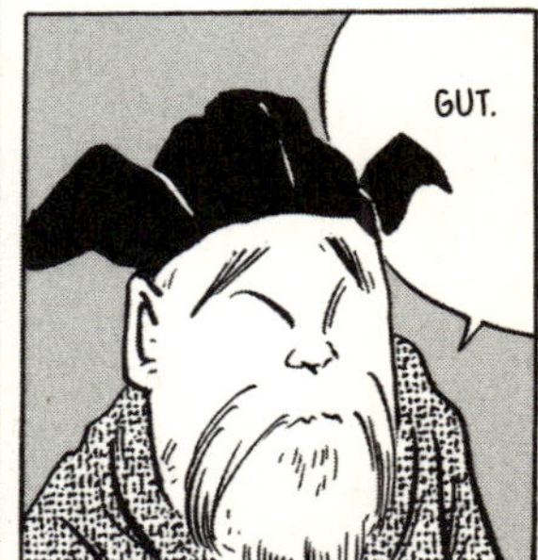
GUT.

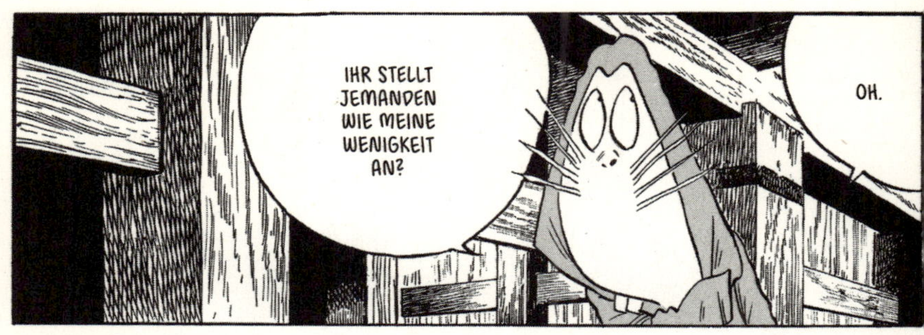
OH.
IHR STELLT JEMANDEN WIE MEINE WENIGKEIT AN?

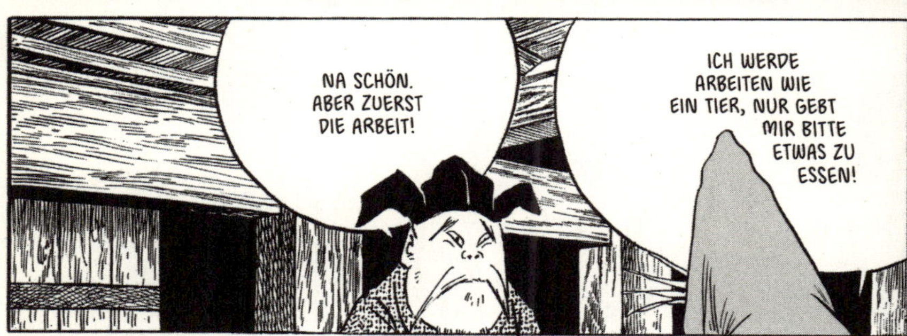
ICH WERDE ARBEITEN WIE EIN TIER, NUR GEBT MIR BITTE ETWAS ZU ESSEN!
NA SCHÖN. ABER ZUERST DIE ARBEIT!

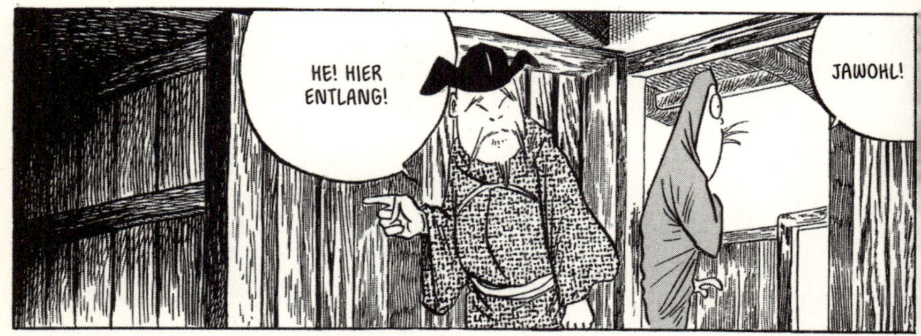
JAWOHL!
HE! HIER ENTLANG!

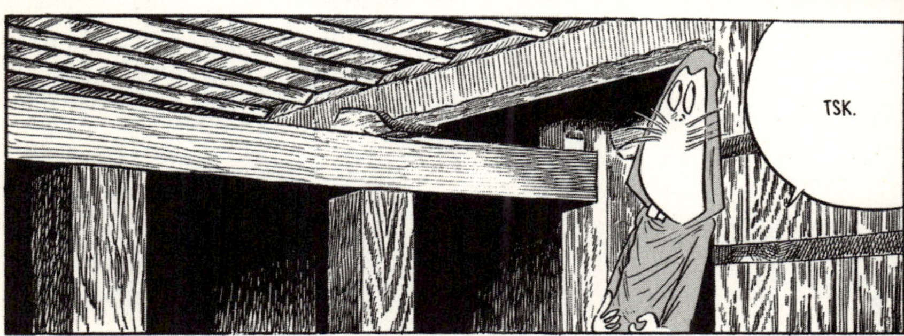
TSK.

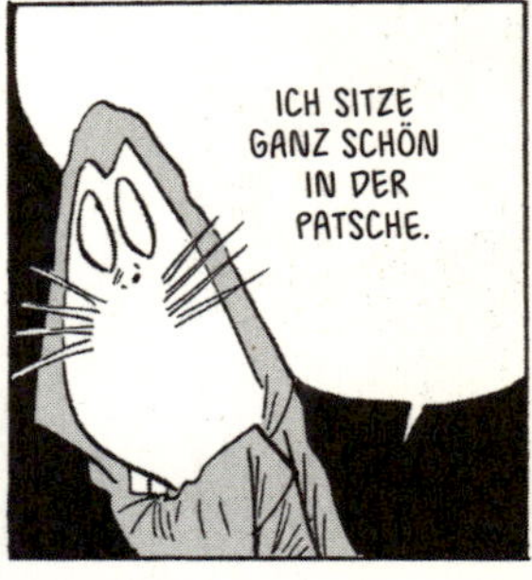
ICH SITZE GANZ SCHÖN IN DER PATSCHE.

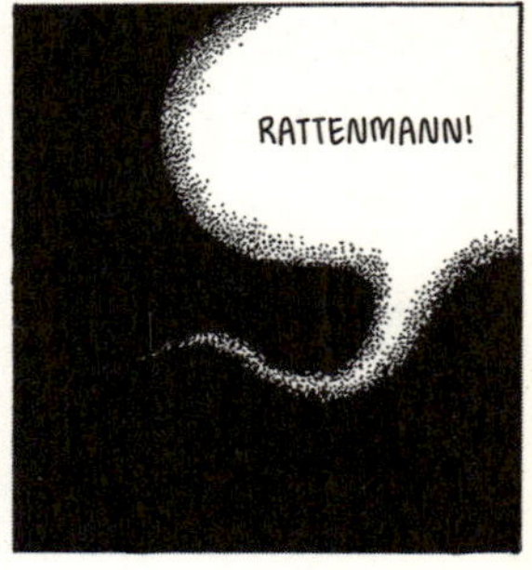
RATTENMANN!

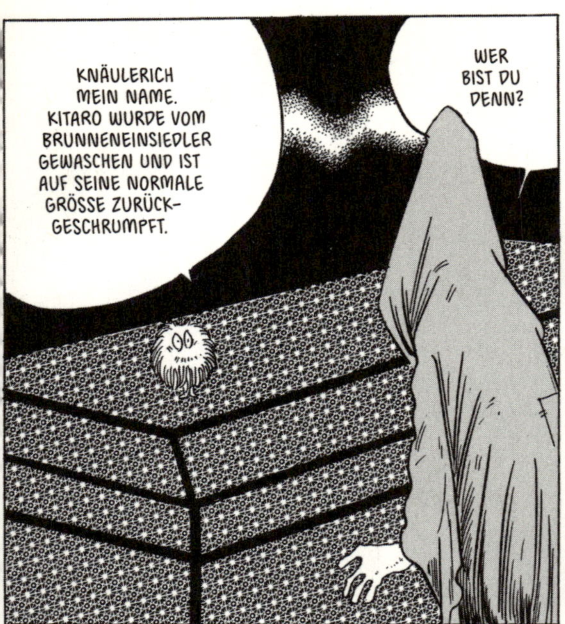
WER BIST DU DENN?
KNÄULERICH MEIN NAME. KITARO WURDE VOM BRUNNENEINSIEDLER GEWASCHEN UND IST AUF SEINE NORMALE GRÖSSE ZURÜCK-GESCHRUMPFT.

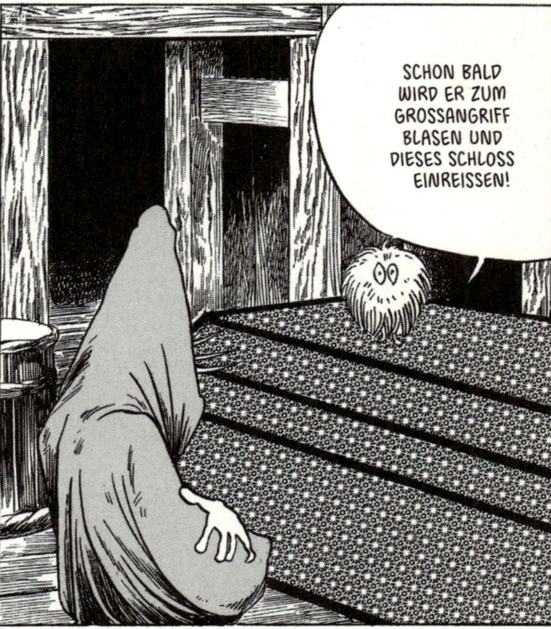
SCHON BALD WIRD ER ZUM GROSSANGRIFF BLASEN UND DIESES SCHLOSS EINREISSEN!

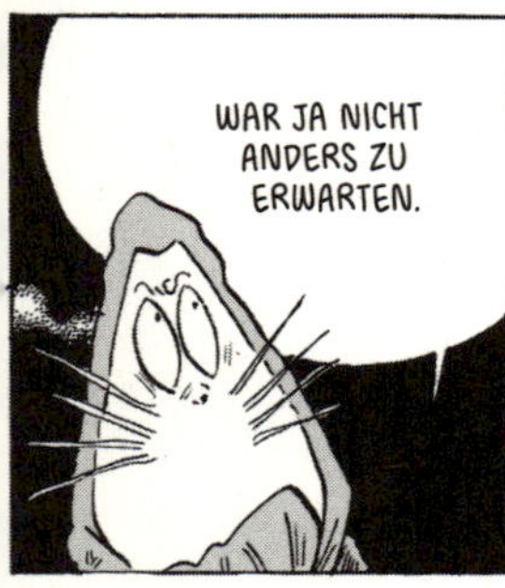
WAR JA NICHT ANDERS ZU ERWARTEN.

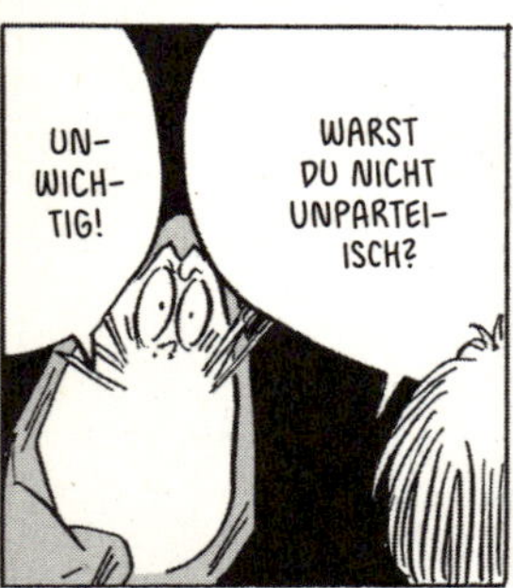
WARST DU NICHT UNPARTEI-ISCH?
UN-WICH-TIG!

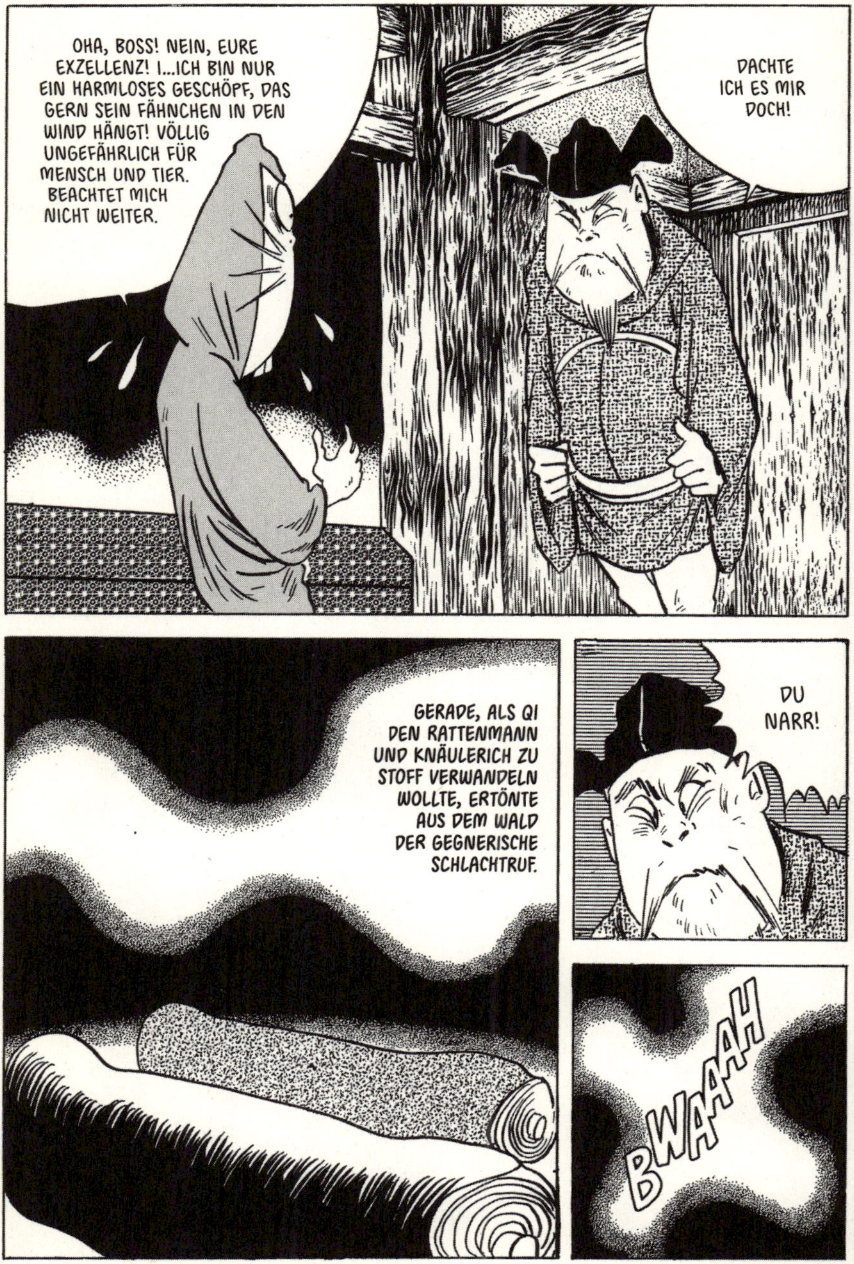

OHA, BOSS! NEIN, EURE EXZELLENZ! I...ICH BIN NUR EIN HARMLOSES GESCHÖPF, DAS GERN SEIN FÄHNCHEN IN DEN WIND HÄNGT! VÖLLIG UNGEFÄHRLICH FÜR MENSCH UND TIER. BEACHTET MICH NICHT WEITER.

DACHTE ICH ES MIR DOCH!

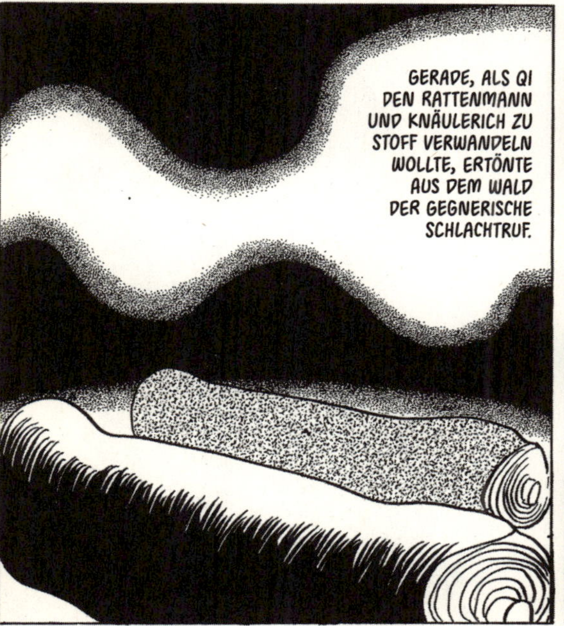

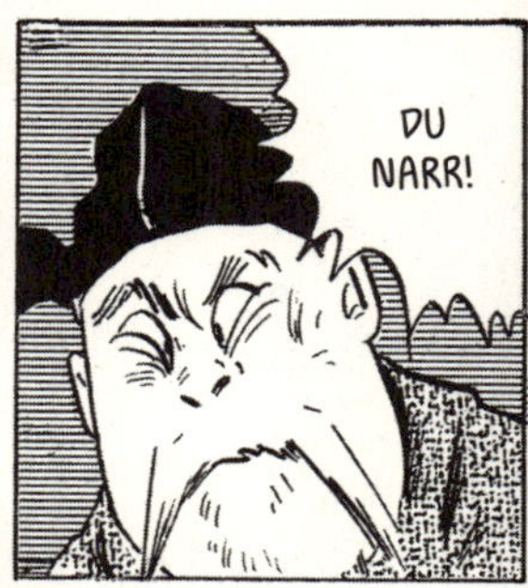

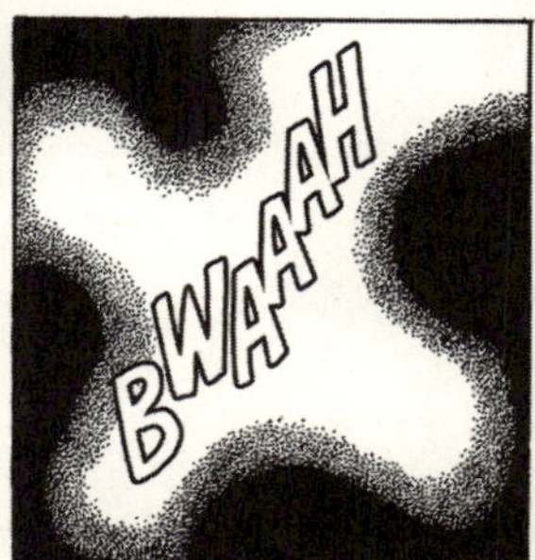

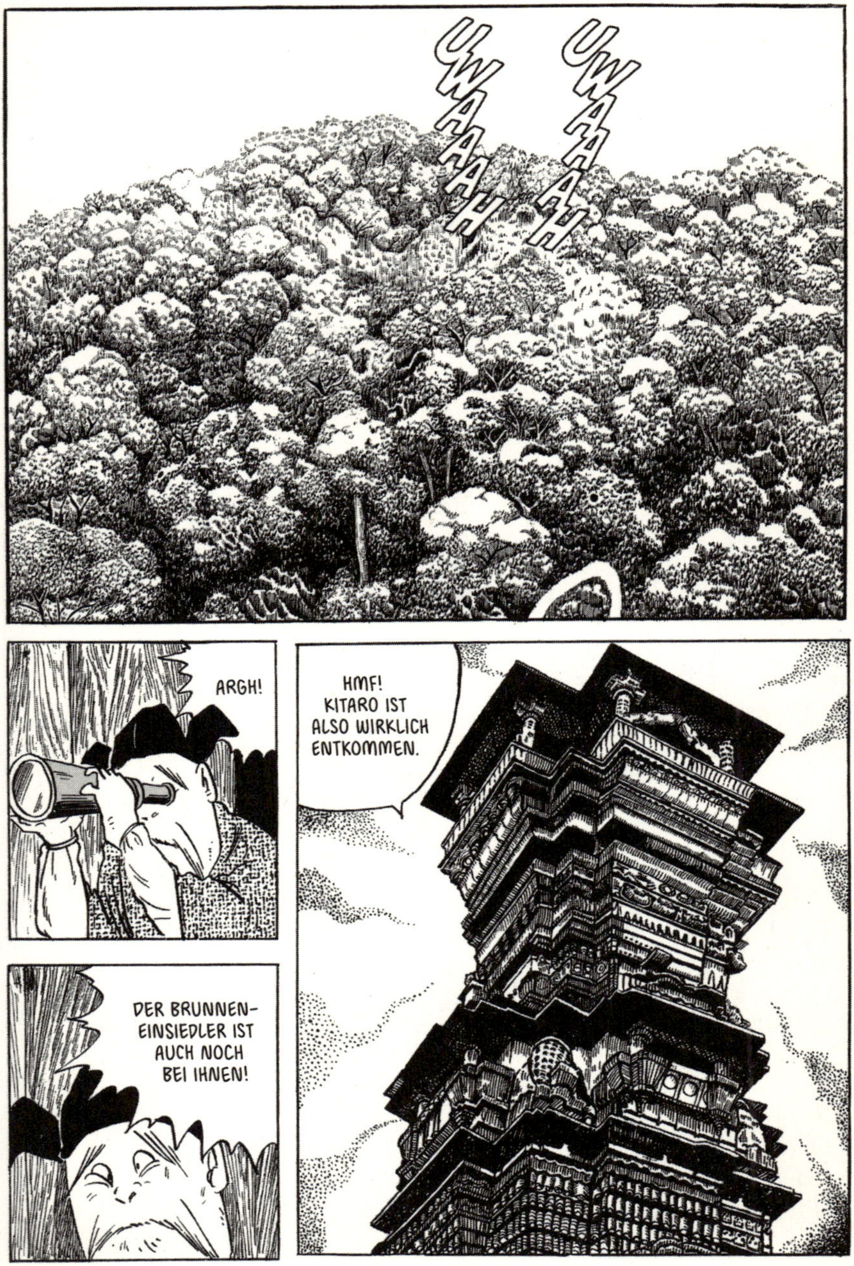

UWAAAAH
UWAAAAH

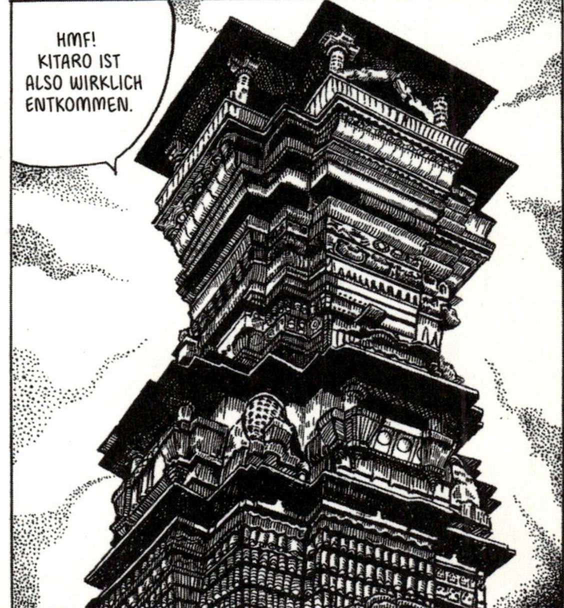

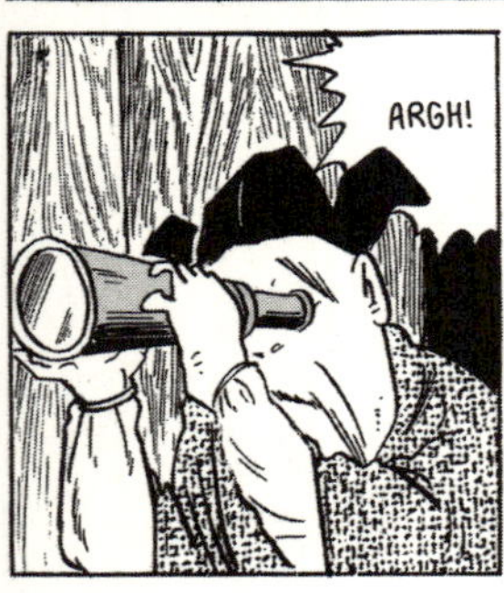

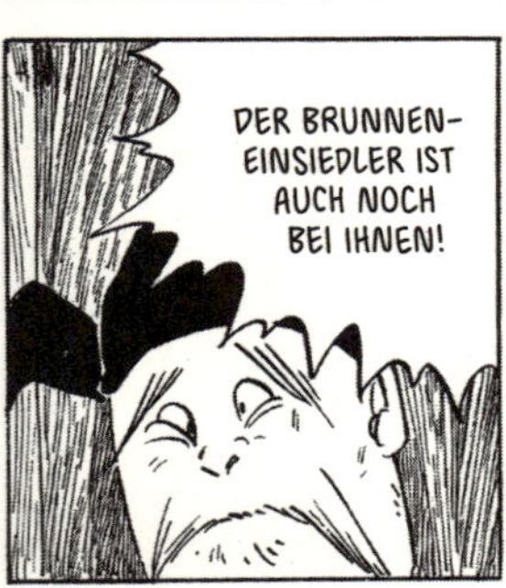

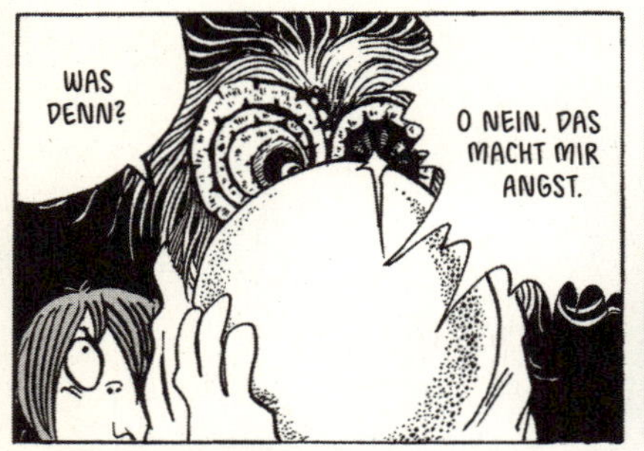

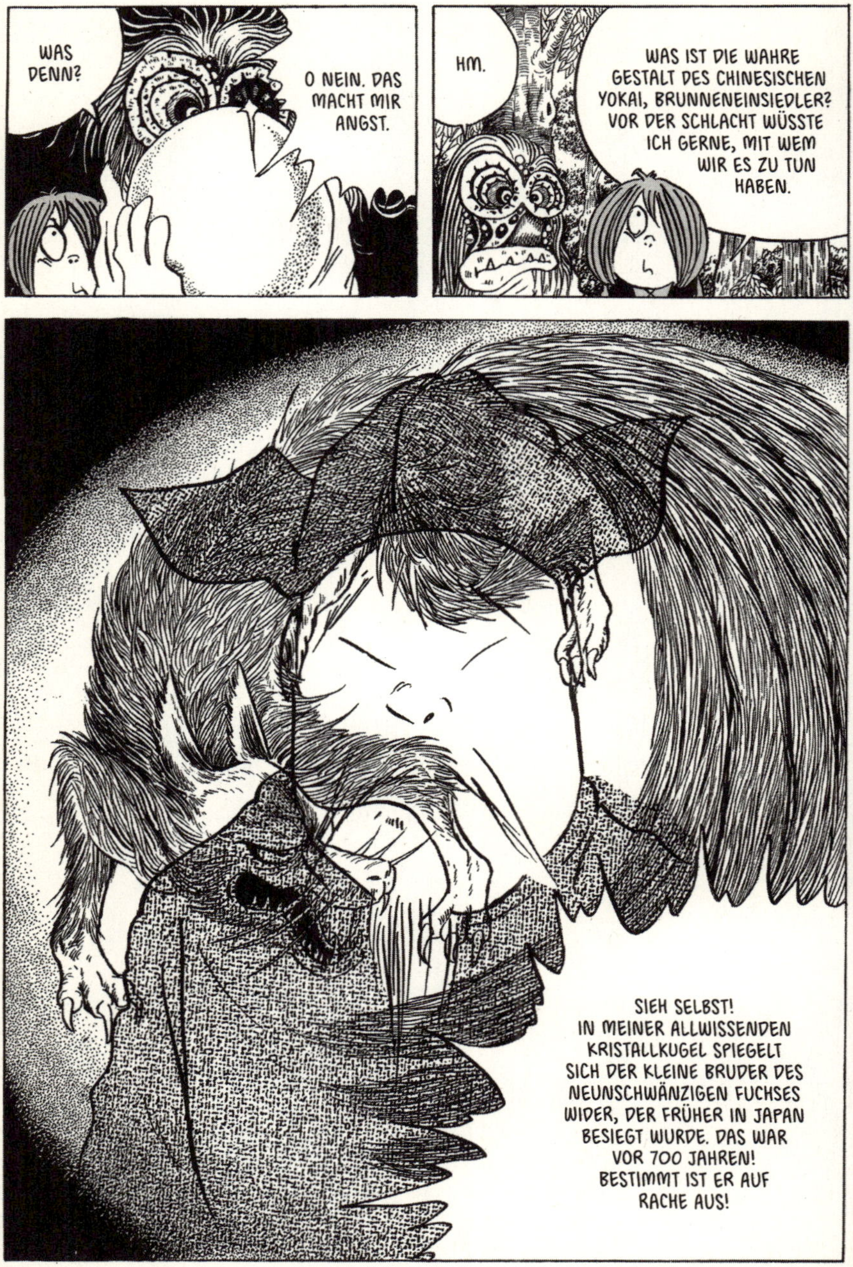

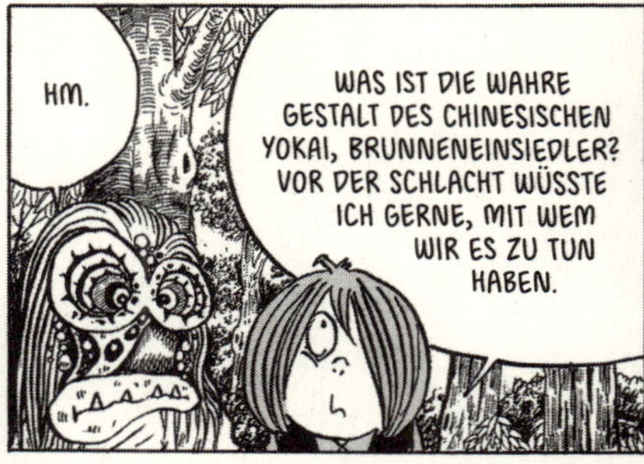

SIEH SELBST! IN MEINER ALLWISSENDEN KRISTALLKUGEL SPIEGELT SICH DER KLEINE BRUDER DES NEUNSCHWÄNZIGEN FUCHSES WIDER, DER FRÜHER IN JAPAN BESIEGT WURDE. DAS WAR VOR 700 JAHREN! BESTIMMT IST ER AUF RACHE AUS!

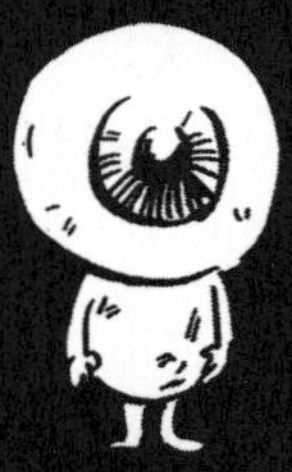

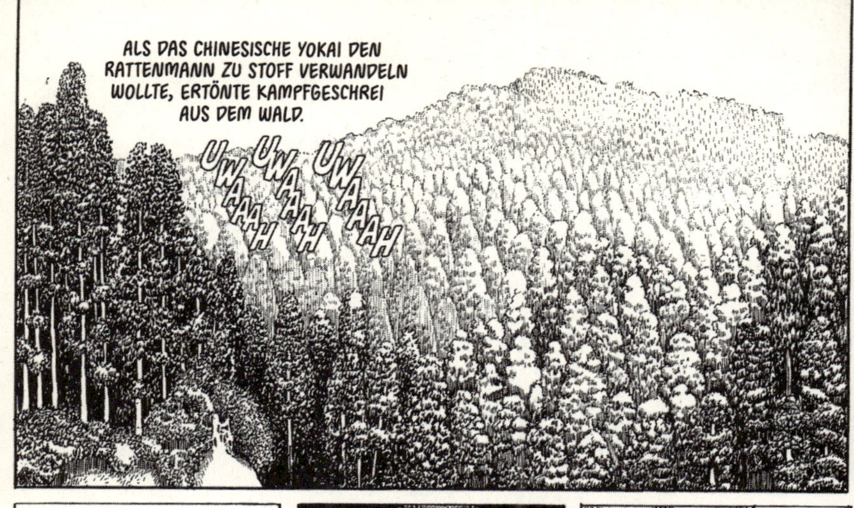
ALS DAS CHINESISCHE YOKAI DEN RATTENMANN ZU STOFF VERWANDELN WOLLTE, ERTÖNTE KAMPFGESCHREI AUS DEM WALD.
UWAAAH
UWAAAH
UWAAAAH

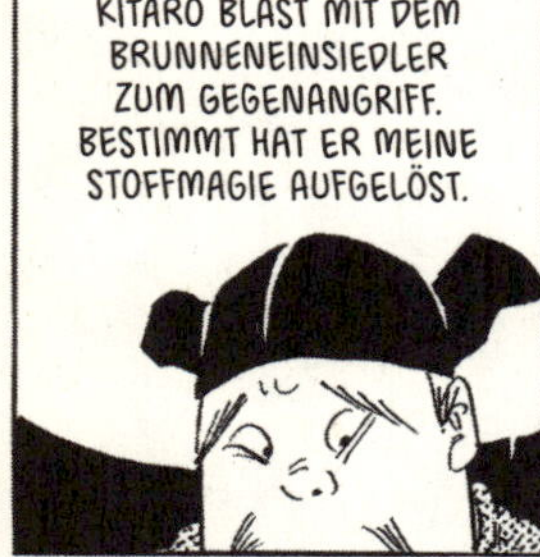
KITARO BLÄST MIT DEM BRUNNENEINSIEDLER ZUM GEGENANGRIFF. BESTIMMT HAT ER MEINE STOFFMAGIE AUFGELÖST.

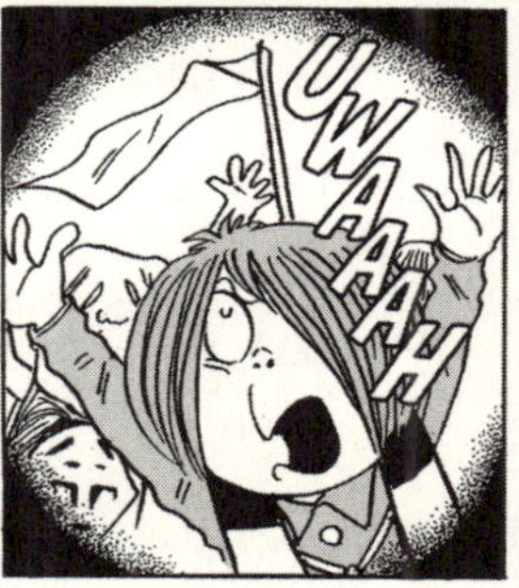
UWAAAAH

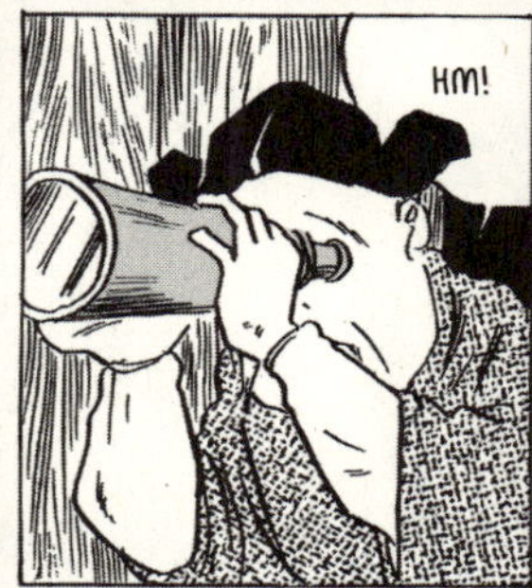
HM!

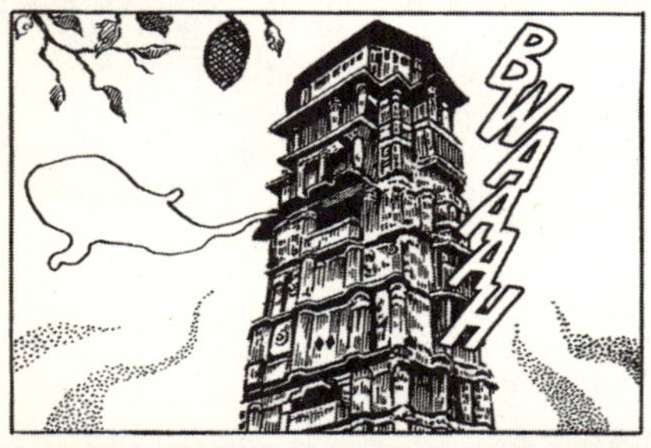
BWAAAAAH

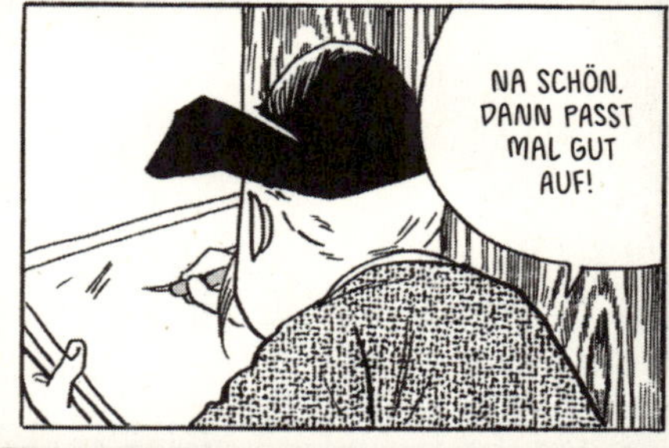
NA SCHÖN. DANN PASST MAL GUT AUF!

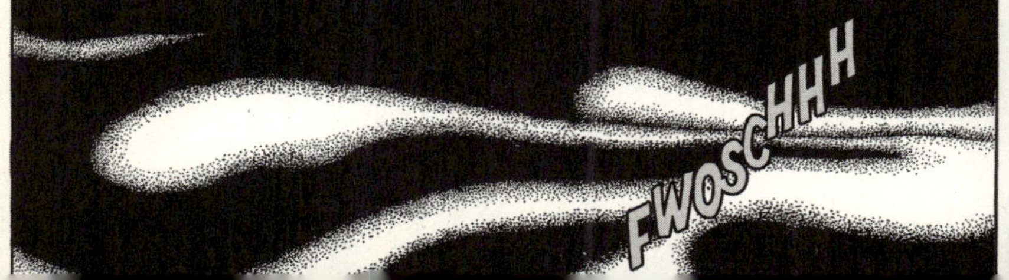
FWOSCHHH

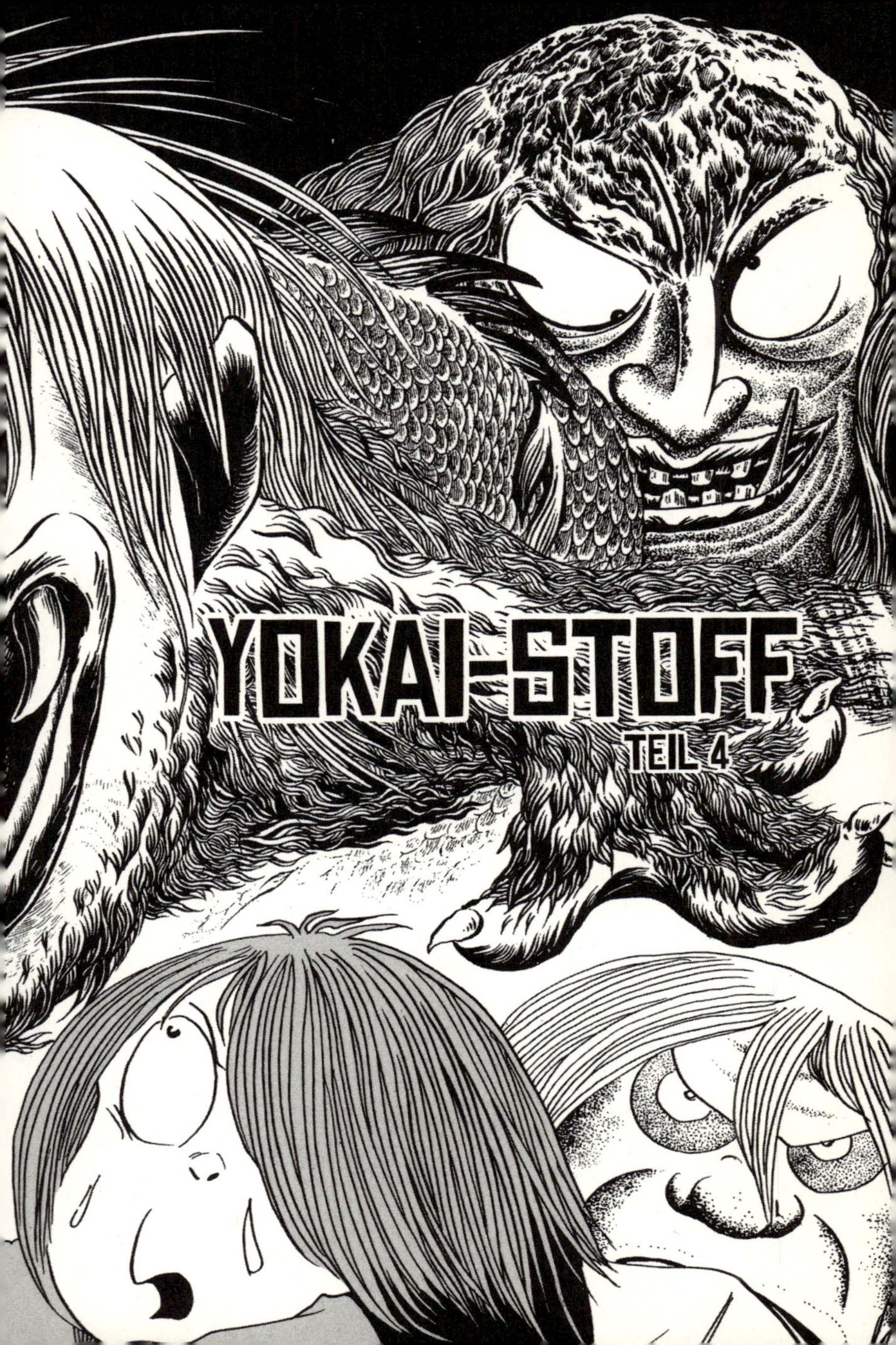
YOKAI-STOFF
TEIL 4

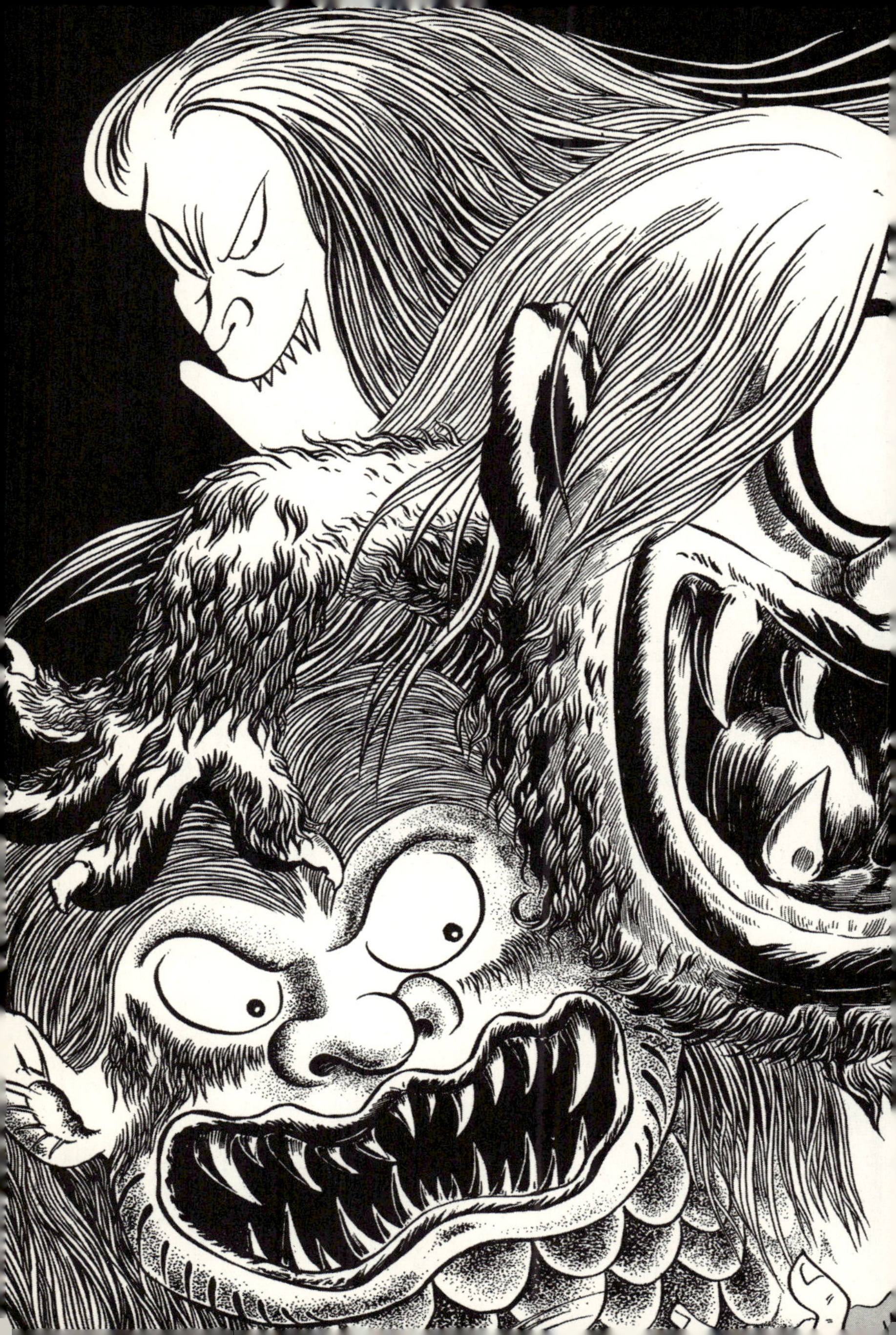

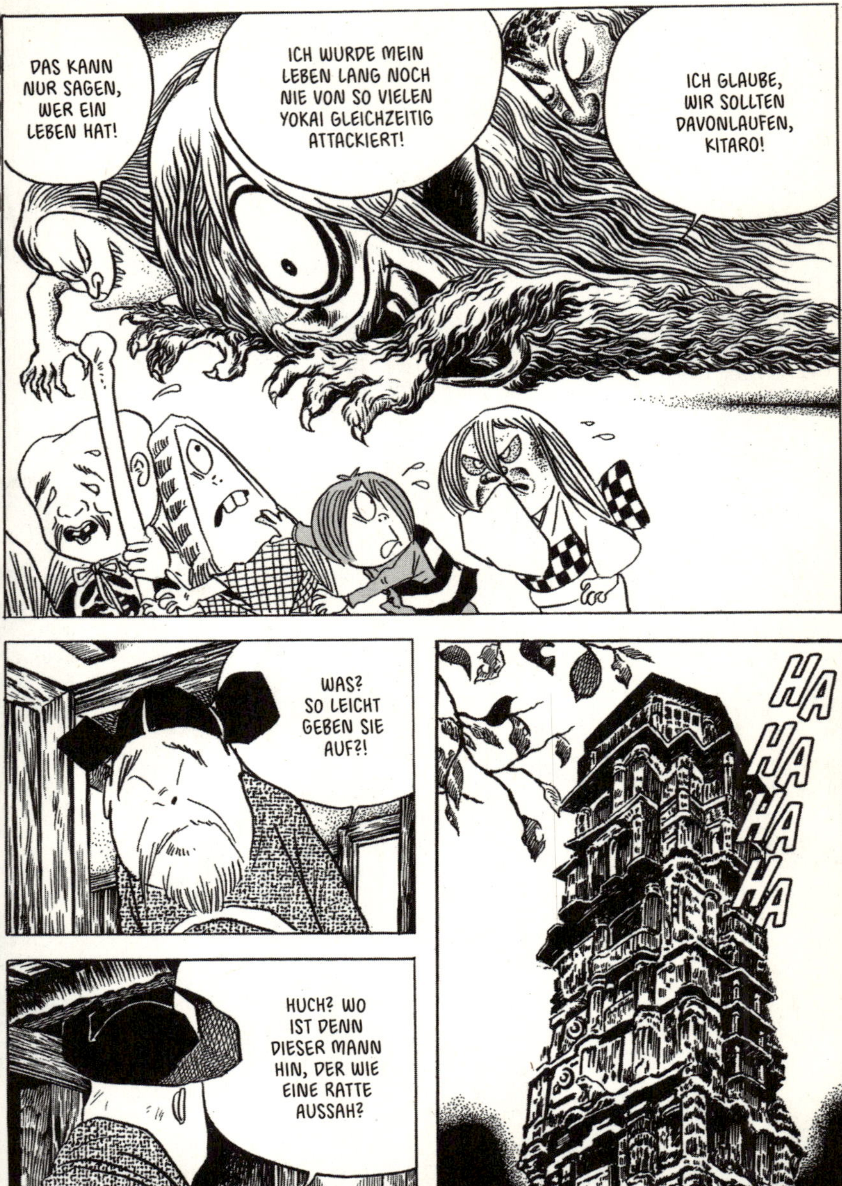

ICH GLAUBE, WIR SOLLTEN DAVONLAUFEN, KITARO!
ICH WURDE MEIN LEBEN LANG NOCH NIE VON SO VIELEN YOKAI GLEICHZEITIG ATTACKIERT!
DAS KANN NUR SAGEN, WER EIN LEBEN HAT!

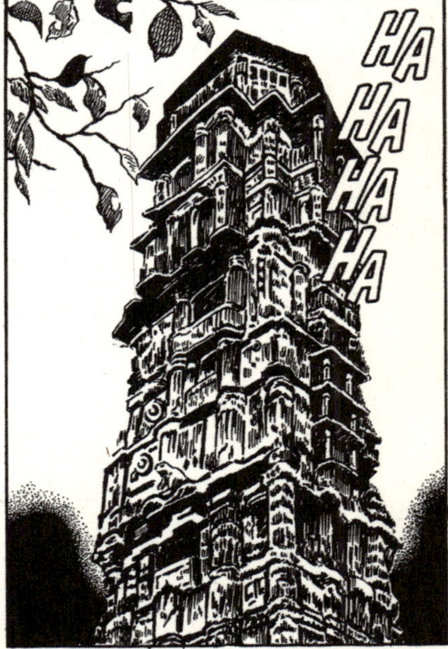
HA HA HA HA HA

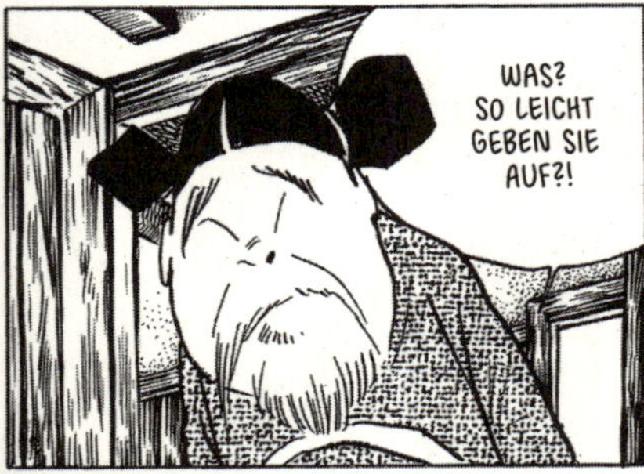
WAS? SO LEICHT GEBEN SIE AUF?!

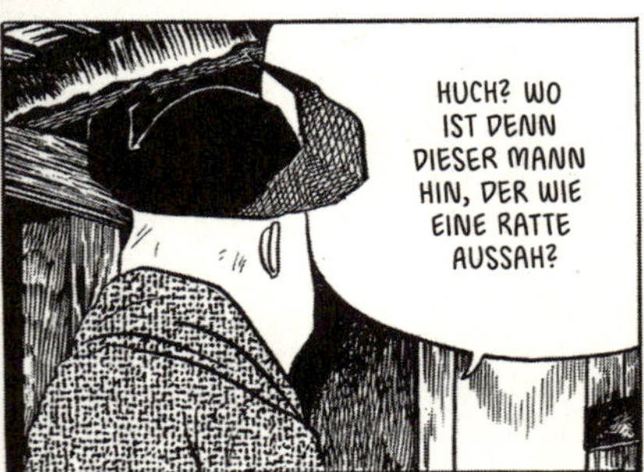
HUCH? WO IST DENN DIESER MANN HIN, DER WIE EINE RATTE AUSSAH?

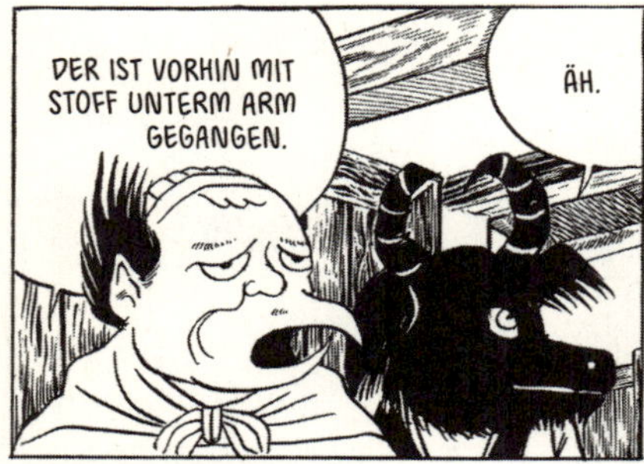
DER IST VORHIN MIT STOFF UNTERM ARM GEGANGEN.
ÄH.

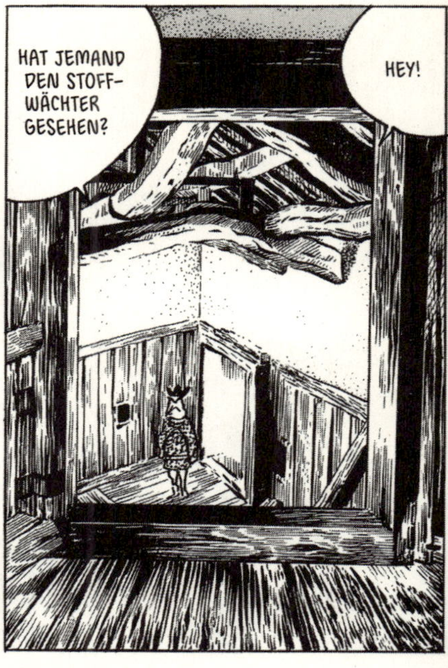
HAT JEMAND DEN STOFF-WÄCHTER GESEHEN?
HEY!

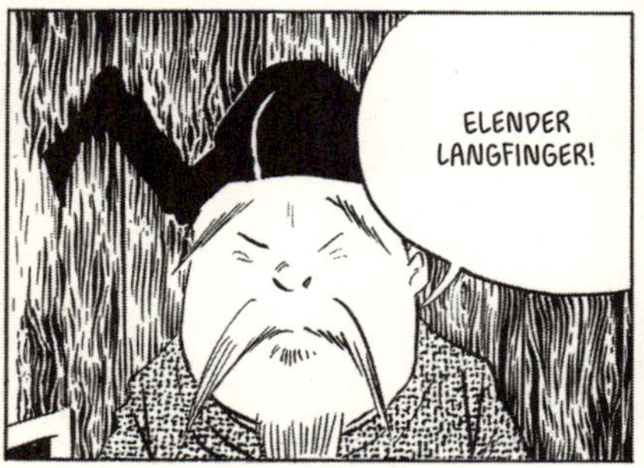
ELENDER LANGFINGER!

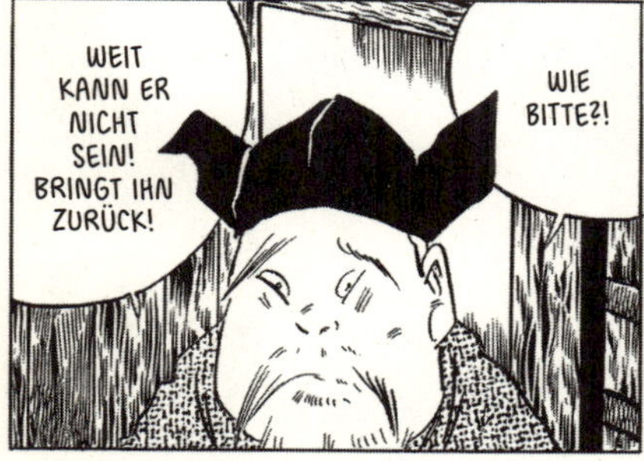
WEIT KANN ER NICHT SEIN! BRINGT IHN ZURÜCK!
WIE BITTE?!

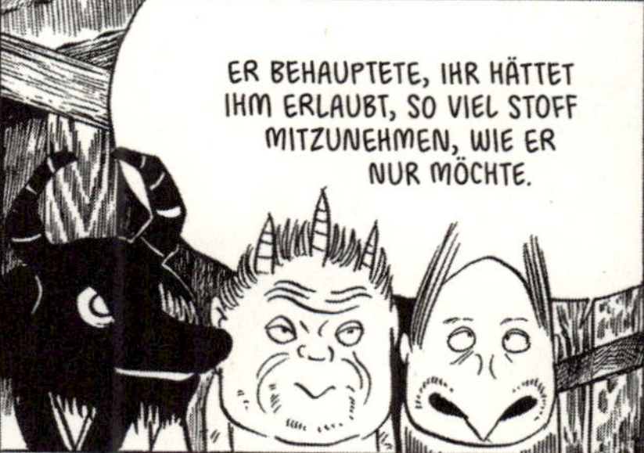
ER BEHAUPTETE, IHR HÄTTET IHM ERLAUBT, SO VIEL STOFF MITZUNEHMEN, WIE ER NUR MÖCHTE.

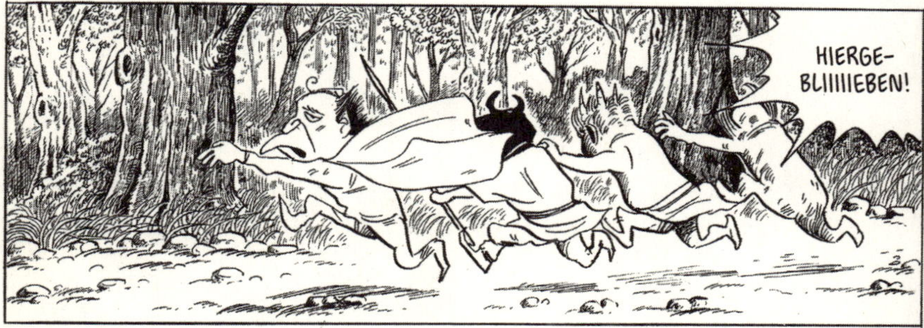
HIERGE-BLIIIIEBEN!

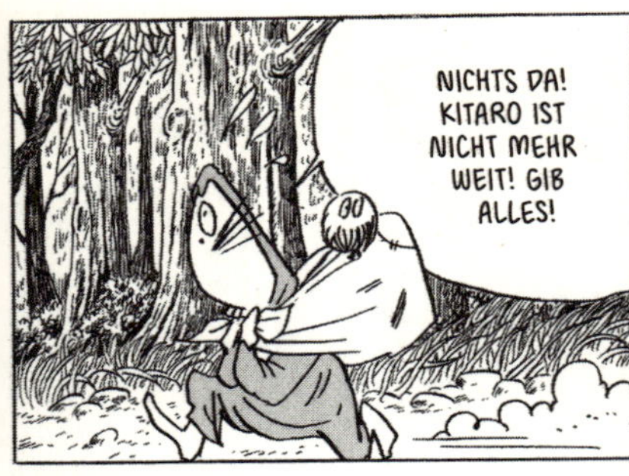
NICHTS DA! KITARO IST NICHT MEHR WEIT! GIB ALLES!

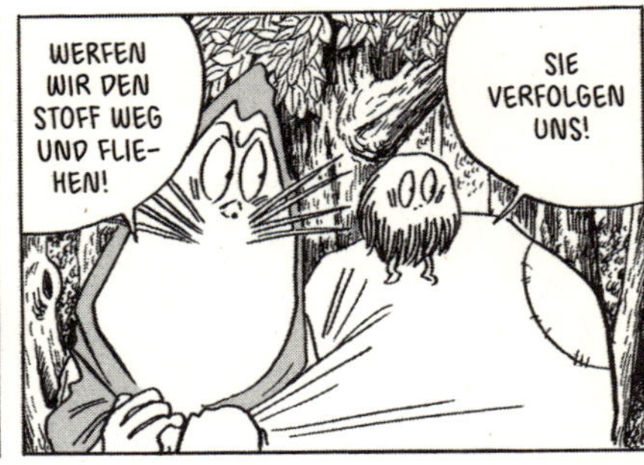
WERFEN WIR DEN STOFF WEG UND FLIE-HEN!
SIE VERFOLGEN UNS!

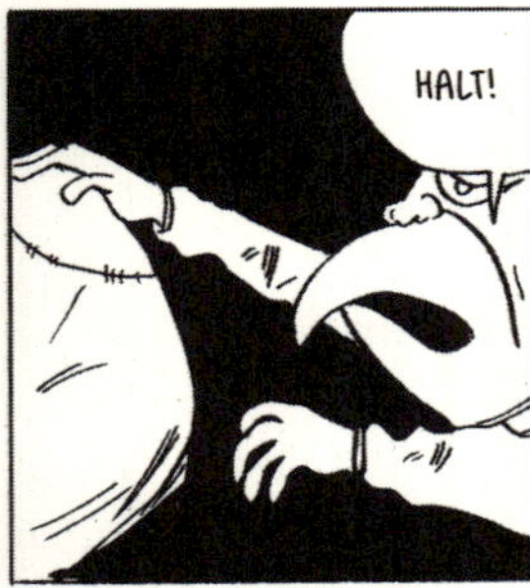
HALT!

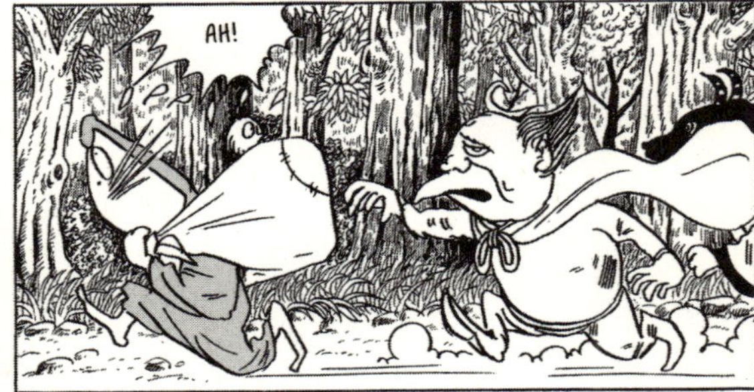
AH!

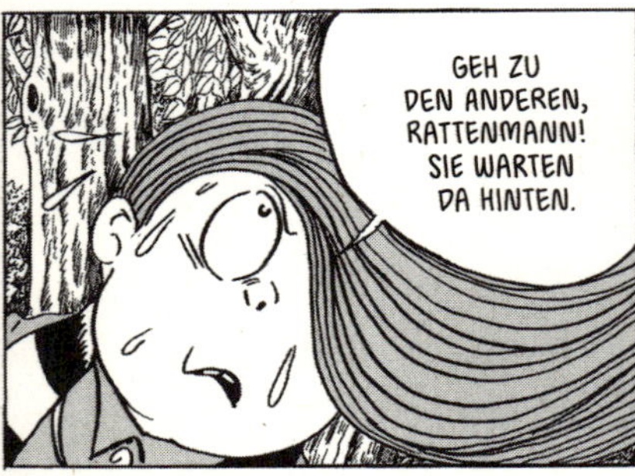
GEH ZU DEN ANDEREN, RATTENMANN! SIE WARTEN DA HINTEN.

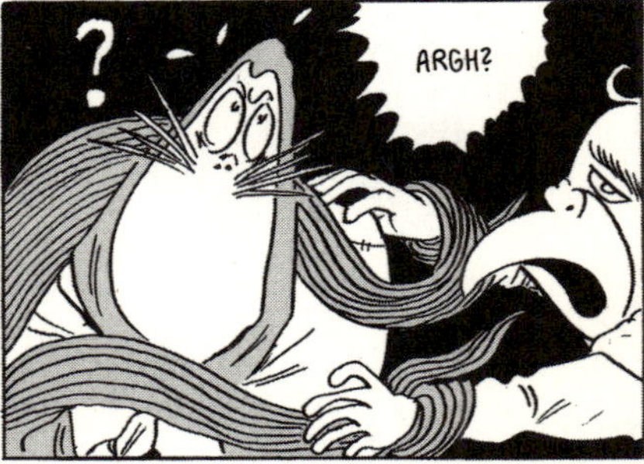
?
ARGH?

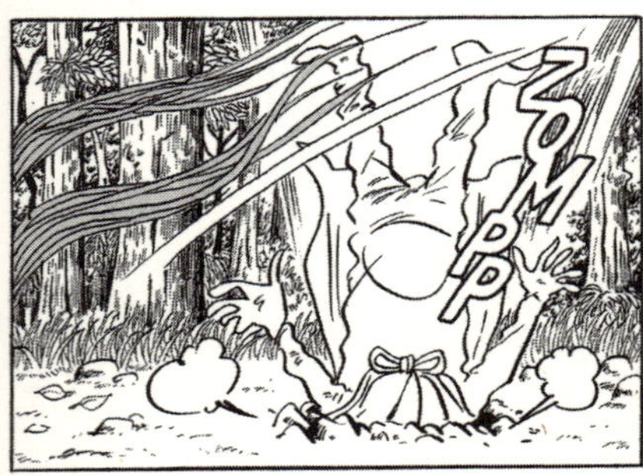
ZOMPP

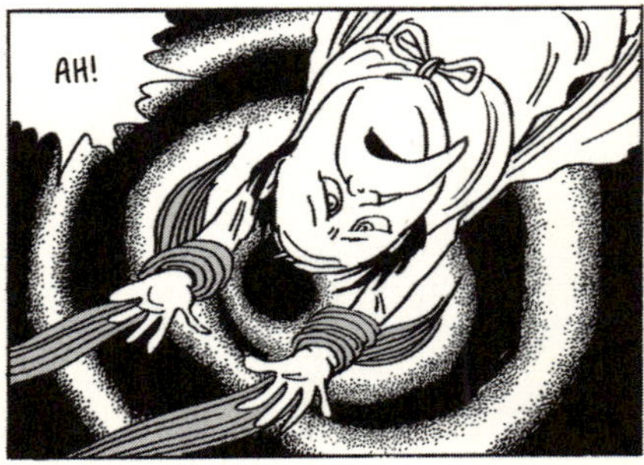
AH!

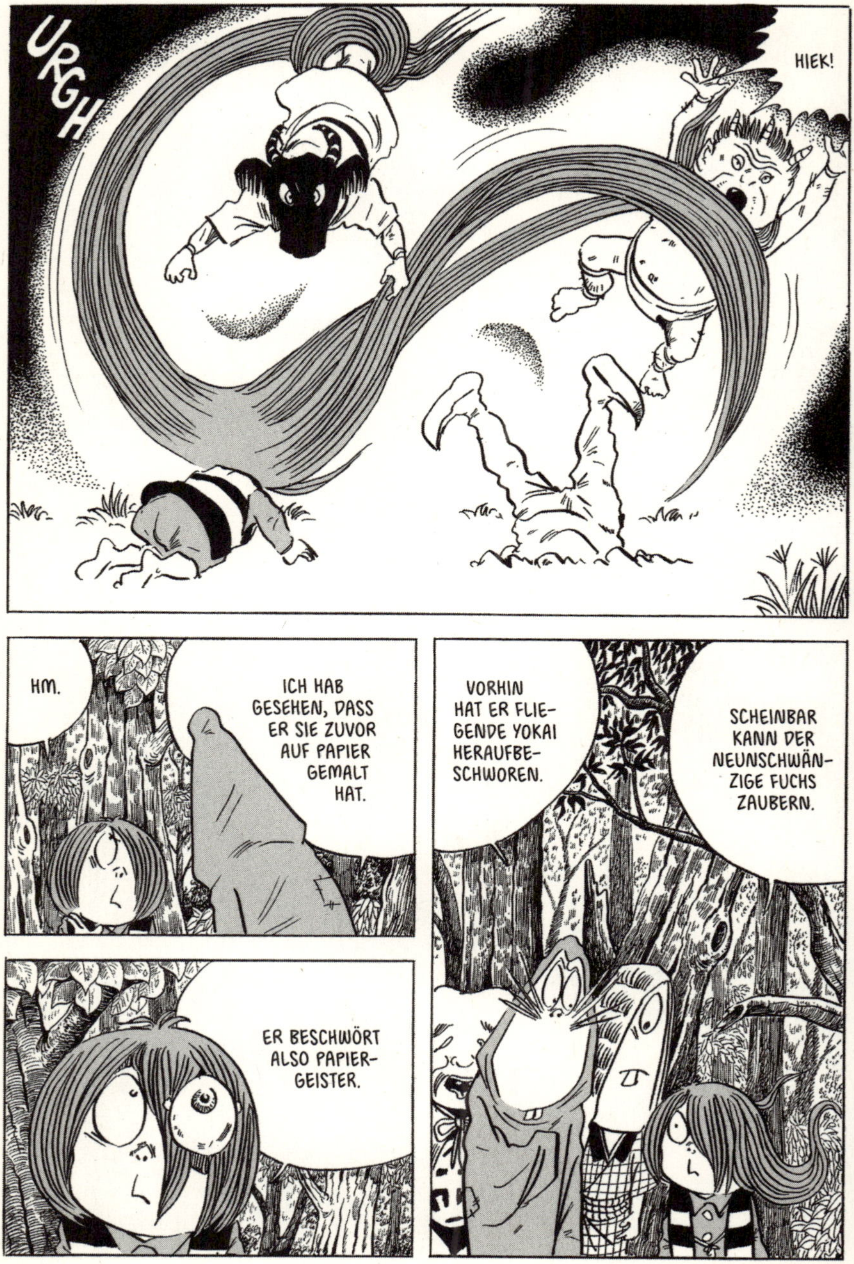

HIEK!

URGH

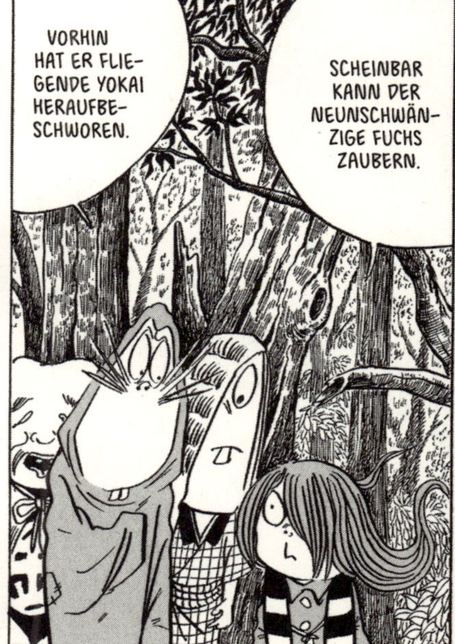
SCHEINBAR KANN DER NEUNSCHWÄN-ZIGE FUCHS ZAUBERN.
VORHIN HAT ER FLIE-GENDE YOKAI HERAUFBE-SCHWOREN.

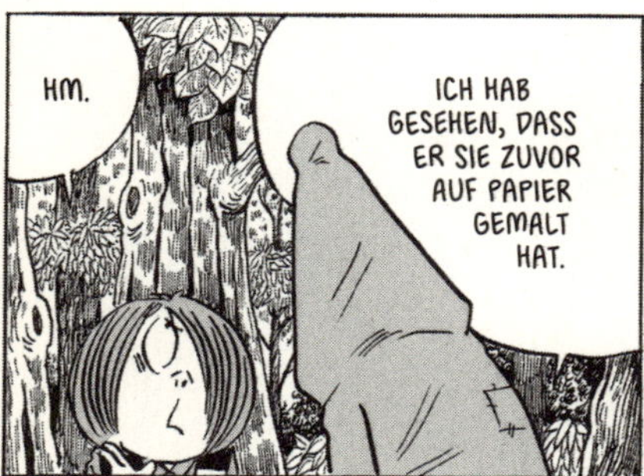
ICH HAB GESEHEN, DASS ER SIE ZUVOR AUF PAPIER GEMALT HAT.
HM.

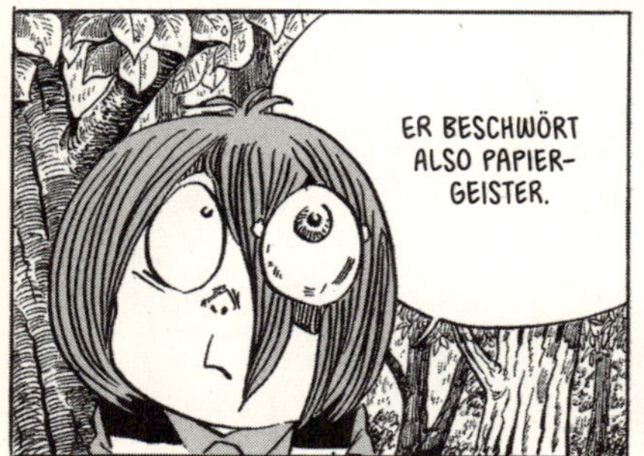
ER BESCHWÖRT ALSO PAPIER-GEISTER.

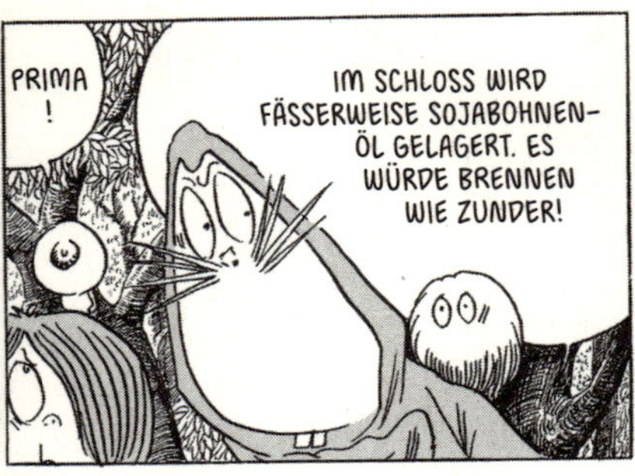
PRIMA
!
IM SCHLOSS WIRD FÄSSERWEISE SOJABOHNEN-ÖL GELAGERT. ES WÜRDE BRENNEN WIE ZUNDER!

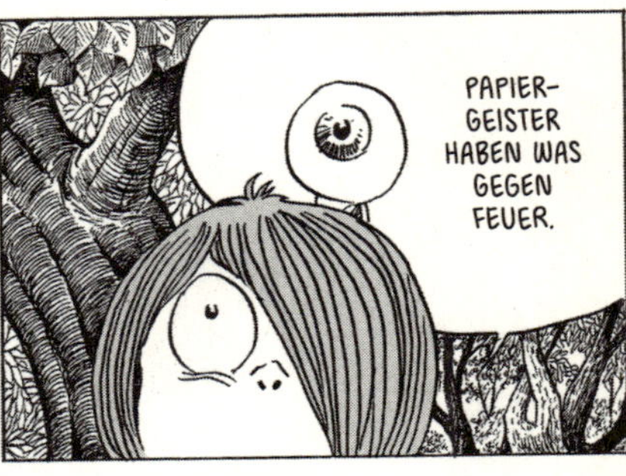
PAPIER-GEISTER HABEN WAS GEGEN FEUER.

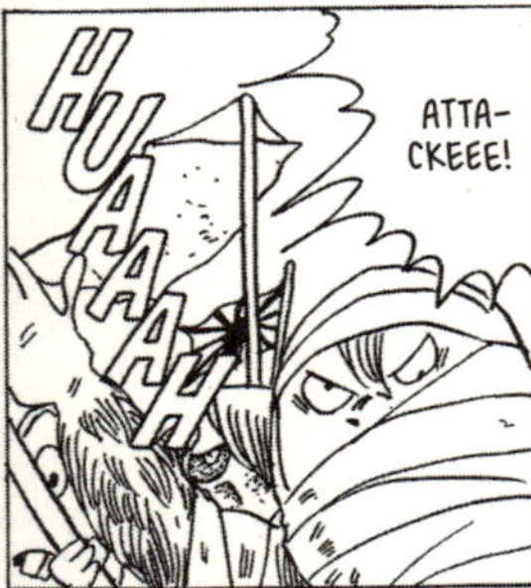
HUAAAAH
ATTA-CKEEE!

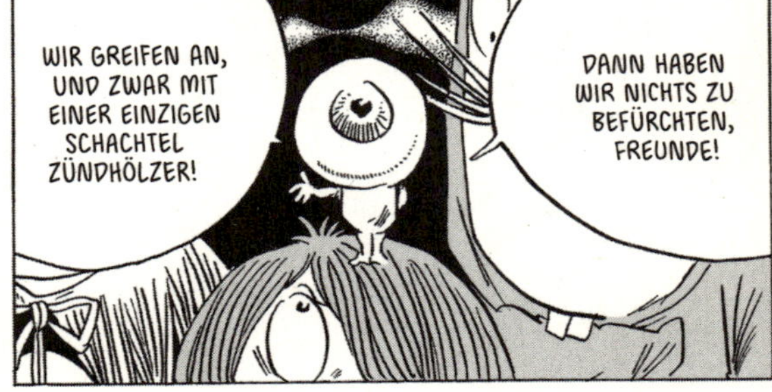
WIR GREIFEN AN, UND ZWAR MIT EINER EINZIGEN SCHACHTEL ZÜNDHÖLZER!
DANN HABEN WIR NICHTS ZU BEFÜRCHTEN, FREUNDE!

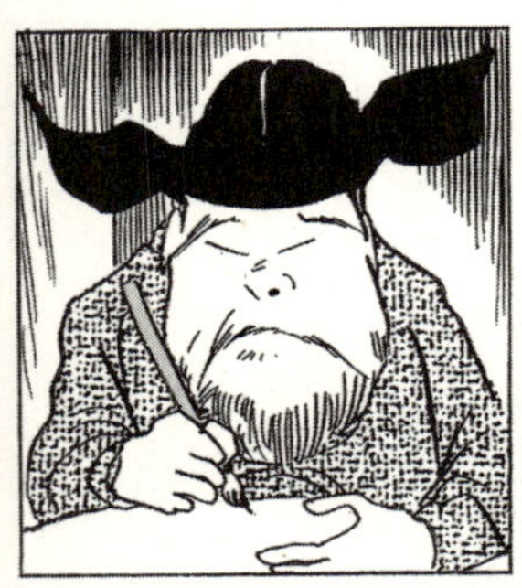

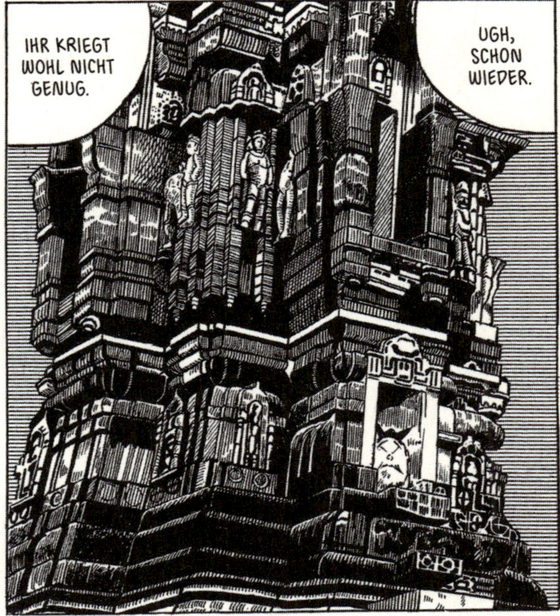
IHR KRIEGT WOHL NICHT GENUG.
UGH, SCHON WIEDER.

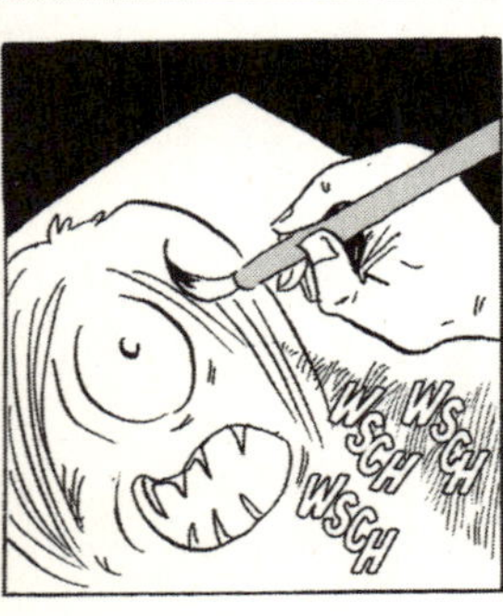
WSCH
WSCH
WSCH

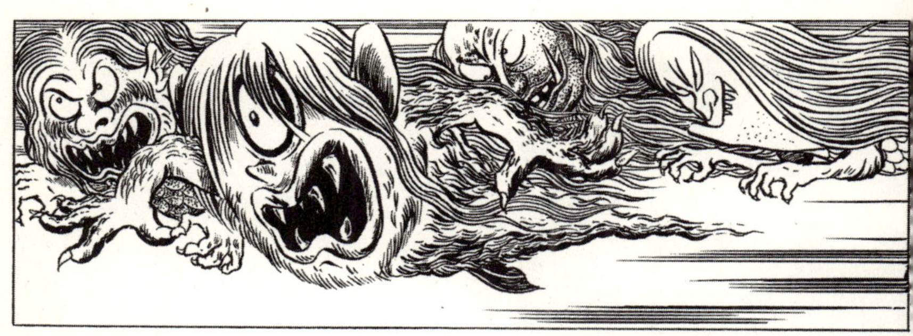

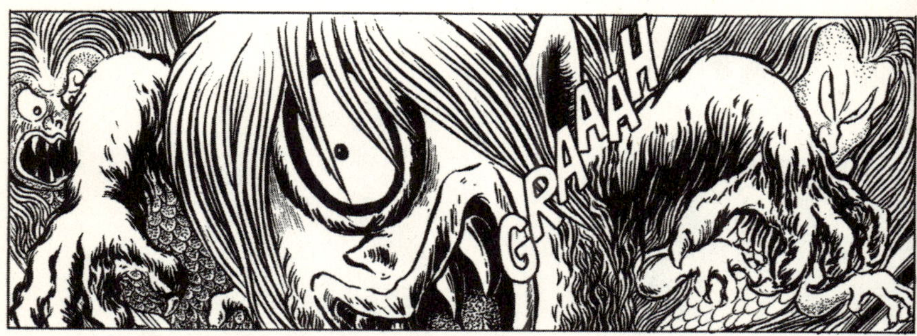
GRAAAH

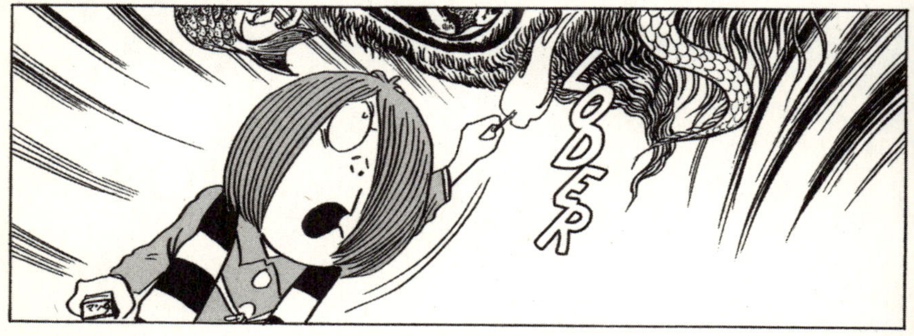
LODER

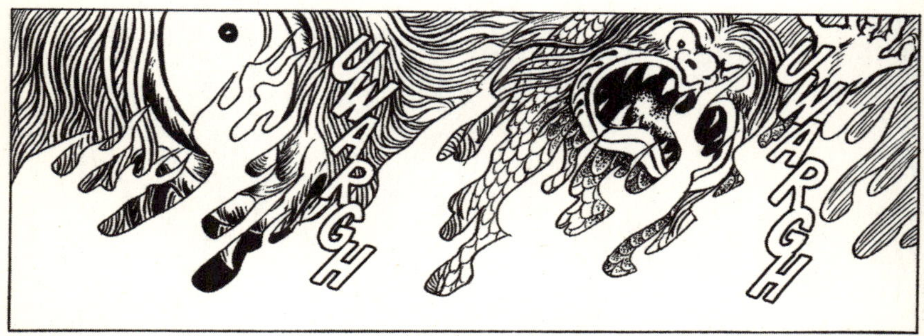
UWARGH
UWARGH

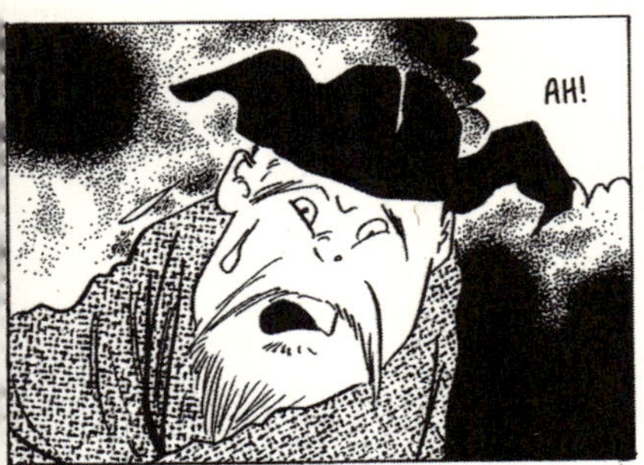
AH!

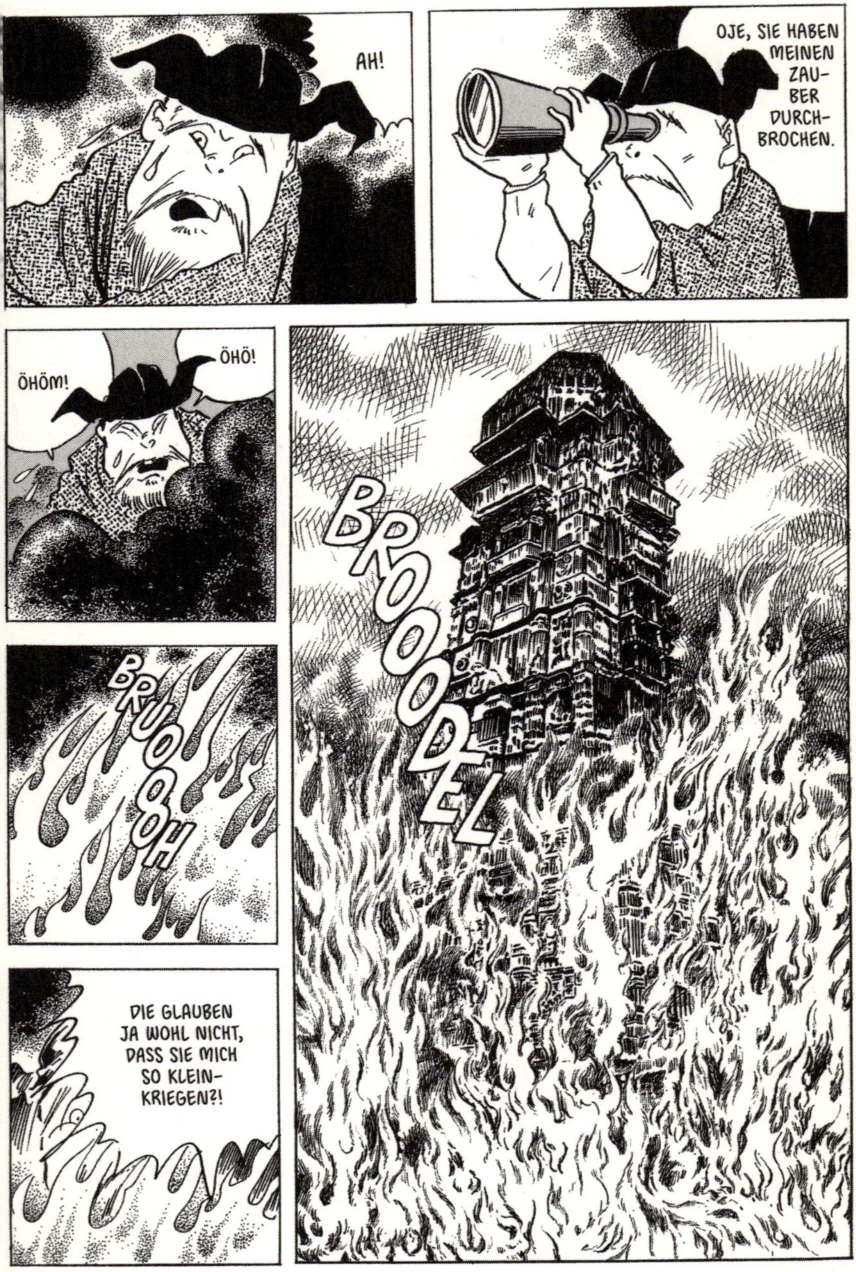

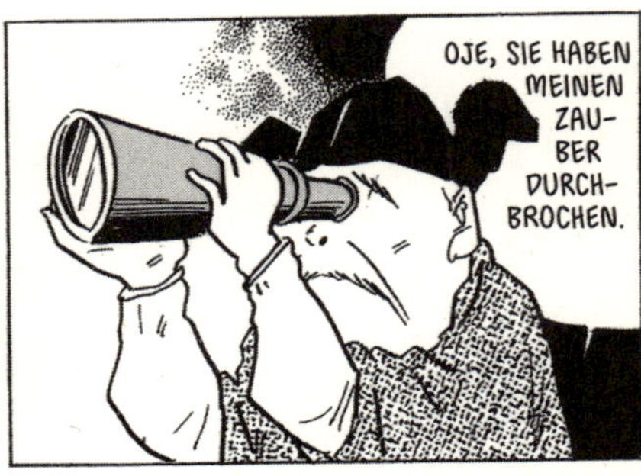
OJE, SIE HABEN MEINEN ZAUBER DURCHBROCHEN.

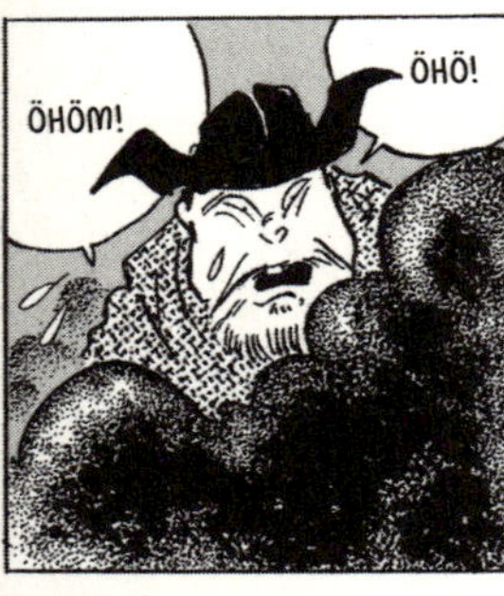
ÖHÖM!
ÖHÖ!

BROOODEL

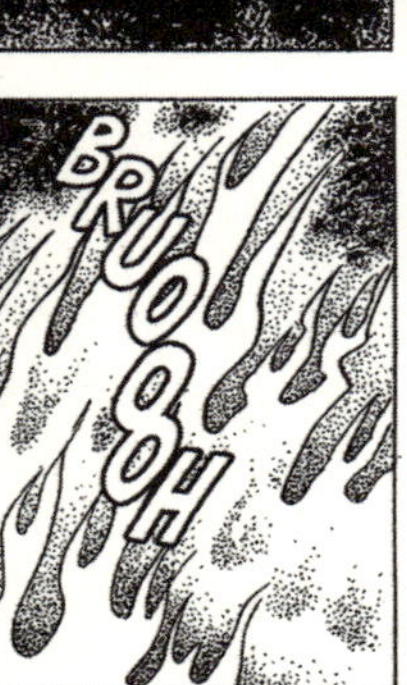
BRUOOOOH

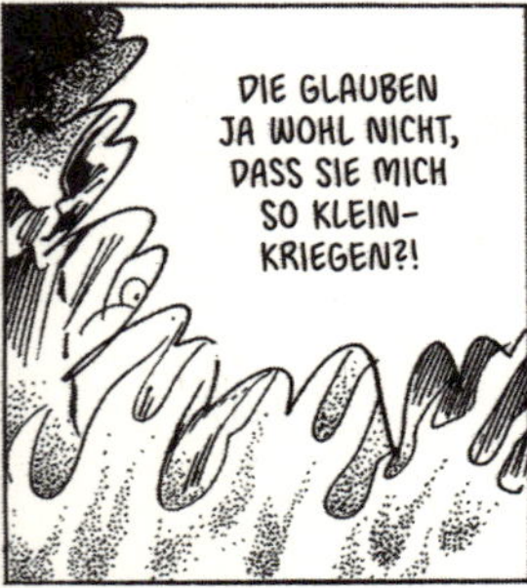
DIE GLAUBEN JA WOHL NICHT, DASS SIE MICH SO KLEINKRIEGEN?!

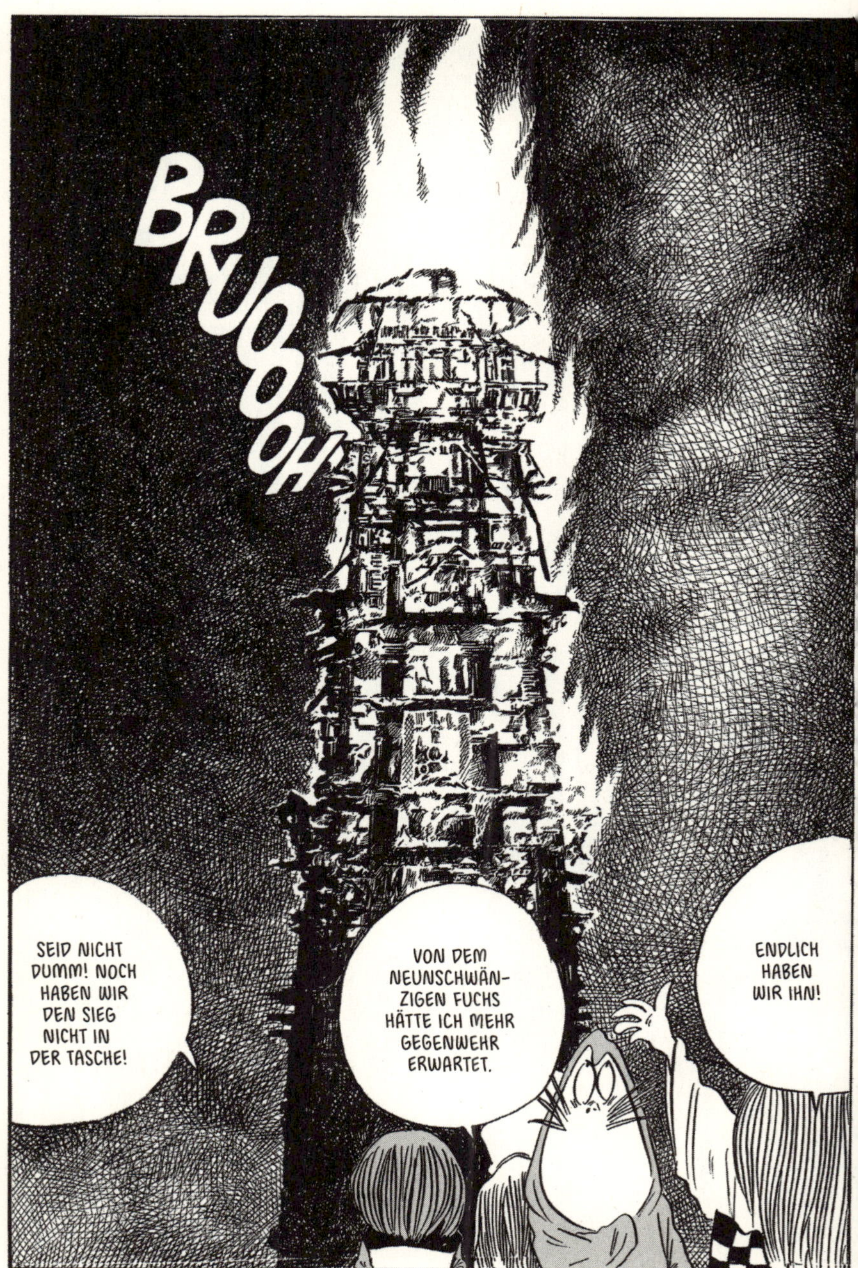
BRUOOOOH
ENDLICH HABEN WIR IHN!
VON DEM NEUNSCHWÄN-ZIGEN FUCHS HÄTTE ICH MEHR GEGENWEHR ERWARTET.
SEID NICHT DUMM! NOCH HABEN WIR DEN SIEG NICHT IN DER TASCHE!

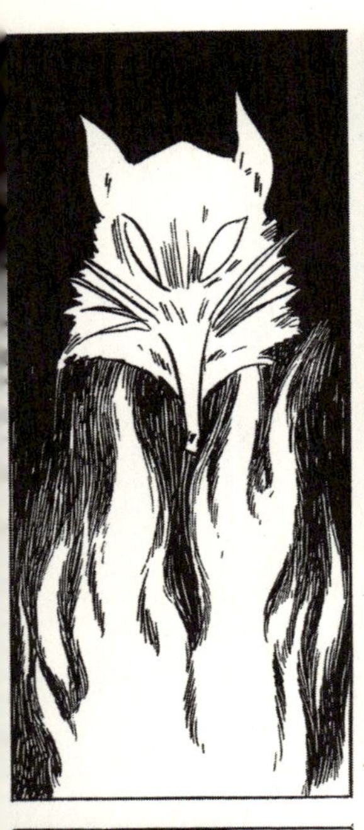
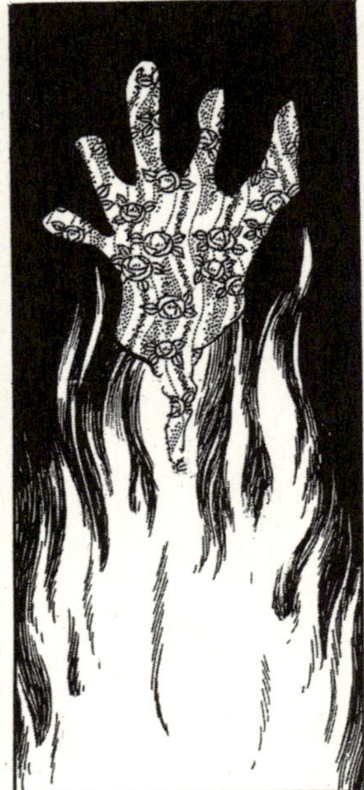
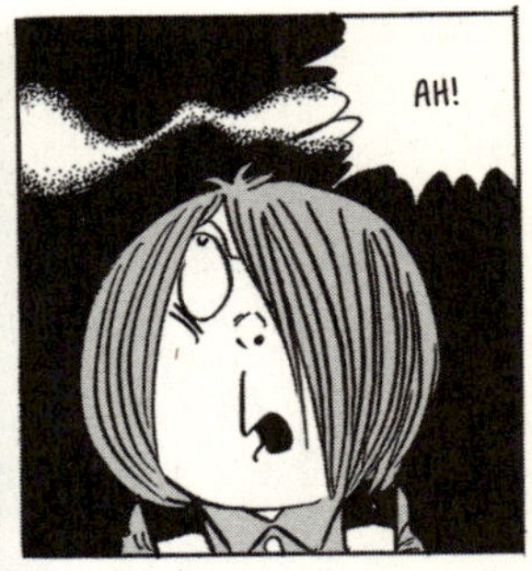
AH!
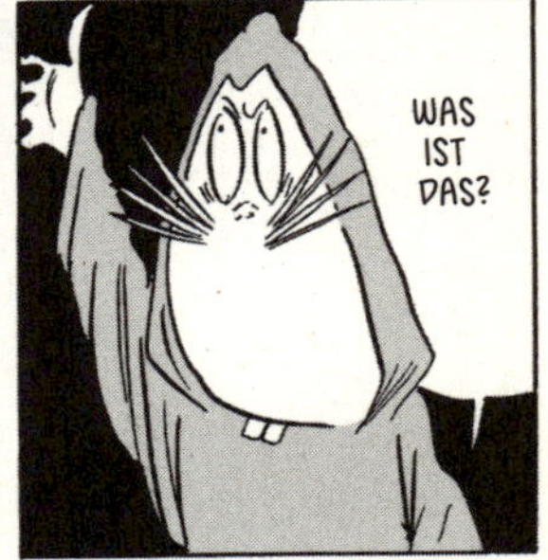
WAS IST DAS?
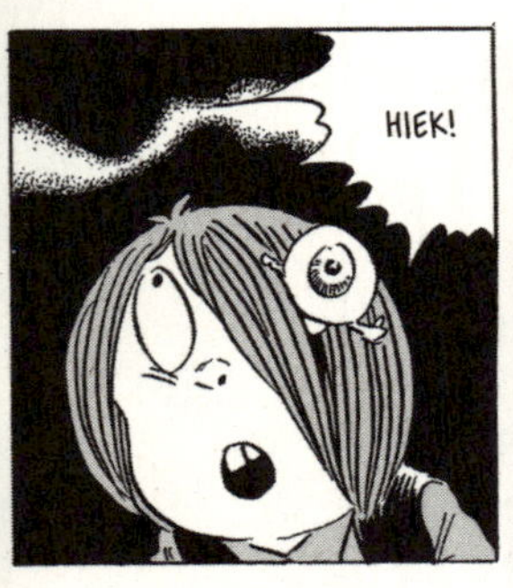
HIEK!
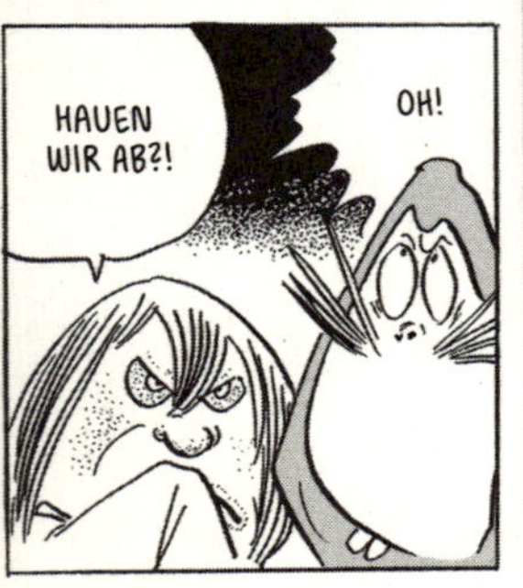
OH!
HAUEN WIR AB?!
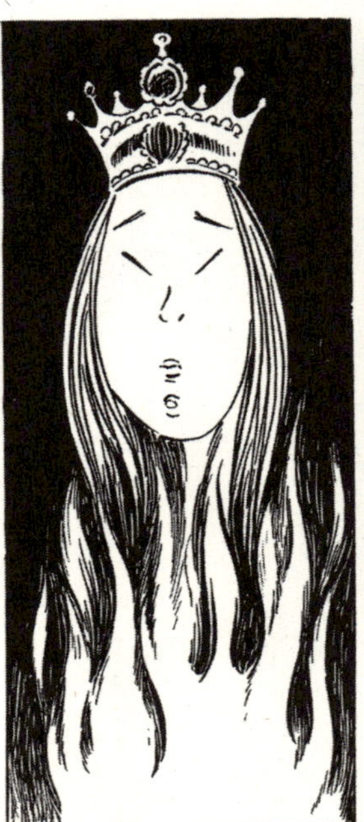
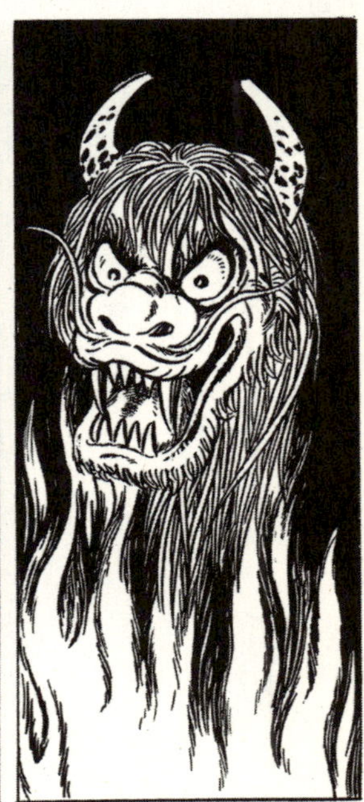

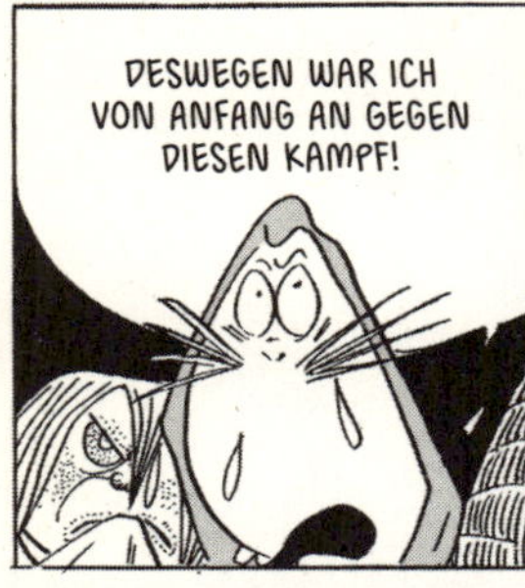
DESWEGEN WAR ICH VON ANFANG AN GEGEN DIESEN KAMPF!

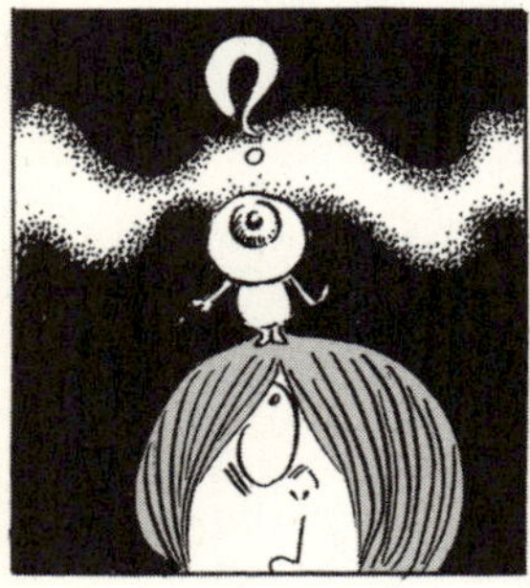
?

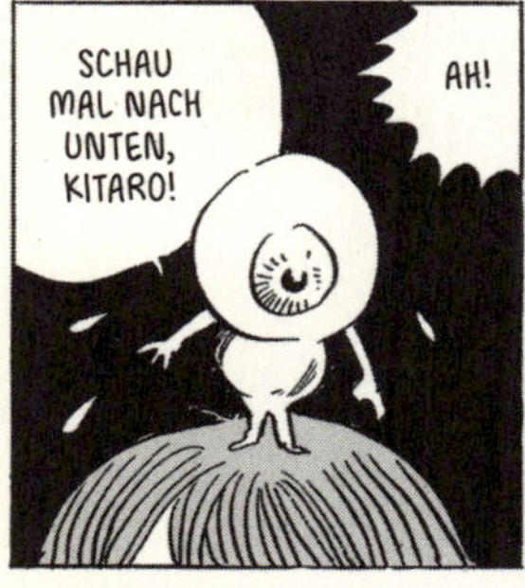
SCHAU MAL NACH UNTEN, KITARO!
AH!

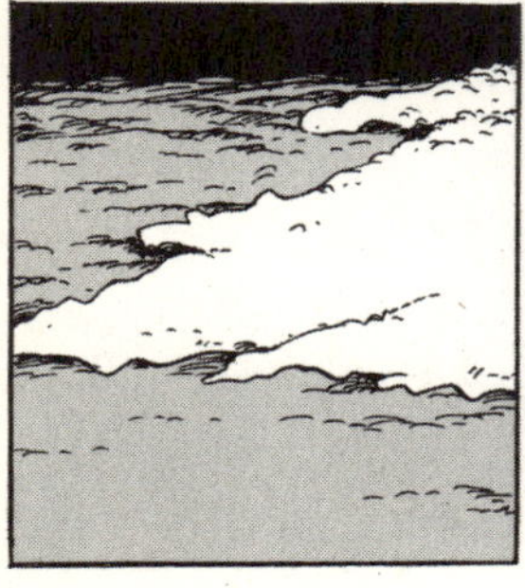

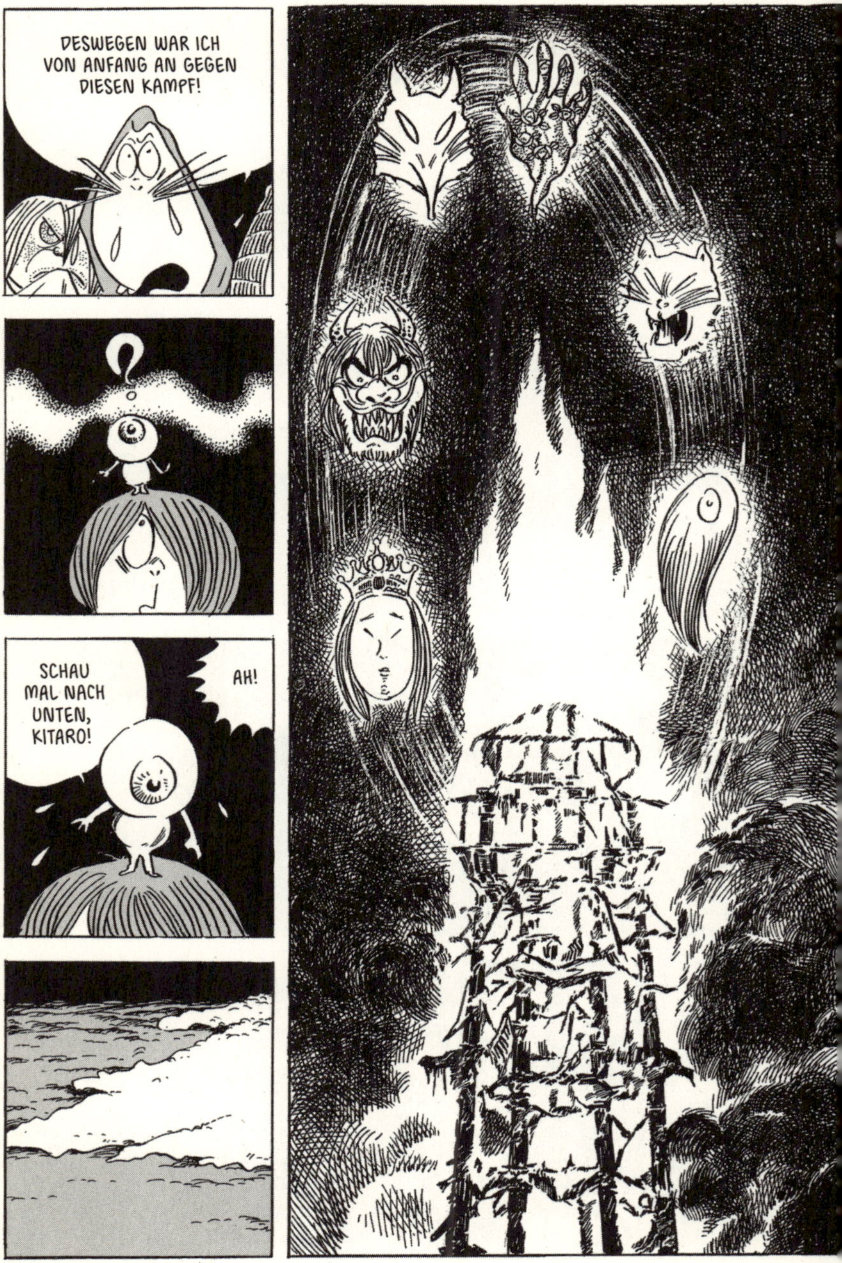

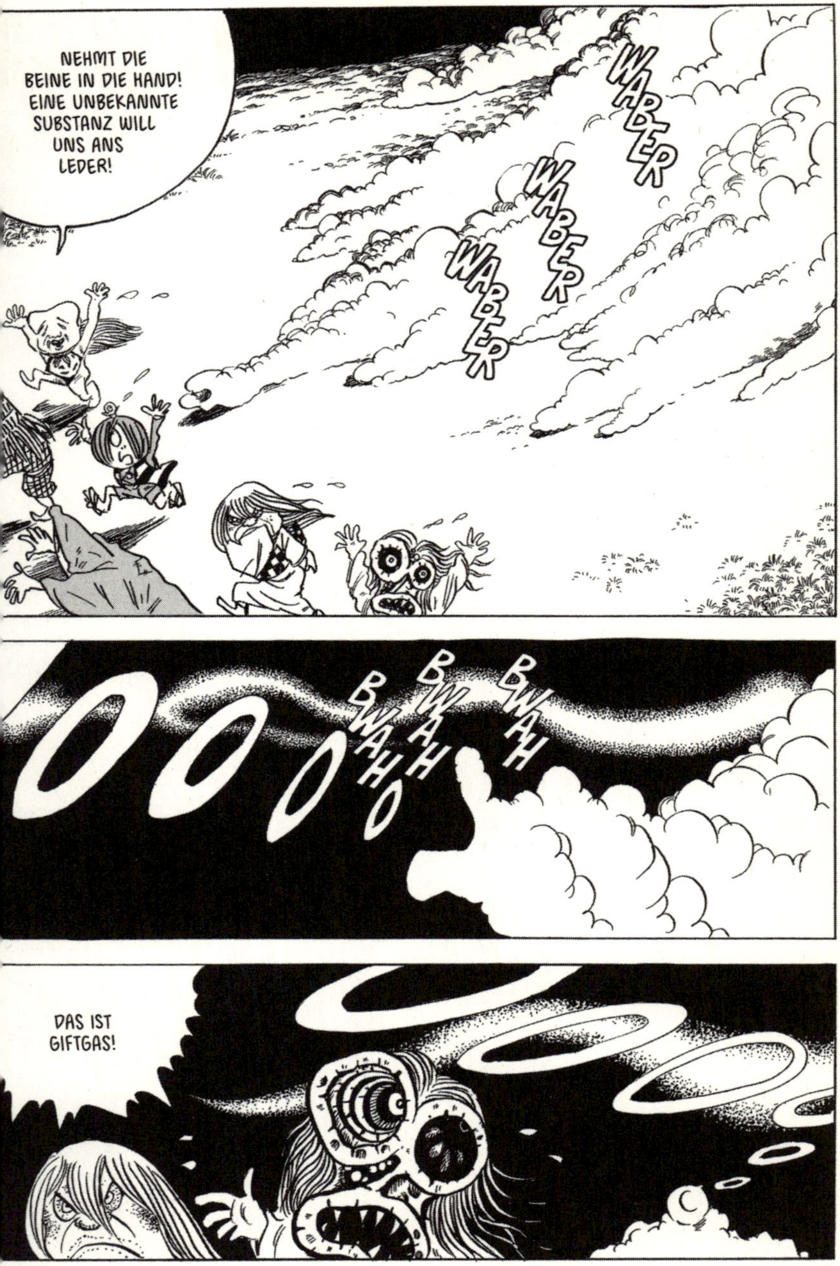

NEHMT DIE BEINE IN DIE HAND! EINE UNBEKANNTE SUBSTANZ WILL UNS ANS LEDER!
WABER
WABER
WABER

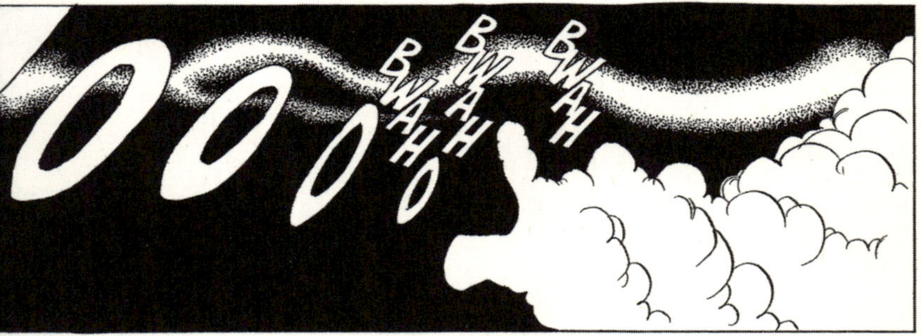

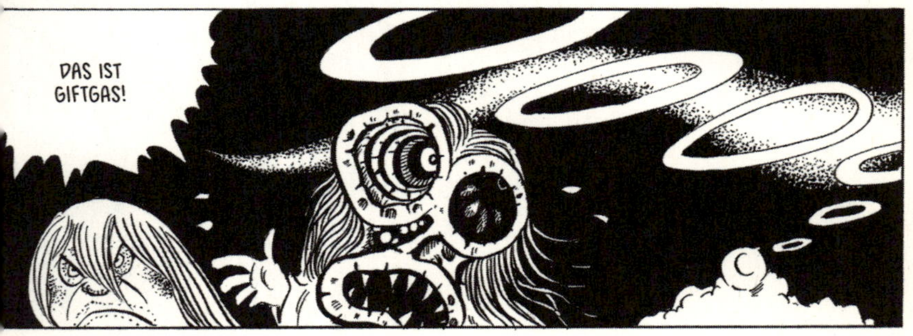

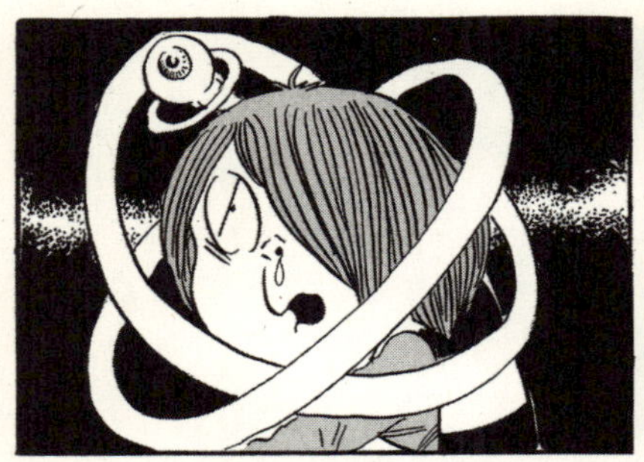

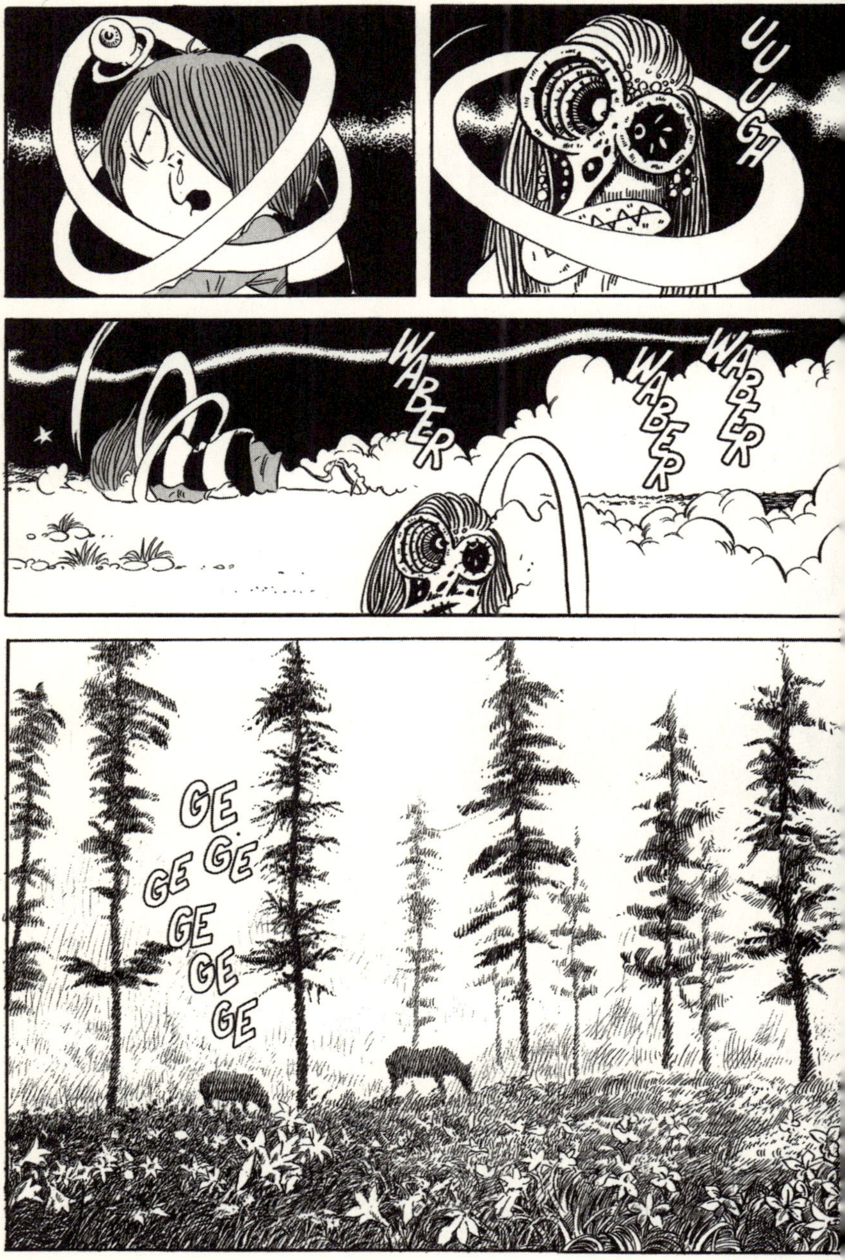

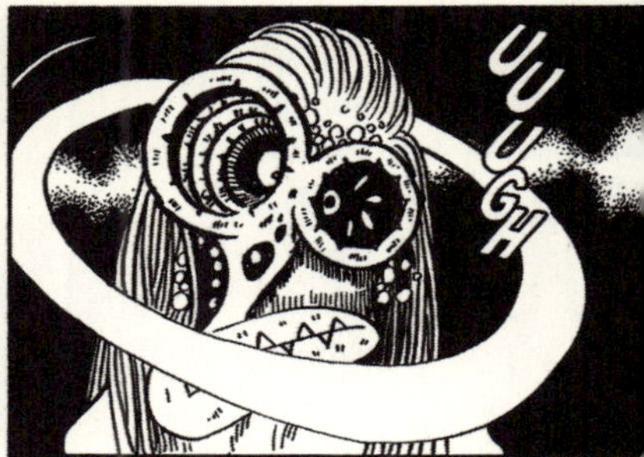

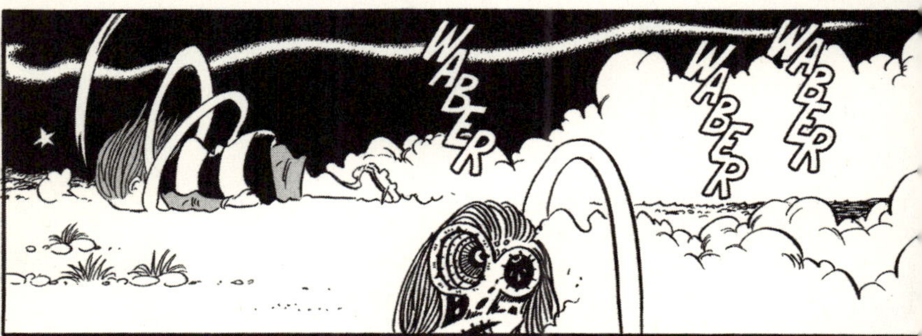

GE
GE GE
GE
GE
GE

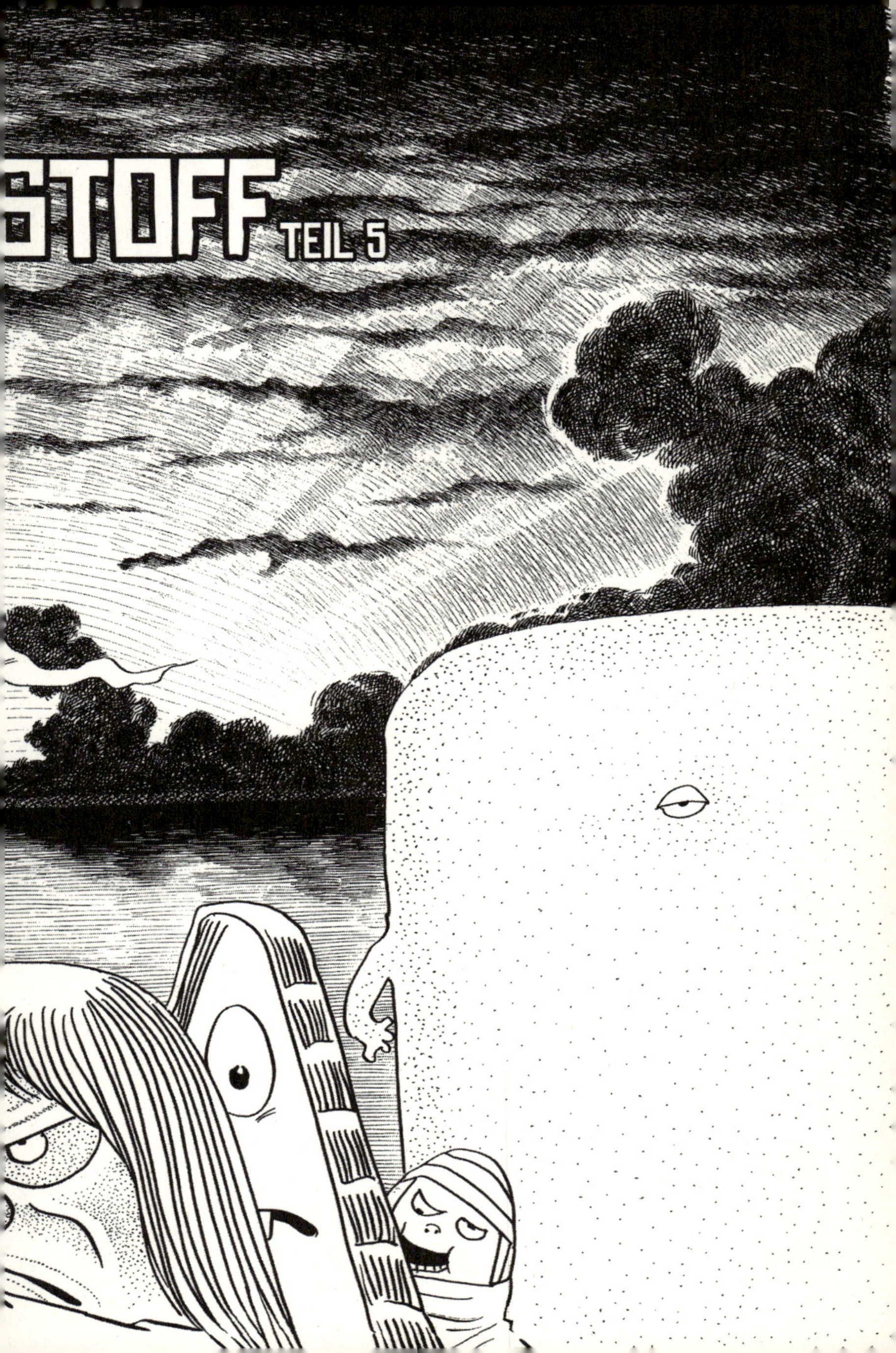
STOFF TEIL 5

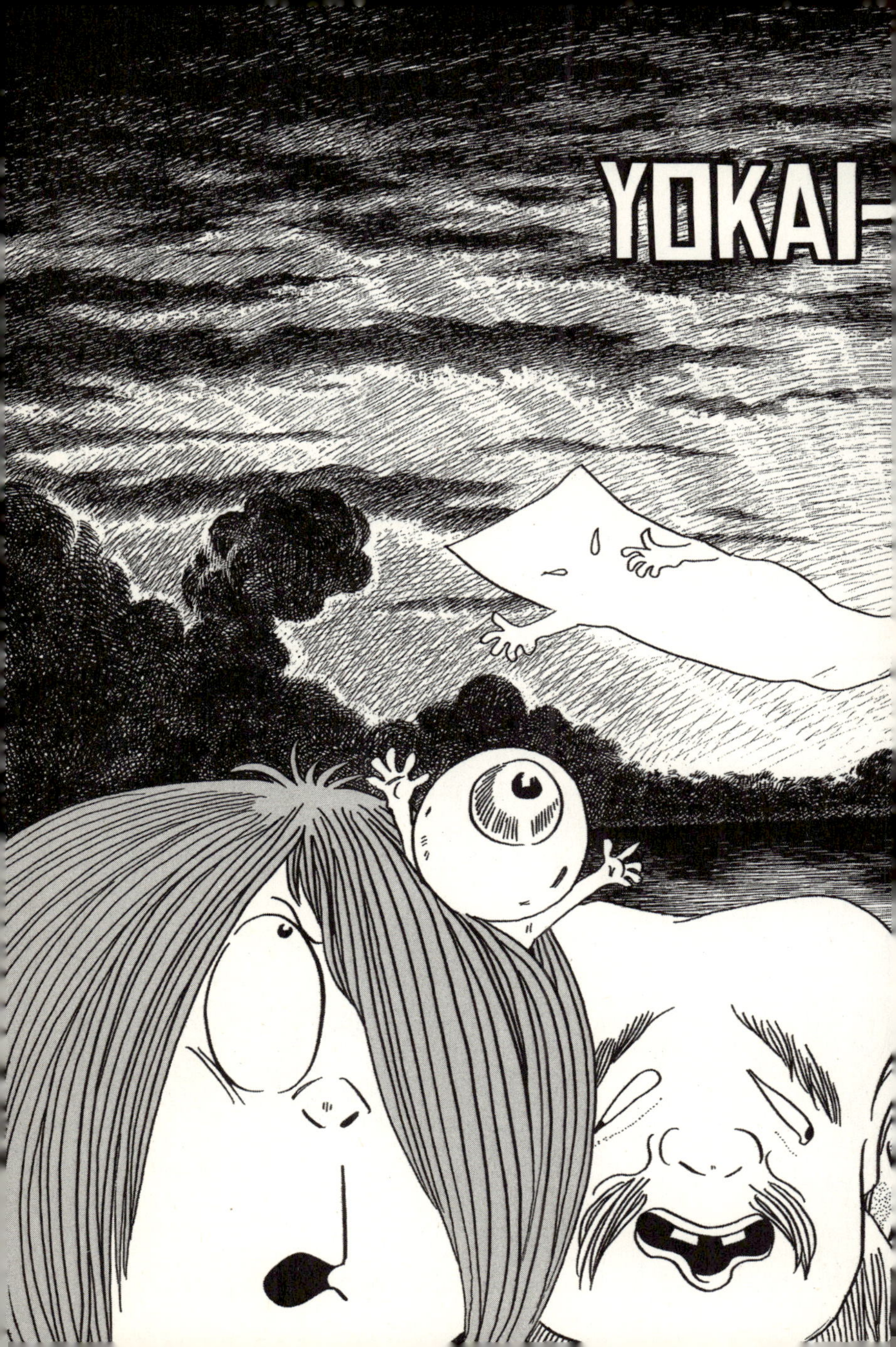
YOKAI-

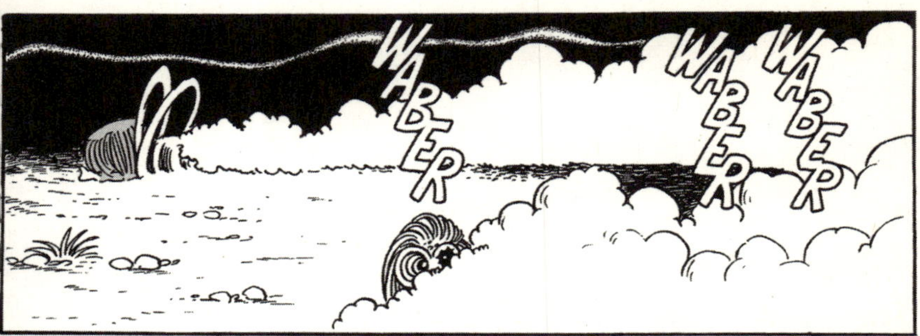
WABER
WABER
WABER

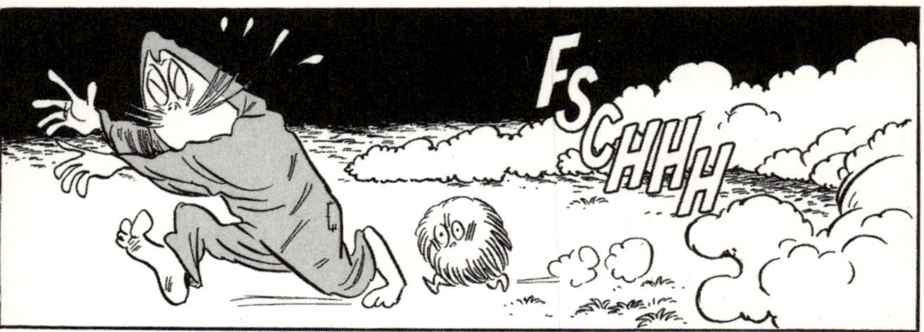
FSCHHHH

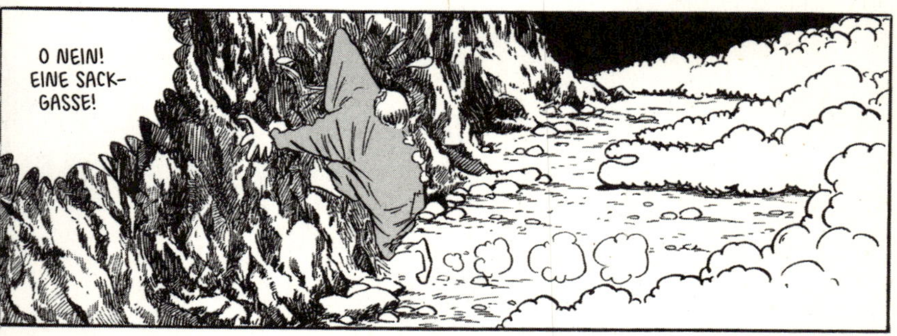
O NEIN! EINE SACK-GASSE!

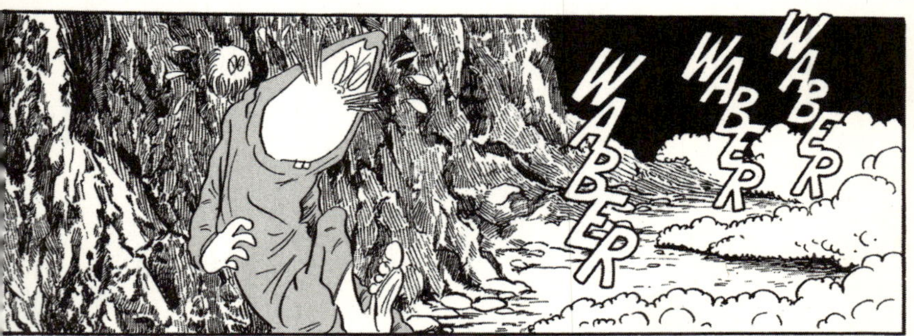
WABER
WABER
WABER

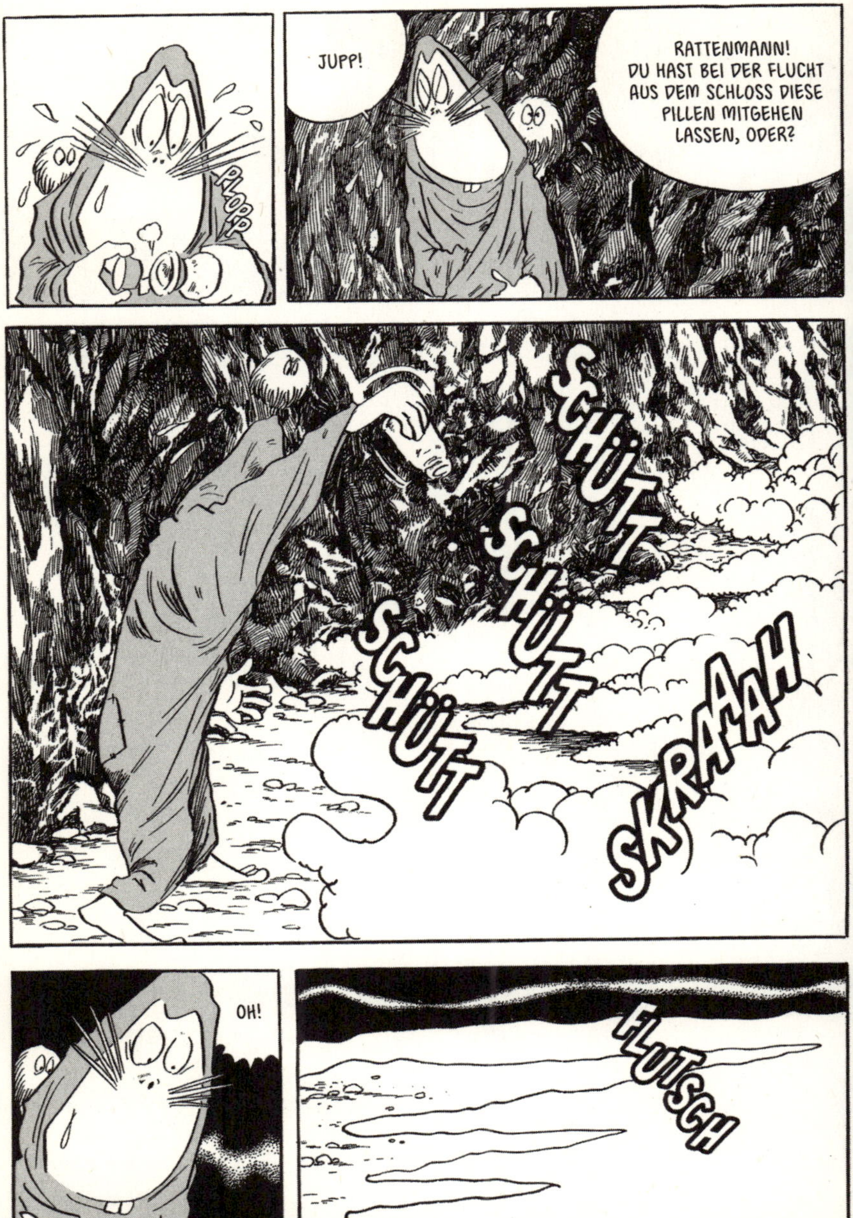

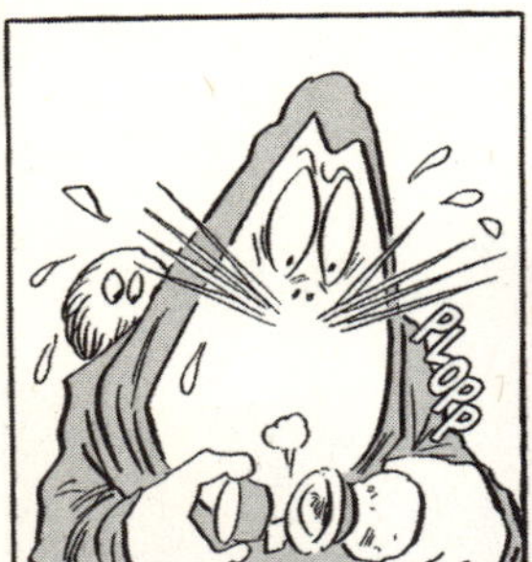
PLOPP

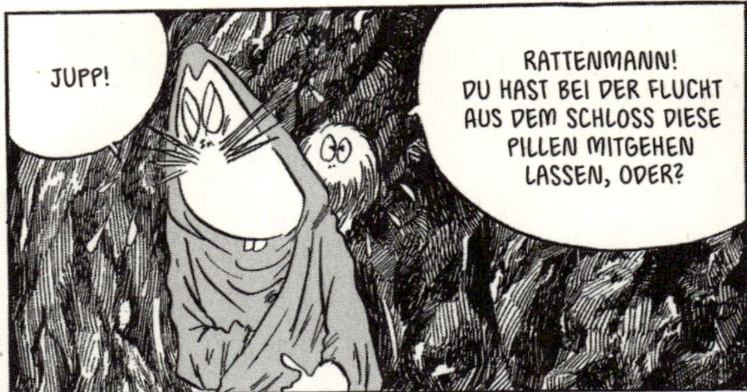
JUPP!
RATTENMANN! DU HAST BEI DER FLUCHT AUS DEM SCHLOSS DIESE PILLEN MITGEHEN LASSEN, ODER?

SCHÜTT
SCHÜTT
SCHÜTT
SKRAAAH

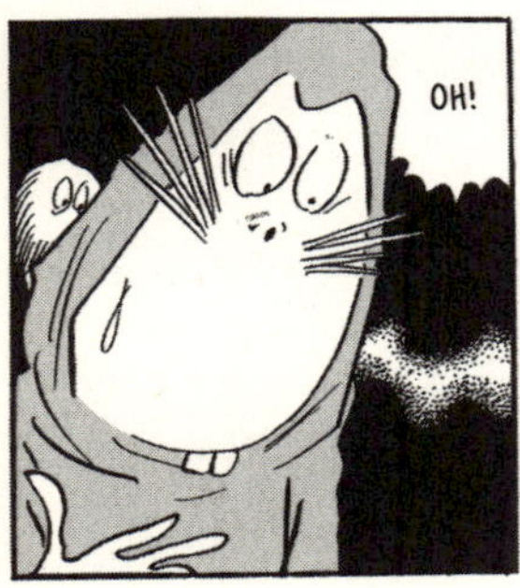
OH!

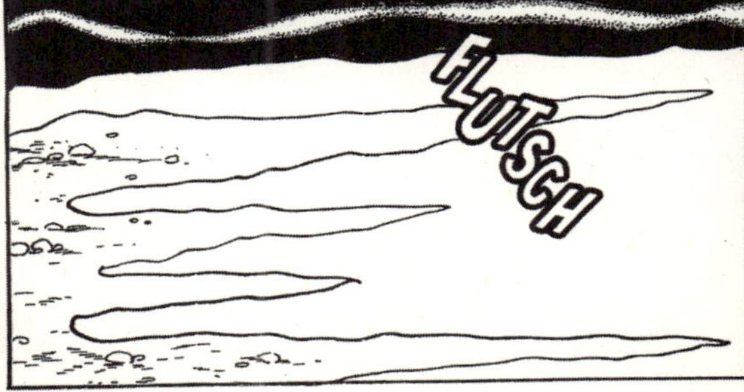
FLUTSCH

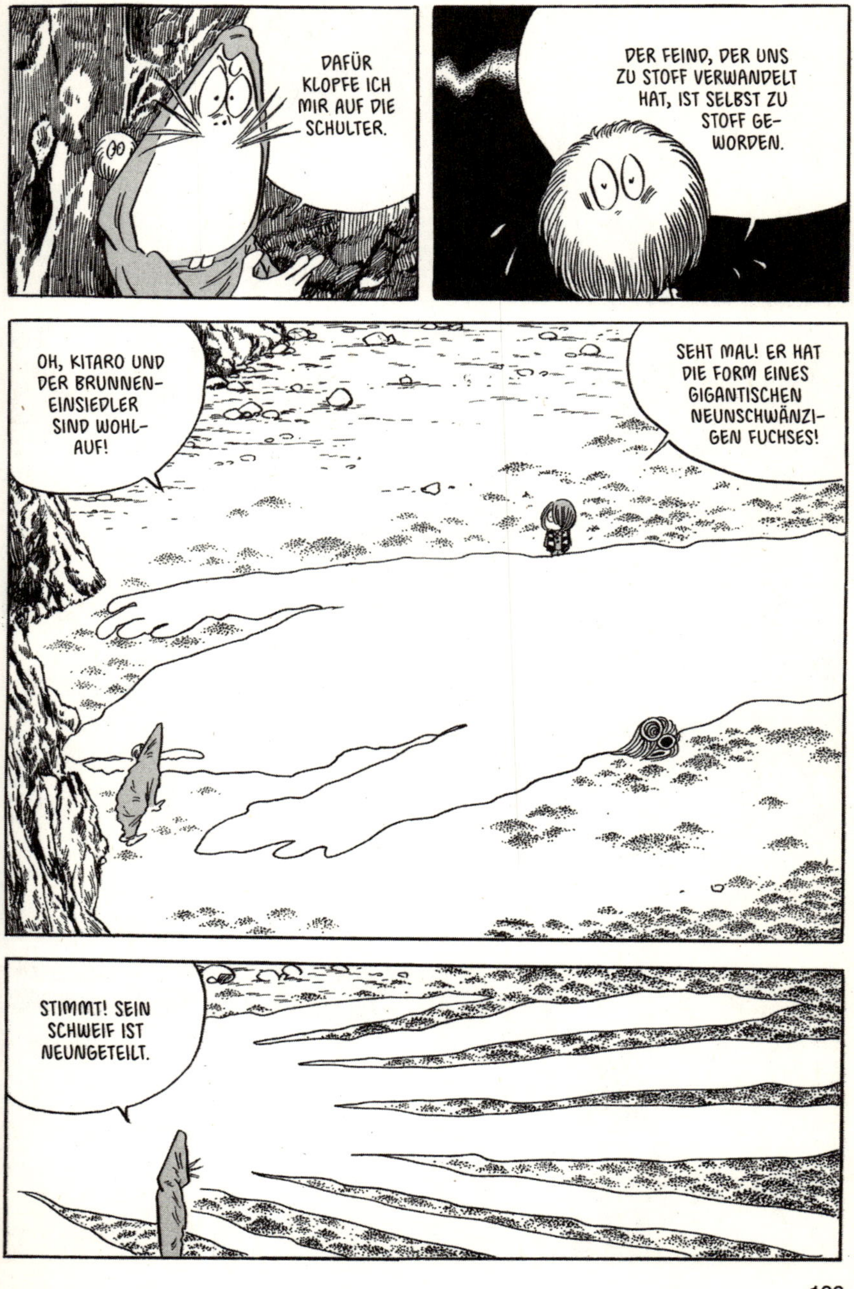

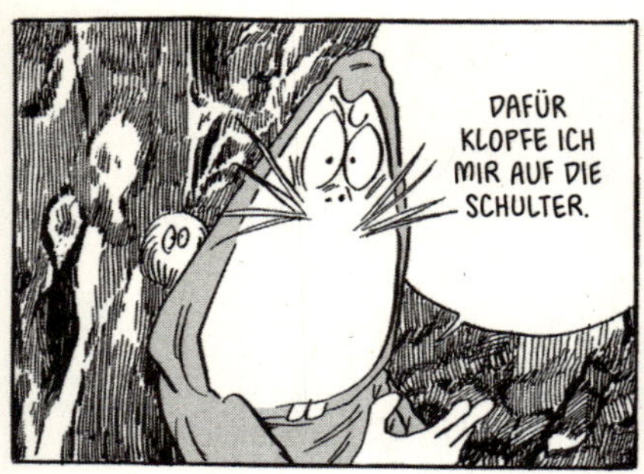
DAFÜR KLOPFE ICH MIR AUF DIE SCHULTER.

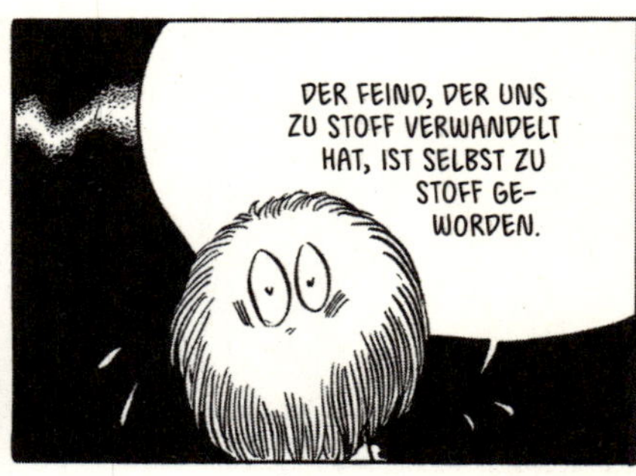
DER FEIND, DER UNS ZU STOFF VERWANDELT HAT, IST SELBST ZU STOFF GE-WORDEN.

OH, KITARO UND DER BRUNNEN-EINSIEDLER SIND WOHL-AUF!
SEHT MAL! ER HAT DIE FORM EINES GIGANTISCHEN NEUNSCHWÄNZI-GEN FUCHSES!

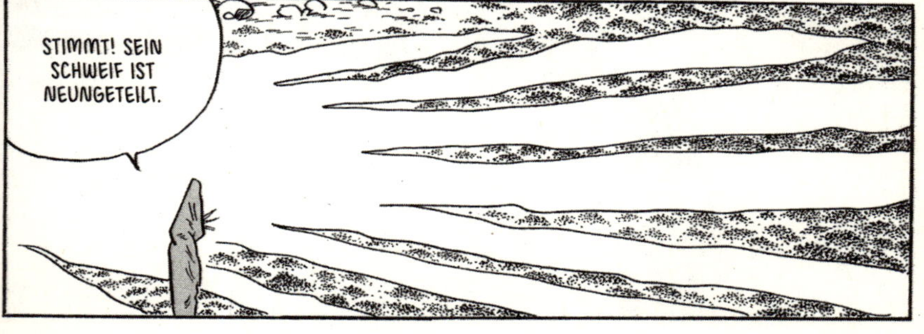
STIMMT! SEIN SCHWEIF IST NEUNGETEILT.

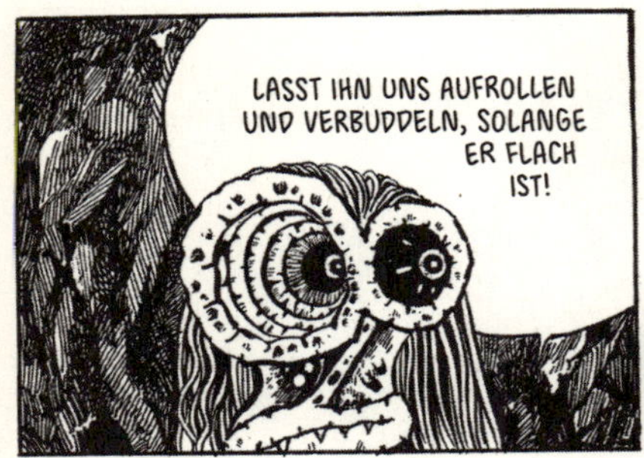
LASST IHN UNS AUFROLLEN UND VERBUDDELN, SOLANGE ER FLACH IST!

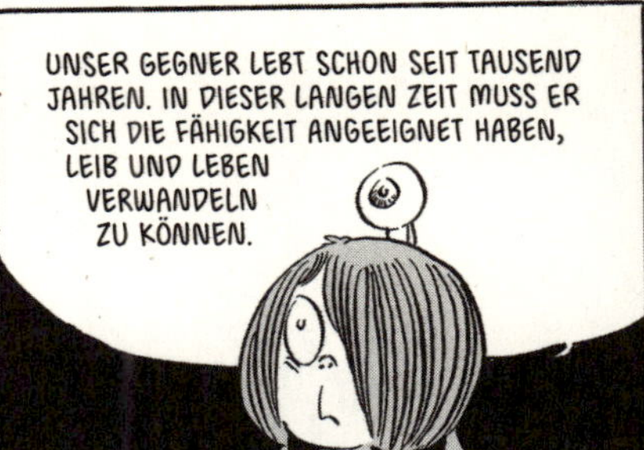
UNSER GEGNER LEBT SCHON SEIT TAUSEND JAHREN. IN DIESER LANGEN ZEIT MUSS ER SICH DIE FÄHIGKEIT ANGEEIGNET HABEN, LEIB UND LEBEN VERWANDELN ZU KÖNNEN.

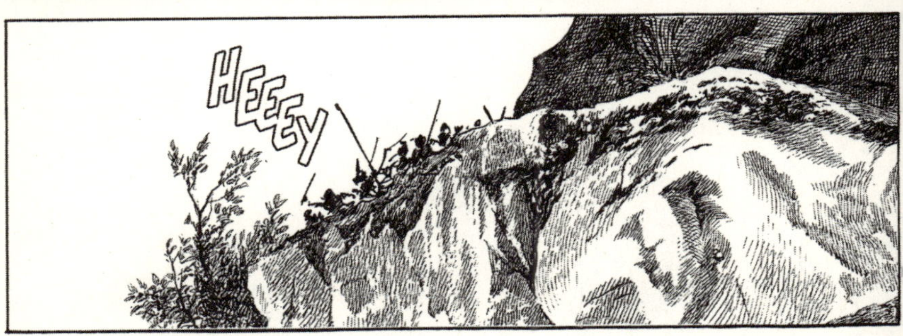
HEEEY

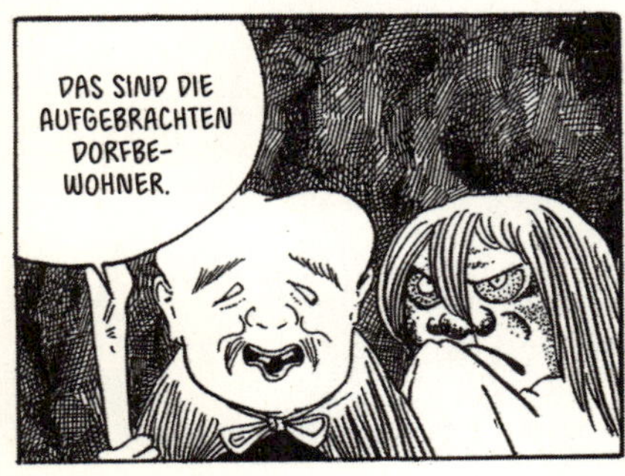
DAS SIND DIE AUFGEBRACHTEN DORFBE-WOHNER.

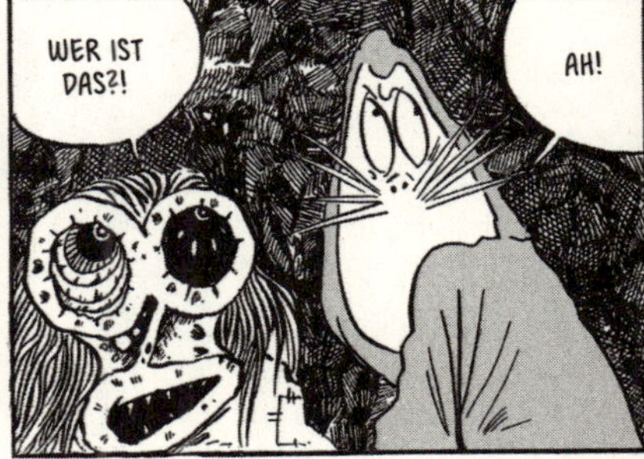
AH!
WER IST DAS?!

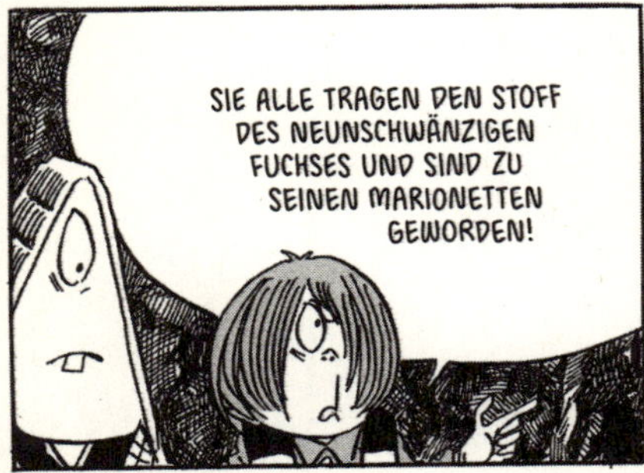
SIE ALLE TRAGEN DEN STOFF DES NEUNSCHWÄNZIGEN FUCHSES UND SIND ZU SEINEN MARIONETTEN GEWORDEN!

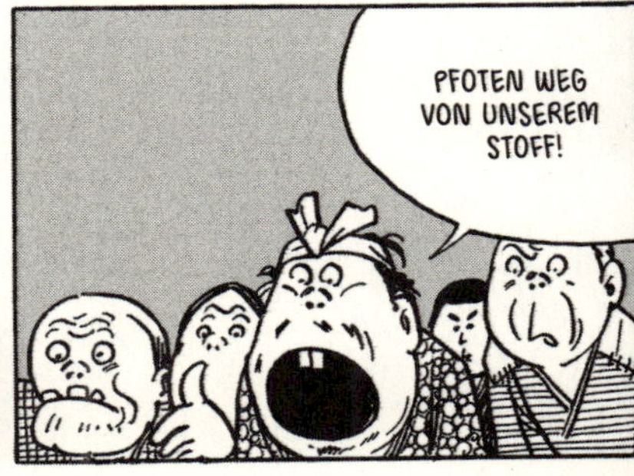
PFOTEN WEG VON UNSEREM STOFF!

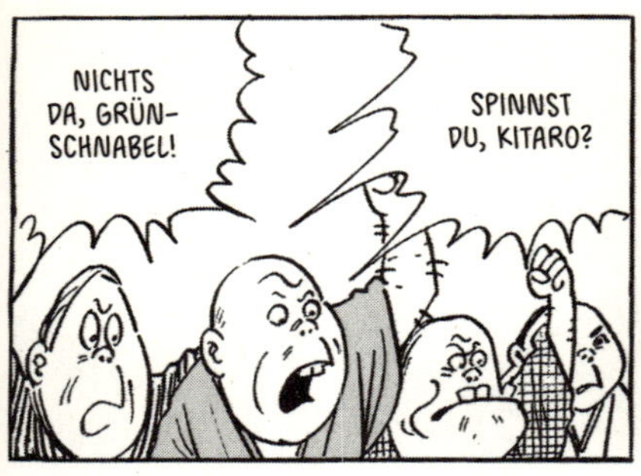
NICHTS DA, GRÜN-SCHNABEL!
SPINNST DU, KITARO?

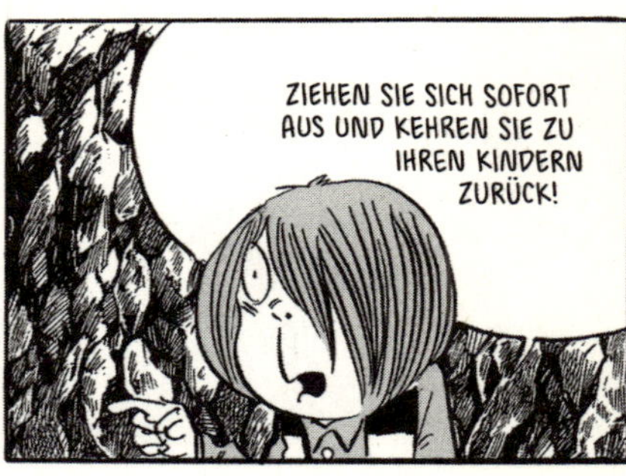
ZIEHEN SIE SICH SOFORT AUS UND KEHREN SIE ZU IHREN KINDERN ZURÜCK!

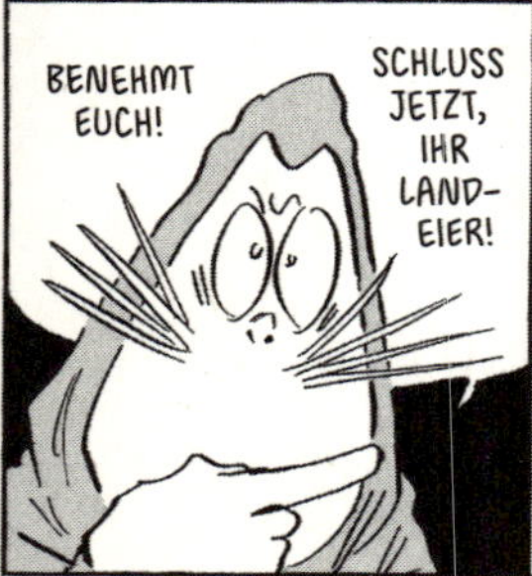
BENEHMT EUCH!
SCHLUSS JETZT, IHR LAND-EIER!

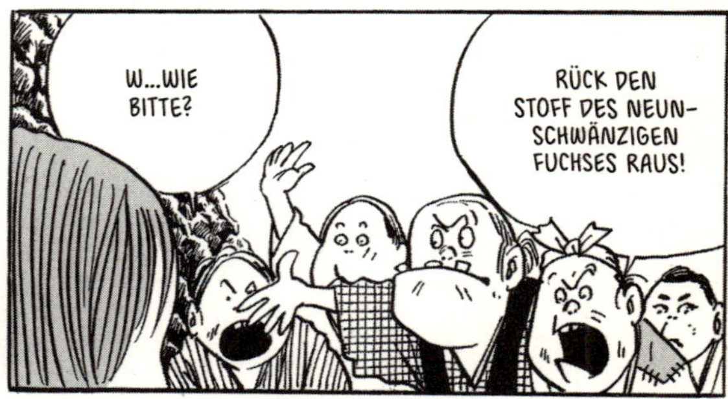
W...WIE BITTE?
RÜCK DEN STOFF DES NEUN-SCHWÄNZIGEN FUCHSES RAUS!

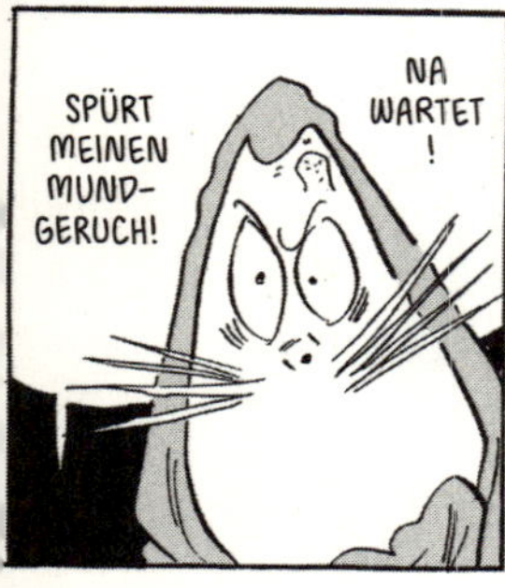
SPÜRT MEINEN MUND-GERUCH!
NA WARTET!

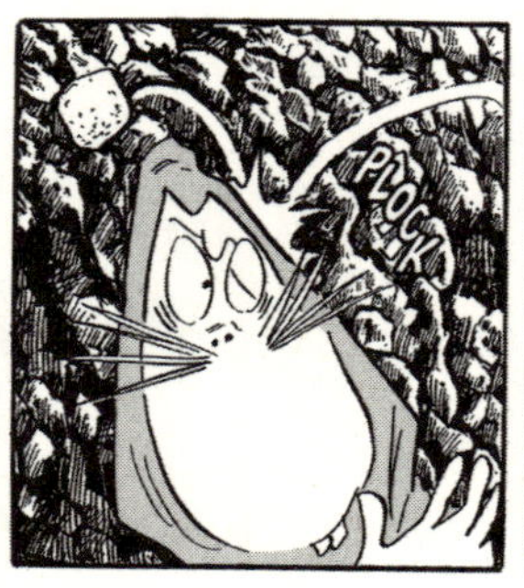
PLOCK

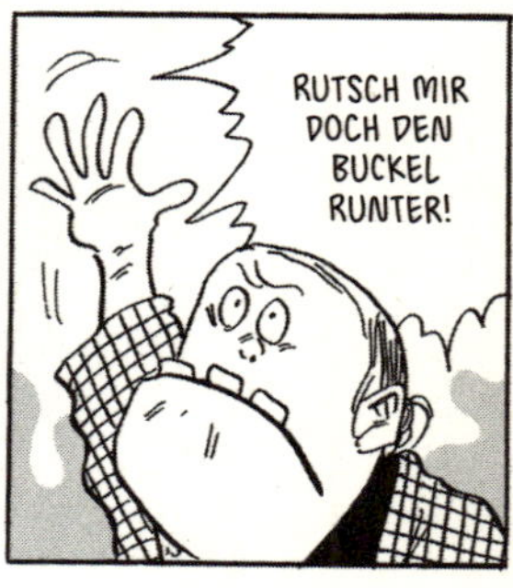
RUTSCH MIR DOCH DEN BUCKEL RUNTER!

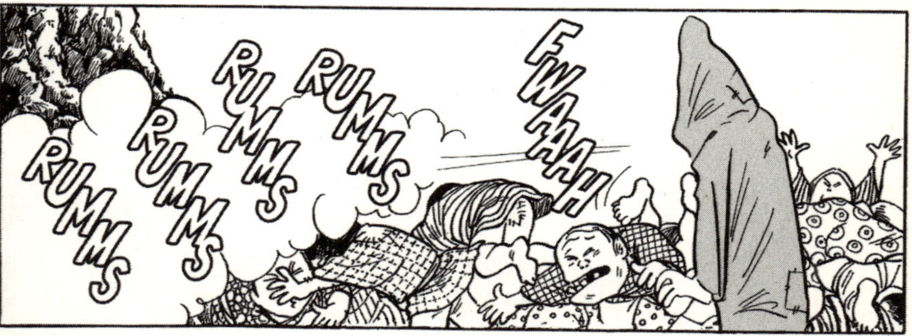
RUMMS
RUMMS
RUMMS
RUMMS
FWAAAH

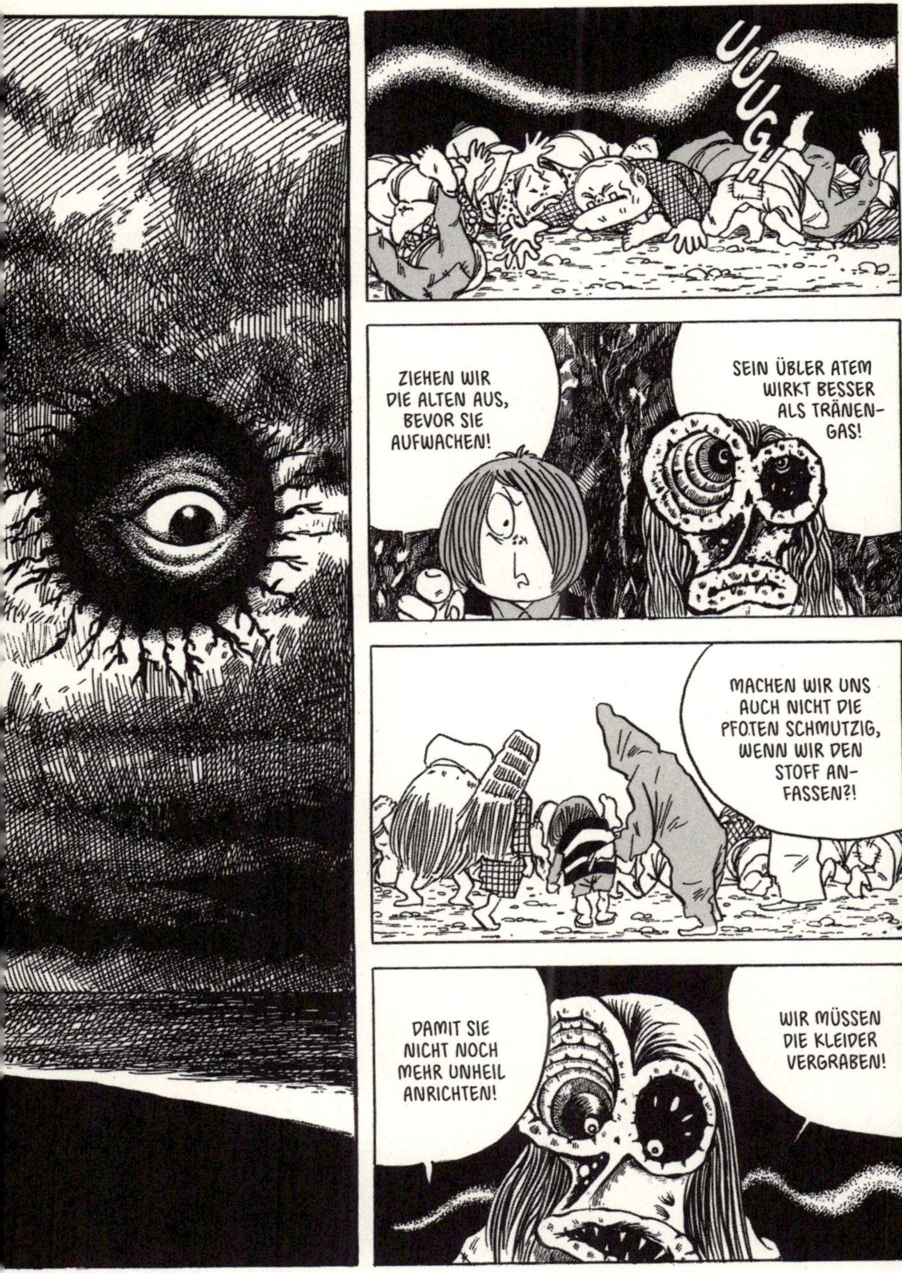

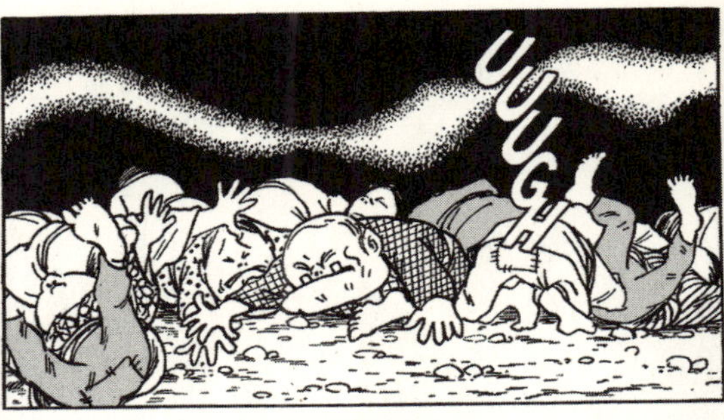
UUUGH

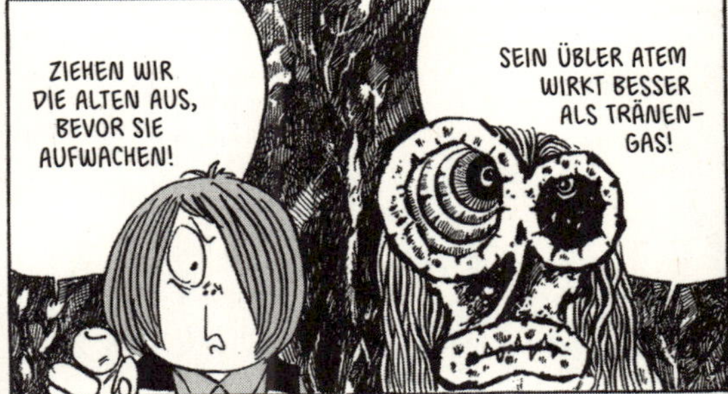
SEIN ÜBLER ATEM WIRKT BESSER ALS TRÄNENGAS!
ZIEHEN WIR DIE ALTEN AUS, BEVOR SIE AUFWACHEN!

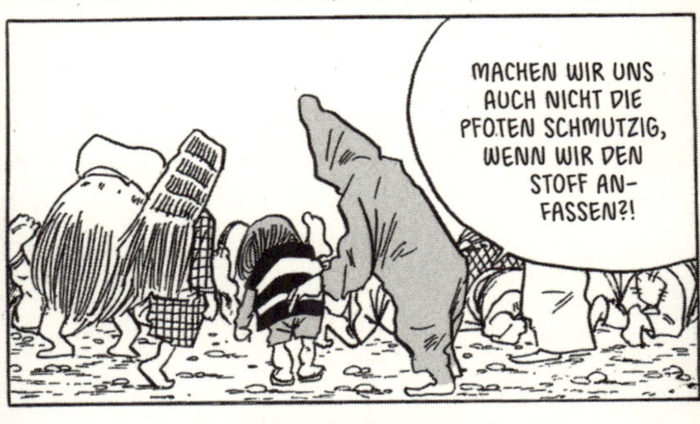
MACHEN WIR UNS AUCH NICHT DIE PFOTEN SCHMUTZIG, WENN WIR DEN STOFF ANFASSEN?!

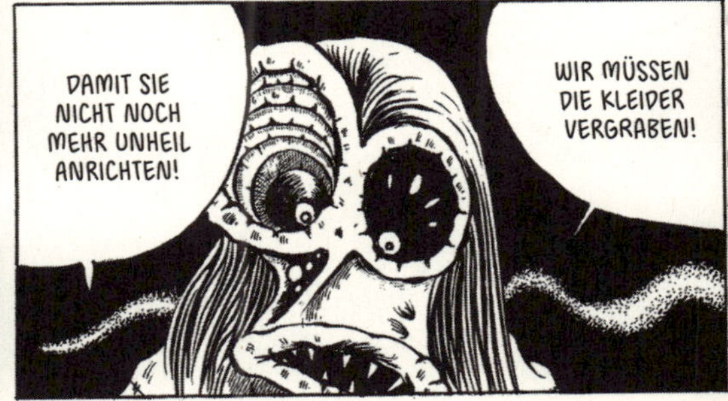
WIR MÜSSEN DIE KLEIDER VERGRABEN!
DAMIT SIE NICHT NOCH MEHR UNHEIL ANRICHTEN!

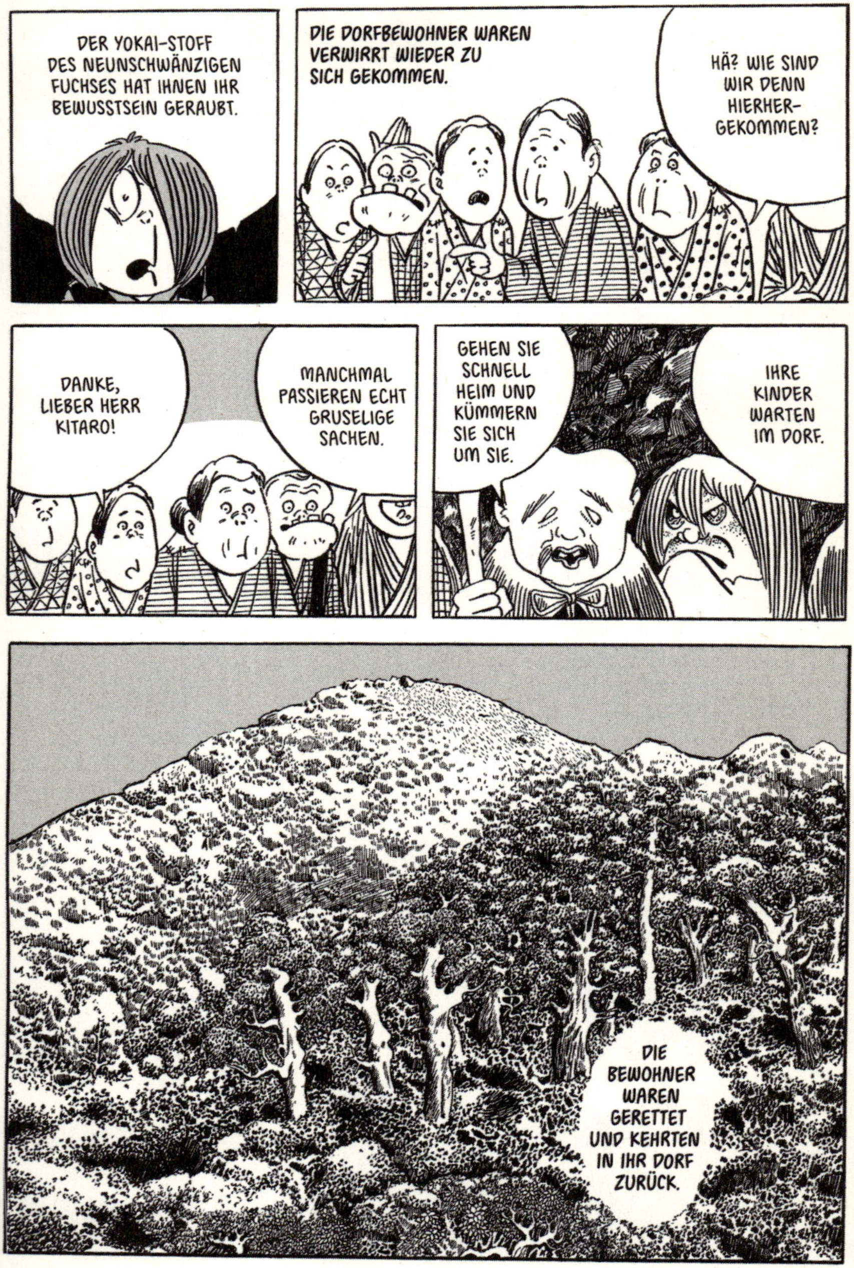

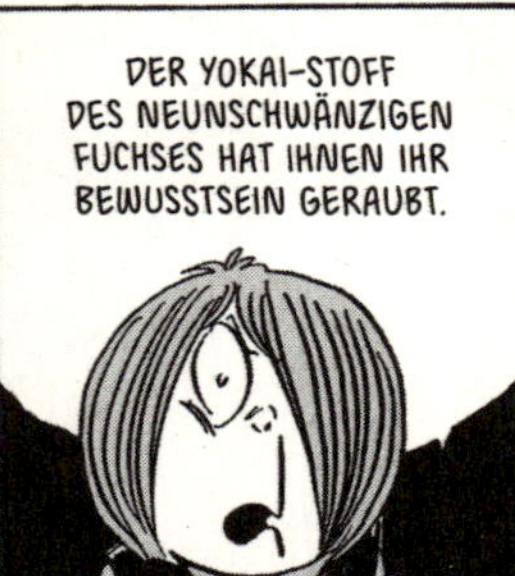

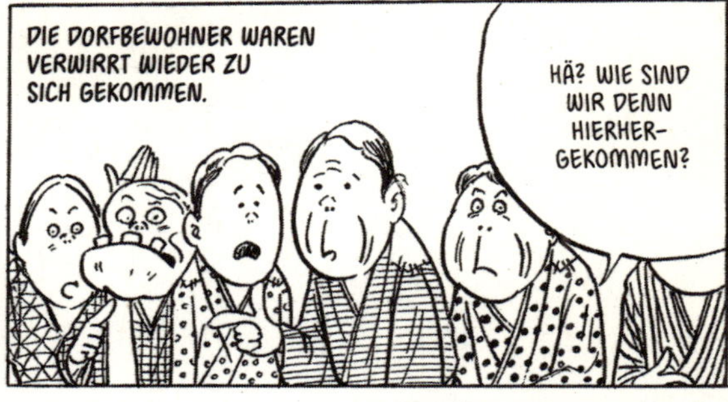

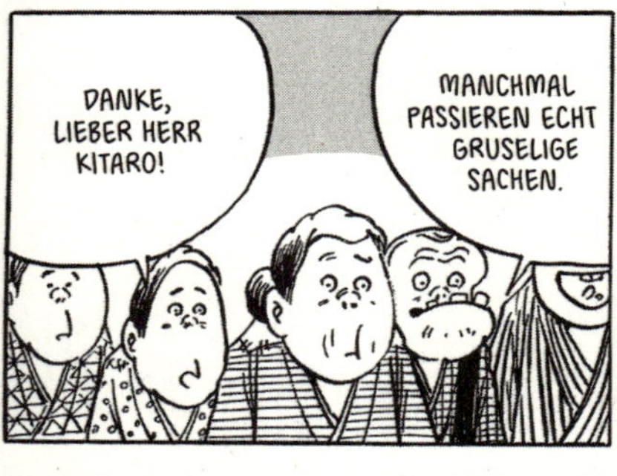

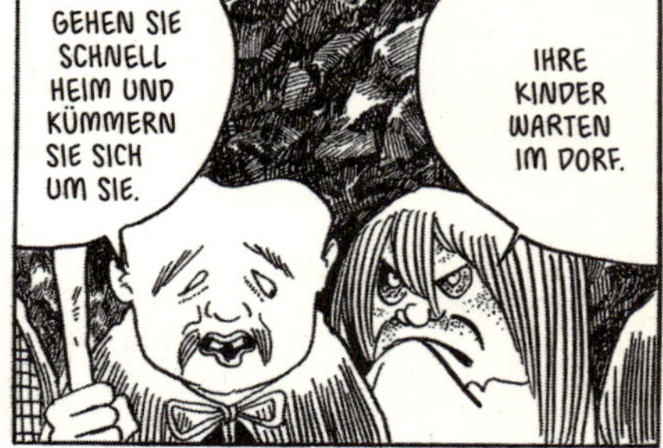

DIE BEWOHNER WAREN GERETTET UND KEHRTEN IN IHR DORF ZURÜCK.

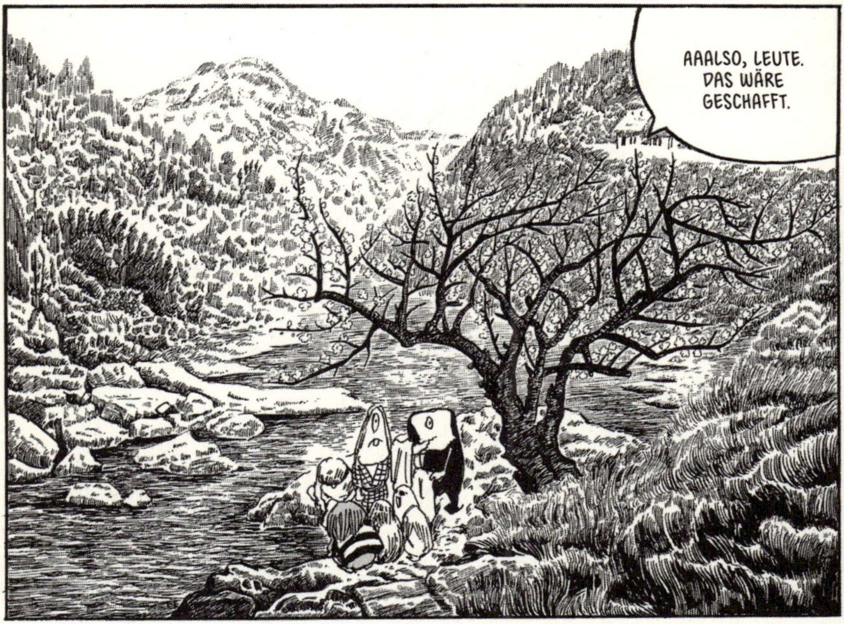

AAALSO, LEUTE.
DAS WÄRE
GESCHAFFT.

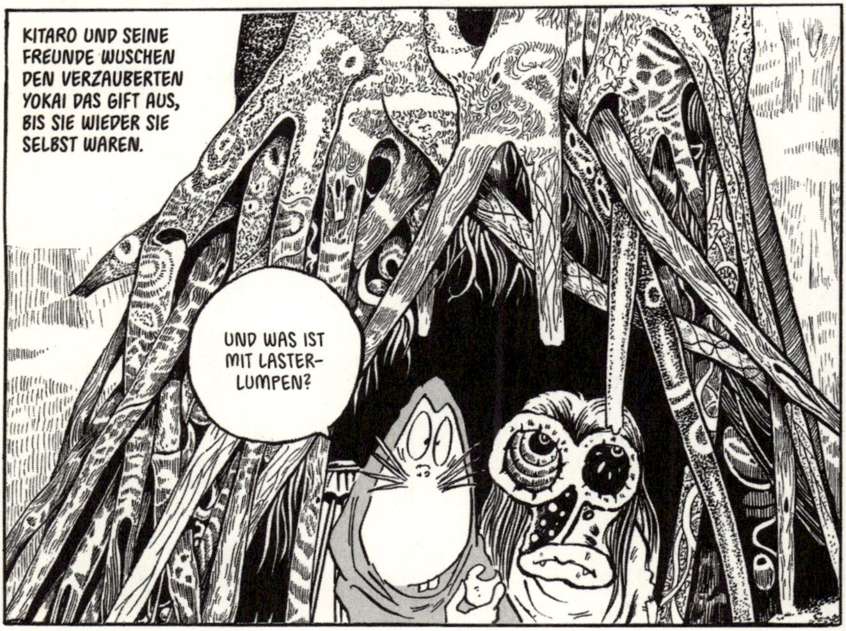

KITARO UND SEINE FREUNDE WUSCHEN DEN VERZAUBERTEN YOKAI DAS GIFT AUS, BIS SIE WIEDER SIE SELBST WAREN.

UND WAS IST MIT LASTER-LUMPEN?

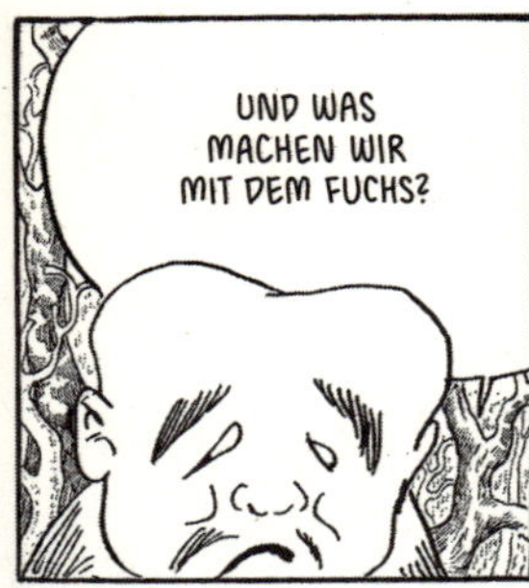

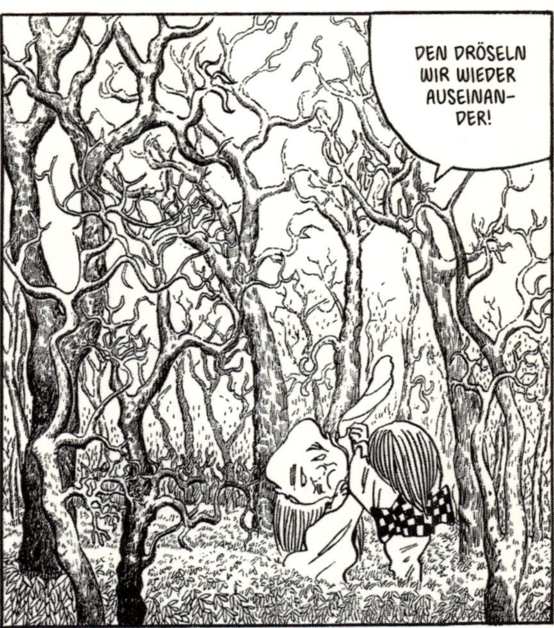

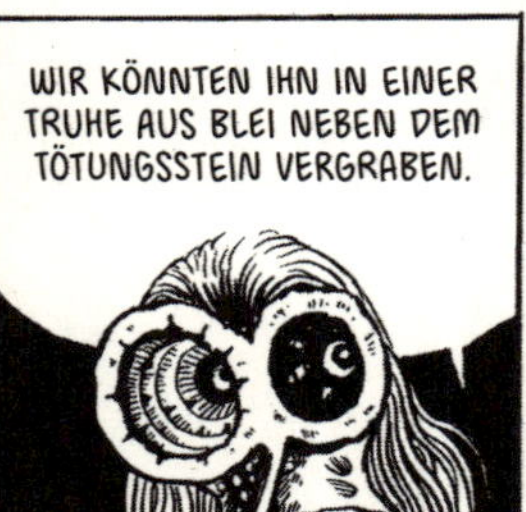

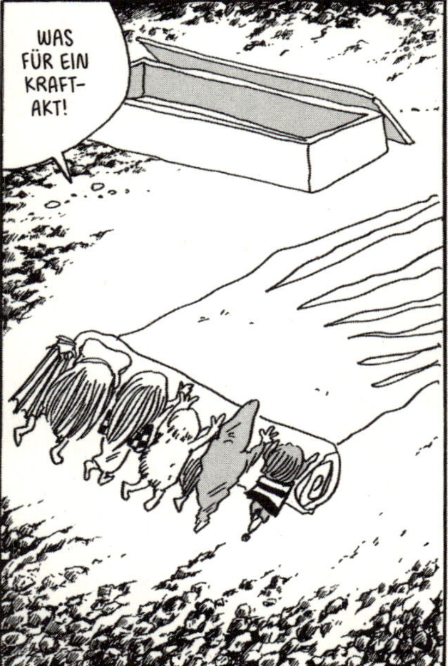

WAS IST DER TÖTUNGSSTEIN? VOR 800 JAHREN, ALS AUF DER GANZEN WELT CHAOS UND FINSTERNIS HERRSCHTE, TAUCHTE AUS DEM NICHTS EIN YOKAI-FUCHS AUF, DEN MAN „NEUNSCHWÄNZIGER FUCHS" NANNTE. ES HIESS, DAHINTER VERBERGE SICH DIE GROSSE SCHWESTER DES CHINESISCHEN YOKAIS QI. NACHDEM DER FUCHS IN CHINA SCHLIMME DINGE GETAN HATTE UND NACH JAPAN GEKOMMEN WAR, UM NOCH MEHR ÜBEL ANZURICHTEN, VERWANDELTE MIURA-NO-SUKE IHN SCHLIESSLICH MIT EINEM PFEIL IN EINEN STEIN. DIESER VERSTRÖMTE JEDOCH SO EIN STARKES GIFTGAS, DASS ER JEDEN TÖTETE, DER SICH IHM NÄHERTE. DARAUFHIN ENTZOG DER BERÜHMTE PRIESTER GENOU DEM STEIN DAS LEBEN UND SEITDEM IST ER ALS TÖTUNGSSTEIN BEKANNT.

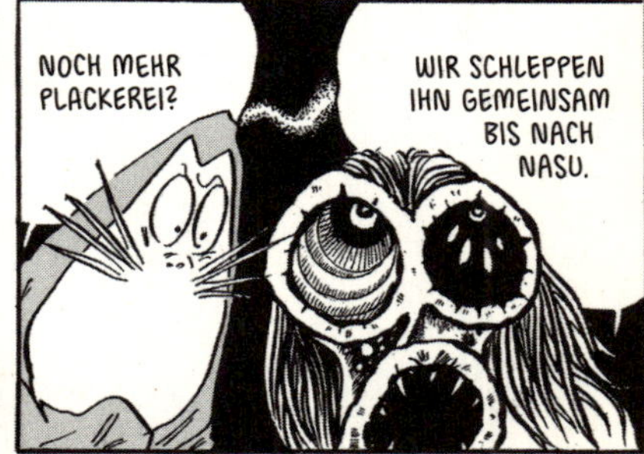

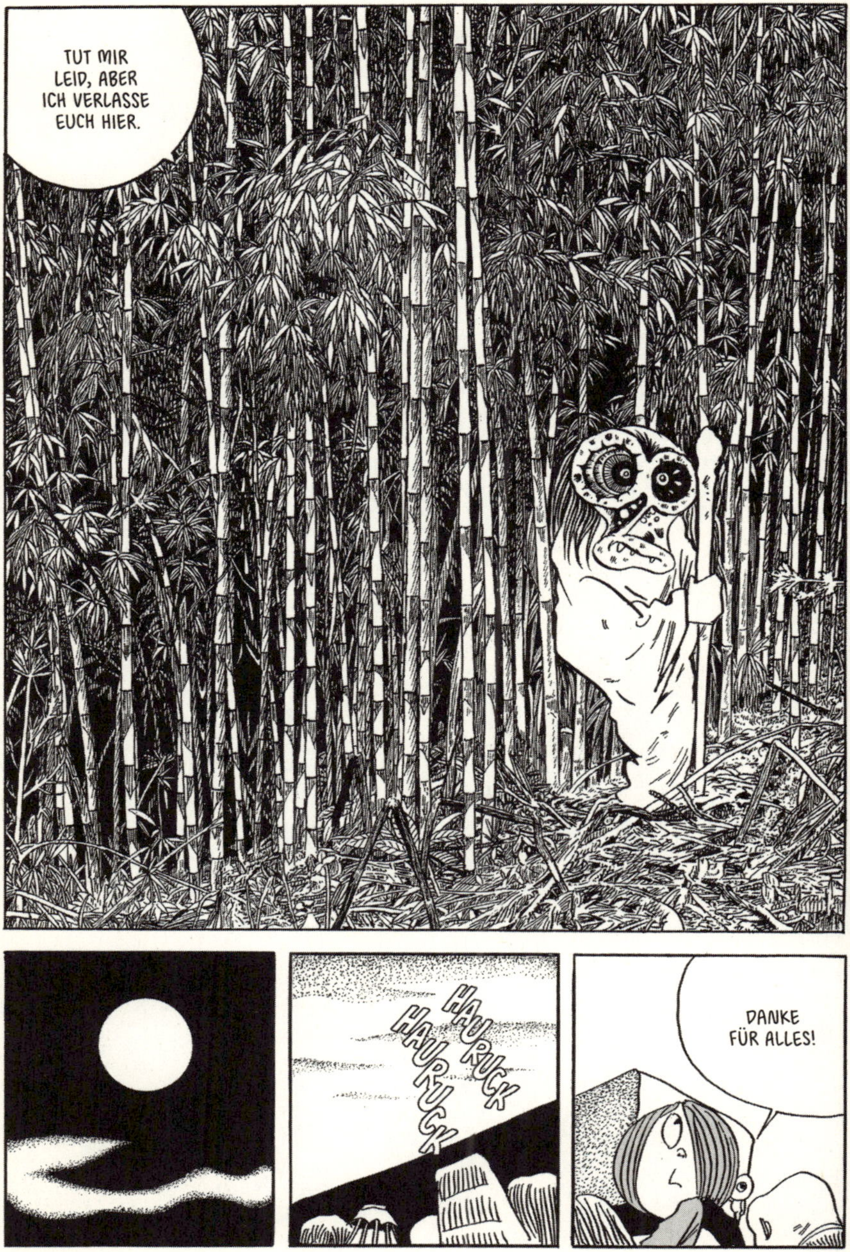

TUT MIR LEID, ABER ICH VERLASSE EUCH HIER.

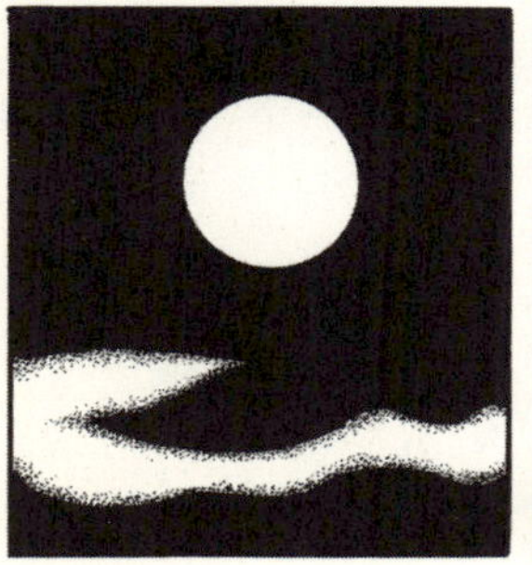

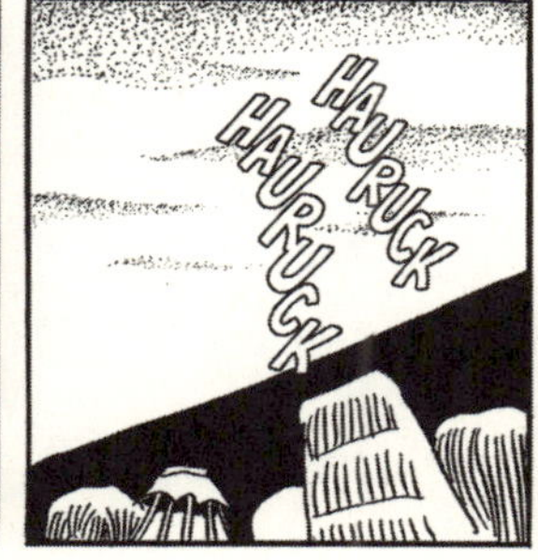

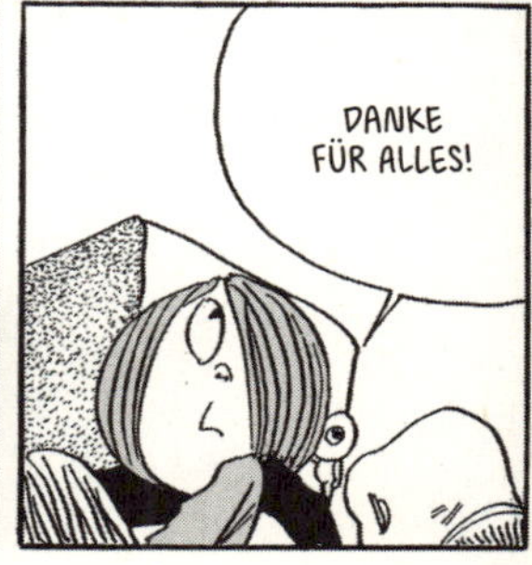

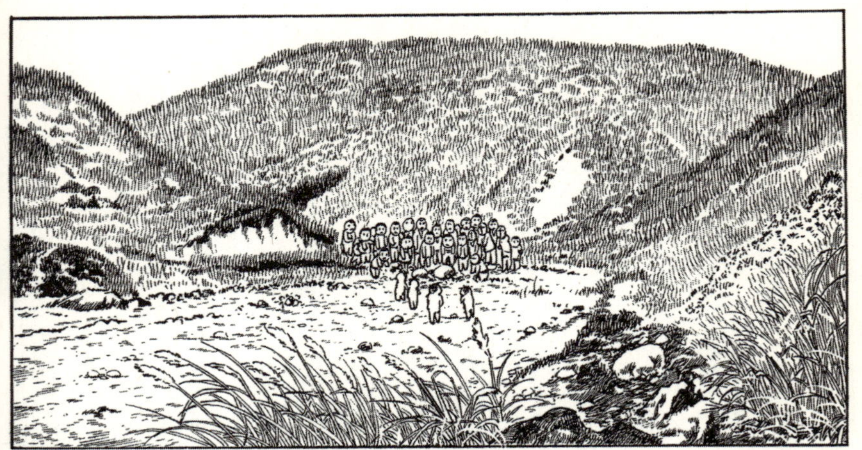

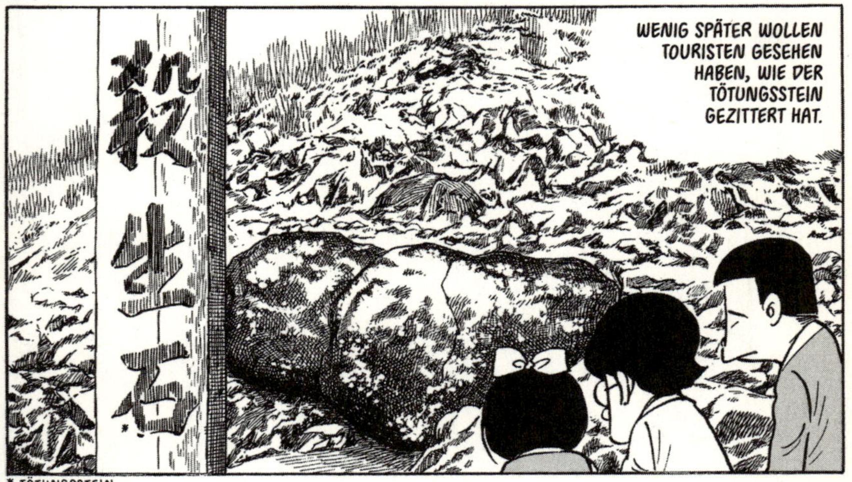

* TÖTUNGSSTEIN

KLAPP

KLOPP

DA SETZTE KITARO BE-REITS SEINE REISE OHNE ZIEL FORT.

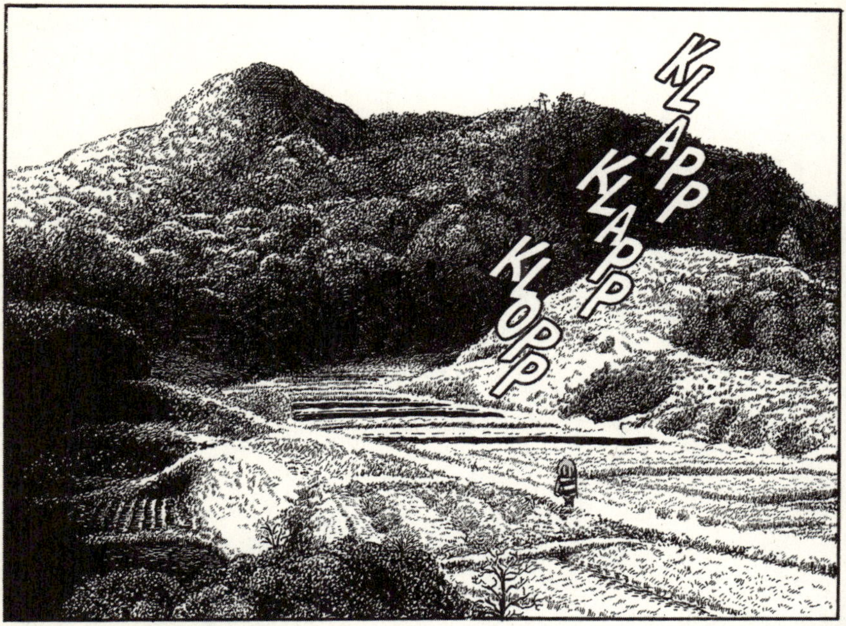

KLAPP
KLAPP
KLOPP

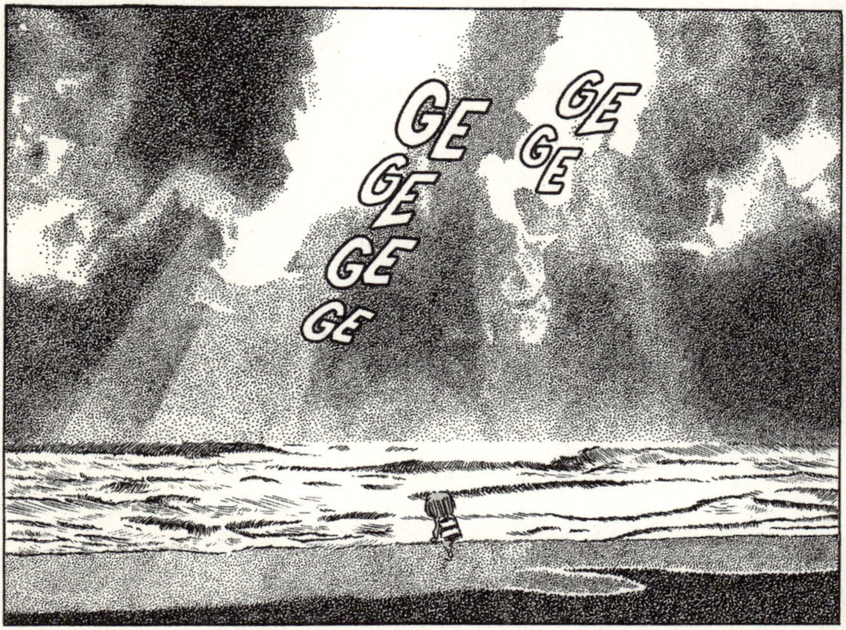

GE GE
GE GE GE GE GE
GE

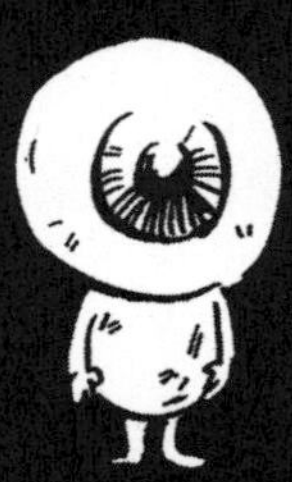

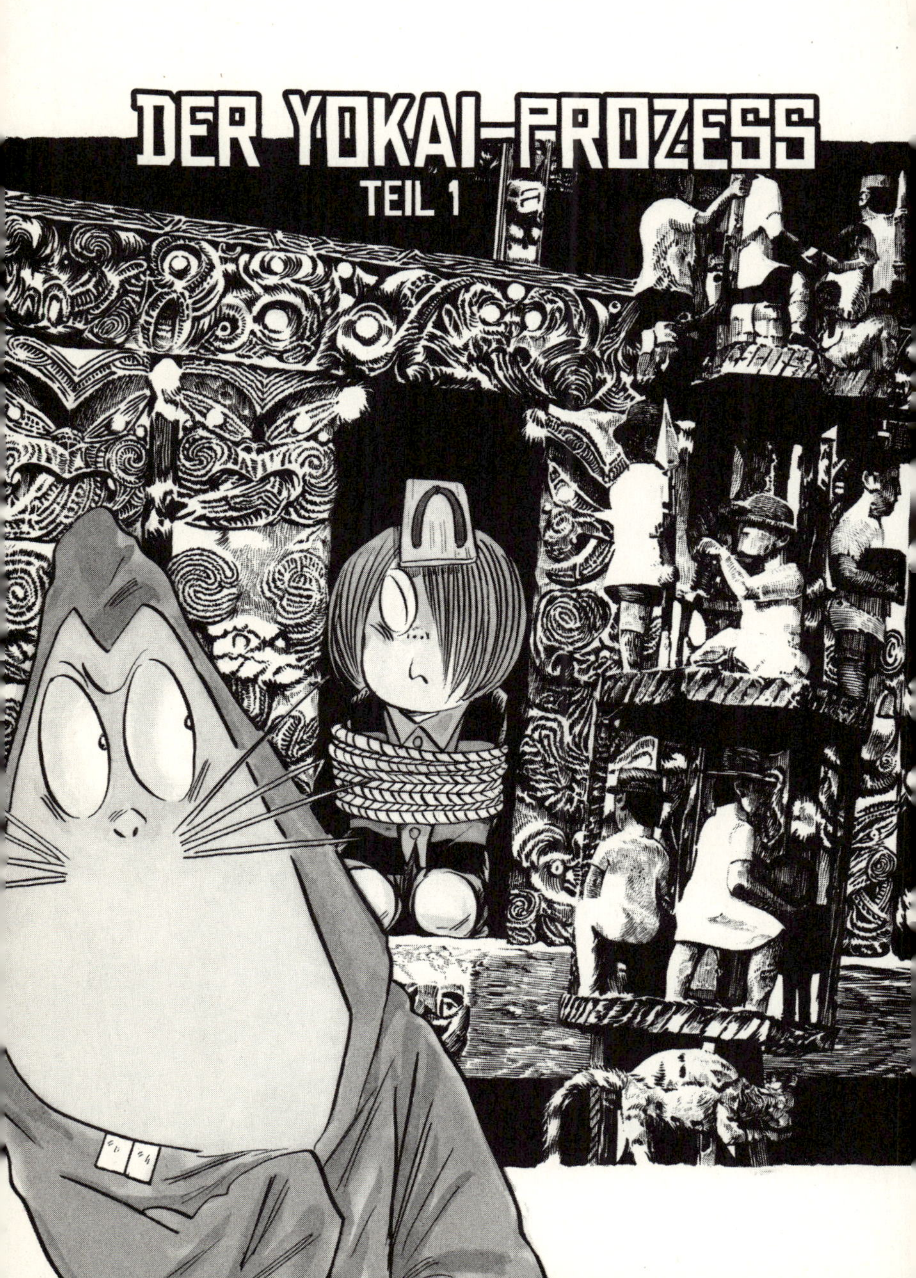
DER YOKAI-PROZESS
TEIL 1

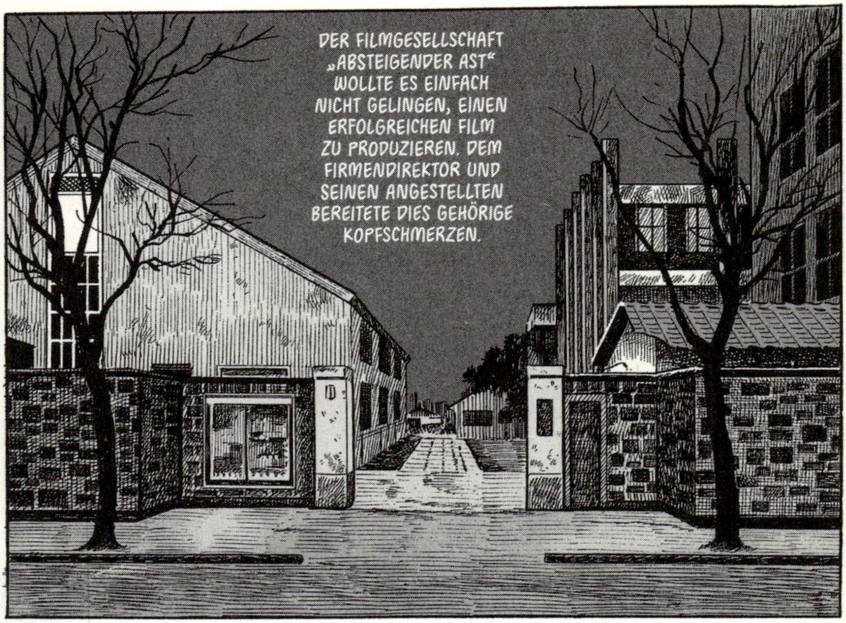

DER FILMGESELLSCHAFT „ABSTEIGENDER AST“ WOLLTE ES EINFACH NICHT GELINGEN, EINEN ERFOLGREICHEN FILM ZU PRODUZIEREN. DEM FIRMENDIREKTOR UND SEINEN ANGESTELLTEN BEREITETE DIES GEHÖRIGE KOPFSCHMERZEN.
WIR BRAUCHEN EIN AUSGEFALLENES PROJEKT, WENN WIR GANZ OBEN MITSPIELEN WOLLEN! 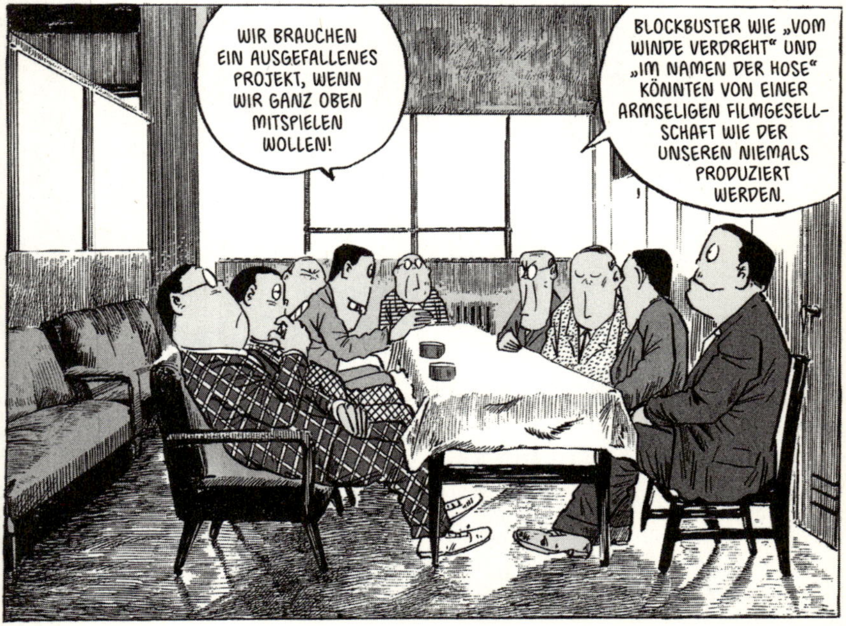
BLOCKBUSTER WIE „VOM WINDE VERDREHT“ UND „IM NAMEN DER HOSE“ KÖNNTEN VON EINER ARMSELIGEN FILMGESELLSCHAFT WIE DER UNSEREN NIEMALS PRODUZIERT WERDEN.

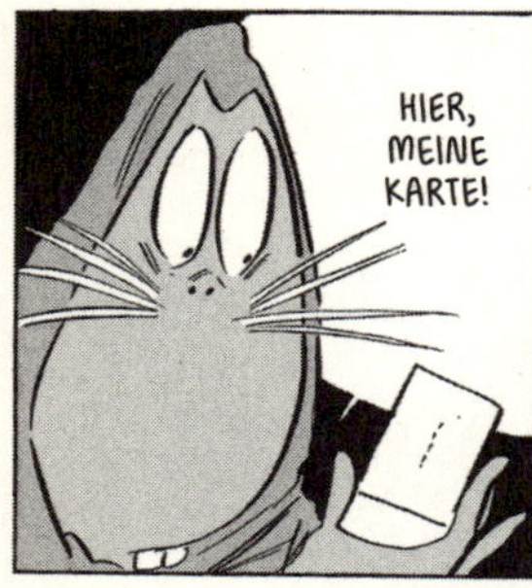

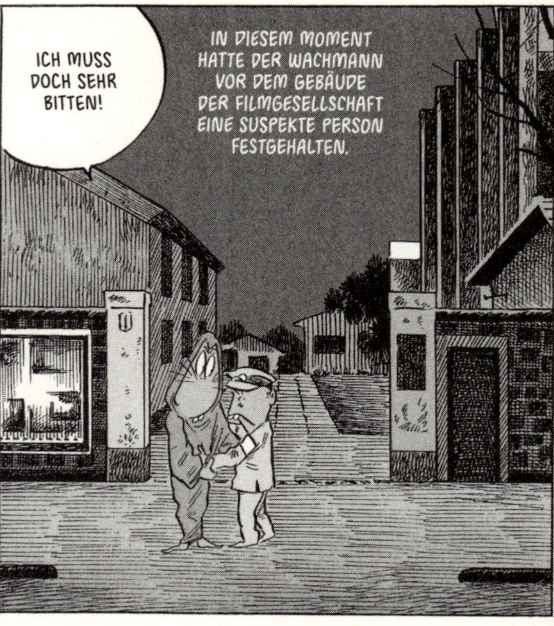

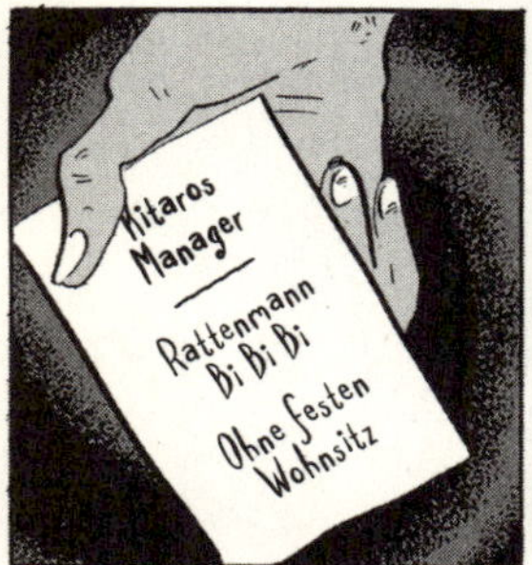

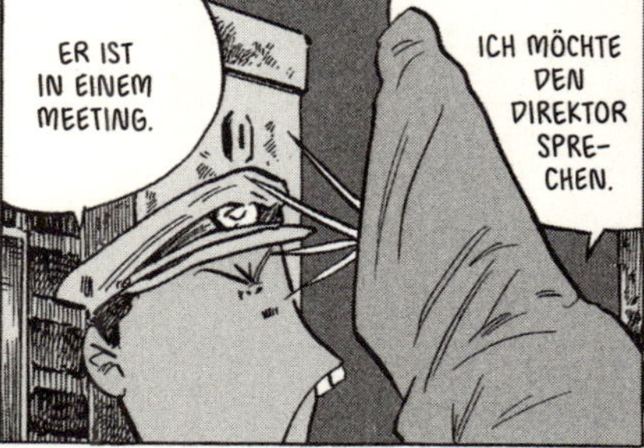

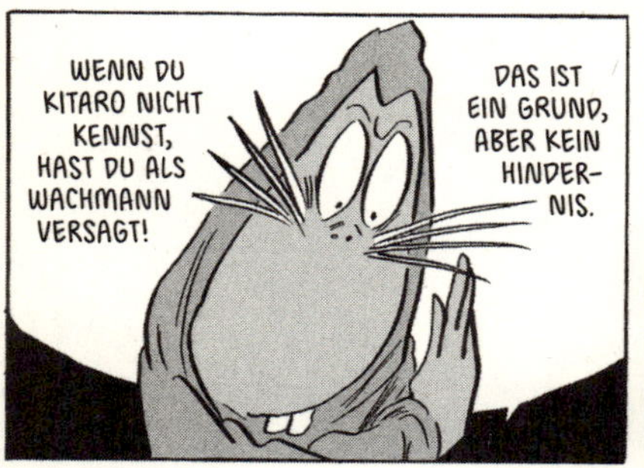

DER WACHMANN GAB SOFORT BESCHEID. MAN BESCHLOSS, DEN BESUCH ERST EINMAL HEREINZULASSEN, UND SO LANDETE DER RATTENMANN IM MEETINGRAUM.

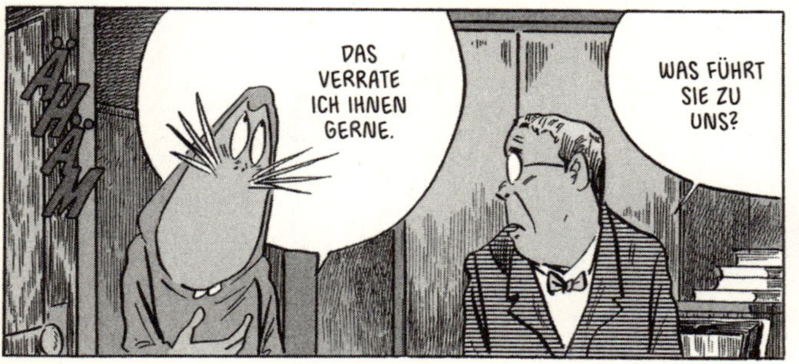

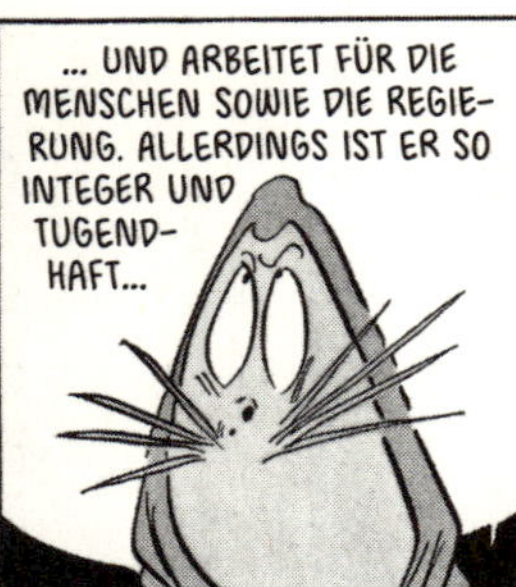
... UND ARBEITET FÜR DIE MENSCHEN SOWIE DIE REGIERUNG. ALLERDINGS IST ER SO INTEGER UND TUGENDHAFT...

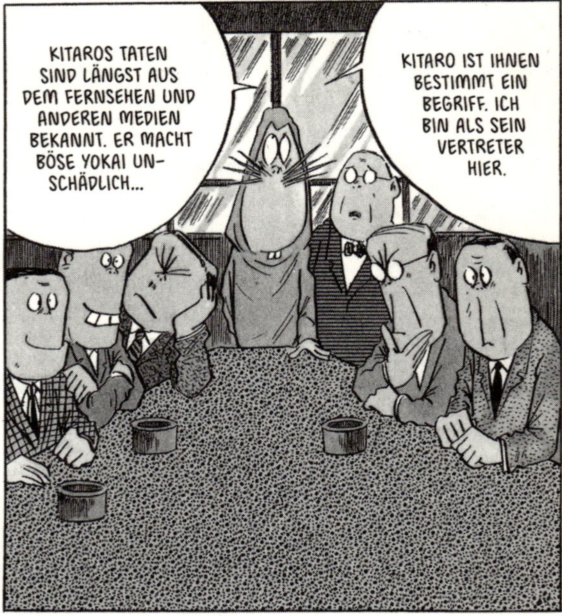
KITARO IST IHNEN BESTIMMT EIN BEGRIFF. ICH BIN ALS SEIN VERTRETER HIER.
KITAROS TATEN SIND LÄNGST AUS DEM FERNSEHEN UND ANDEREN MEDIEN BEKANNT. ER MACHT BÖSE YOKAI UNSCHÄDLICH...

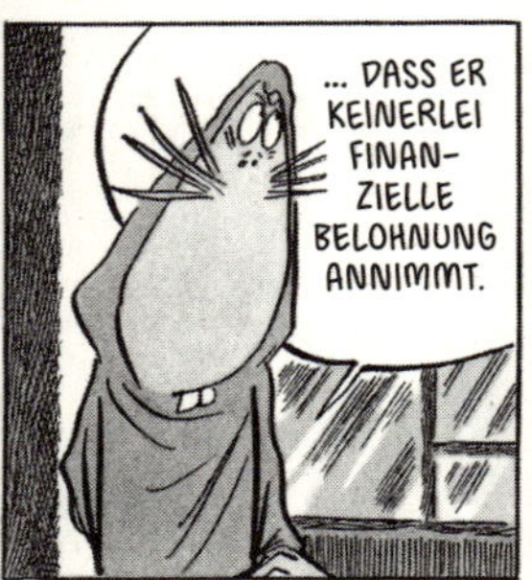
... DASS ER KEINERLEI FINANZIELLE BELOHNUNG ANNIMMT.

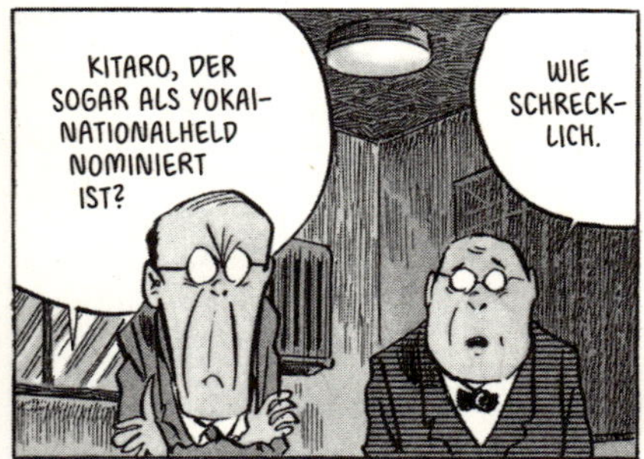
WIE SCHRECKLICH.
KITARO, DER SOGAR ALS YOKAI-NATIONALHELD NOMINIERT IST?

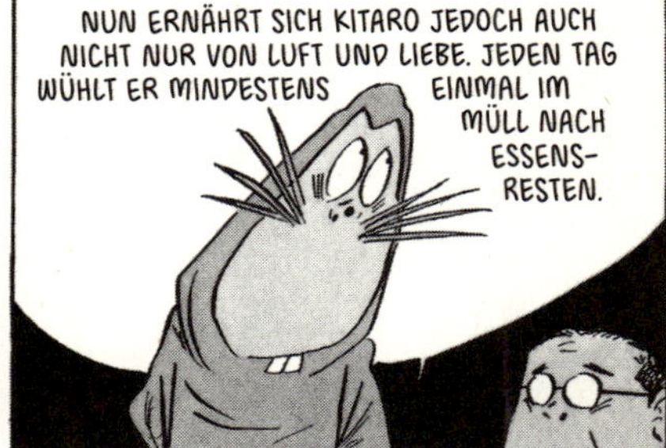
NUN ERNÄHRT SICH KITARO JEDOCH AUCH NICHT NUR VON LUFT UND LIEBE. JEDEN TAG WÜHLT ER MINDESTENS EINMAL IM MÜLL NACH ESSENSRESTEN.

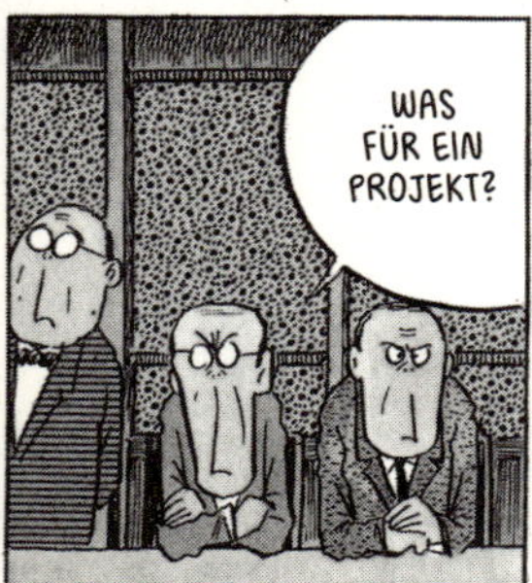
WAS FÜR EIN PROJEKT?

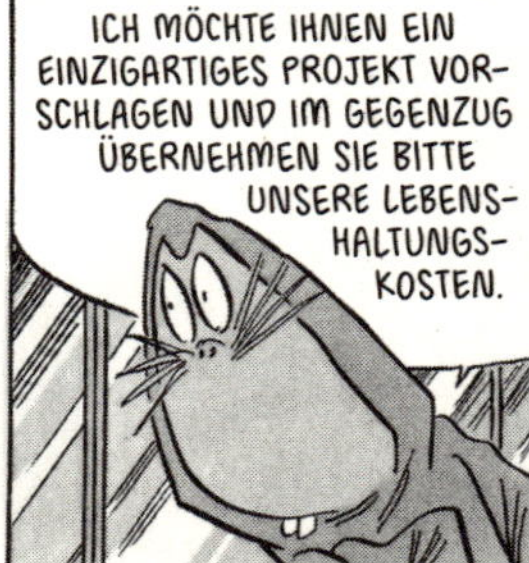
ICH MÖCHTE IHNEN EIN EINZIGARTIGES PROJEKT VORSCHLAGEN UND IM GEGENZUG ÜBERNEHMEN SIE BITTE UNSERE LEBENSHALTUNGSKOSTEN.

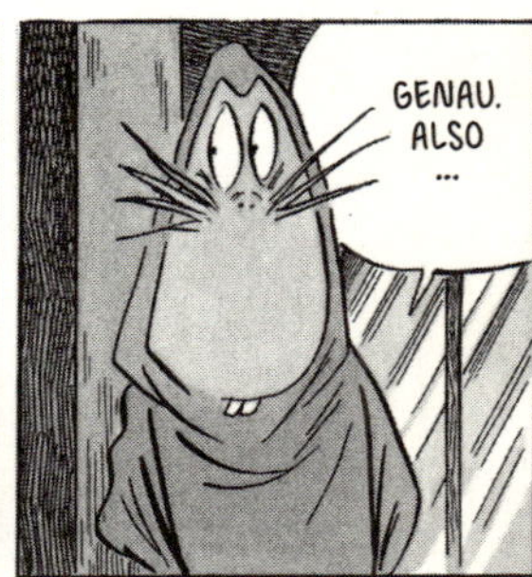
GENAU. ALSO ...

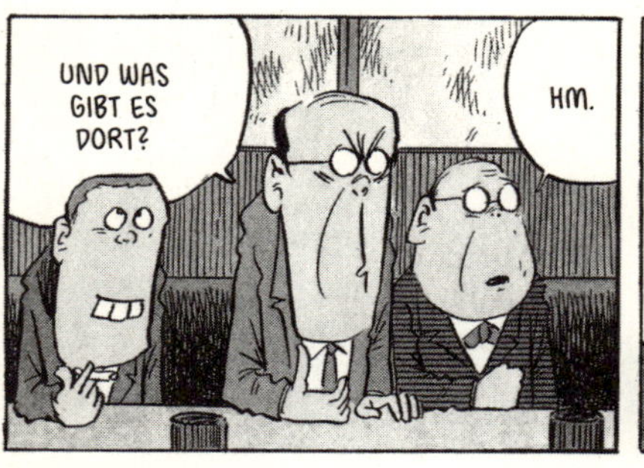
HM.
UND WAS GIBT ES DORT?

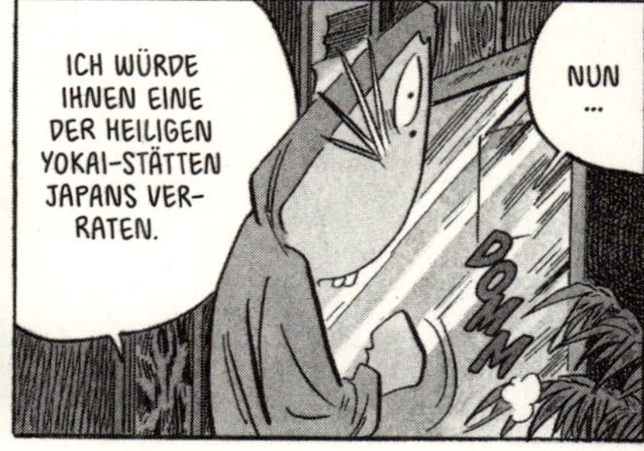
NUN ...
ICH WÜRDE IHNEN EINE DER HEILIGEN YOKAI-STÄTTEN JAPANS VERRATEN.
DOMM

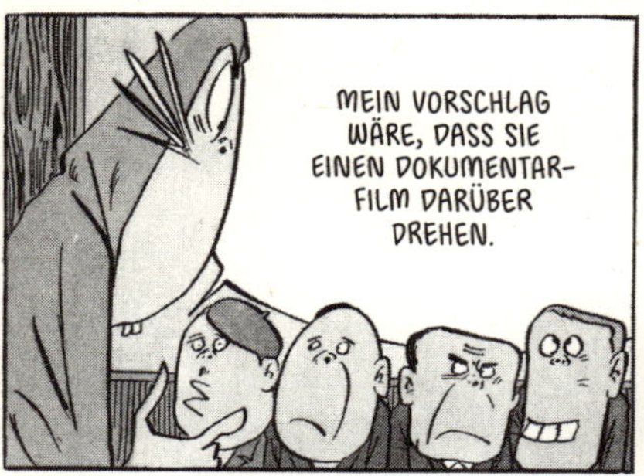
MEIN VORSCHLAG WÄRE, DASS SIE EINEN DOKUMENTARFILM DARÜBER DREHEN.

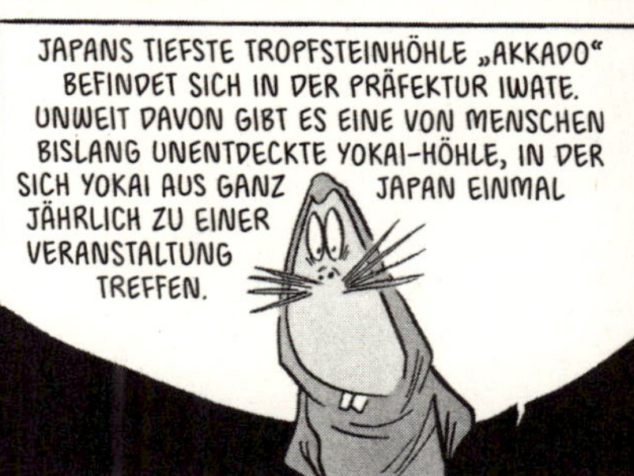
JAPANS TIEFSTE TROPFSTEINHÖHLE „AKKADO" BEFINDET SICH IN DER PRÄFEKTUR IWATE. UNWEIT DAVON GIBT ES EINE VON MENSCHEN BISLANG UNENTDECKTE YOKAI-HÖHLE, IN DER SICH YOKAI AUS GANZ JAPAN EINMAL JÄHRLICH ZU EINER VERANSTALTUNG TREFFEN.

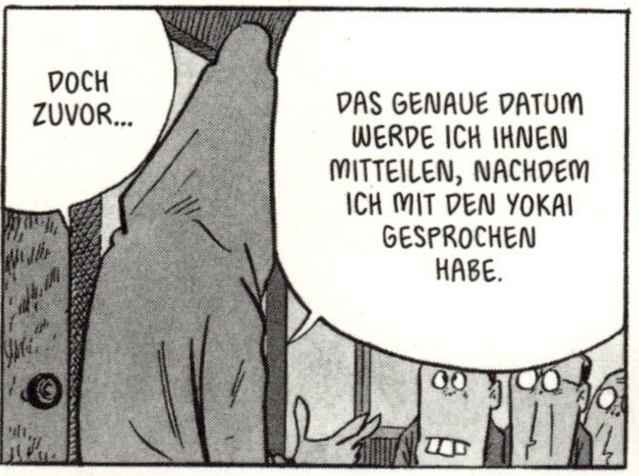
DAS GENAUE DATUM WERDE ICH IHNEN MITTEILEN, NACHDEM ICH MIT DEN YOKAI GESPROCHEN HABE.
DOCH ZUVOR...

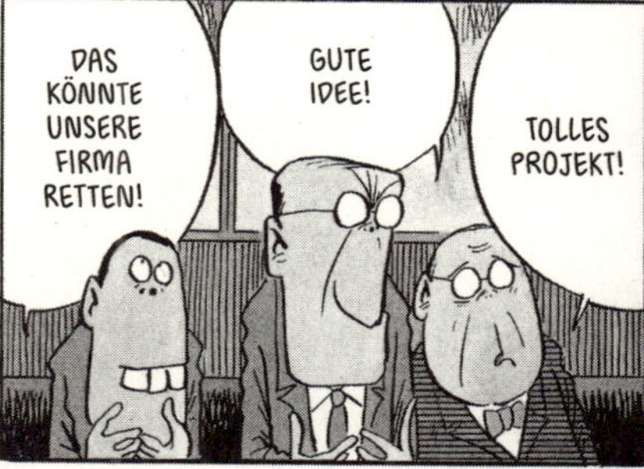
TOLLES PROJEKT!
GUTE IDEE!
DAS KÖNNTE UNSERE FIRMA RETTEN!

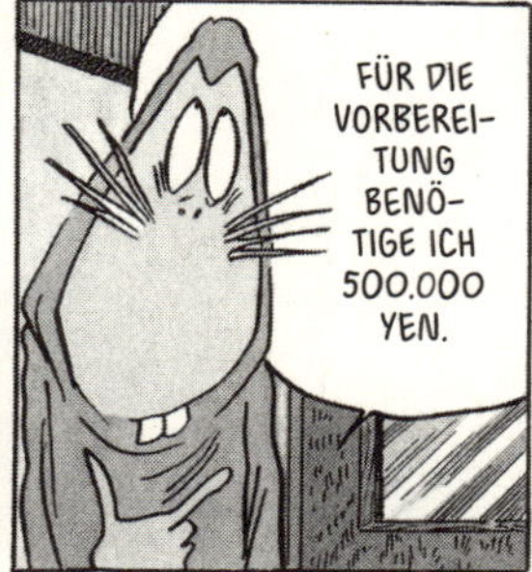
FÜR DIE VORBEREITUNG BENÖTIGE ICH 500.000 YEN.

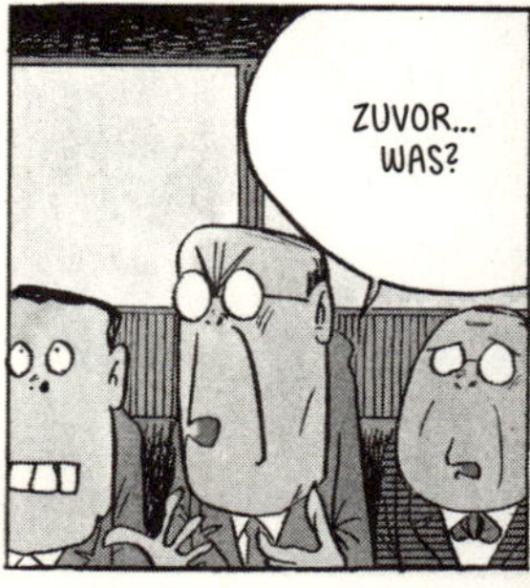
ZUVOR... WAS?

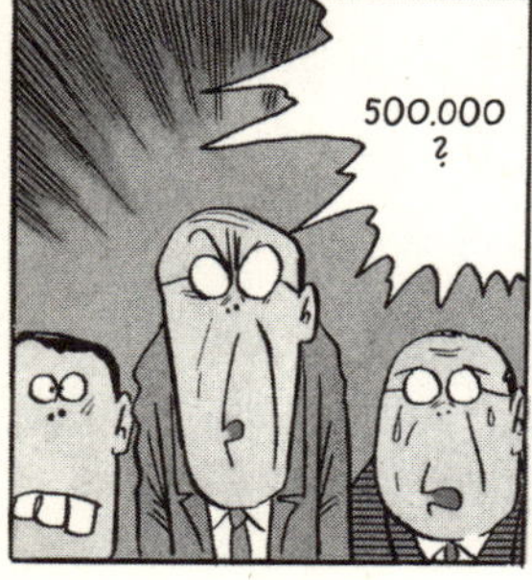
500.000 ?

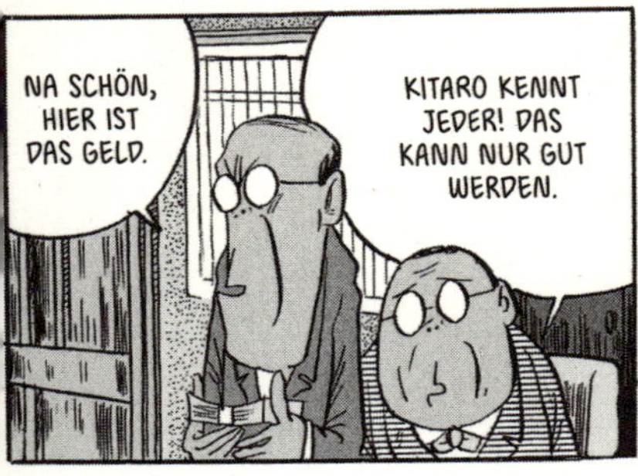
NA SCHÖN, HIER IST DAS GELD.
KITARO KENNT JEDER! DAS KANN NUR GUT WERDEN.

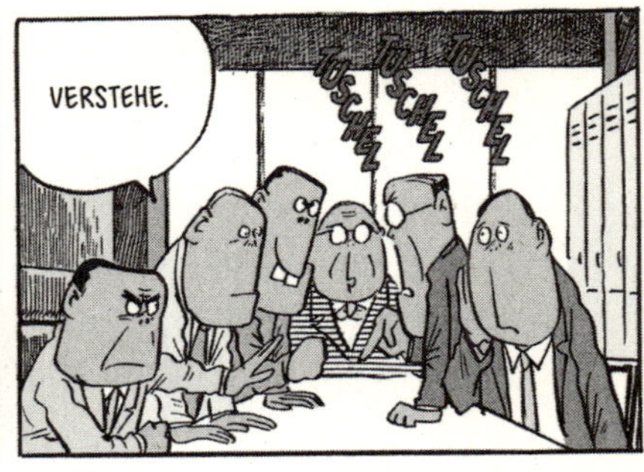
VERSTEHE.
TUSCHEL
TUSCHEL
TUSCHEL

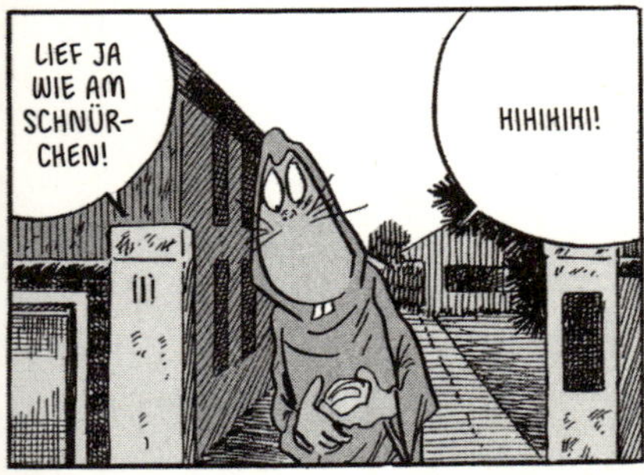
LIEF JA WIE AM SCHNÜR-CHEN!
HIHIHIHI!

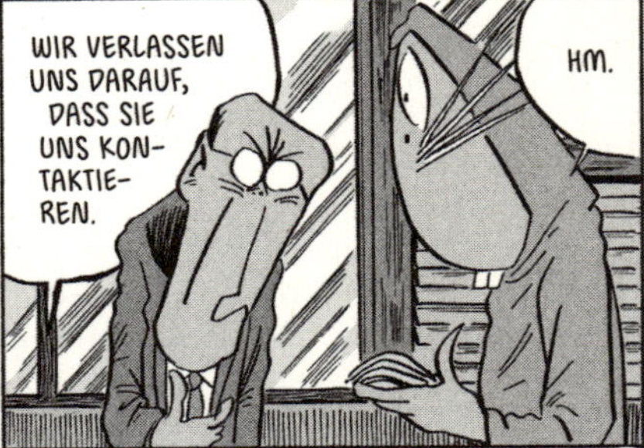
WIR VERLASSEN UNS DARAUF, DASS SIE UNS KON-TAKTIE-REN.
HM.

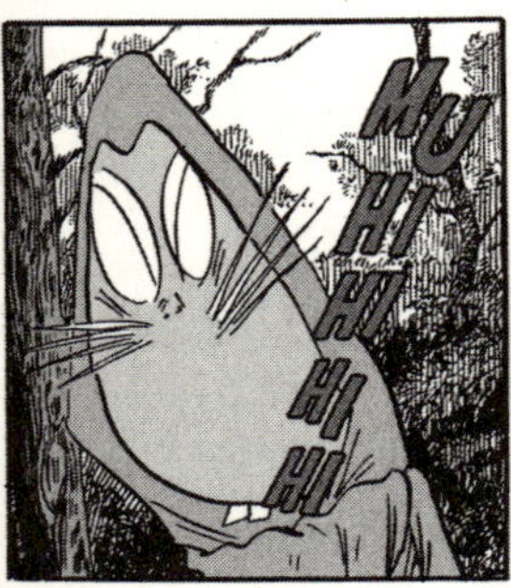
MUHIHIHIHI

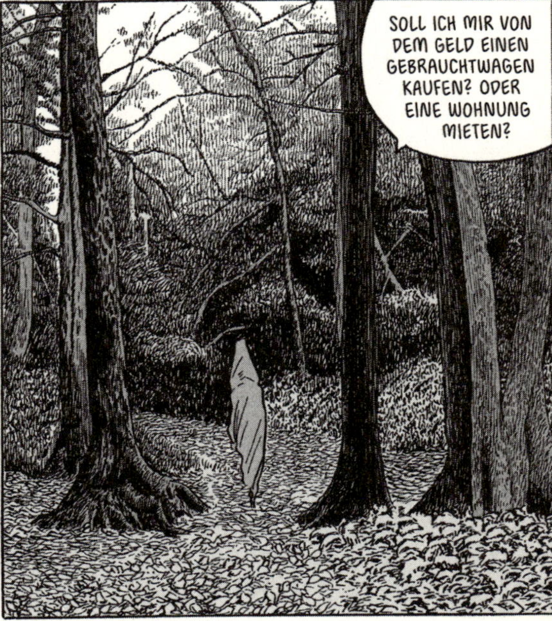
SOLL ICH MIR VON DEM GELD EINEN GEBRAUCHTWAGEN KAUFEN? ODER EINE WOHNUNG MIETEN?

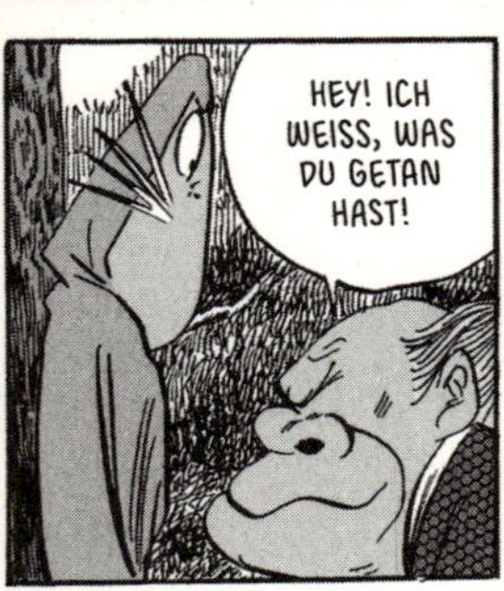
HEY! ICH WEISS, WAS DU GETAN HAST!

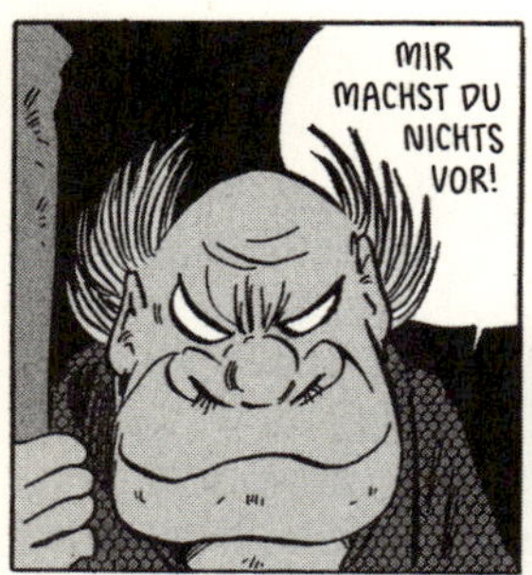
MIR MACHST DU NICHTS VOR!

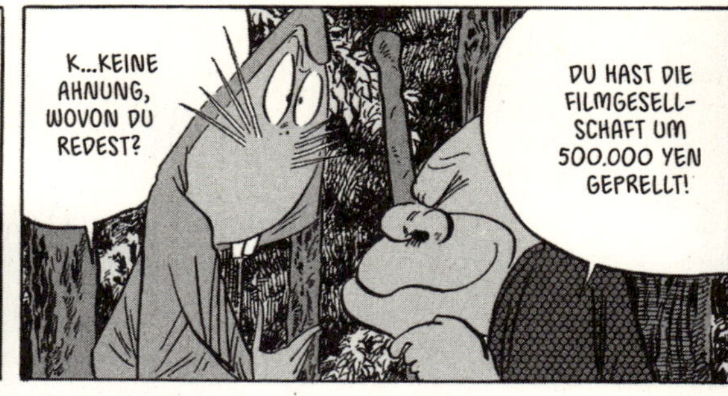
K...KEINE AHNUNG, WOVON DU REDEST?
DU HAST DIE FILMGESELL-SCHAFT UM 500.000 YEN GEPRELLT!

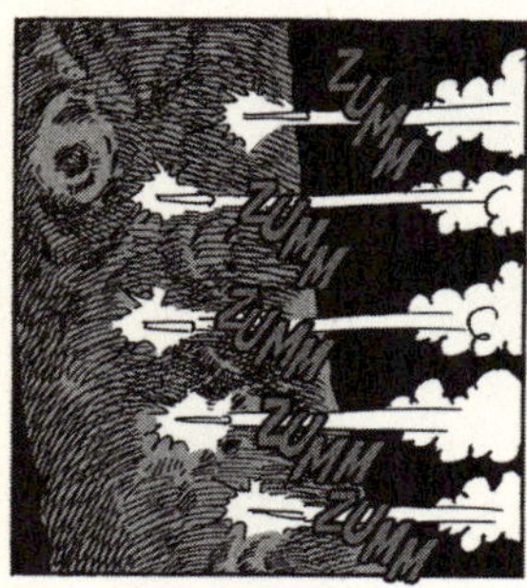
ZUMM
ZUMM
ZUMM
ZUMM
ZUMM

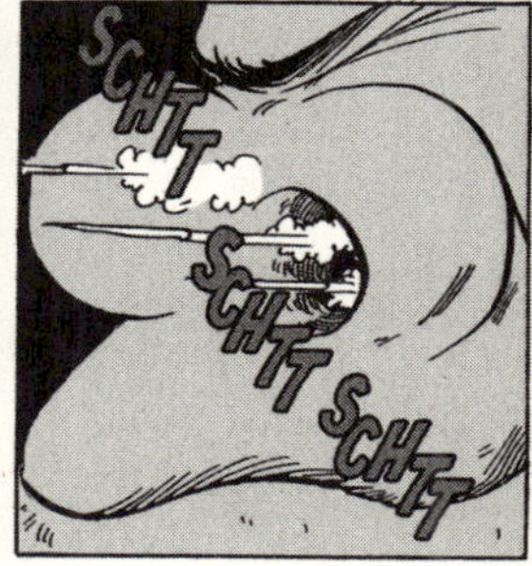
SCHTT
SCHTT
SCHTT

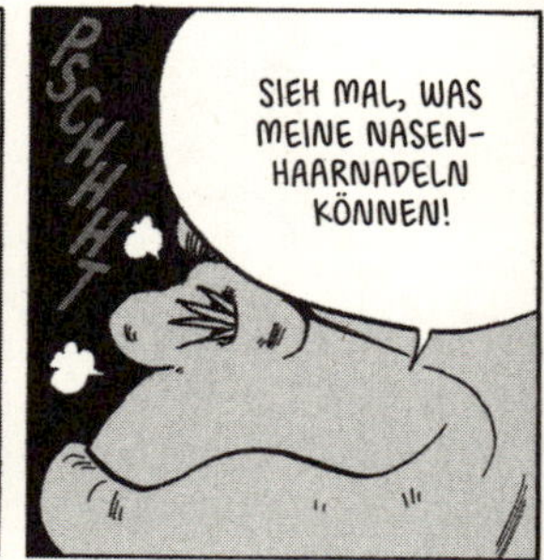
PSCHHHT
SIEH MAL, WAS MEINE NASEN-HAARNADELN KÖNNEN!

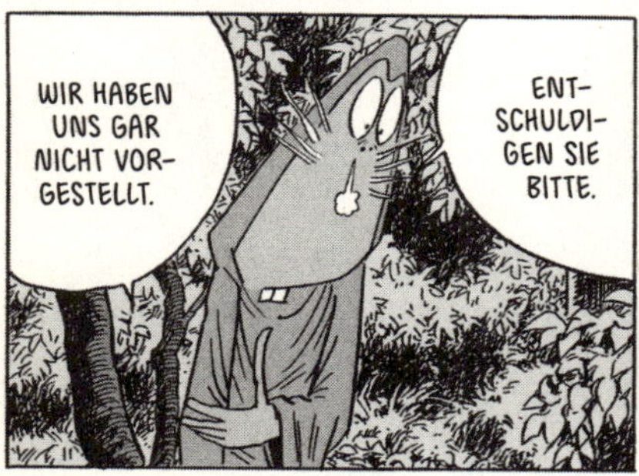
WIR HABEN UNS GAR NICHT VOR-GESTELLT.
ENT-SCHULDI-GEN SIE BITTE.

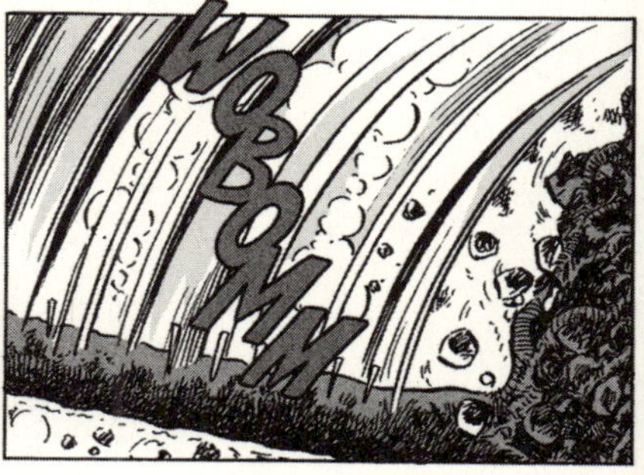
WOBOMM

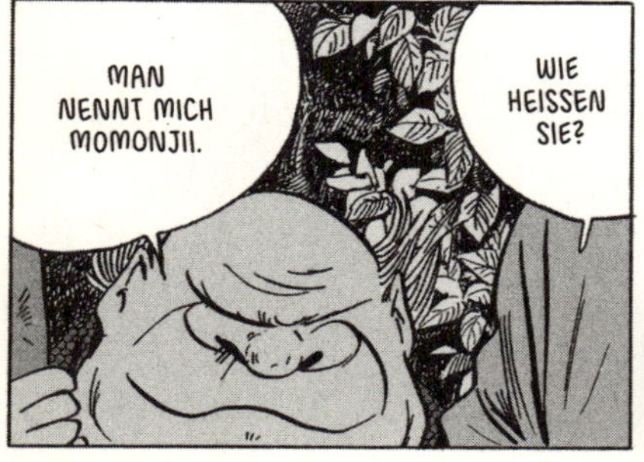
MAN NENNT MICH MOMONJII.
WIE HEISSEN SIE?

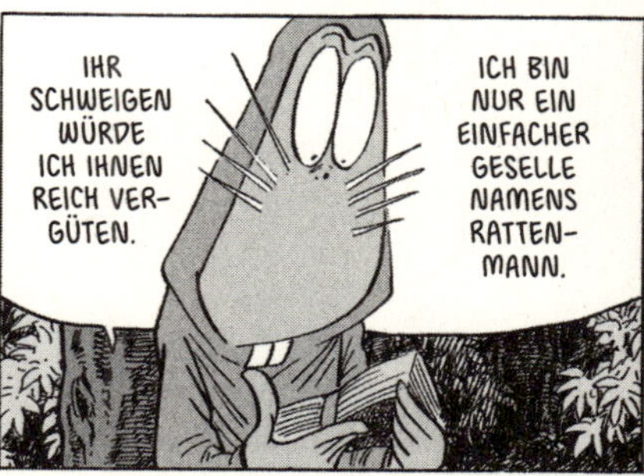
IHR SCHWEIGEN WÜRDE ICH IHNEN REICH VER-GÜTEN.
ICH BIN NUR EIN EINFACHER GESELLE NAMENS RATTEN-MANN.

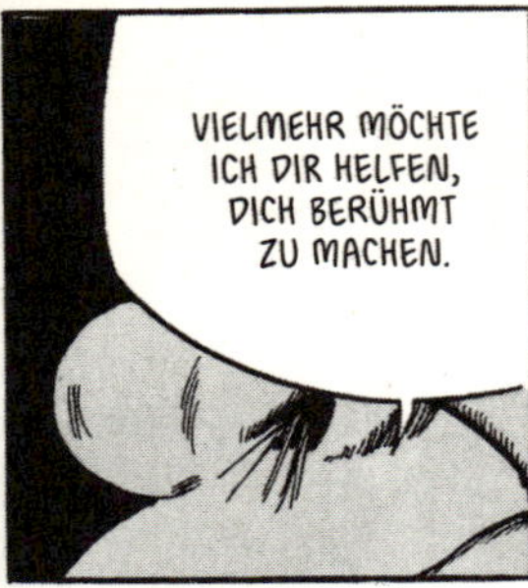
VIELMEHR MÖCHTE ICH DIR HELFEN, DICH BERÜHMT ZU MACHEN.

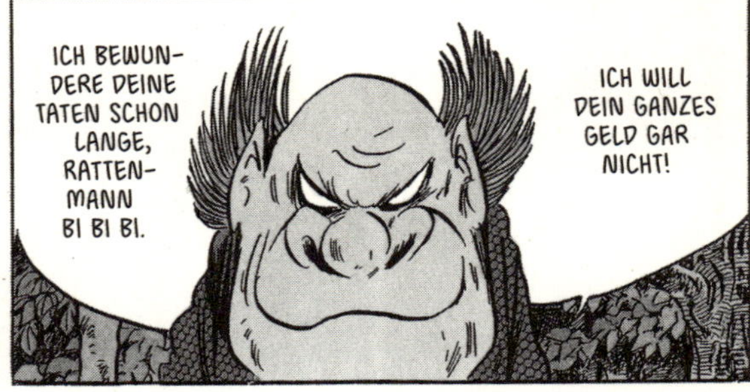
ICH BEWUNDERE DEINE TATEN SCHON LANGE, RATTENMANN BI BI BI.
ICH WILL DEIN GANZES GELD GAR NICHT!

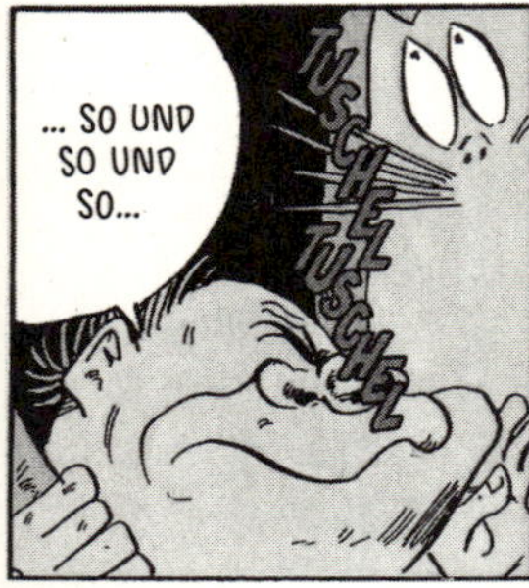
... SO UND SO UND SO...
TUSCHEL TUSCHEL

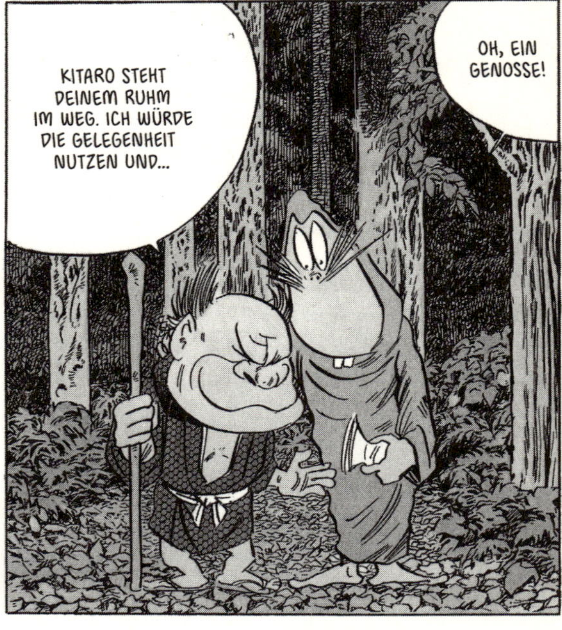
KITARO STEHT DEINEM RUHM IM WEG. ICH WÜRDE DIE GELEGENHEIT NUTZEN UND...
OH, EIN GENOSSE!

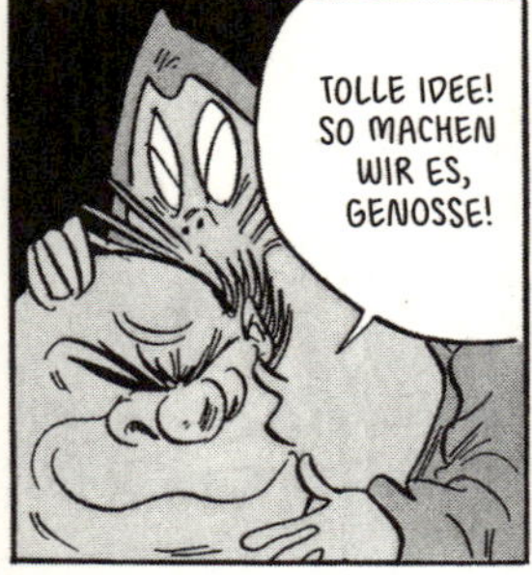
TOLLE IDEE! SO MACHEN WIR ES, GENOSSE!

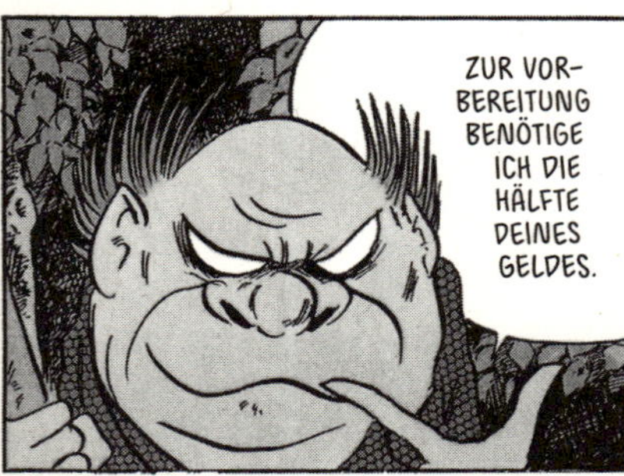
ZUR VORBEREITUNG BENÖTIGE ICH DIE HÄLFTE DEINES GELDES.

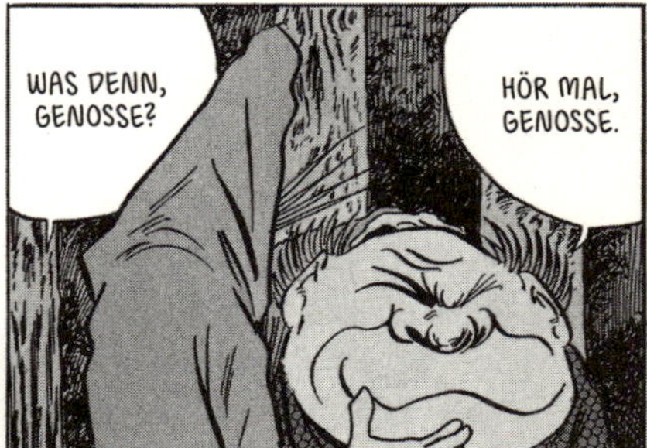
WAS DENN, GENOSSE?
HÖR MAL, GENOSSE.

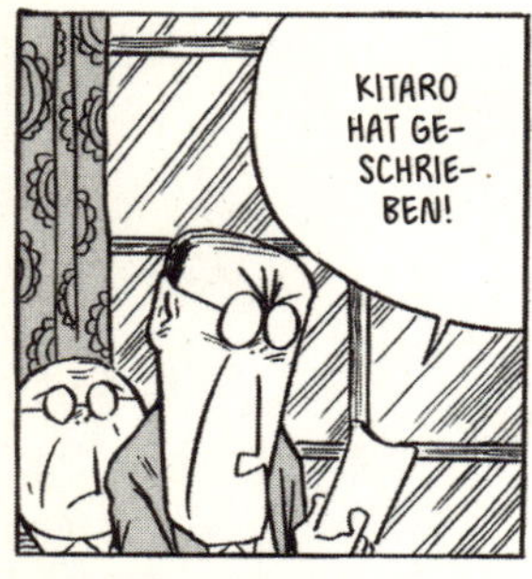

WENIG SPÄTER ERREICHTE DIE FILM-GESELLSCHAFT POST VON KITARO.

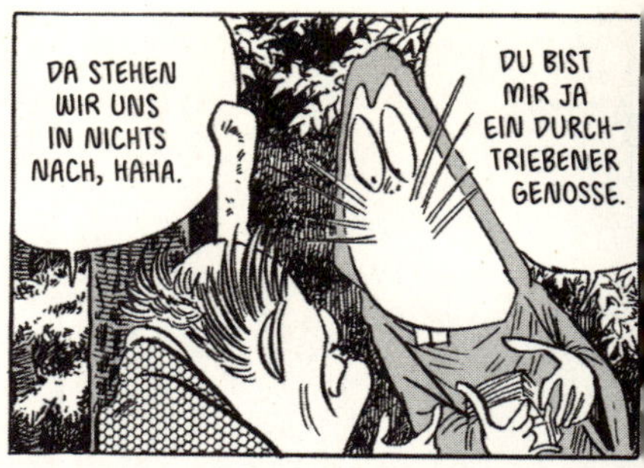

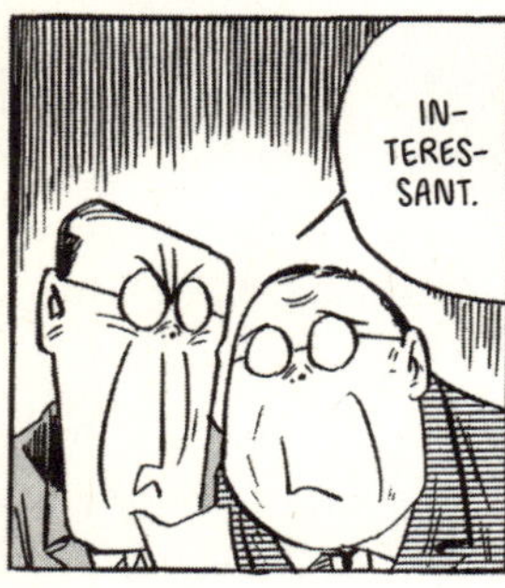

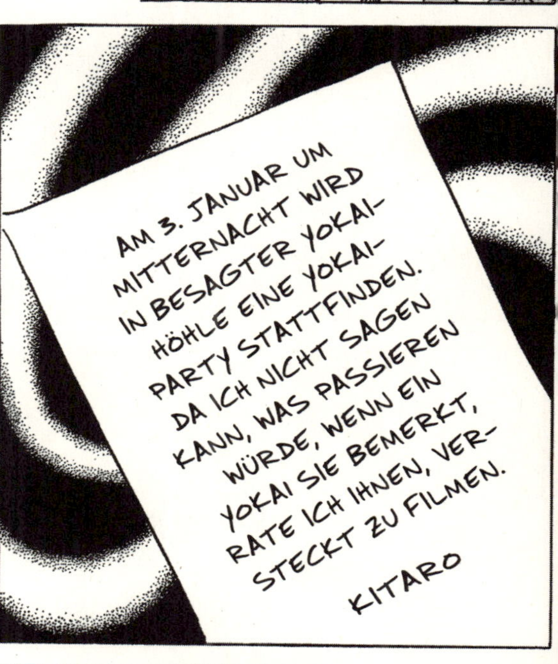

EINIGE TAGE SPÄTER WURDEN IN KITAROS NAMEN EINLADUNGEN ZUR YOKAI-PARTY AN YOKAI AUS DEM GANZEN LAND VERTEILT. VORWIEGEND AN JENE, DIE MIT KITARO NOCH EIN HÜHNCHEN ZU RUPFEN HATTEN.

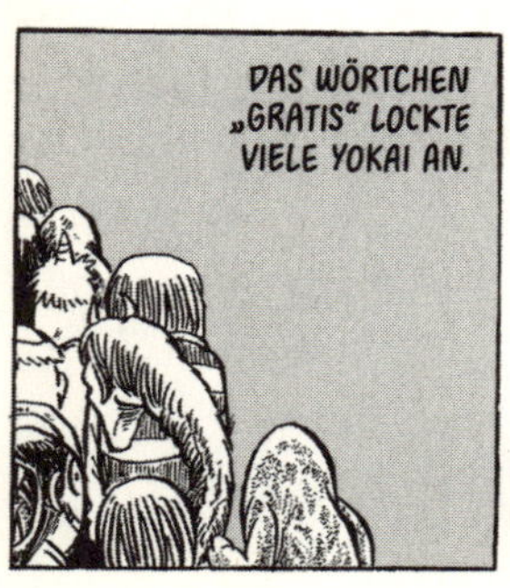

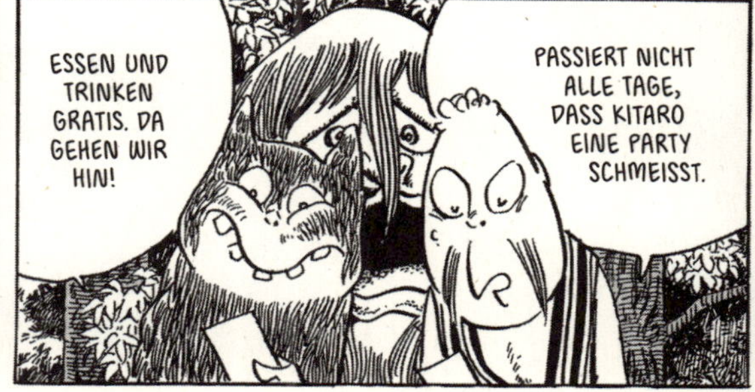

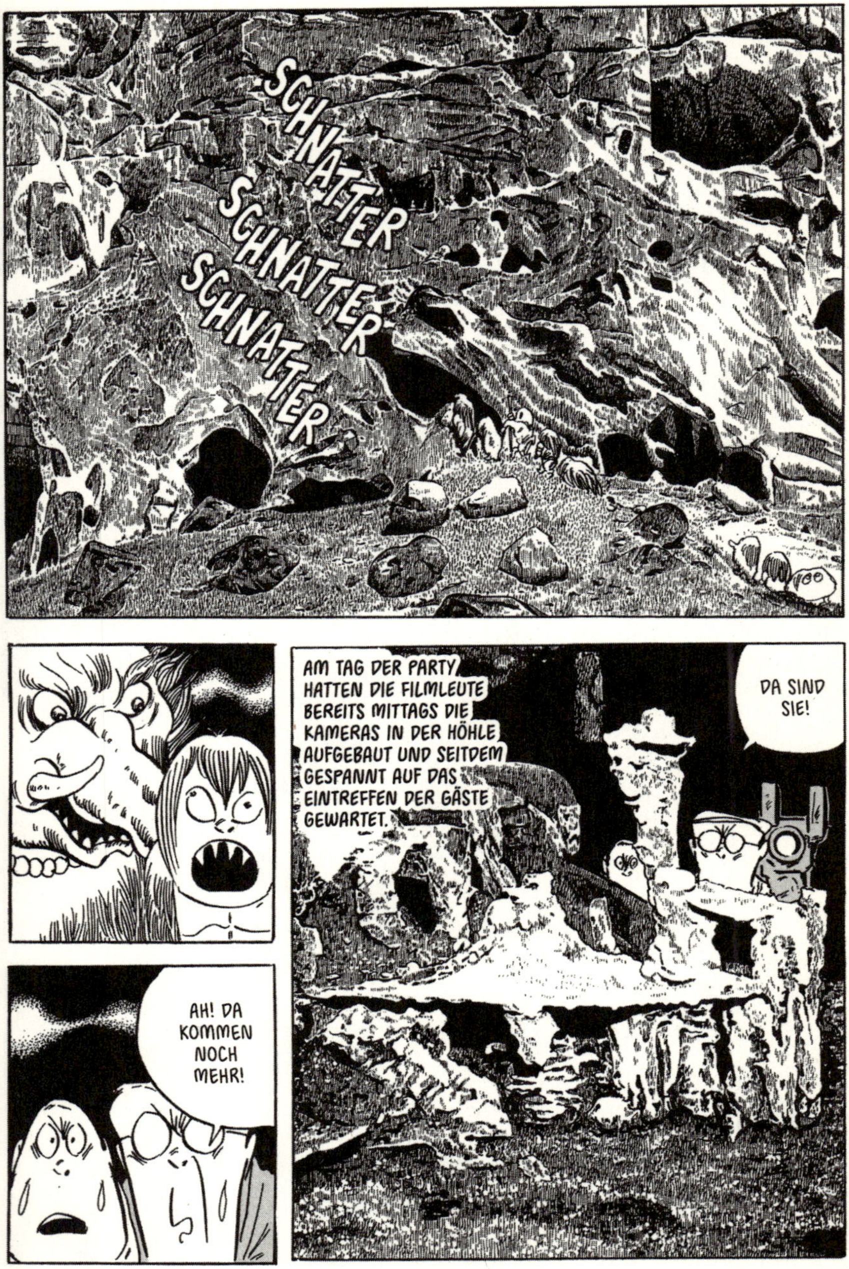

SCHNATTER
SCHNATTER
SCHNATTER

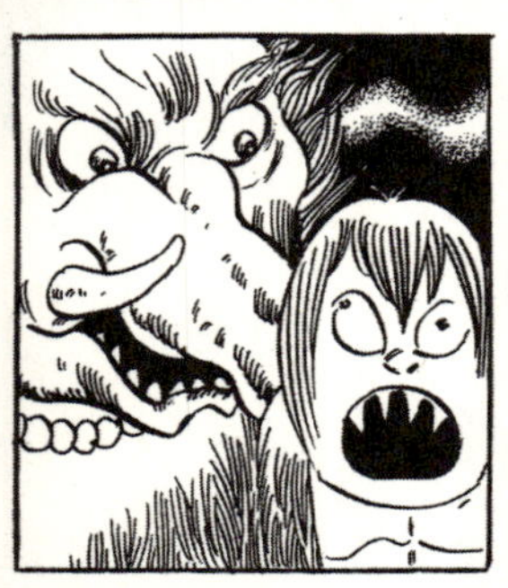

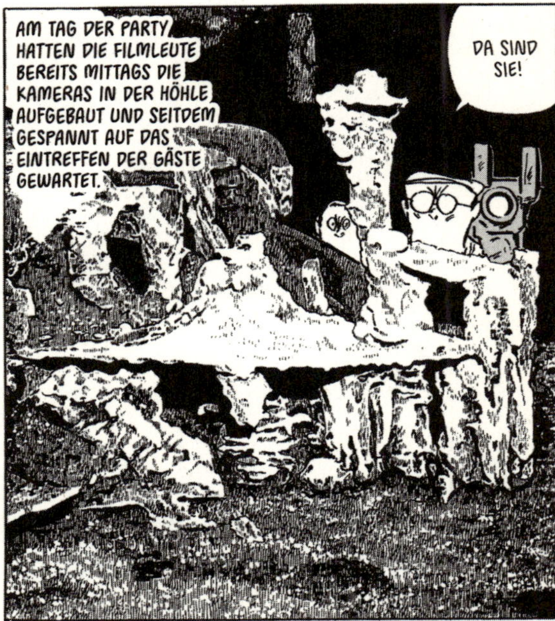

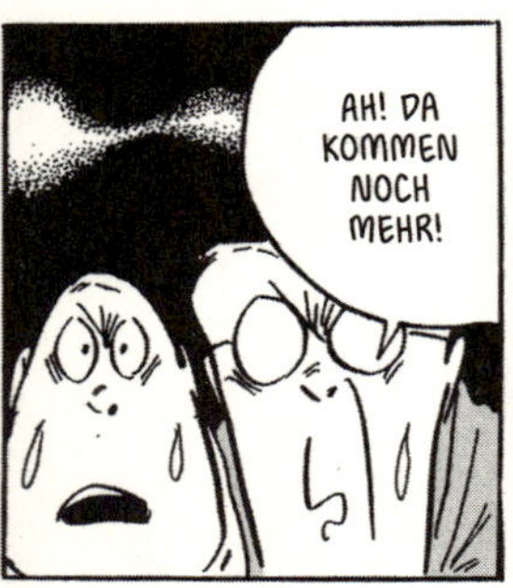

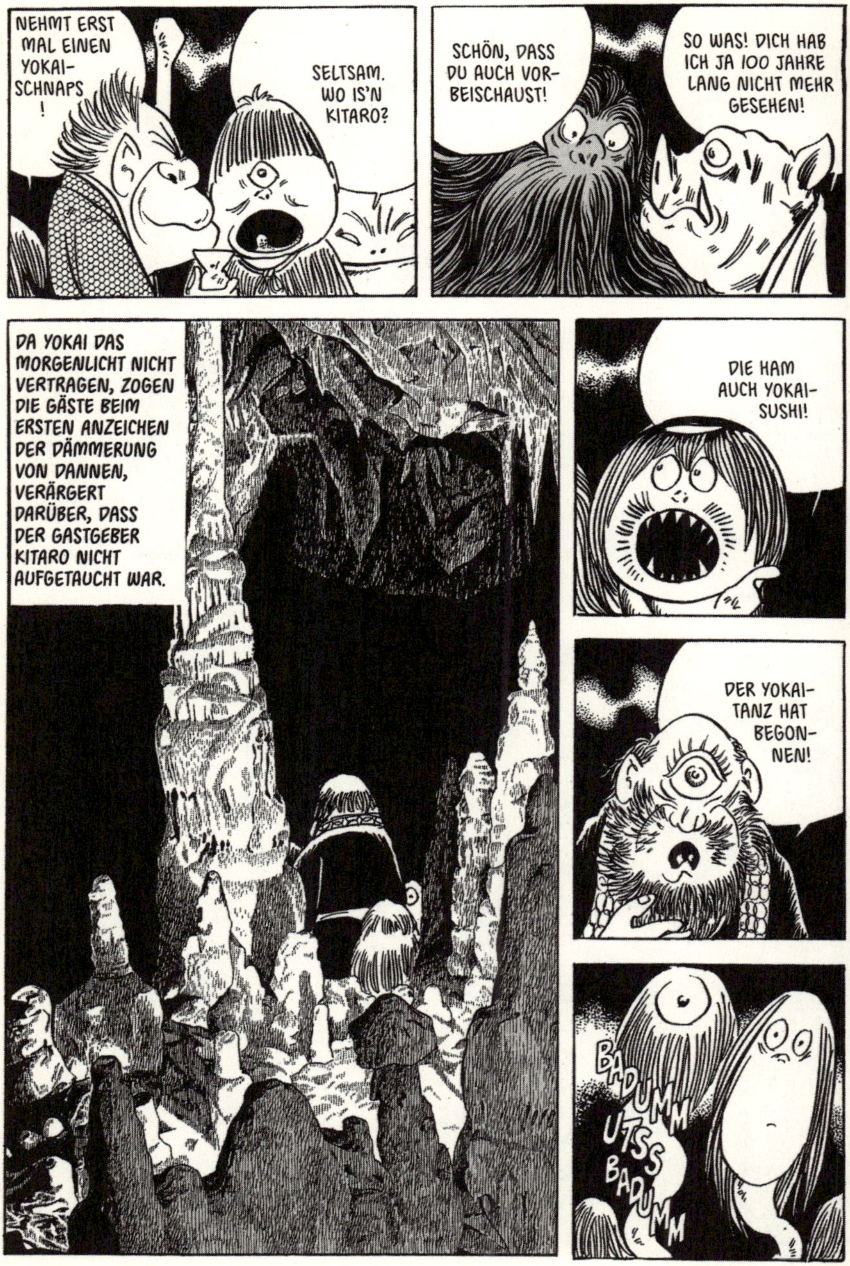

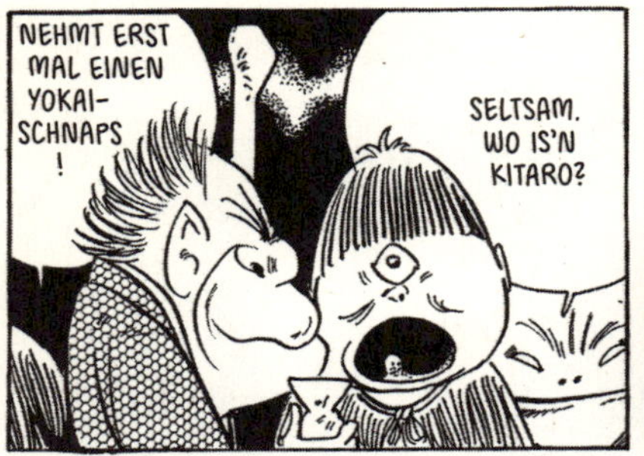

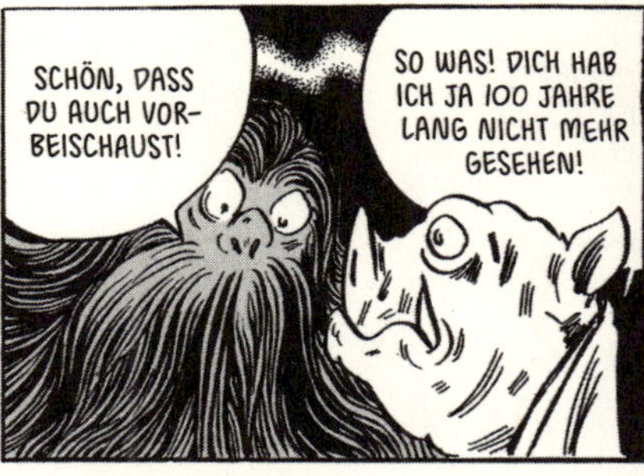

DA YOKAI DAS MORGENLICHT NICHT VERTRAGEN, ZOGEN DIE GÄSTE BEIM ERSTEN ANZEICHEN DER DÄMMERUNG VON DANNEN, VERÄRGERT DARÜBER, DASS DER GASTGEBER KITARO NICHT AUFGETAUCHT WAR.

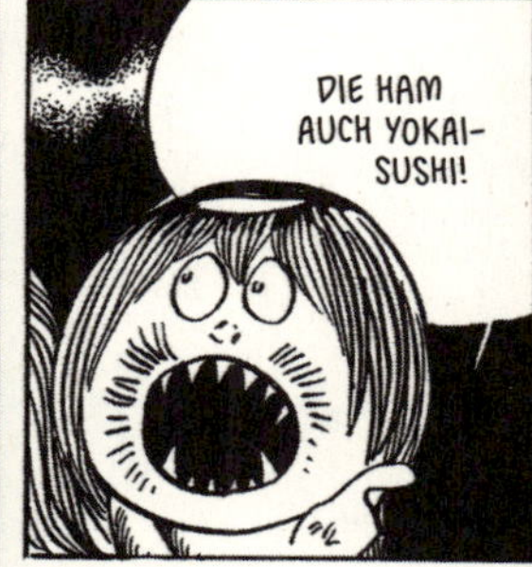

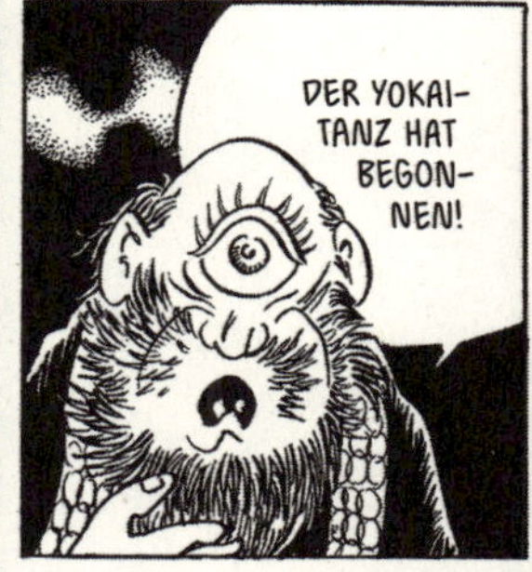

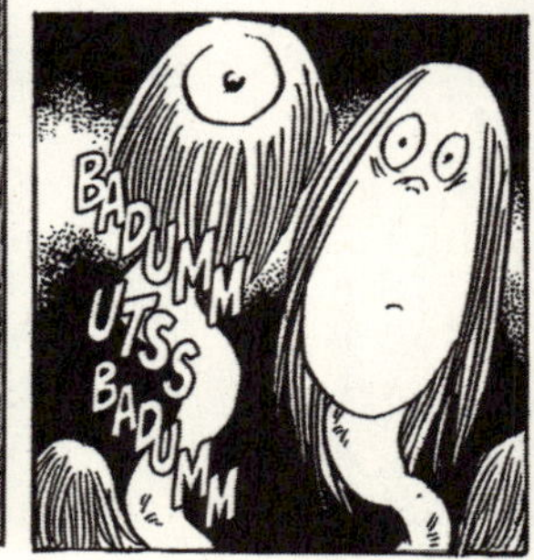

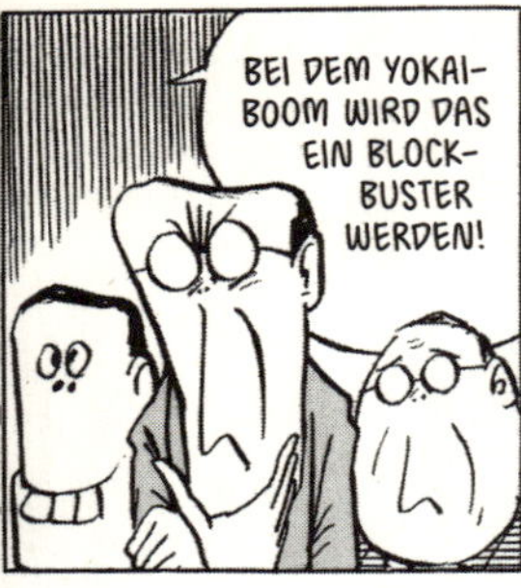
BEI DEM YOKAI-BOOM WIRD DAS EIN BLOCKBUSTER WERDEN!

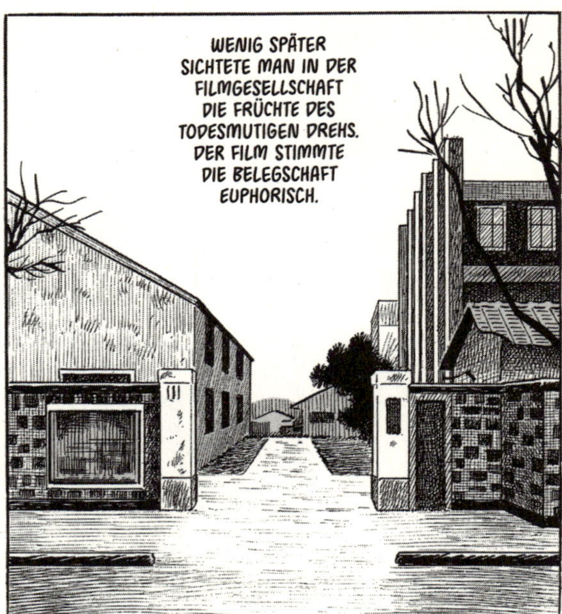
WENIG SPÄTER SICHTETE MAN IN DER FILMGESELLSCHAFT DIE FRÜCHTE DES TODESMUTIGEN DREHS. DER FILM STIMMTE DIE BELEGSCHAFT EUPHORISCH.

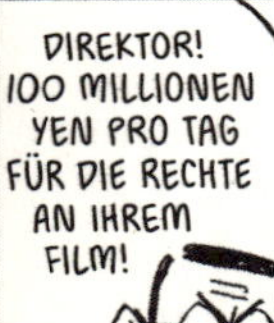
DIREKTOR! 100 MILLIONEN YEN PRO TAG FÜR DIE RECHTE AN IHREM FILM!
DIE NACHRICHT VERBREITETE SICH UNTER DEN FERNSEHSENDERN WIE EIN LAUFFEUER.

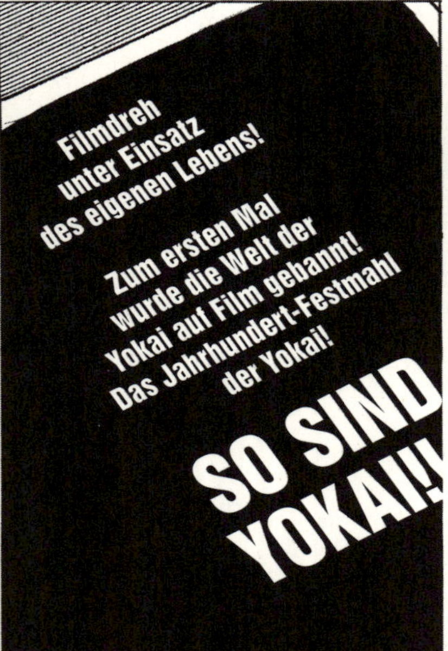
Filmdreh unter Einsatz des eigenen Lebens!
Zum ersten Mal wurde die Welt der Yokai auf Film gebannt! Das Jahrhundert-Festmahl der Yokai!
SO SIND YOKAI!

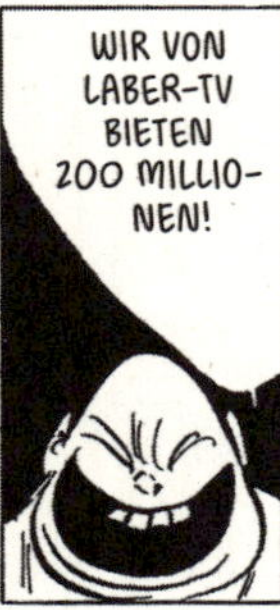
WIR VON LABER-TV BIETEN 200 MILLIONEN!

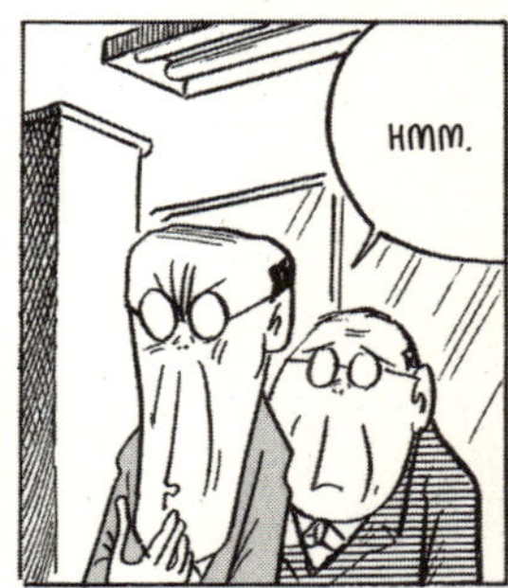
HMM.

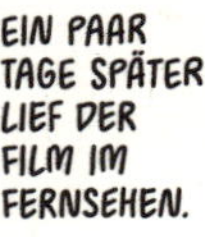
EIN PAAR TAGE SPÄTER LIEF DER FILM IM FERNSEHEN.

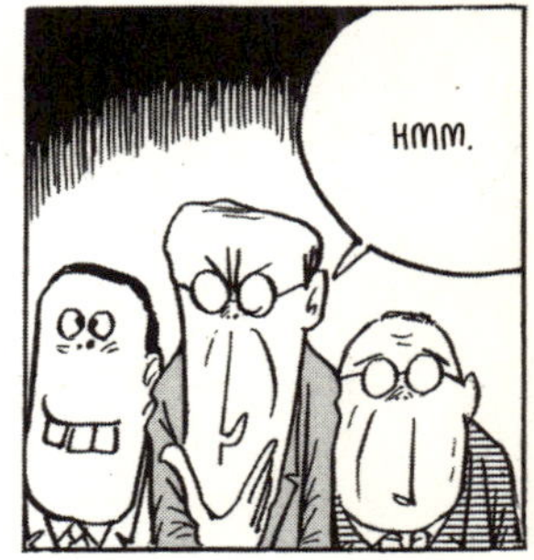
HMM.

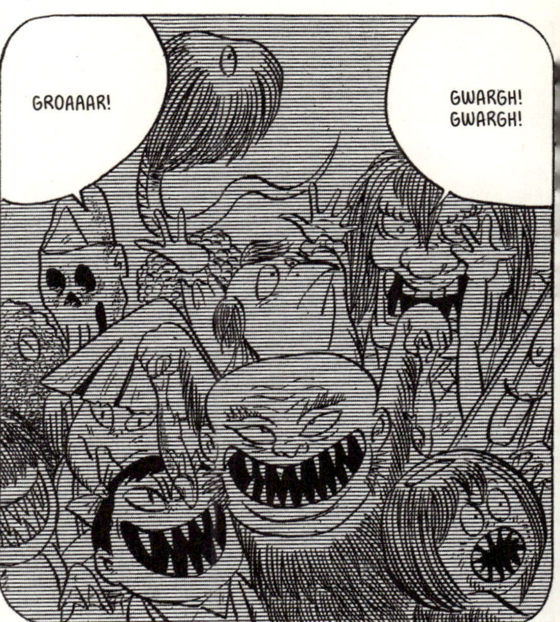
GWARGH! GWARGH!
GROAAAR!

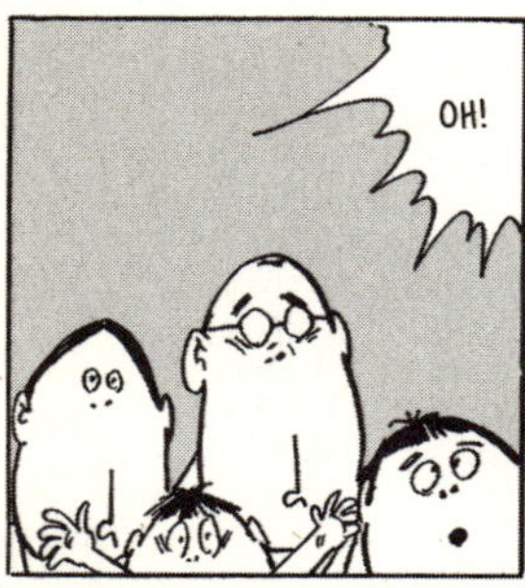
OH!

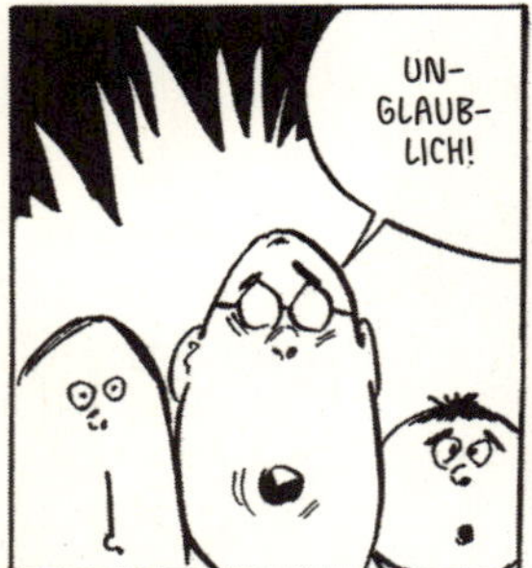
UN-GLAUB-LICH!

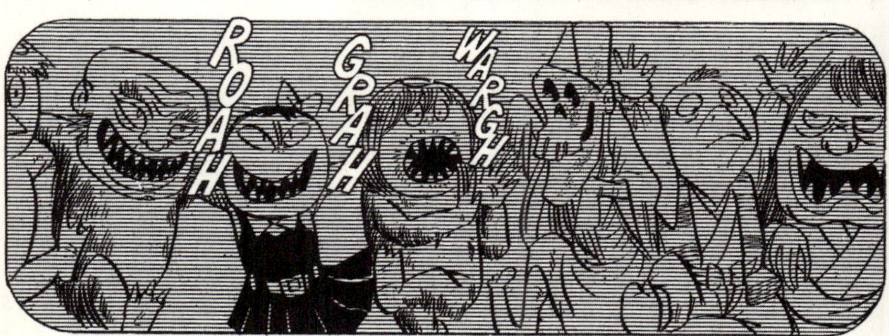
WARGH
GRAH
ROAAH

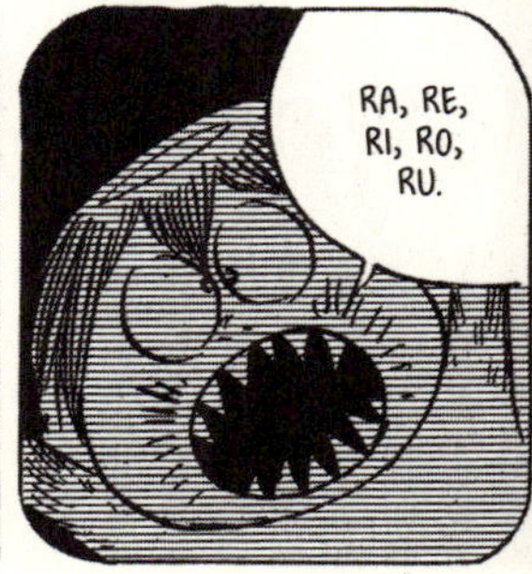
RA, RE, RI, RO, RU.

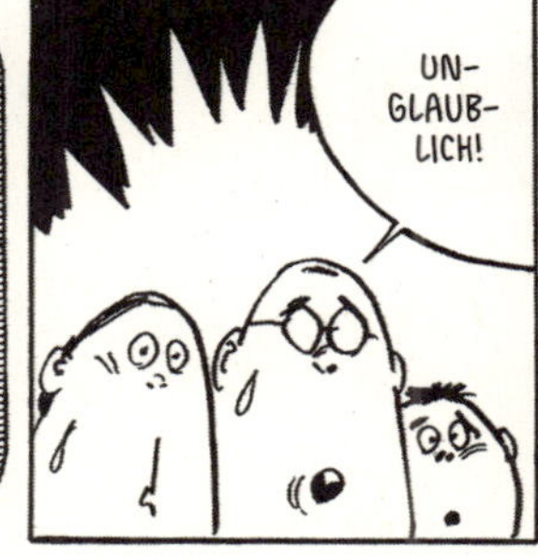
UN-GLAUB-LICH!

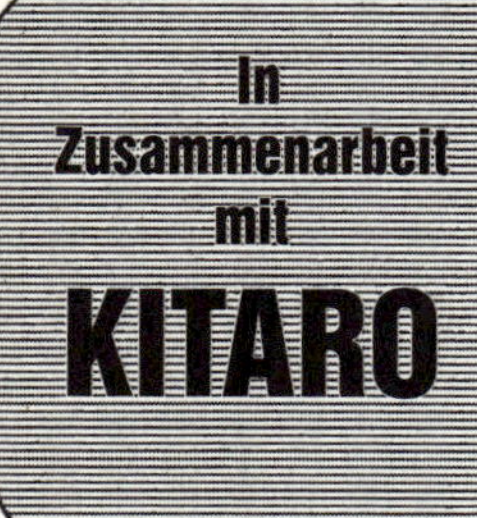
In Zusammenarbeit mit
KITARO

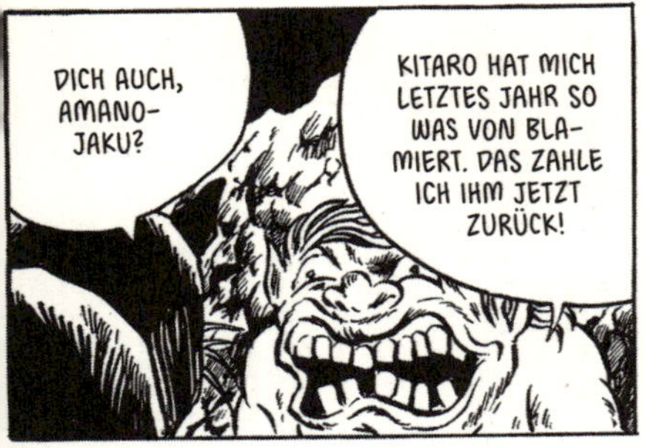

DER RIESENERFOLG DES FILMS GING IN DIE FERNSEHGESCHICHTE EIN. DUMMERWEISE GALT ES UNTER YOKAI ALS TODSÜNDE, DEN MENSCHEN YOKAI-GEHEIMNISSE ZU VERRATEN. ALS DIE VON KITARO GEPLAGTEN YOKAI-TUNICHTGUTE ERFUHREN, DASS SIE MIT KITAROS HILFE HEIMLICH GEFILMT WURDEN, WAREN SIE GERADEZU AUSSER SICH VOR FREUDE, DA SICH IHNEN ENDLICH EINE GELEGENHEIT ZUR RACHE BOT.

WIE LANGE ICH AUF DIESEN MOMENT GEWARTET HABE! MICH HÄLT NUR NOCH DIE VORFREUDE DARAUF AM LEBEN, MICH AN KITARO ZU RÄCHEN.

SEHT! DER SCHAU-AUF-MÖNCH IST AUCH STINKSAUER!

ばけ猫

* GEISTERKATZE

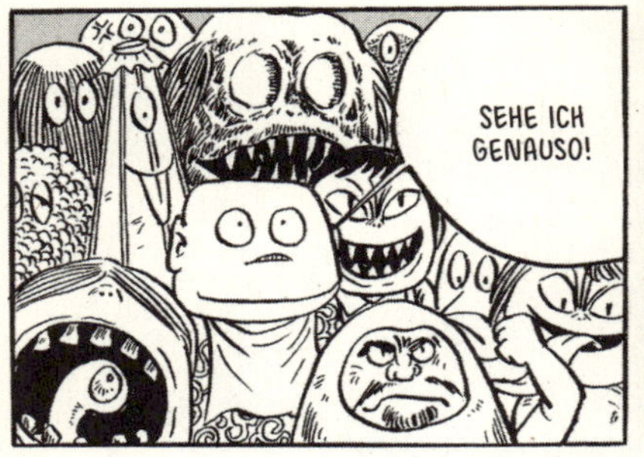

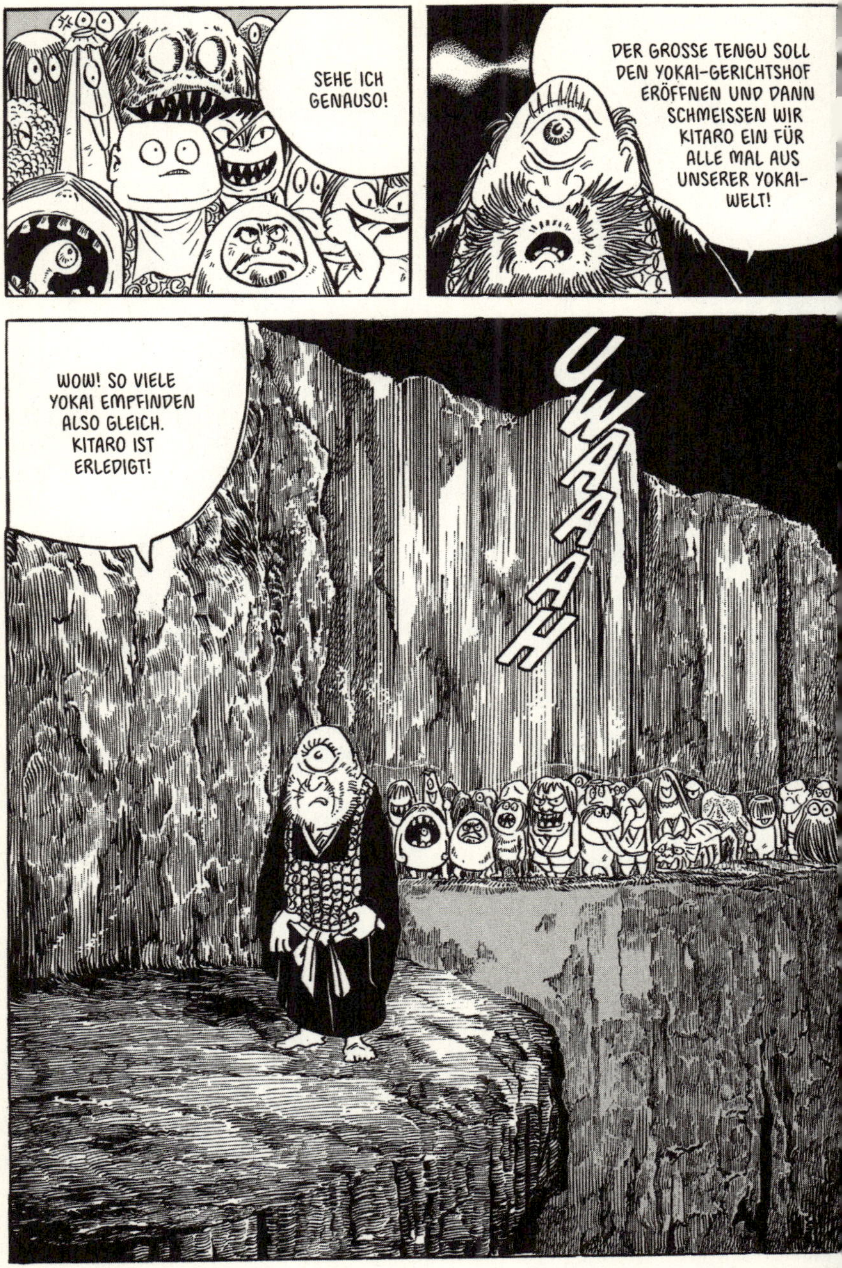

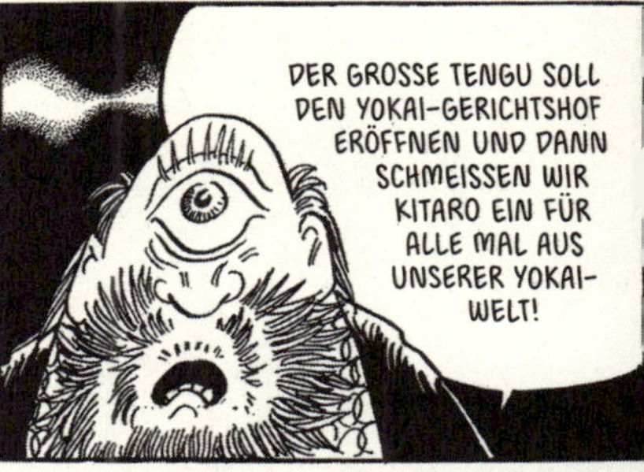

WOW! SO VIELE YOKAI EMPFINDEN ALSO GLEICH. KITARO IST ERLEDIGT!

UWAAAAH

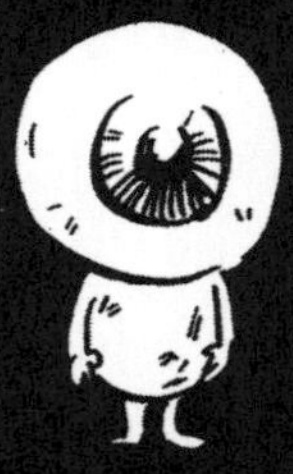

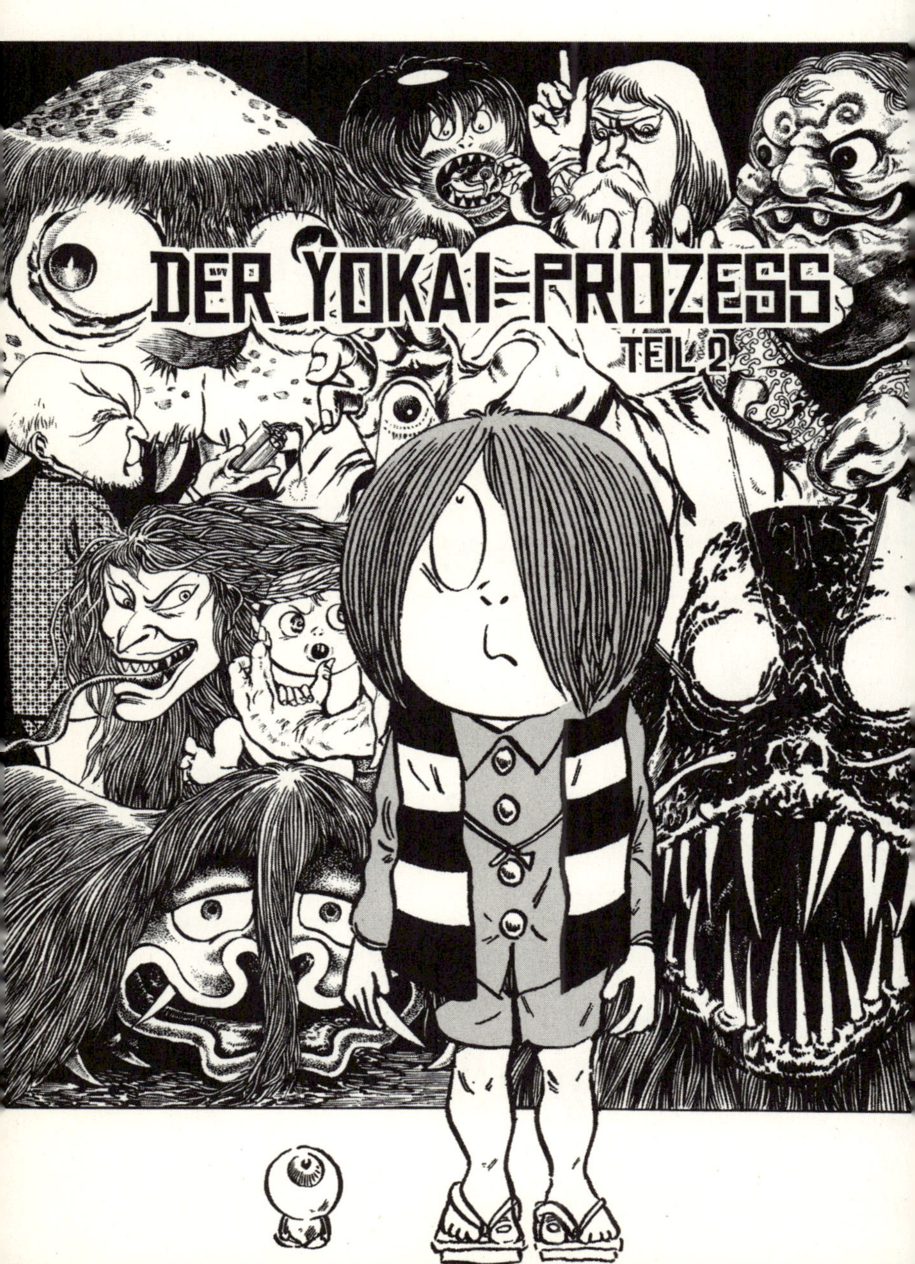
DER YOKAI-PROZESS
TEIL 2

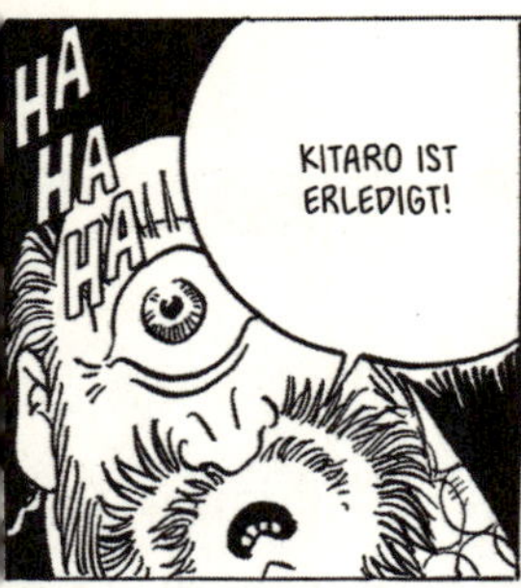
HA HA HA
KITARO IST ERLEDIGT!
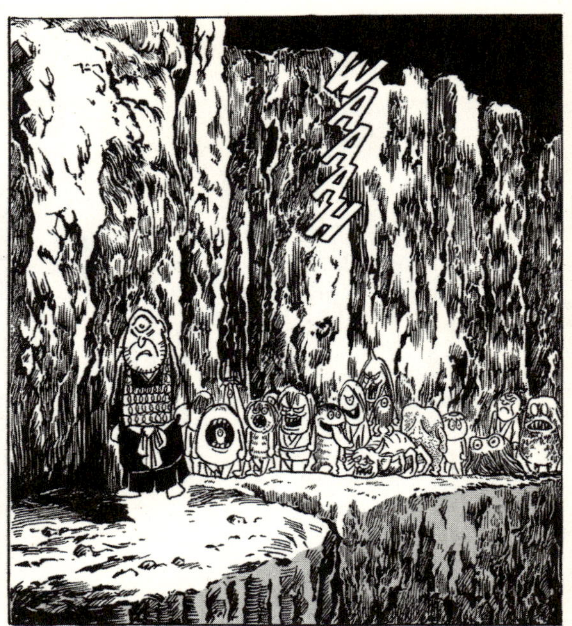
WAAAAAH
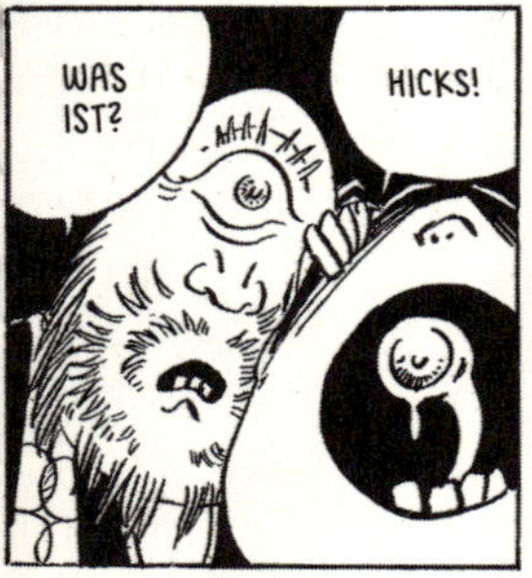
HICKS!
WAS IST?
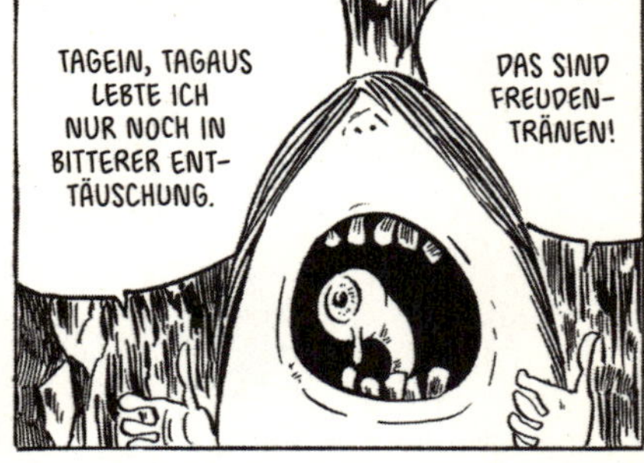
DAS SIND FREUDEN-TRÄNEN!
TAGEIN, TAGAUS LEBTE ICH NUR NOCH IN BITTERER ENT-TÄUSCHUNG.
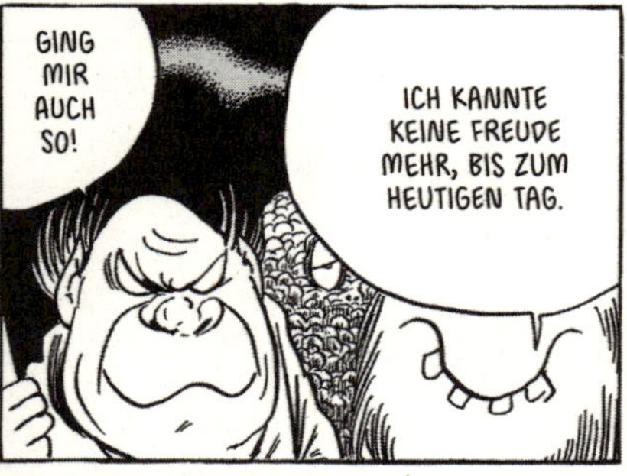
ICH KANNTE KEINE FREUDE MEHR, BIS ZUM HEUTIGEN TAG.
GING MIR AUCH SO!
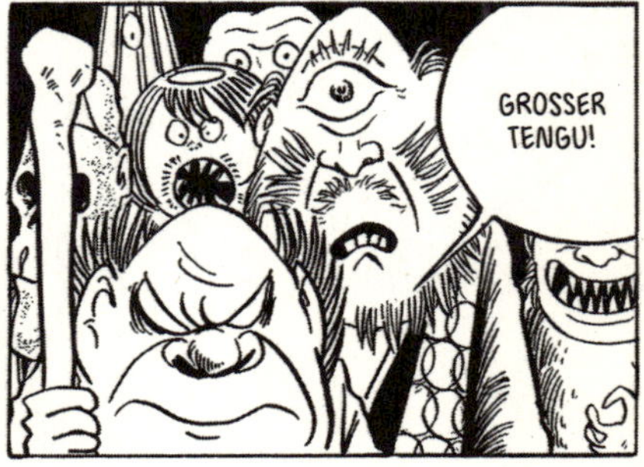
GROSSER TENGU!
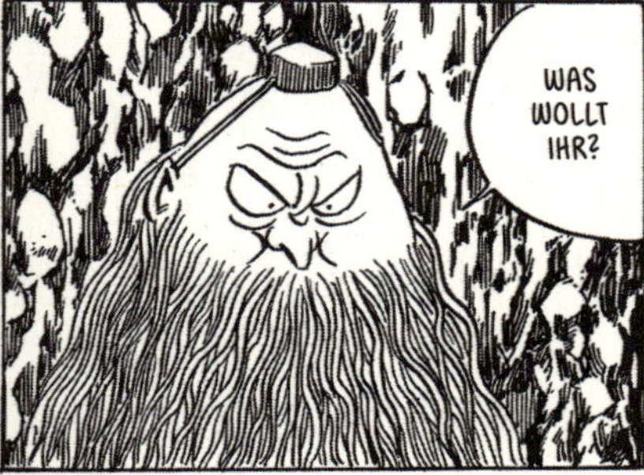
WAS WOLLT IHR?

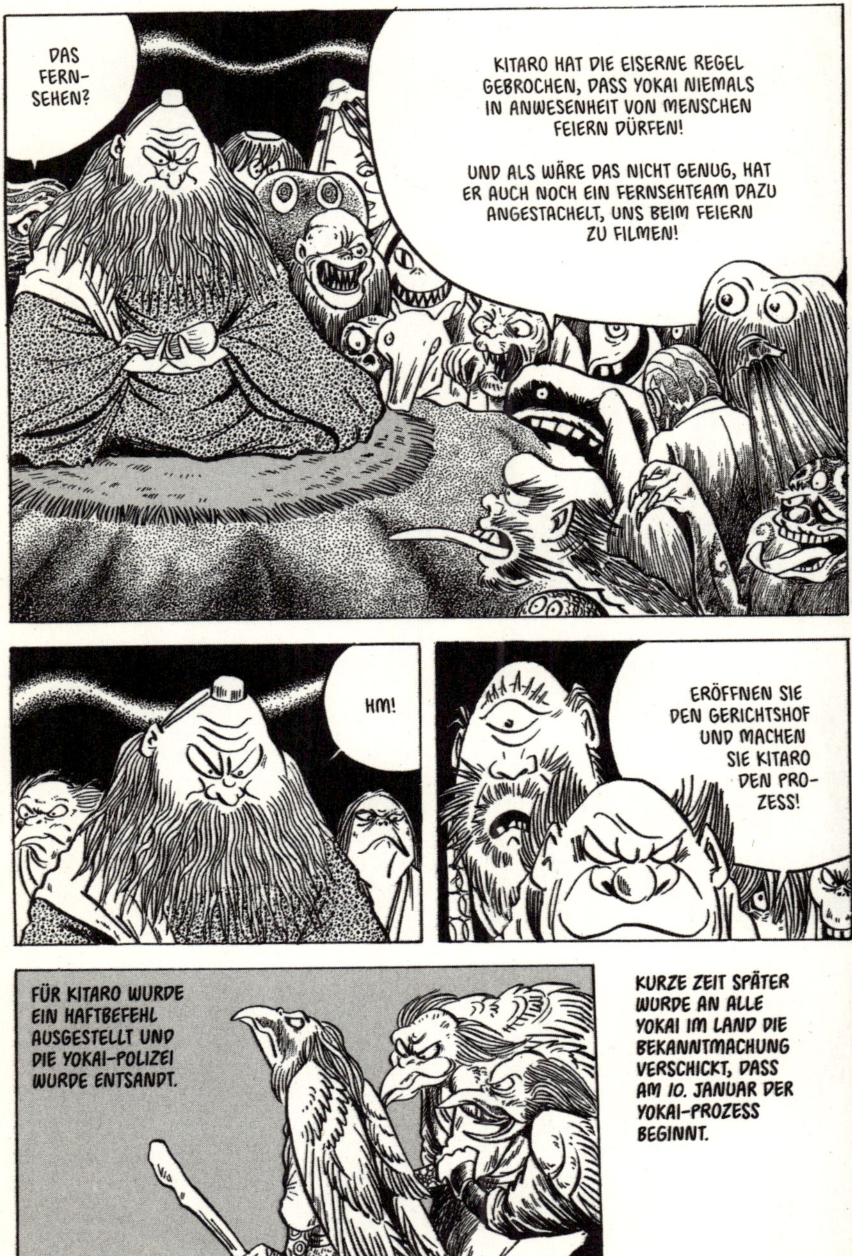

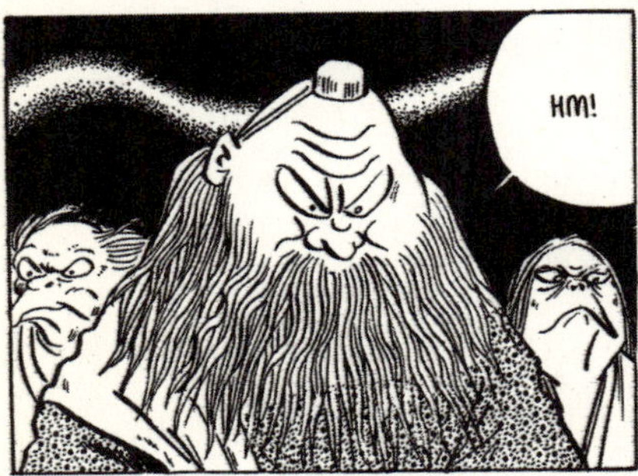

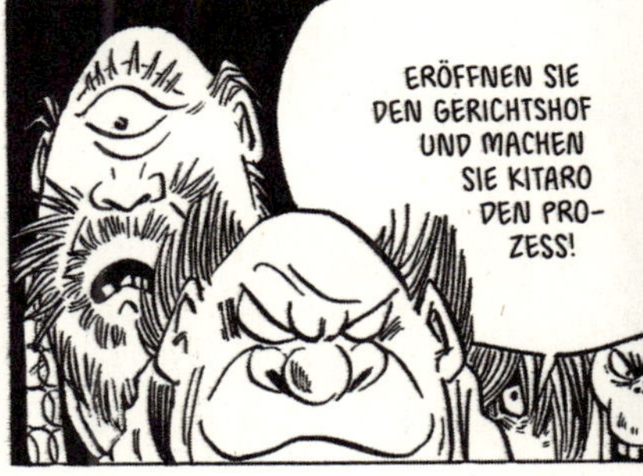

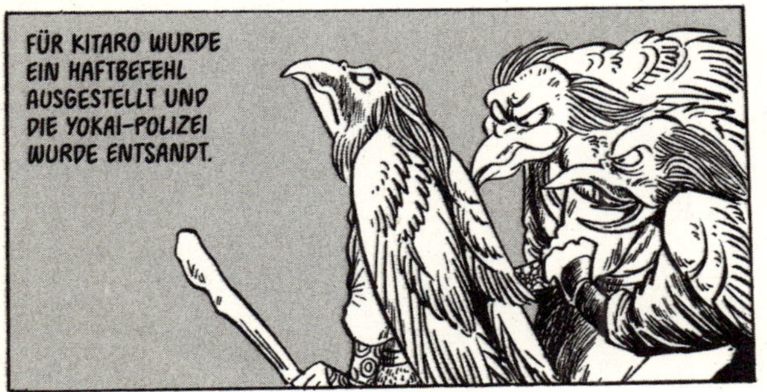

KURZE ZEIT SPÄTER WURDE AN ALLE YOKAI IM LAND DIE BEKANNTMACHUNG VERSCHICKT, DASS AM 10. JANUAR DER YOKAI-PROZESS BEGINNT.

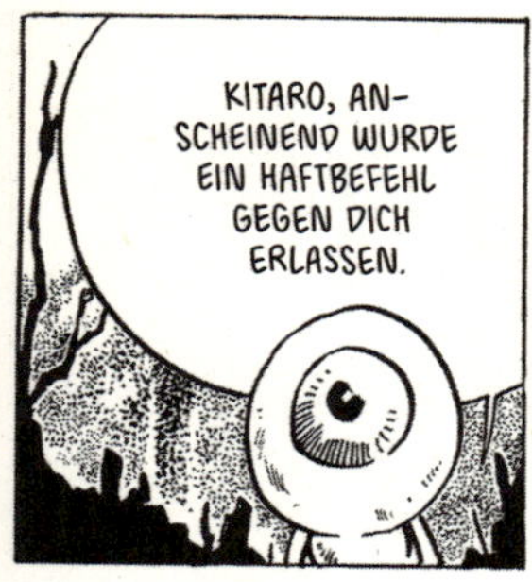
KITARO, ANSCHEINEND WURDE EIN HAFTBEFEHL GEGEN DICH ERLASSEN.
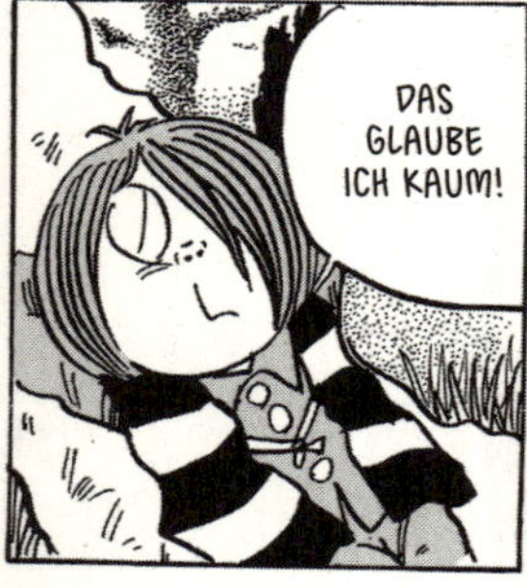
DAS GLAUBE ICH KAUM!
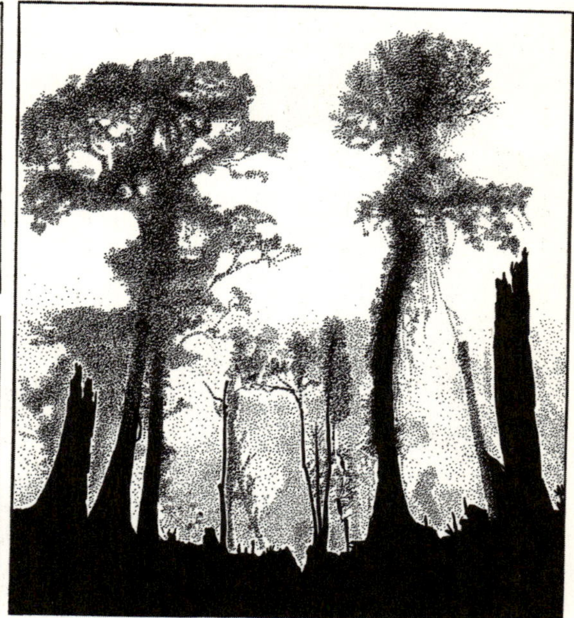
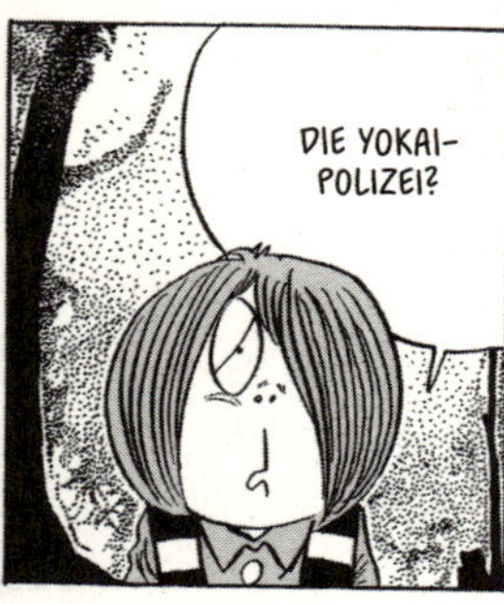
DIE YOKAI-POLIZEI?
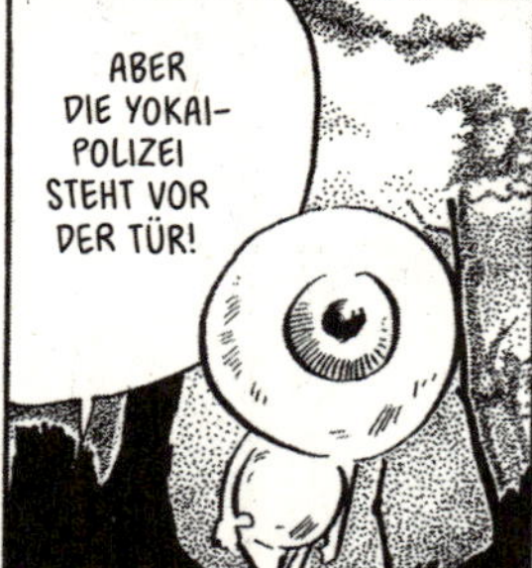
ABER DIE YOKAI-POLIZEI STEHT VOR DER TÜR!
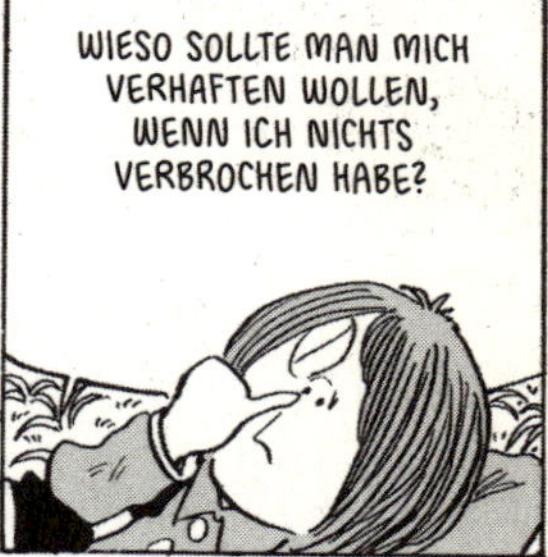
WIESO SOLLTE MAN MICH VERHAFTEN WOLLEN, WENN ICH NICHTS VERBROCHEN HABE?
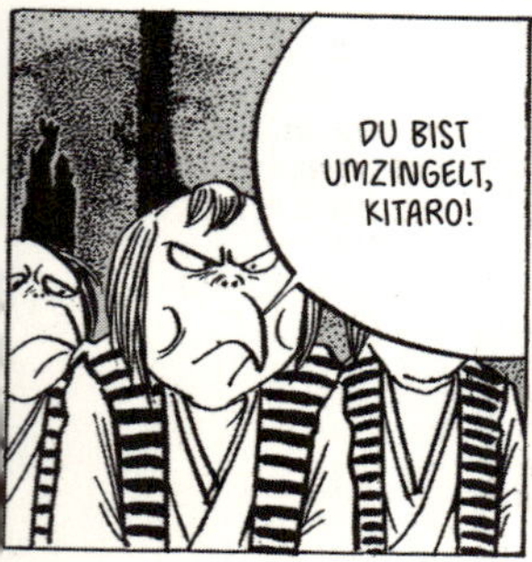
DU BIST UMZINGELT, KITARO!
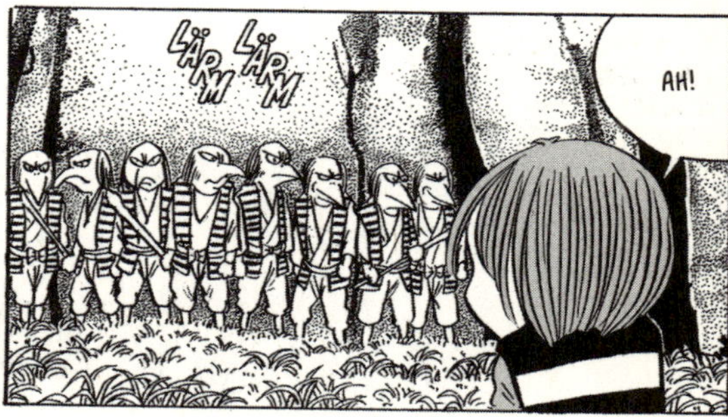
LÄRM LÄRM
AH!

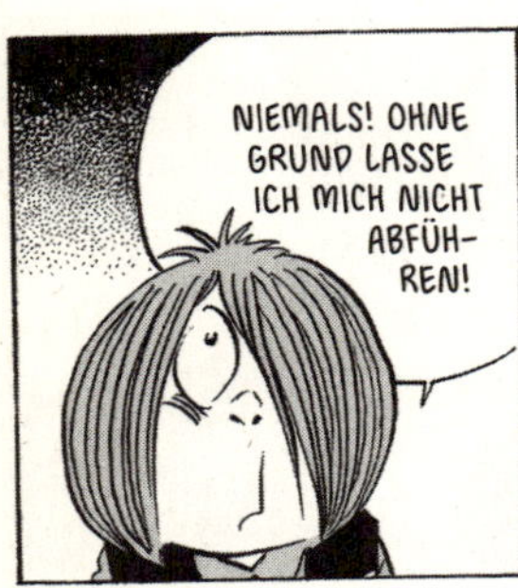
NIEMALS! OHNE GRUND LASSE ICH MICH NICHT ABFÜH-REN!

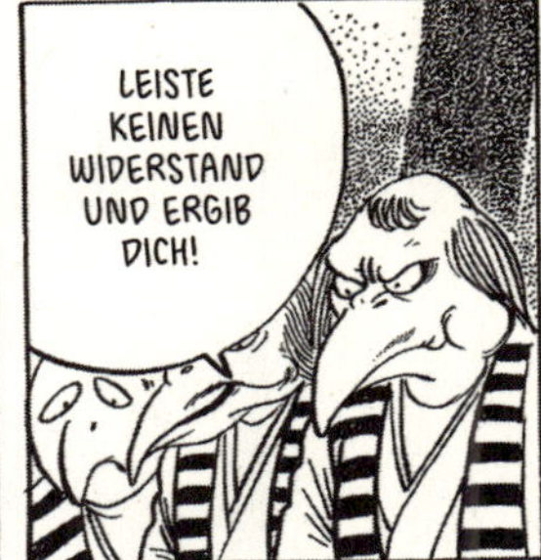
LEISTE KEINEN WIDERSTAND UND ERGIB DICH!

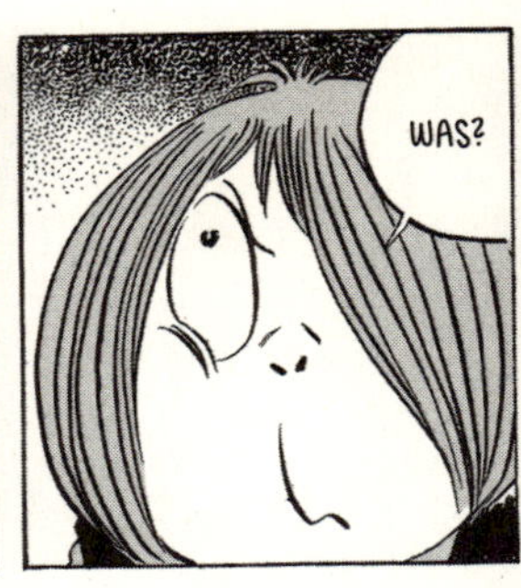
WAS?

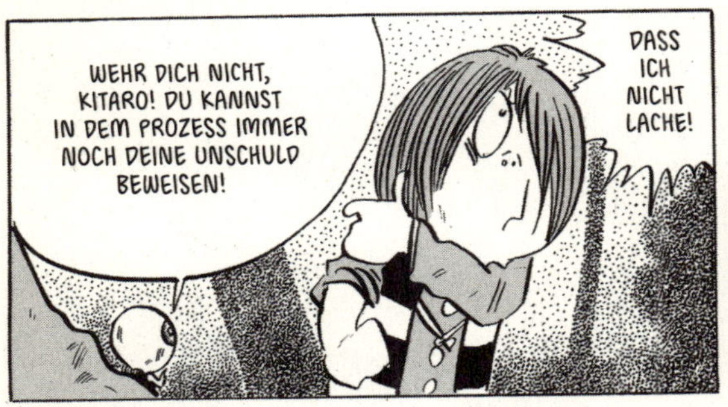
WEHR DICH NICHT, KITARO! DU KANNST IN DEM PROZESS IMMER NOCH DEINE UNSCHULD BEWEISEN!
DASS ICH NICHT LACHE!

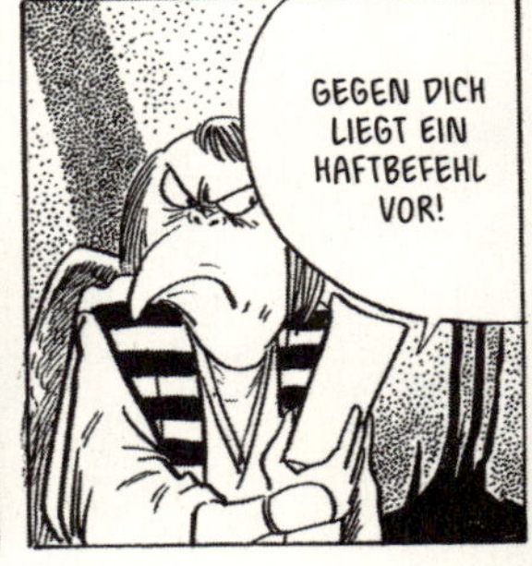
GEGEN DICH LIEGT EIN HAFTBEFEHL VOR!

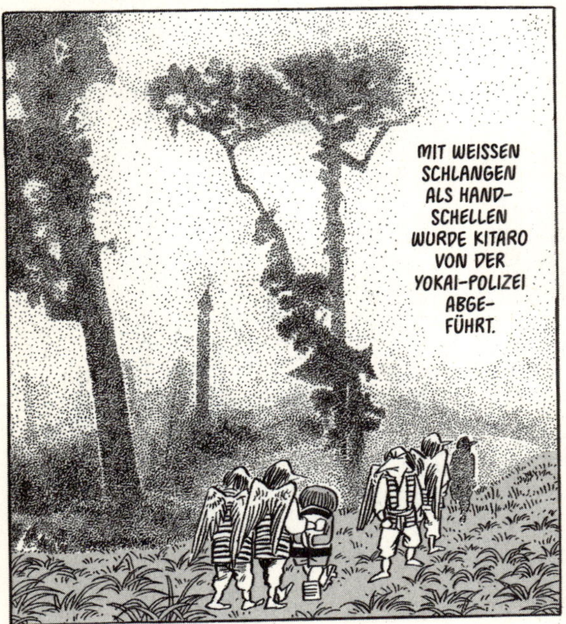
MIT WEISSEN SCHLANGEN ALS HAND-SCHELLEN WURDE KITARO VON DER YOKAI-POLIZEI ABGE-FÜHRT.

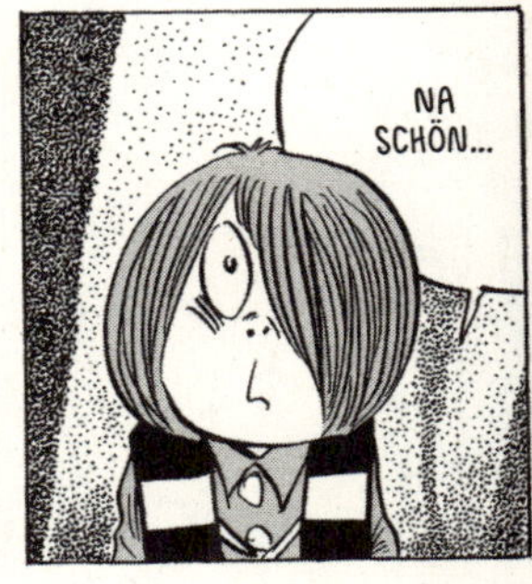
NA SCHÖN...

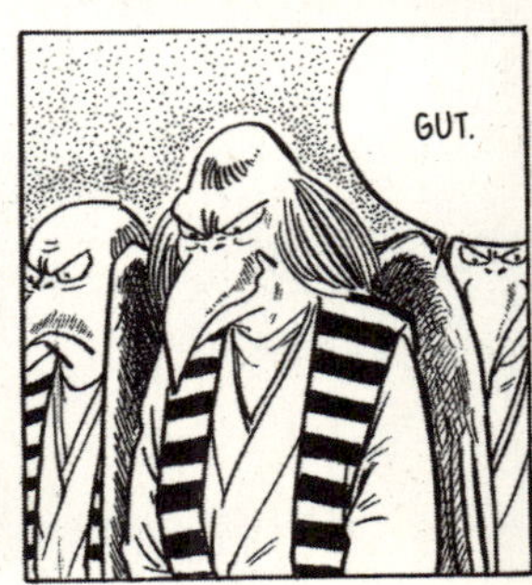
GUT.

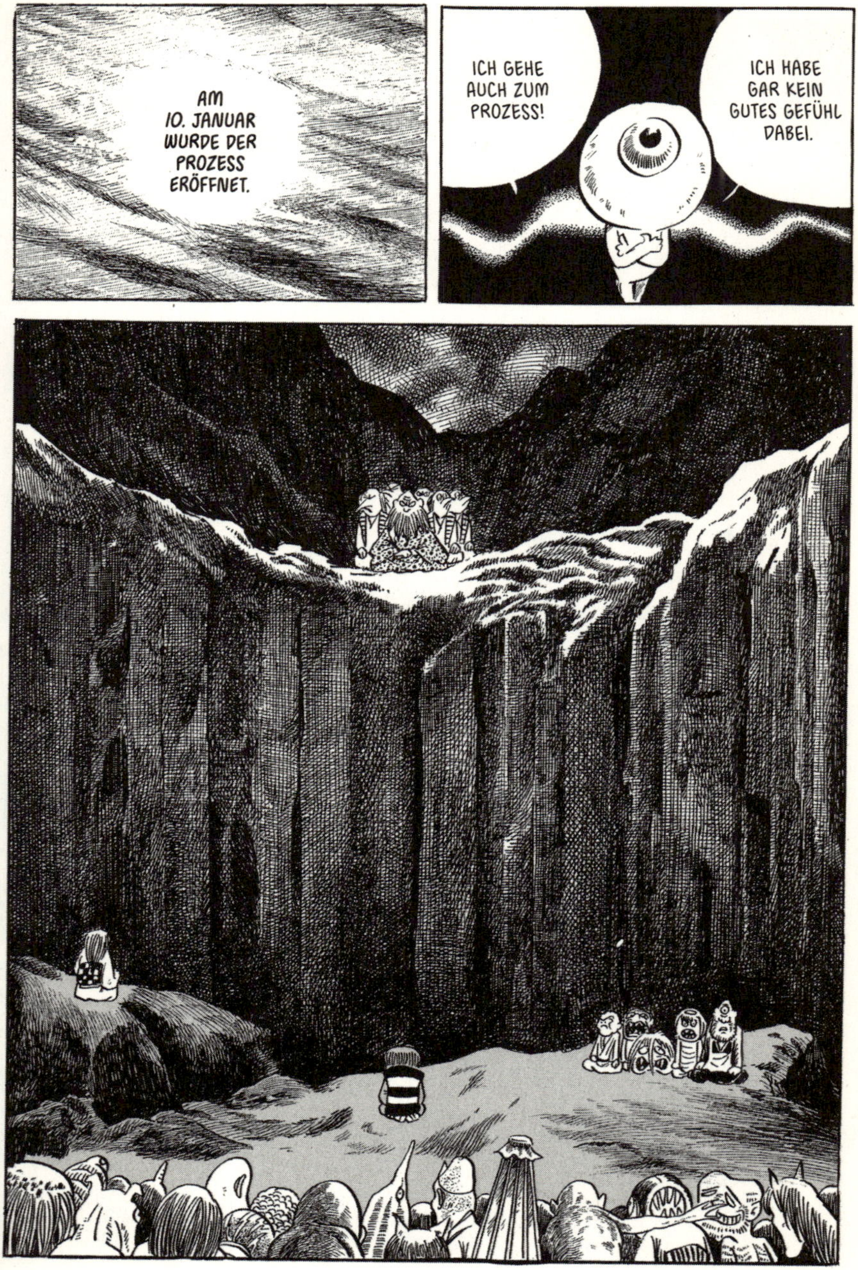

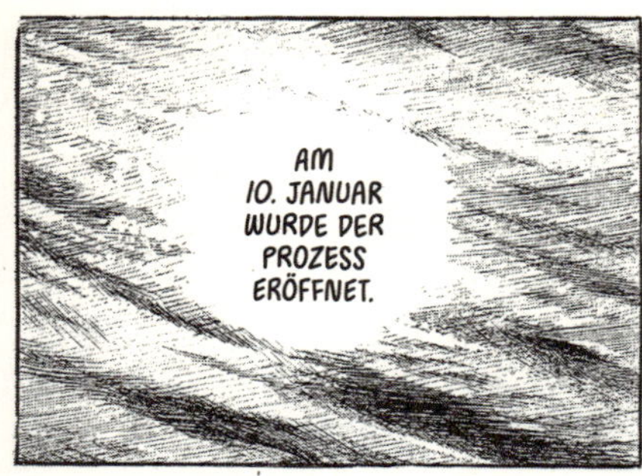
AM
10. JANUAR
WURDE DER
PROZESS
ERÖFFNET.

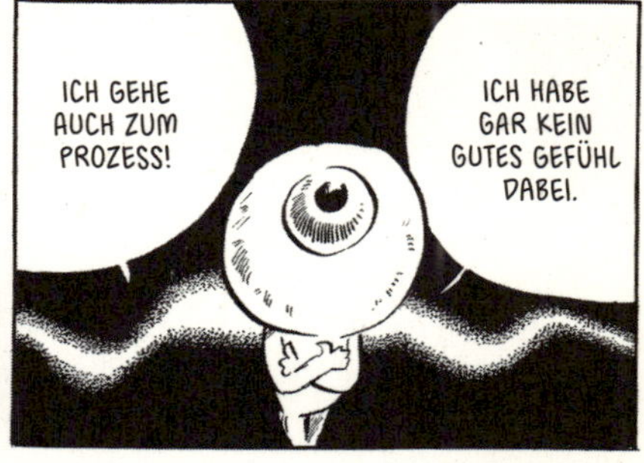
ICH HABE
GAR KEIN
GUTES GEFÜHL
DABEI.
ICH GEHE
AUCH ZUM
PROZESS!

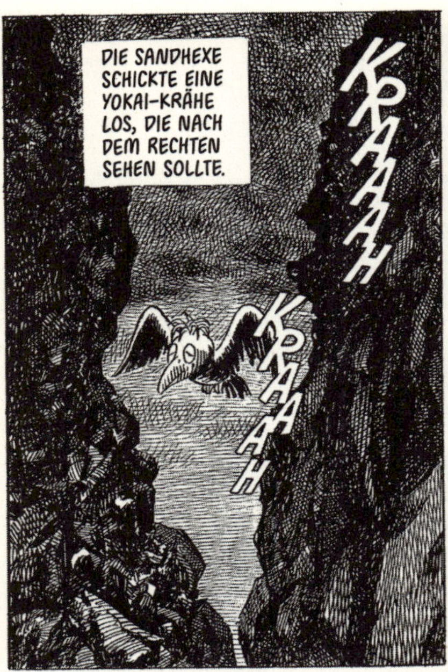
DIE SANDHEXE SCHICKTE EINE YOKAI-KRÄHE LOS, DIE NACH DEM RECHTEN SEHEN SOLLTE.
KRAAAAH
KRAAAH

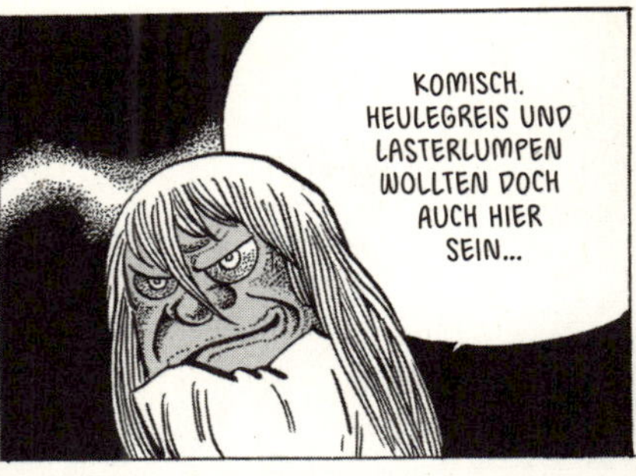
KOMISCH. HEULEGREIS UND LASTERLUMPEN WOLLTEN DOCH AUCH HIER SEIN...

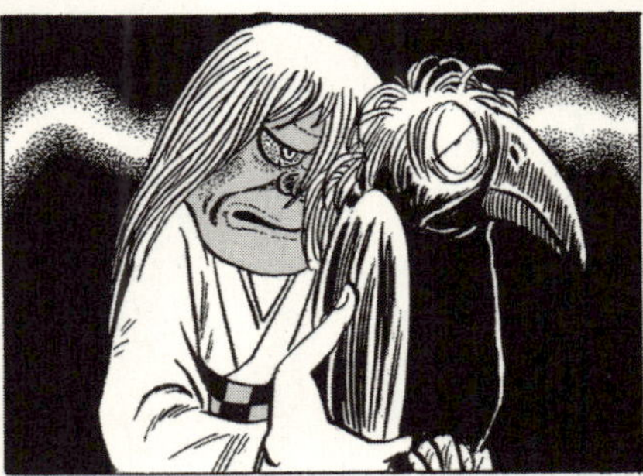

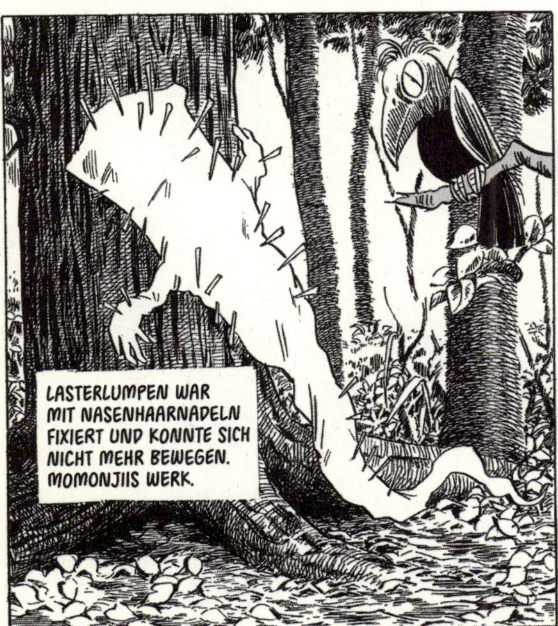
LASTERLUMPEN WAR MIT NASENHAARNADELN FIXIERT UND KONNTE SICH NICHT MEHR BEWEGEN. MOMONJIIS WERK.

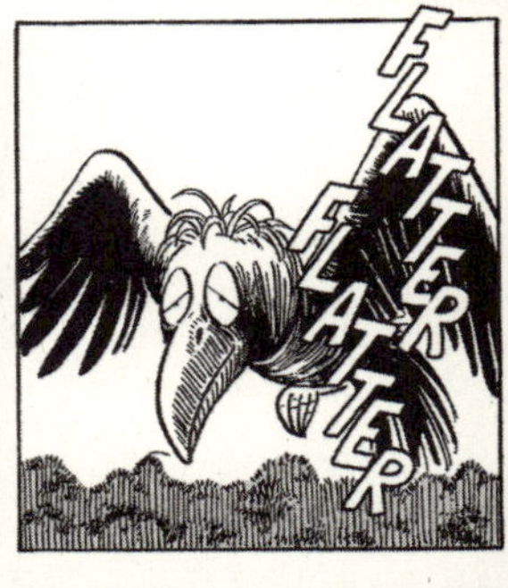
FLATTER
FLATTER

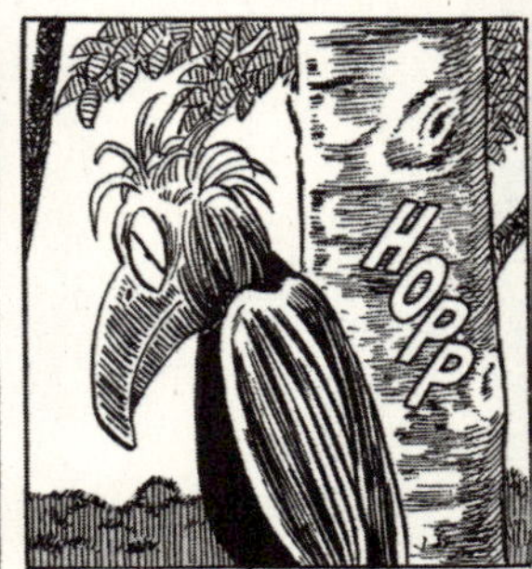
HOPP

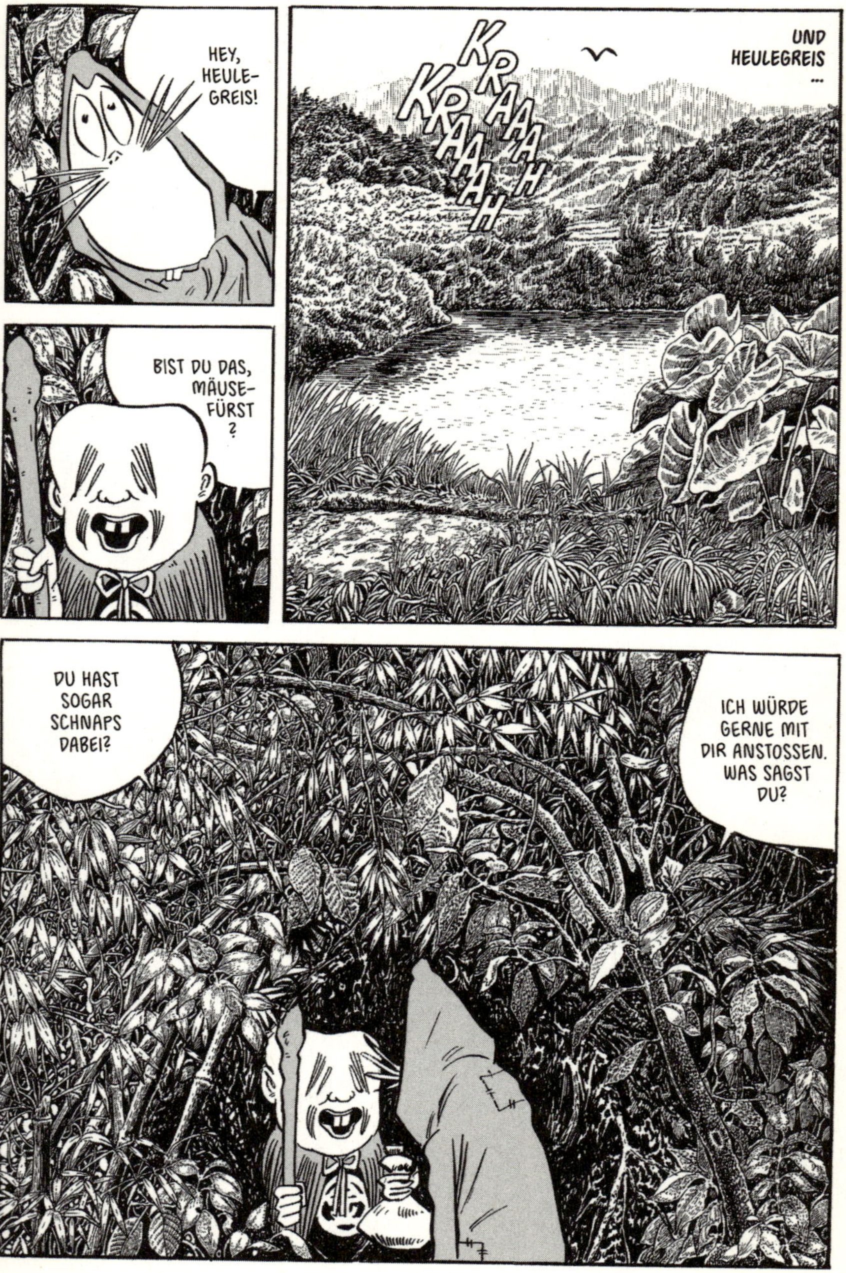

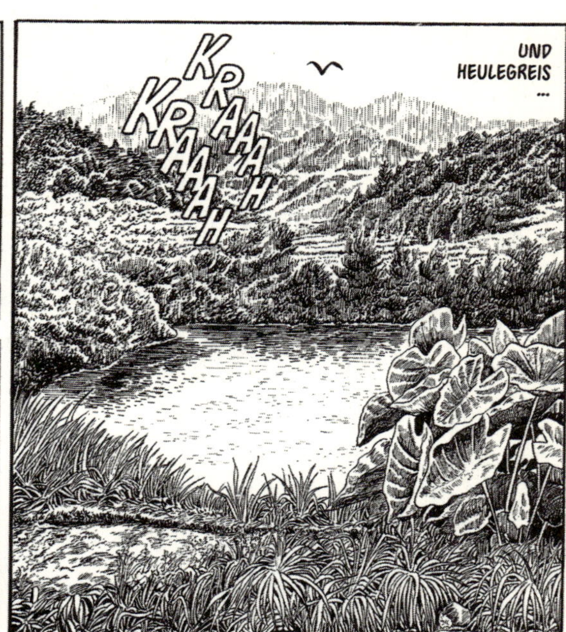
UND HEULEGREIS ...
KRAAAAH KRAAAAH

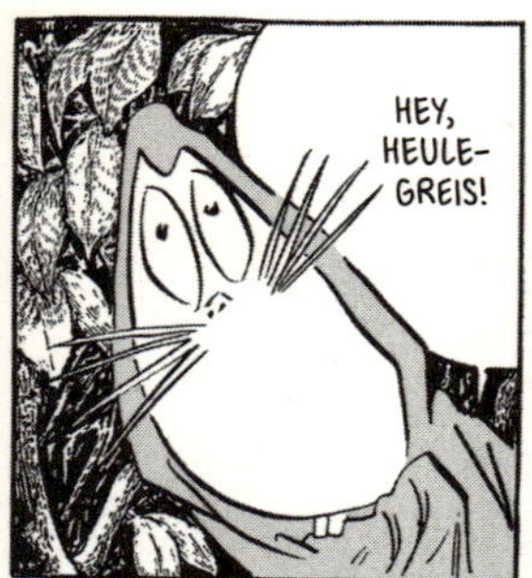
HEY, HEULE-GREIS!

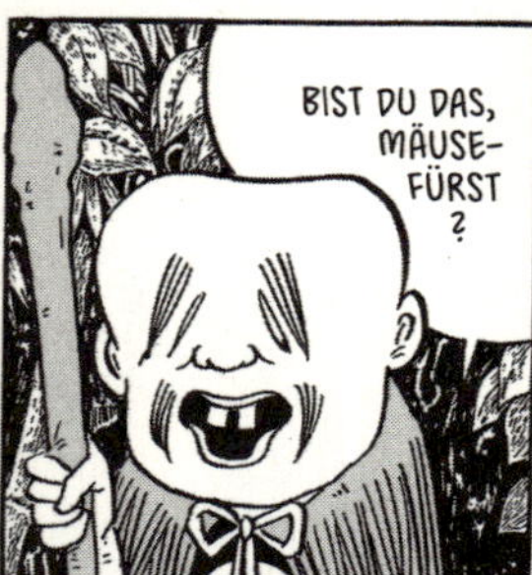
BIST DU DAS, MÄUSE-FÜRST?

ICH WÜRDE GERNE MIT DIR ANSTOSSEN. WAS SAGST DU?
DU HAST SOGAR SCHNAPS DABEI?

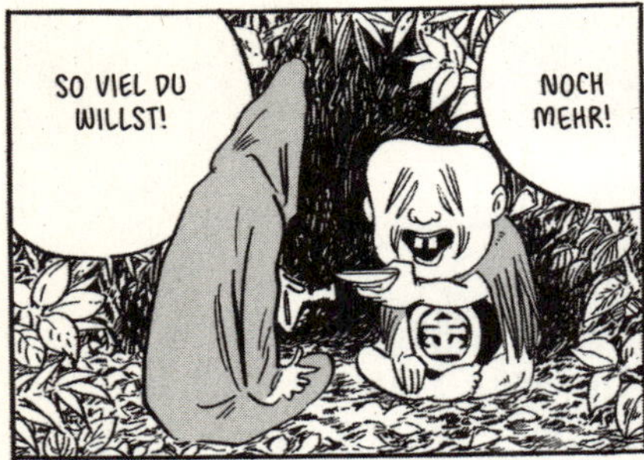
NOCH MEHR!
SO VIEL DU WILLST!
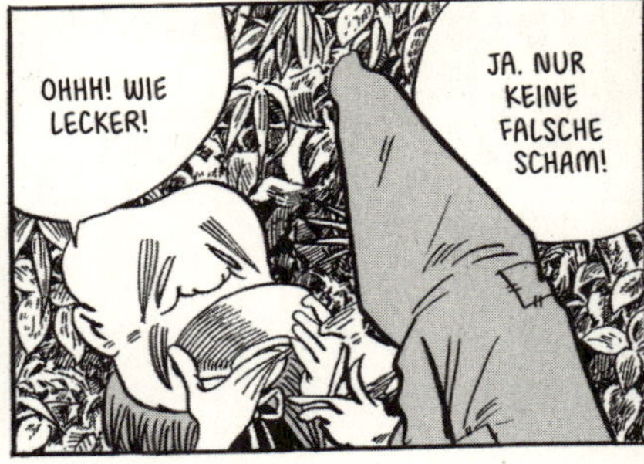
JA. NUR KEINE FALSCHE SCHAM!
OHHH! WIE LECKER!
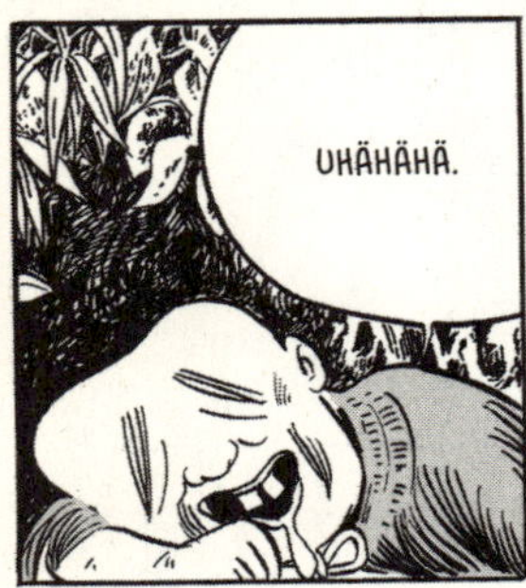
UHÄHÄHÄ.
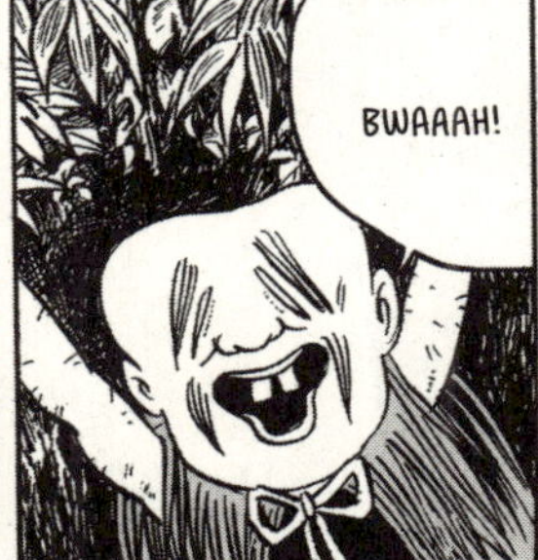
BWAAAH!
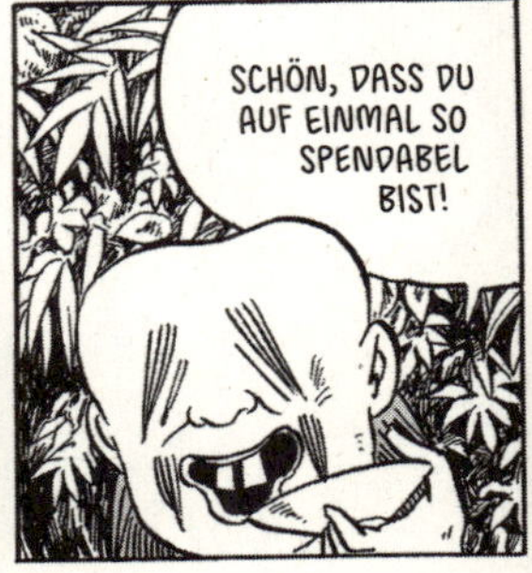
SCHÖN, DASS DU AUF EINMAL SO SPENDABEL BIST!
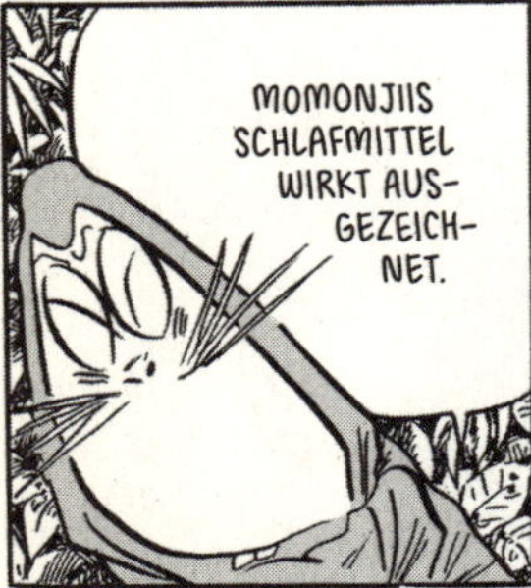
MOMONJIIS SCHLAFMITTEL WIRKT AUS-GEZEICH-NET.
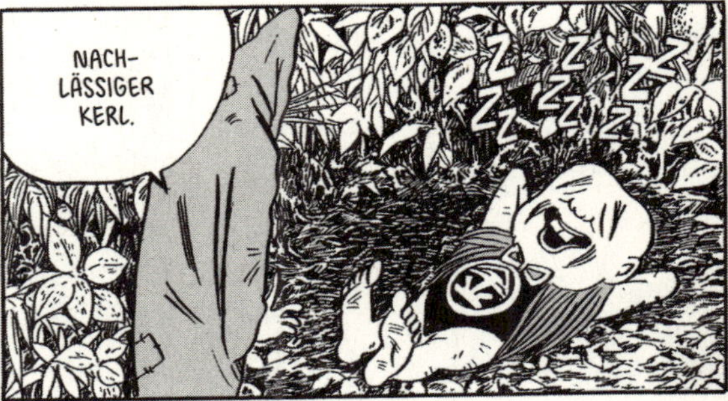
NACH-LÄSSIGER KERL.
ZZZZZZ
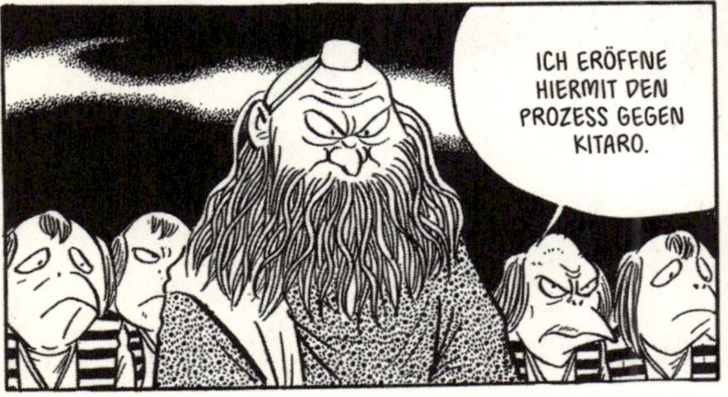
ICH ERÖFFNE HIERMIT DEN PROZESS GEGEN KITARO.
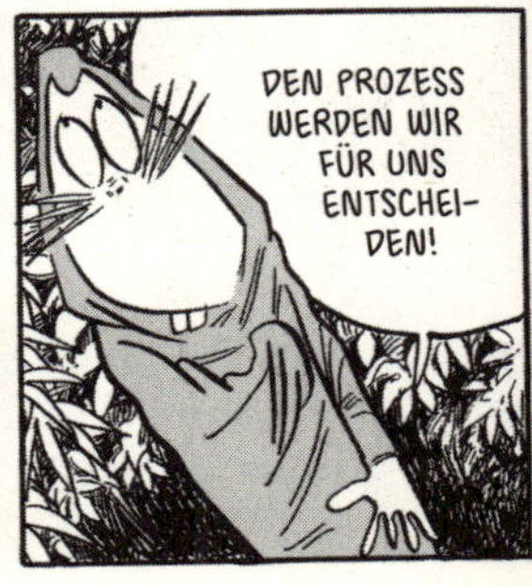
DEN PROZESS WERDEN WIR FÜR UNS ENTSCHEI-DEN!

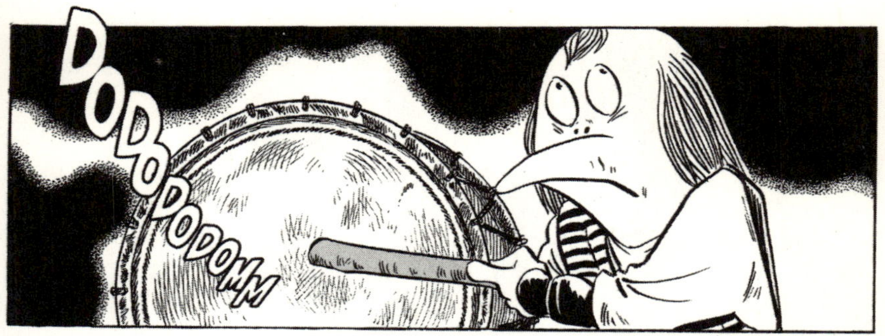
DODODODOMM

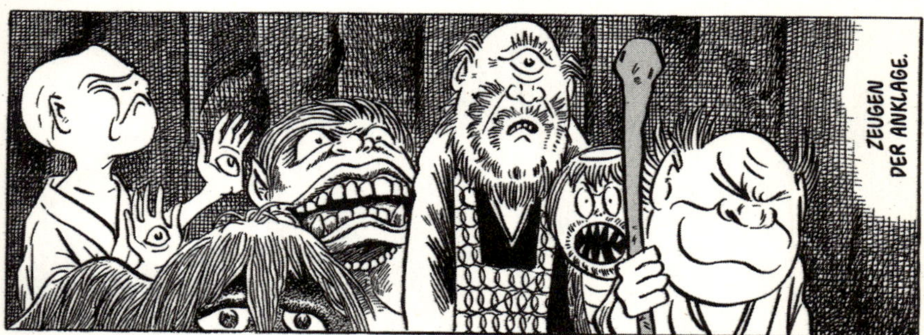
ZEUGEN DER ANKLAGE.

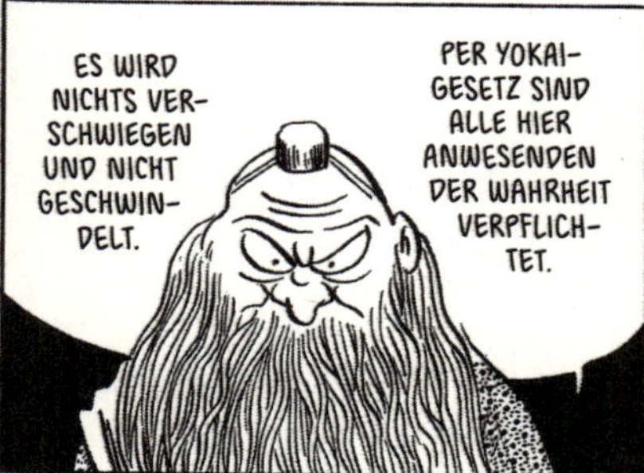
PER YOKAI-GESETZ SIND ALLE HIER ANWESENDEN DER WAHRHEIT VERPFLICHTET.
ES WIRD NICHTS VERSCHWIEGEN UND NICHT GESCHWINDELT.

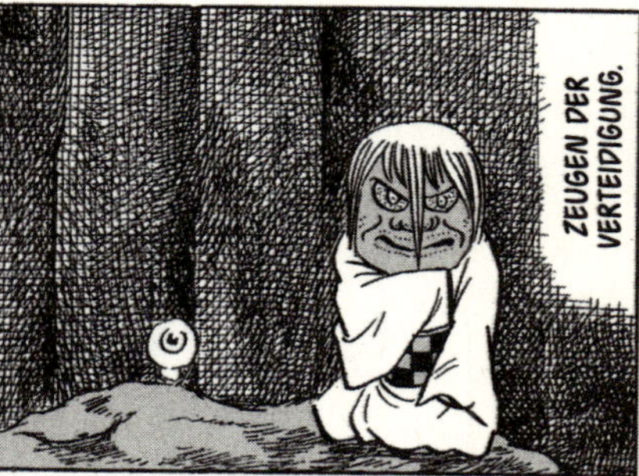
ZEUGEN DER VERTEIDIGUNG.

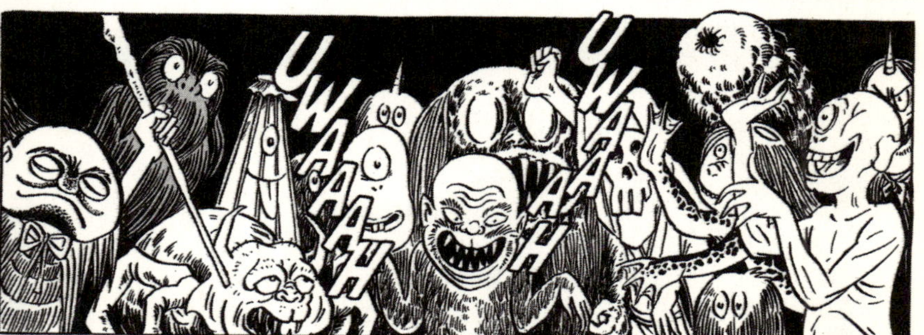
UWAAAAH
UWAAAAH

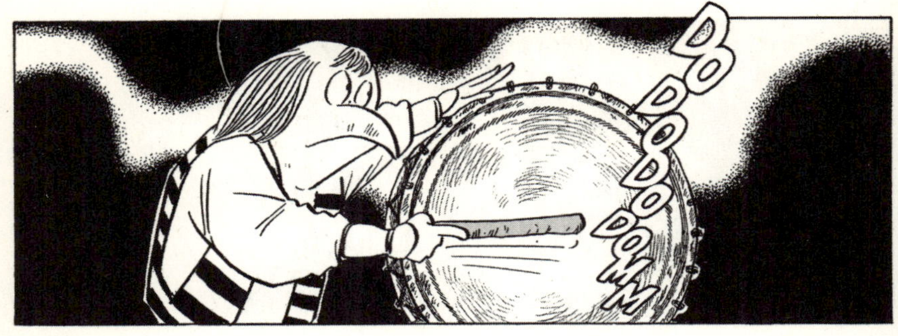
DODODODOMM

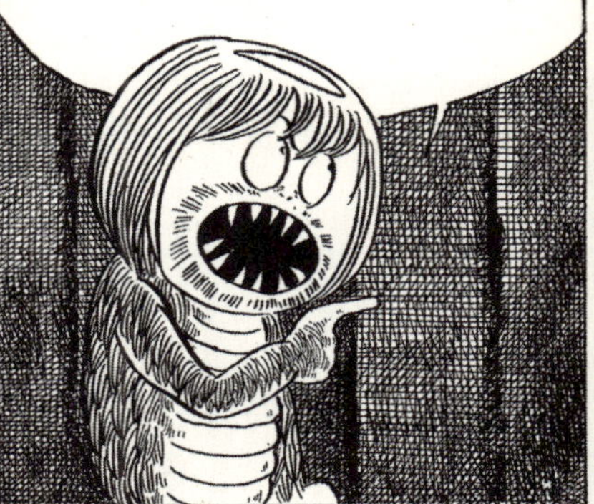
OBWOHL KITARO SELBST EIN YOKAI IST, HAT IHN DAS BISLANG NIE DAVON ABGEHALTEN, PARTEI FÜR DIE MENSCHEN ZU ERGREIFEN UND SEINE YOKAI-KAMERADEN ANZUGREIFEN. DIESMAL IST ER JEDOCH ENDGÜLTIG ZU WEIT GEGANGEN! ER HAT UNS AN DIE MENSCHEN VERKAUFT UND DAFÜR MUSS ER HART BESTRAFT WERDEN!

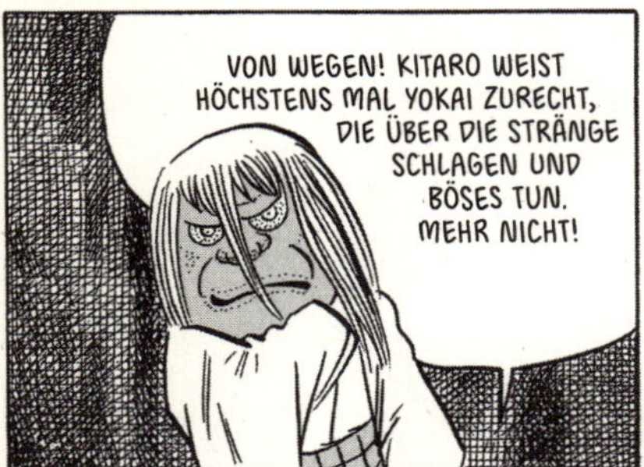
VON WEGEN! KITARO WEIST HÖCHSTENS MAL YOKAI ZURECHT, DIE ÜBER DIE STRÄNGE SCHLAGEN UND BÖSES TUN. MEHR NICHT!

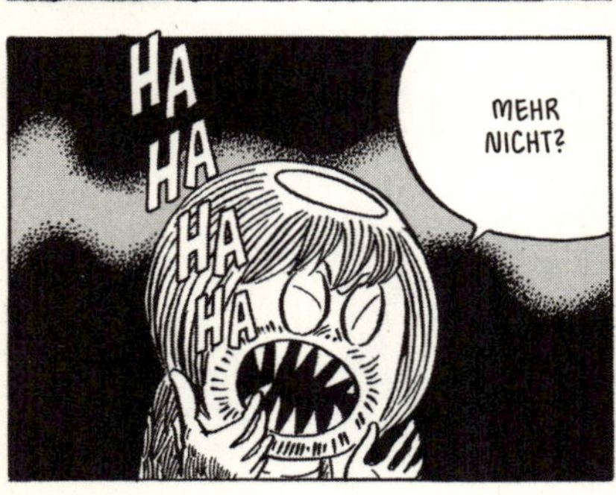
MEHR NICHT?
HA HA HA HA

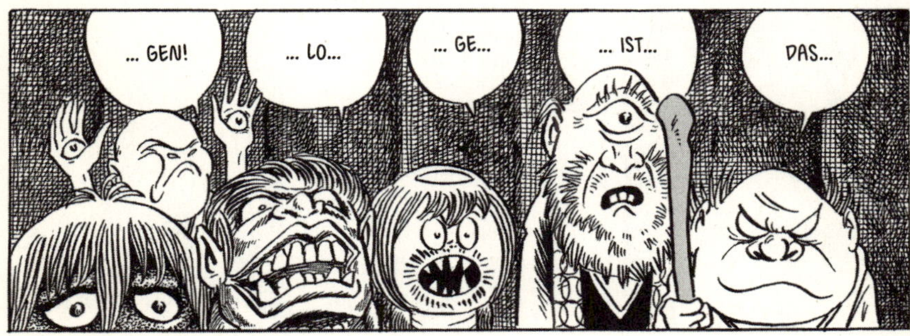
DAS...
... IST...
... GE...
... LO...
... GEN!

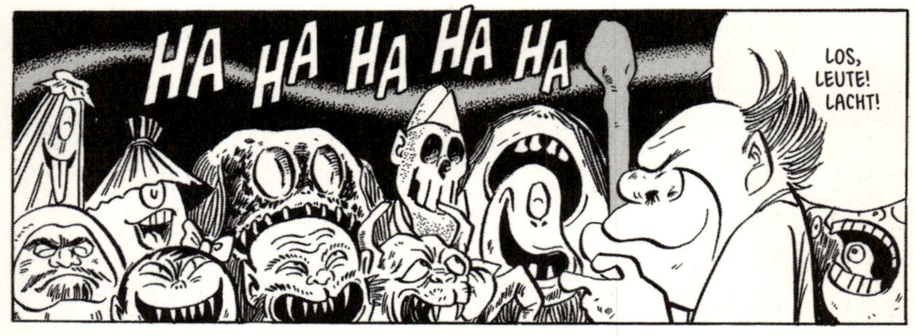
HA HA HA HA HA
LOS, LEUTE! LACHT!

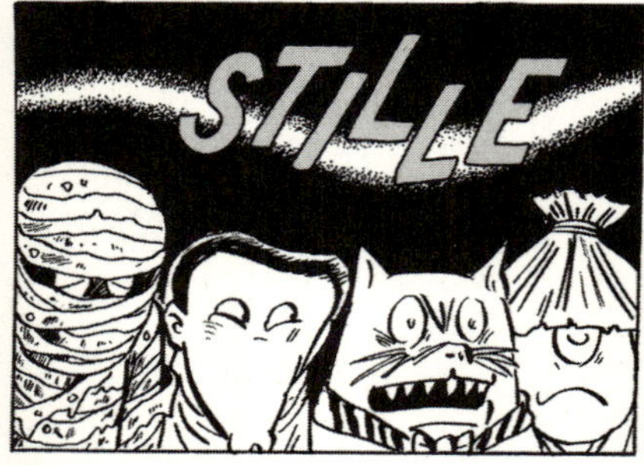
STILLE

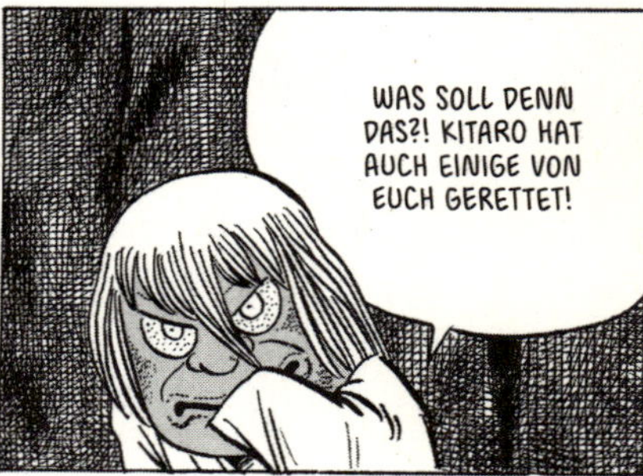
WAS SOLL DENN DAS?! KITARO HAT AUCH EINIGE VON EUCH GERETTET!

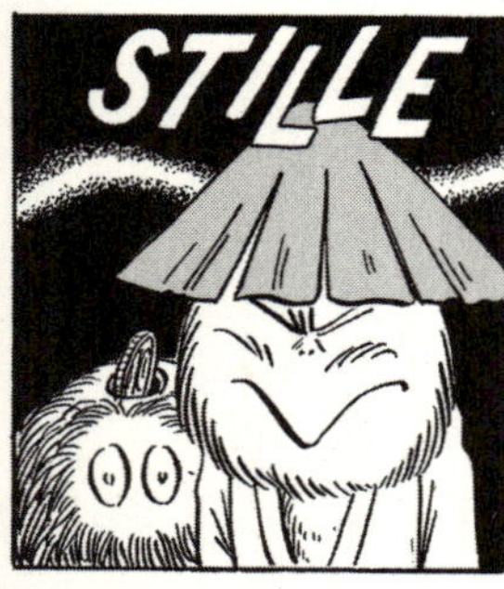
STILLE

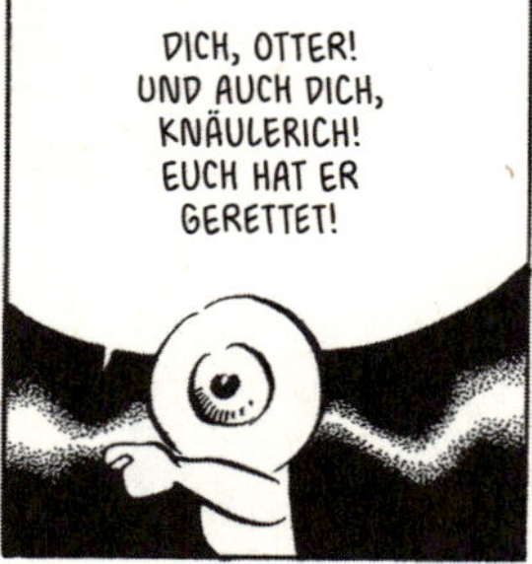
DICH, OTTER! UND AUCH DICH, KNÄULERICH! EUCH HAT ER GERETTET!

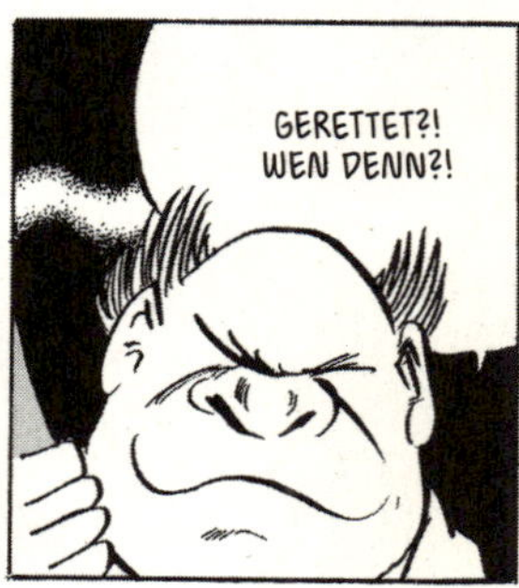
GERETTET?! WEN DENN?!

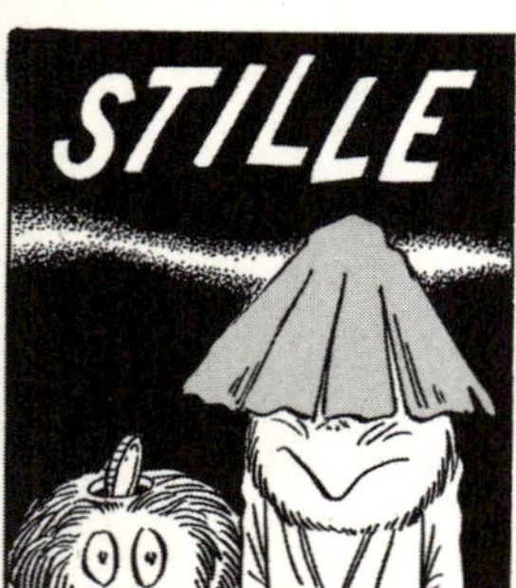
STILLE

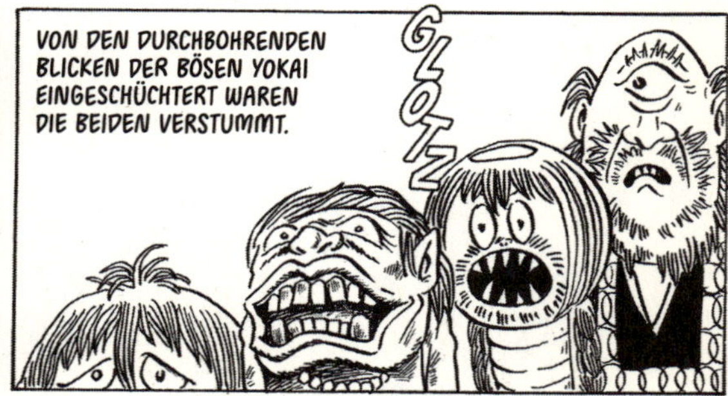
VON DEN DURCHBOHRENDEN BLICKEN DER BÖSEN YOKAI EINGESCHÜCHTERT WAREN DIE BEIDEN VERSTUMMT.
GLOTZ

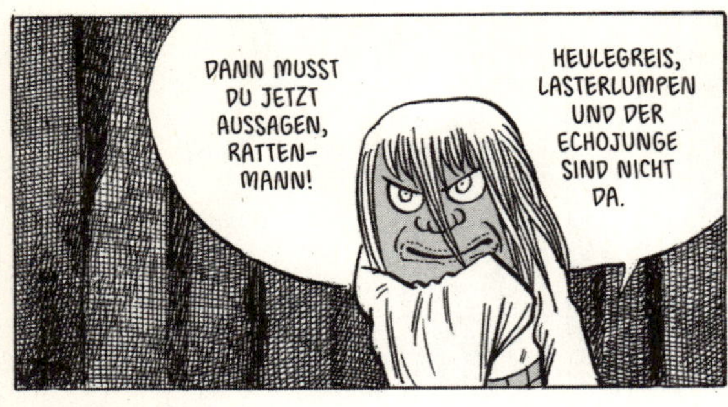
HEULEGREIS, LASTERLUMPEN UND DER ECHOJUNGE SIND NICHT DA.
DANN MUSST DU JETZT AUSSAGEN, RATTEN-MANN!
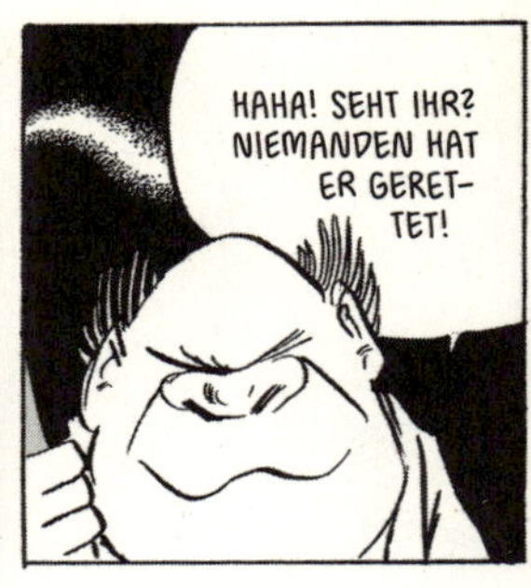
HAHA! SEHT IHR? NIEMANDEN HAT ER GERET-TET!
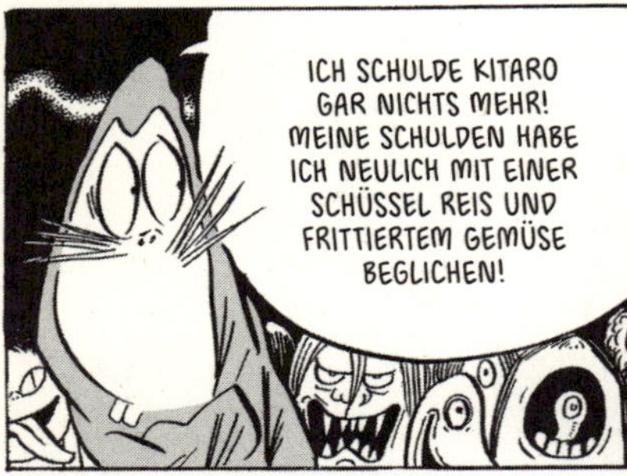
ICH SCHULDE KITARO GAR NICHTS MEHR! MEINE SCHULDEN HABE ICH NEULICH MIT EINER SCHÜSSEL REIS UND FRITTIERTEM GEMÜSE BEGLICHEN!
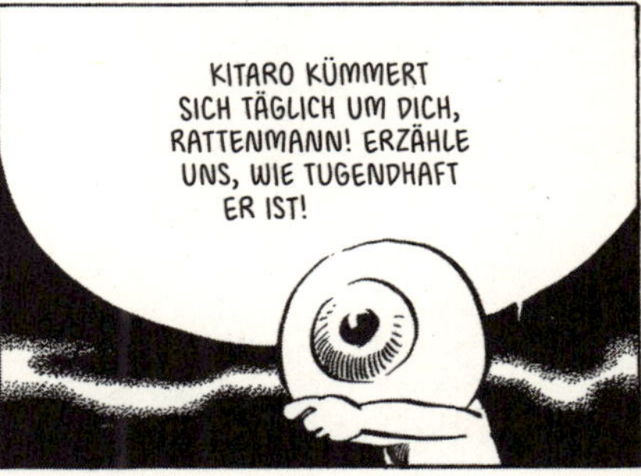
KITARO KÜMMERT SICH TÄGLICH UM DICH, RATTENMANN! ERZÄHLE UNS, WIE TUGENDHAFT ER IST!
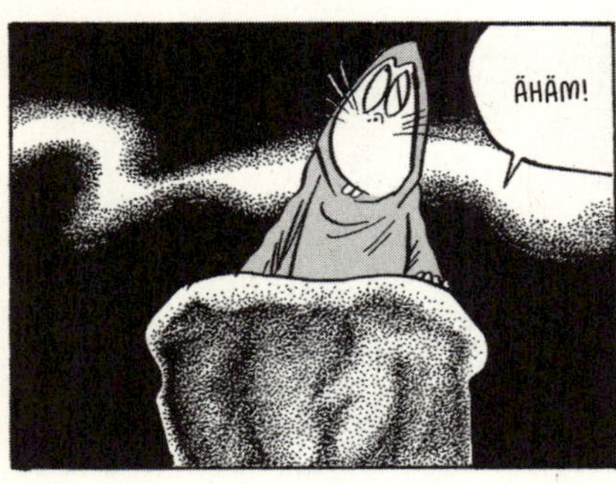
ÄHÄM!
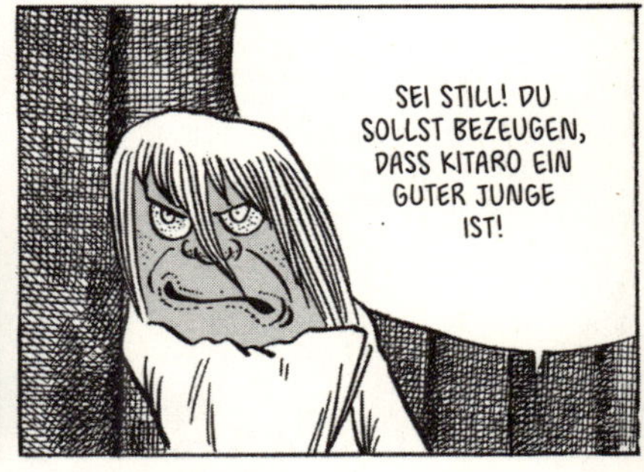
SEI STILL! DU SOLLST BEZEUGEN, DASS KITARO EIN GUTER JUNGE IST!
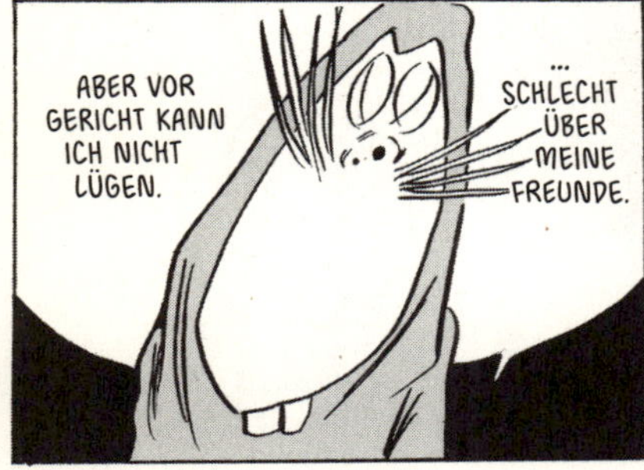
... SCHLECHT ÜBER MEINE FREUNDE.
ABER VOR GERICHT KANN ICH NICHT LÜGEN.
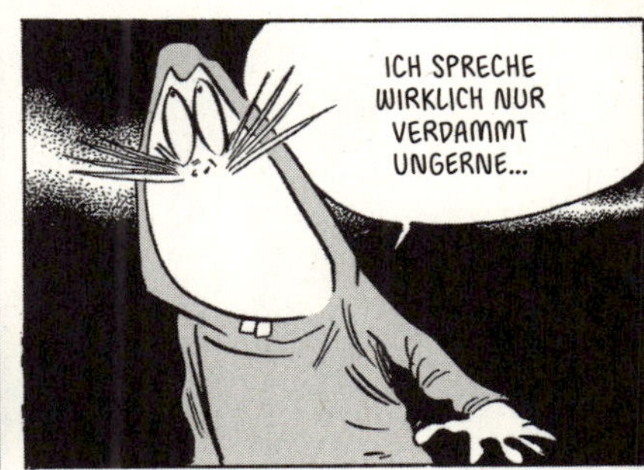
ICH SPRECHE WIRKLICH NUR VERDAMMT UNGERNE...

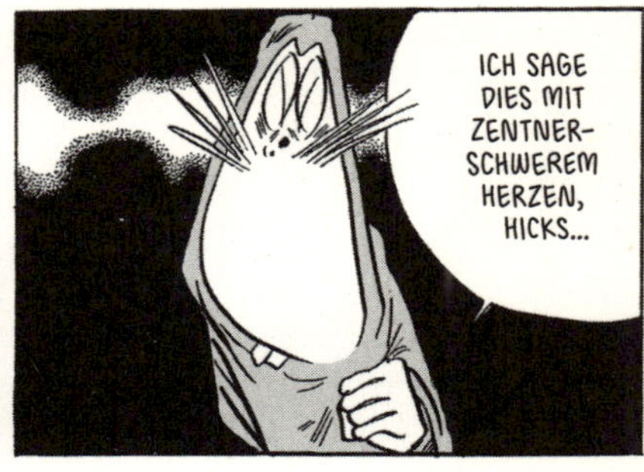
ICH SAGE DIES MIT ZENTNERSCHWEREM HERZEN, HICKS...

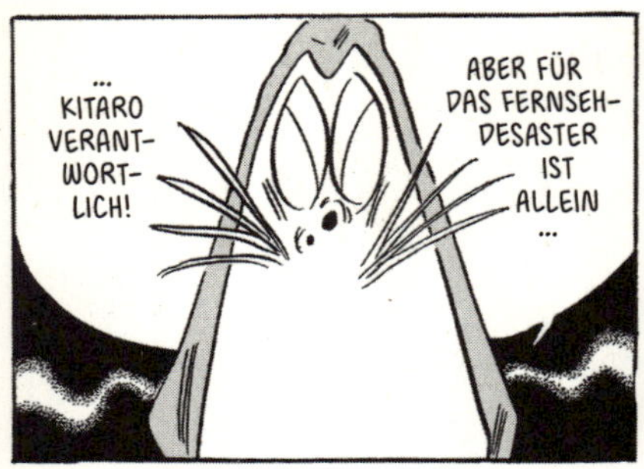
ABER FÜR DAS FERNSEHDESASTER IST ALLEIN ...
... KITARO VERANTWORTLICH!

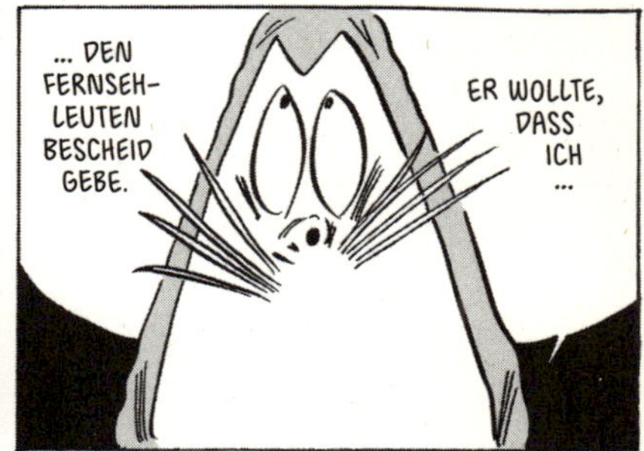
ER WOLLTE, DASS ICH ...
... DEN FERNSEHLEUTEN BESCHEID GEBE.

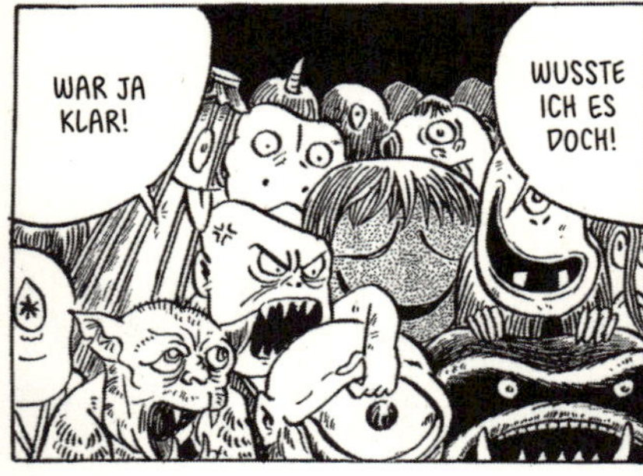
WUSSTE ICH ES DOCH!
WAR JA KLAR!

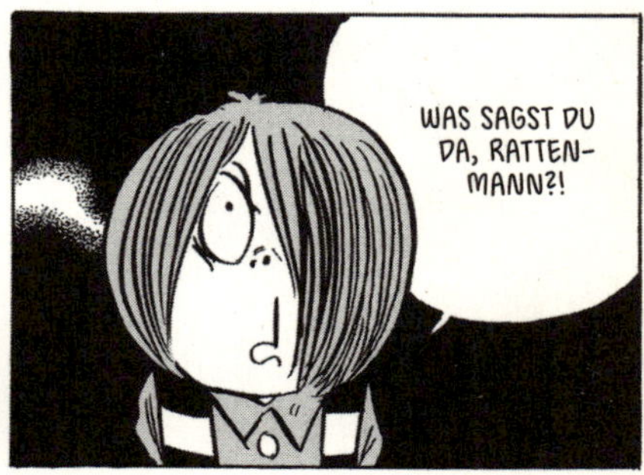
WAS SAGST DU DA, RATTENMANN?!

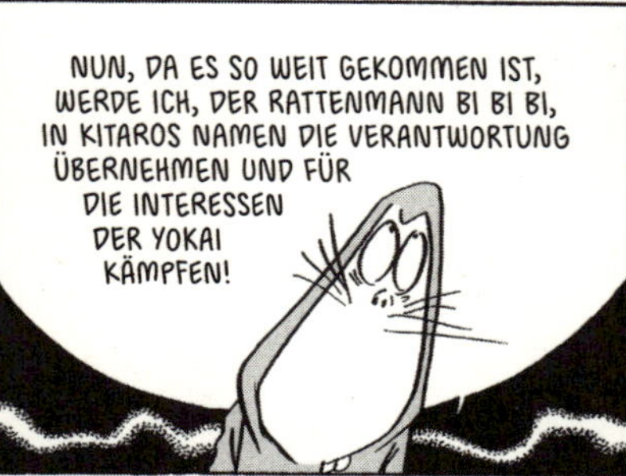
NUN, DA ES SO WEIT GEKOMMEN IST, WERDE ICH, DER RATTENMANN BI BI BI, IN KITAROS NAMEN DIE VERANTWORTUNG ÜBERNEHMEN UND FÜR DIE INTERESSEN DER YOKAI KÄMPFEN!

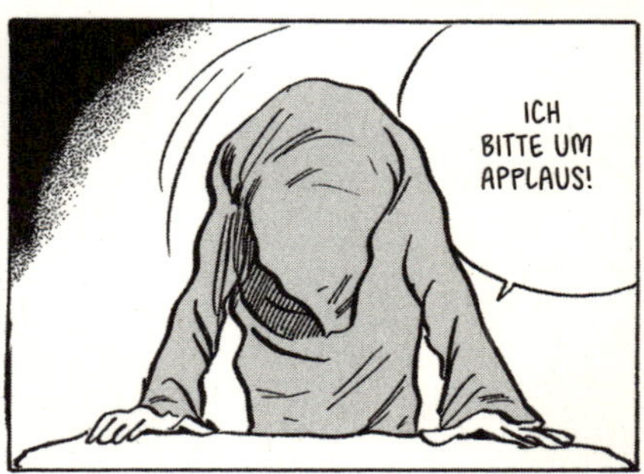
ICH BITTE UM APPLAUS!

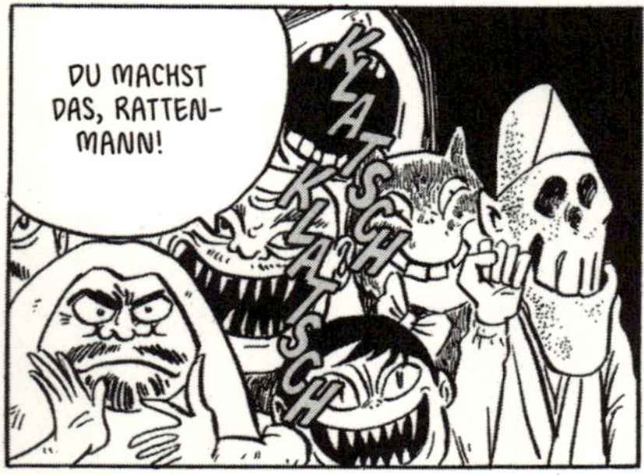
DU MACHST DAS, RATTENMANN!
KLATSCH
KLATSCH
KLATSCH

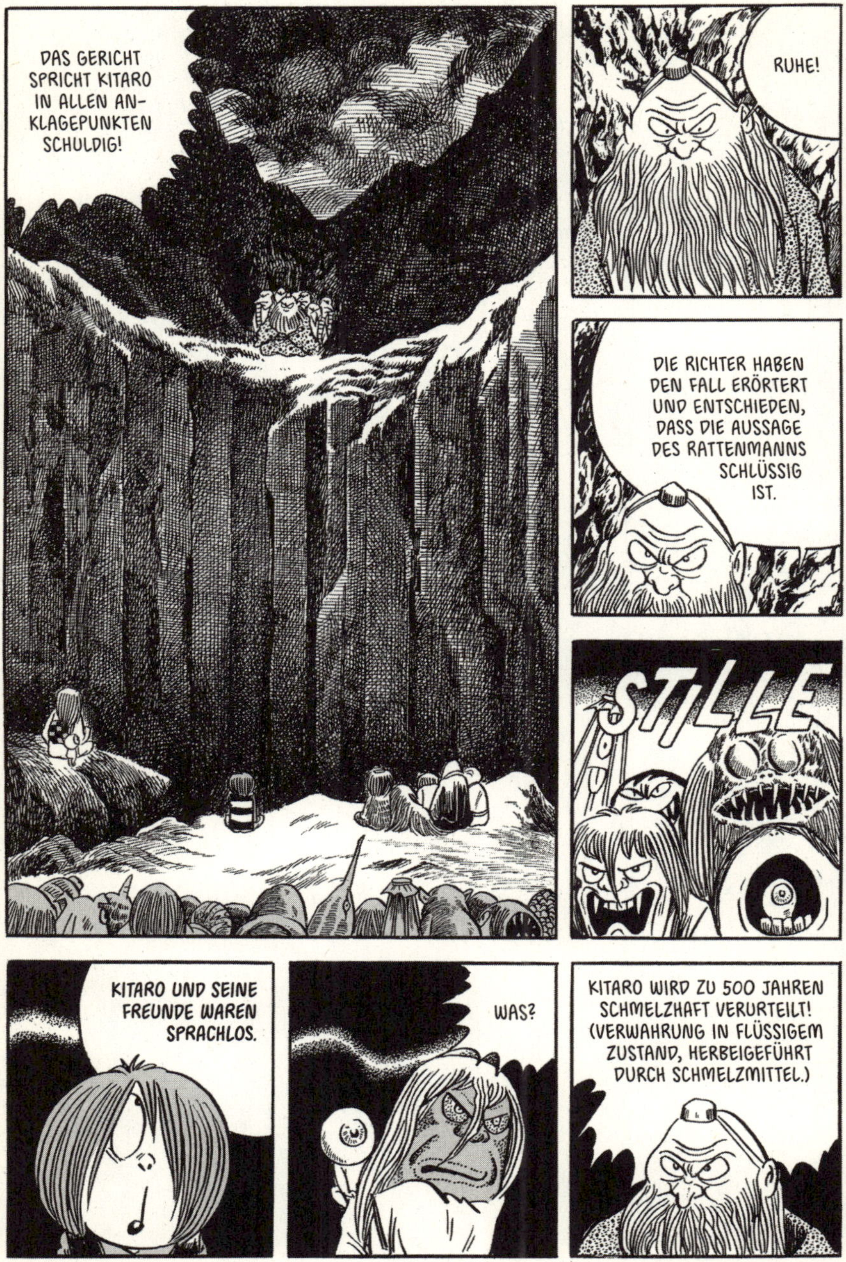

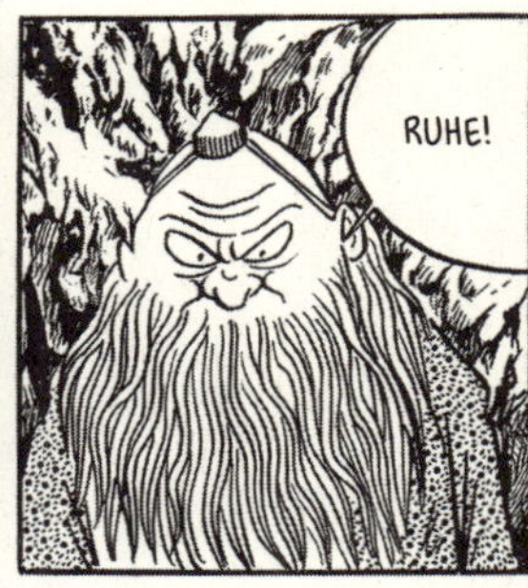

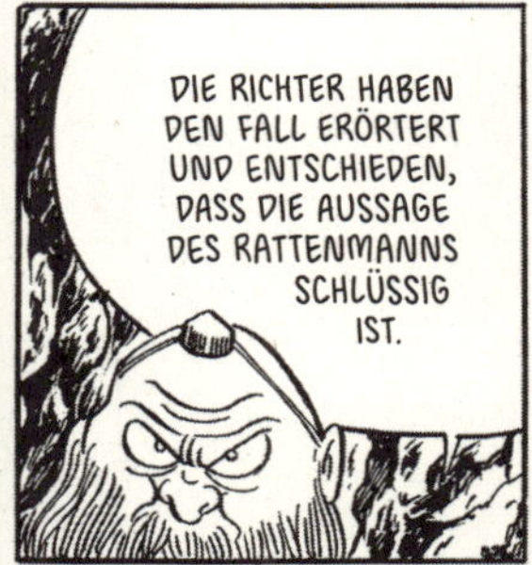

DAS GERICHT SPRICHT KITARO IN ALLEN ANKLAGEPUNKTEN SCHULDIG!

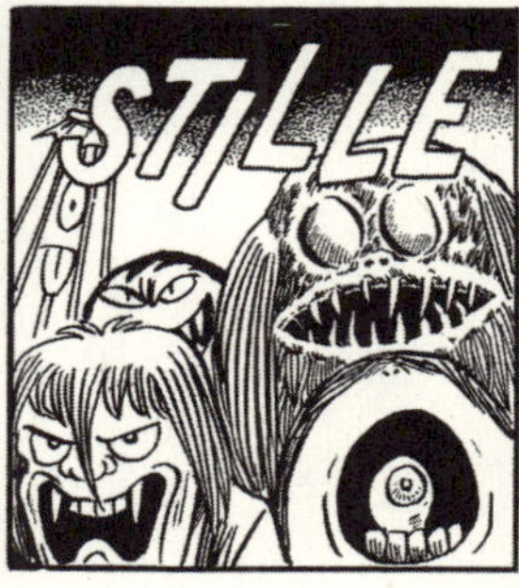

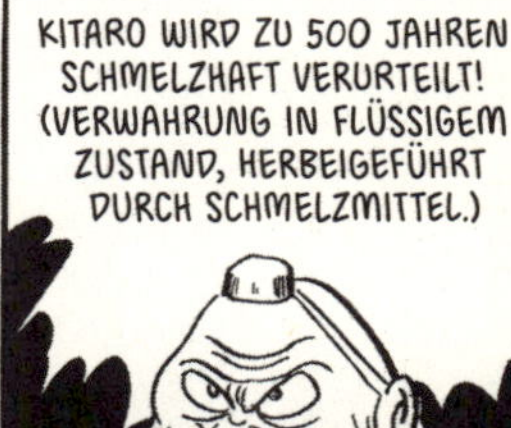

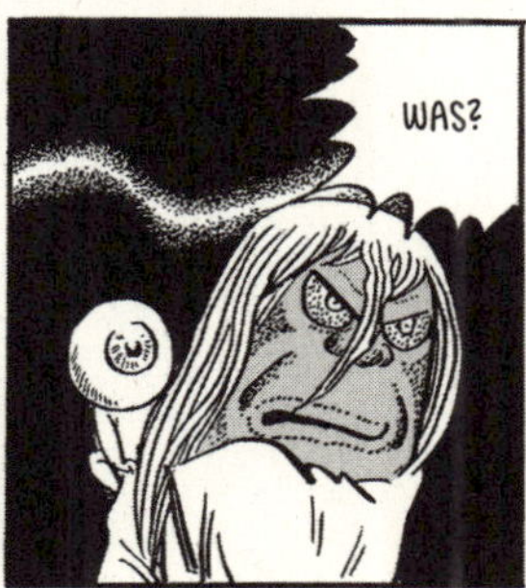

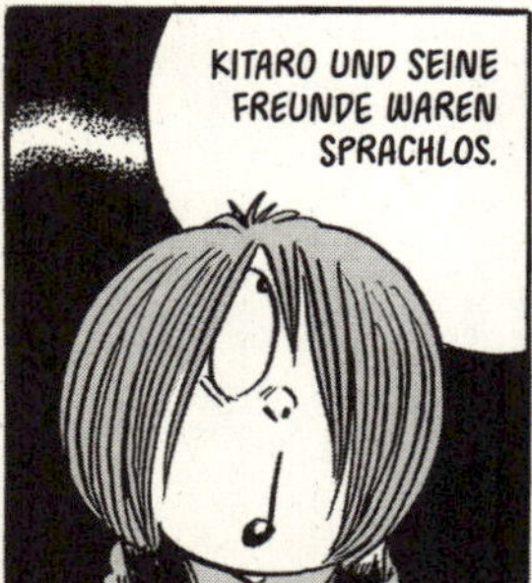

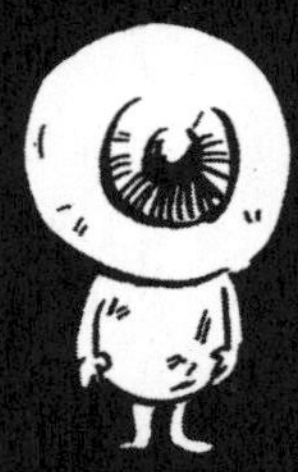

DER YOKAI-PROZESS
TEIL 3

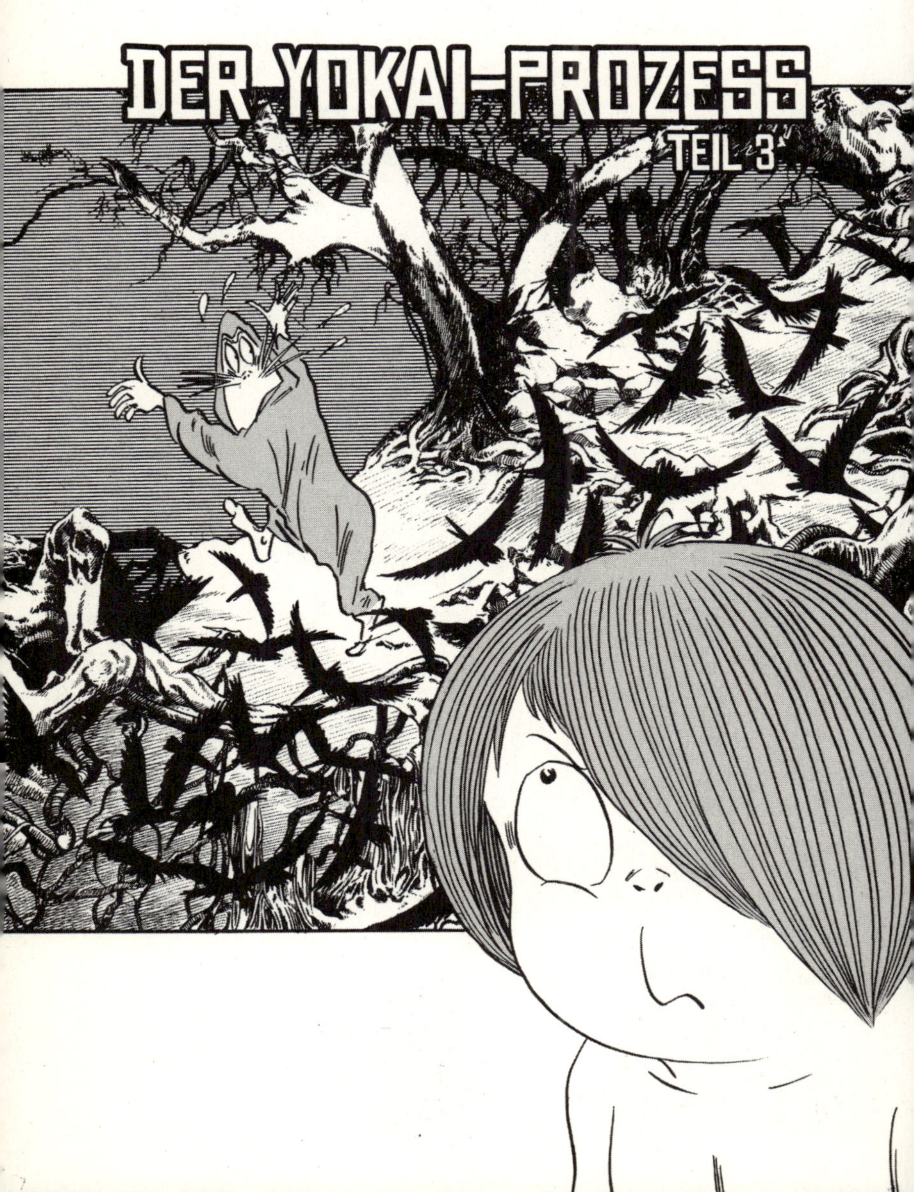

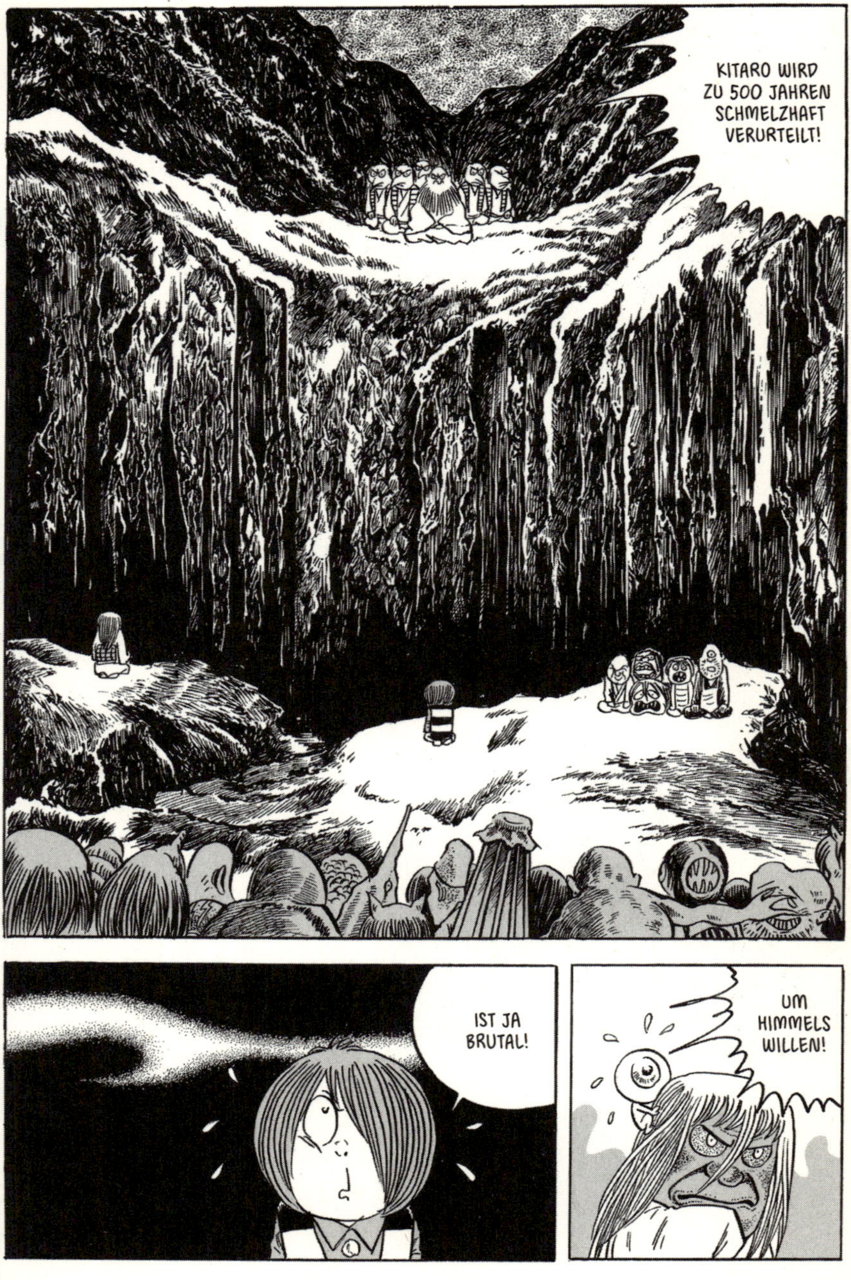

KITARO WIRD
ZU 500 JAHREN
SCHMELZHAFT
VERURTEILT!

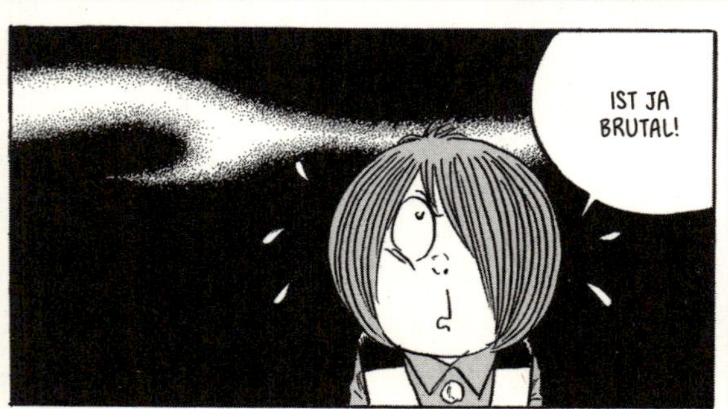

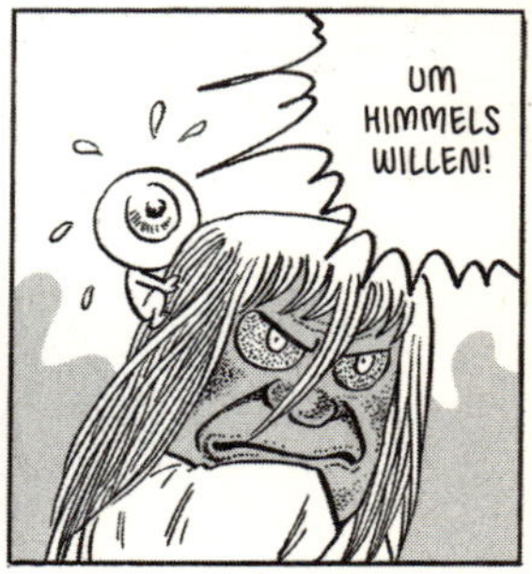

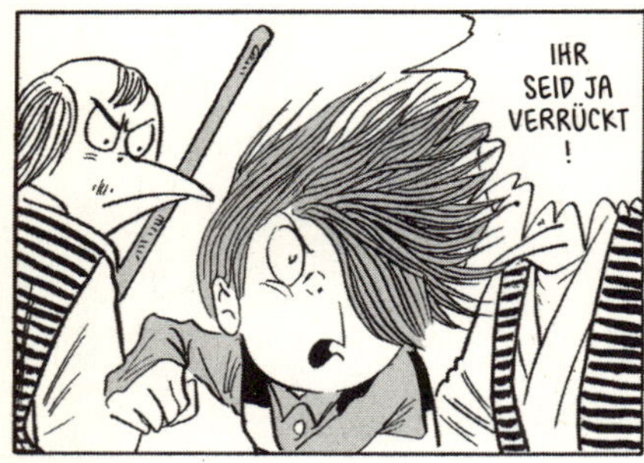
IHR SEID JA VERRÜCKT !

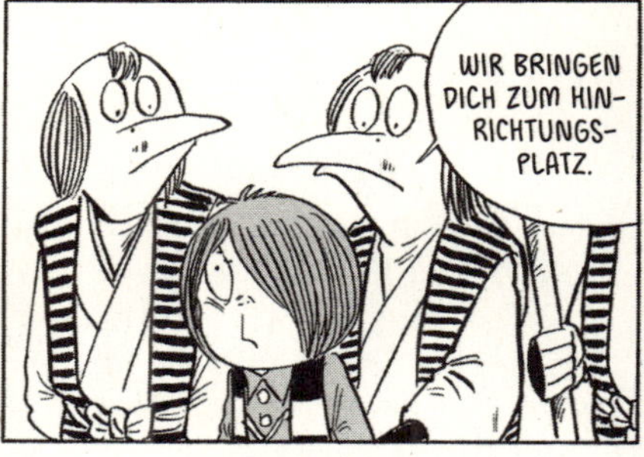
WIR BRINGEN DICH ZUM HIN-RICHTUNGS-PLATZ.

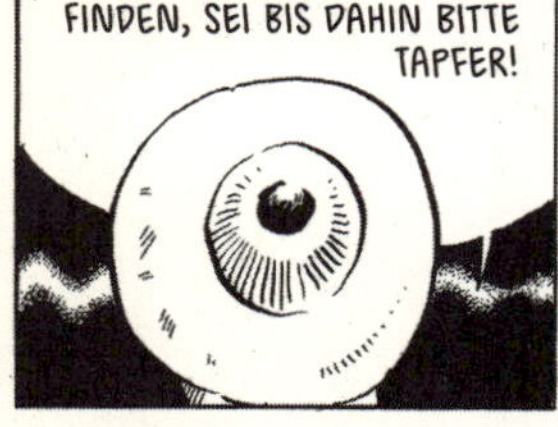
URTEIL BLEIBT URTEIL, AUCH WENN ES FALSCH IST! WIR WERDEN DEN WAHREN TÄTER FINDEN, SEI BIS DAHIN BITTE TAPFER!

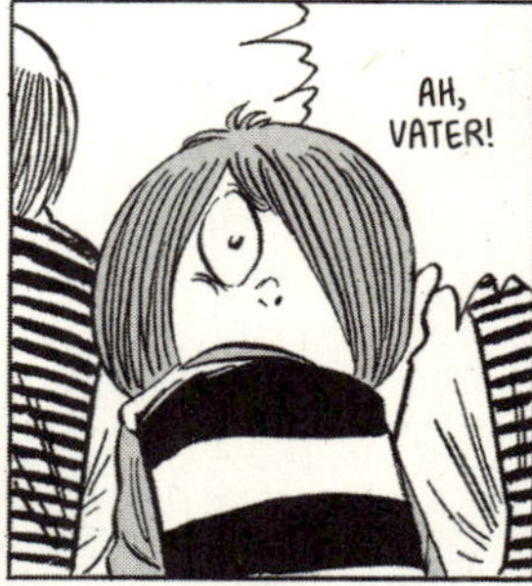
AH, VATER!

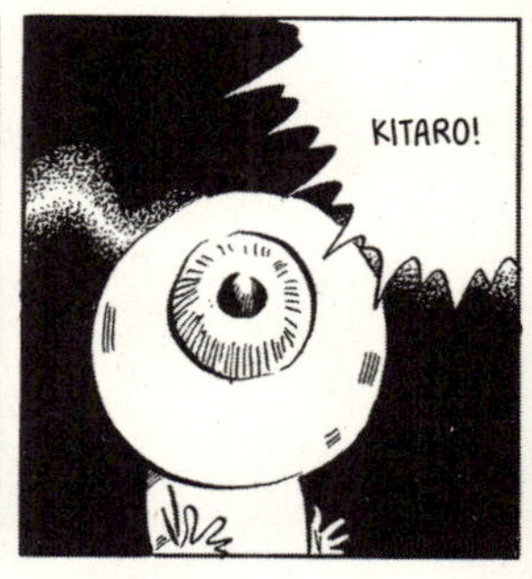
KITARO!

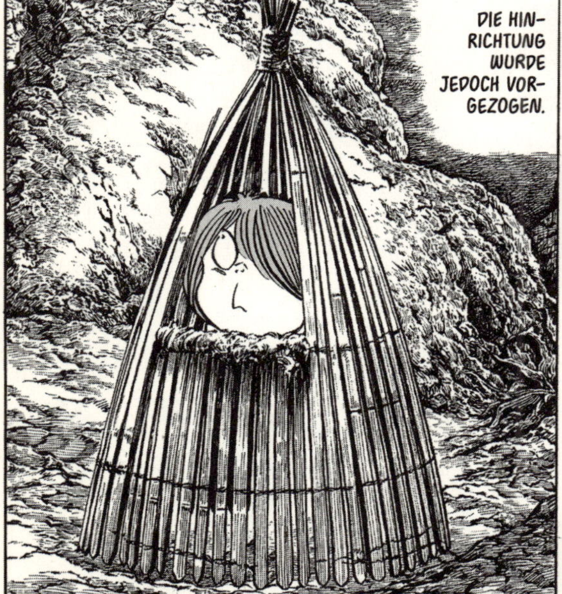
DIE HIN-RICHTUNG WURDE JEDOCH VOR-GEZOGEN.

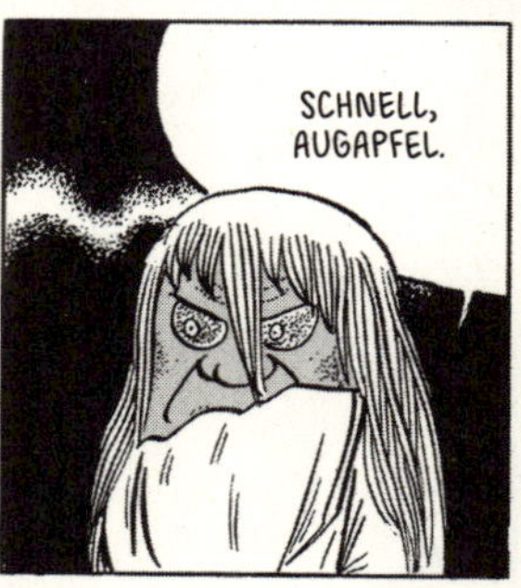
SCHNELL, AUGAPFEL.

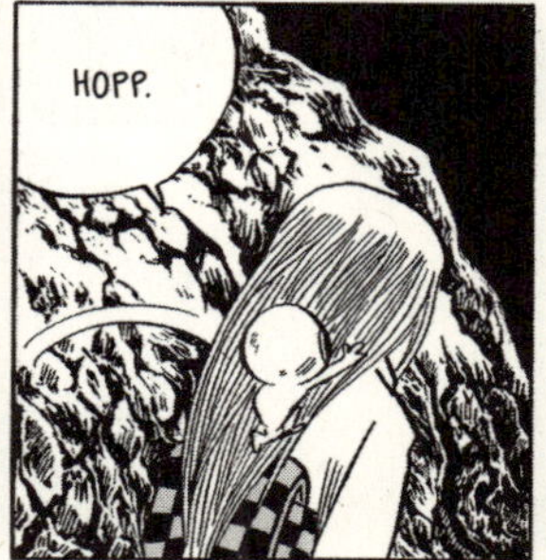
HOPP.

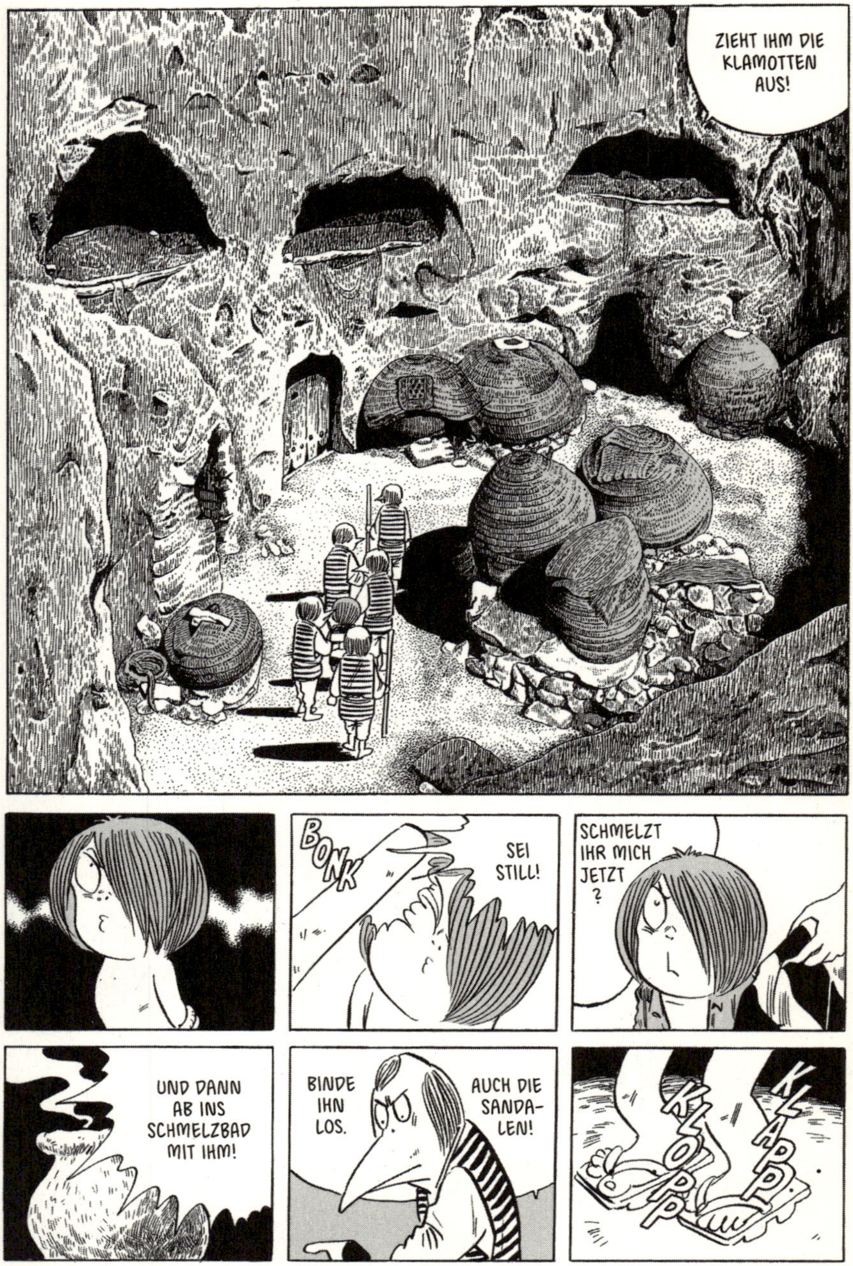

ZIEHT IHM DIE KLAMOTTEN AUS!

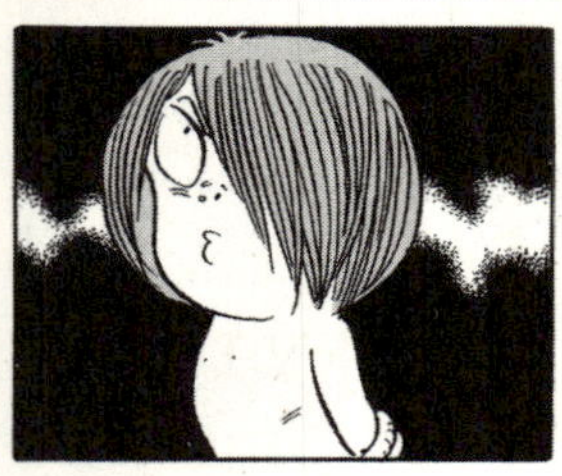

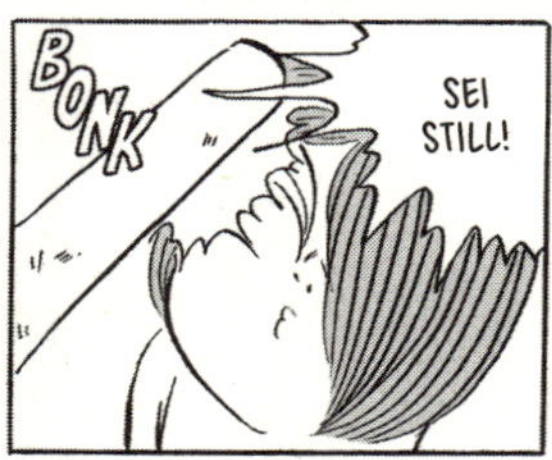

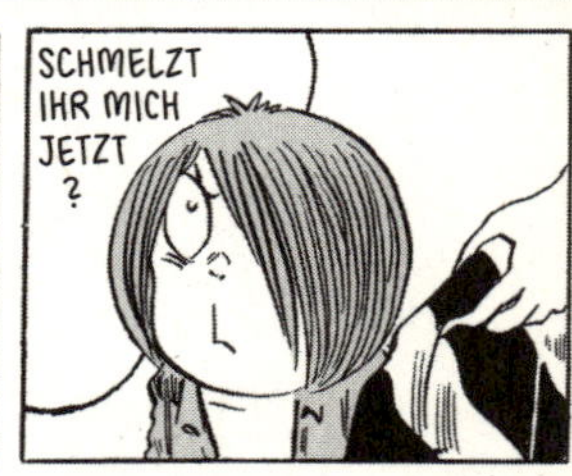

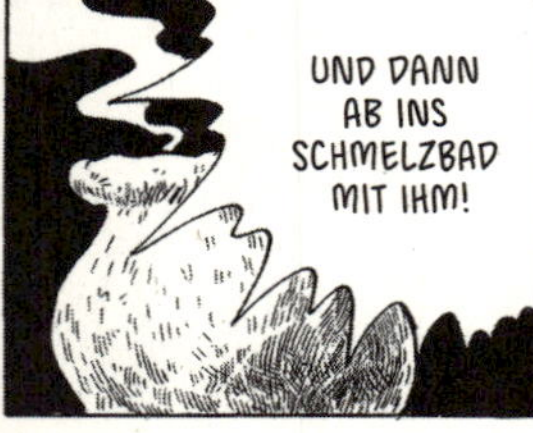

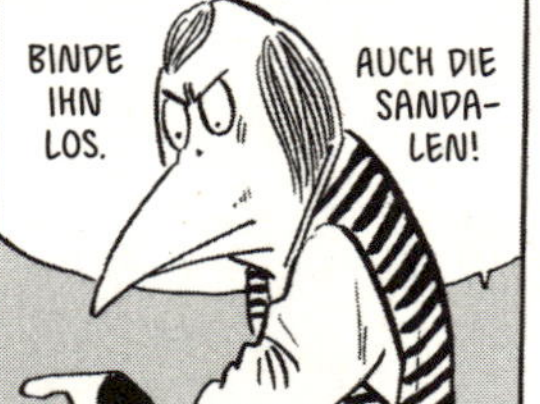

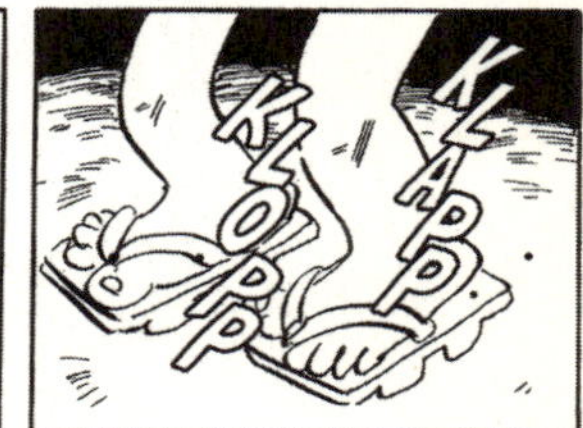

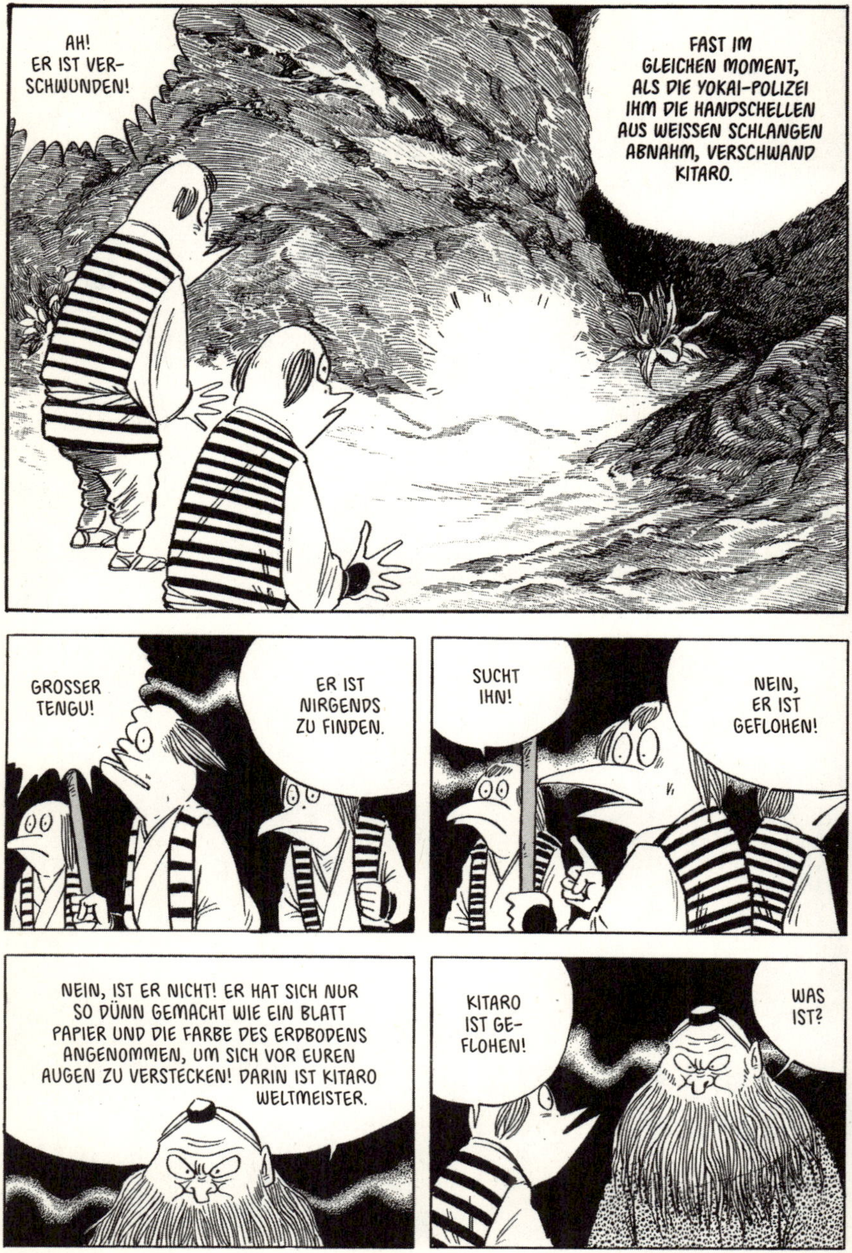

FAST IM GLEICHEN MOMENT, ALS DIE YOKAI-POLIZEI IHM DIE HANDSCHELLEN AUS WEISSEN SCHLANGEN ABNAHM, VERSCHWAND KITARO.

AH! ER IST VERSCHWUNDEN!

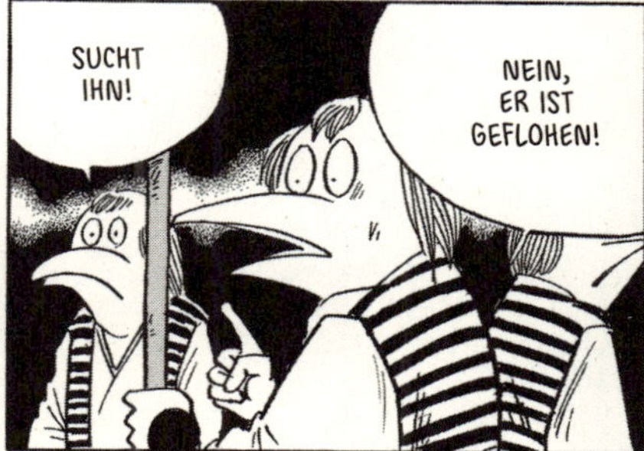

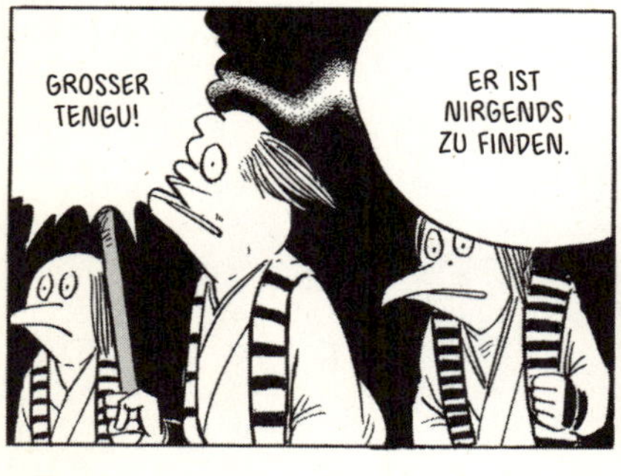

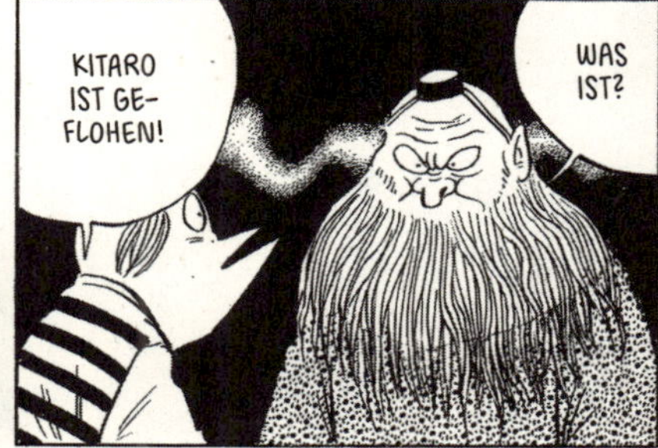

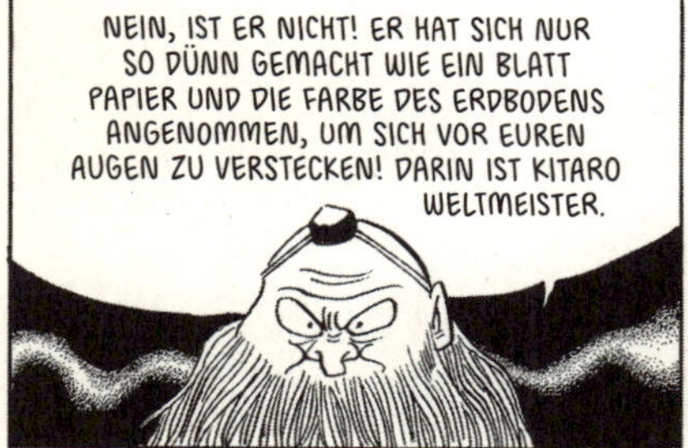

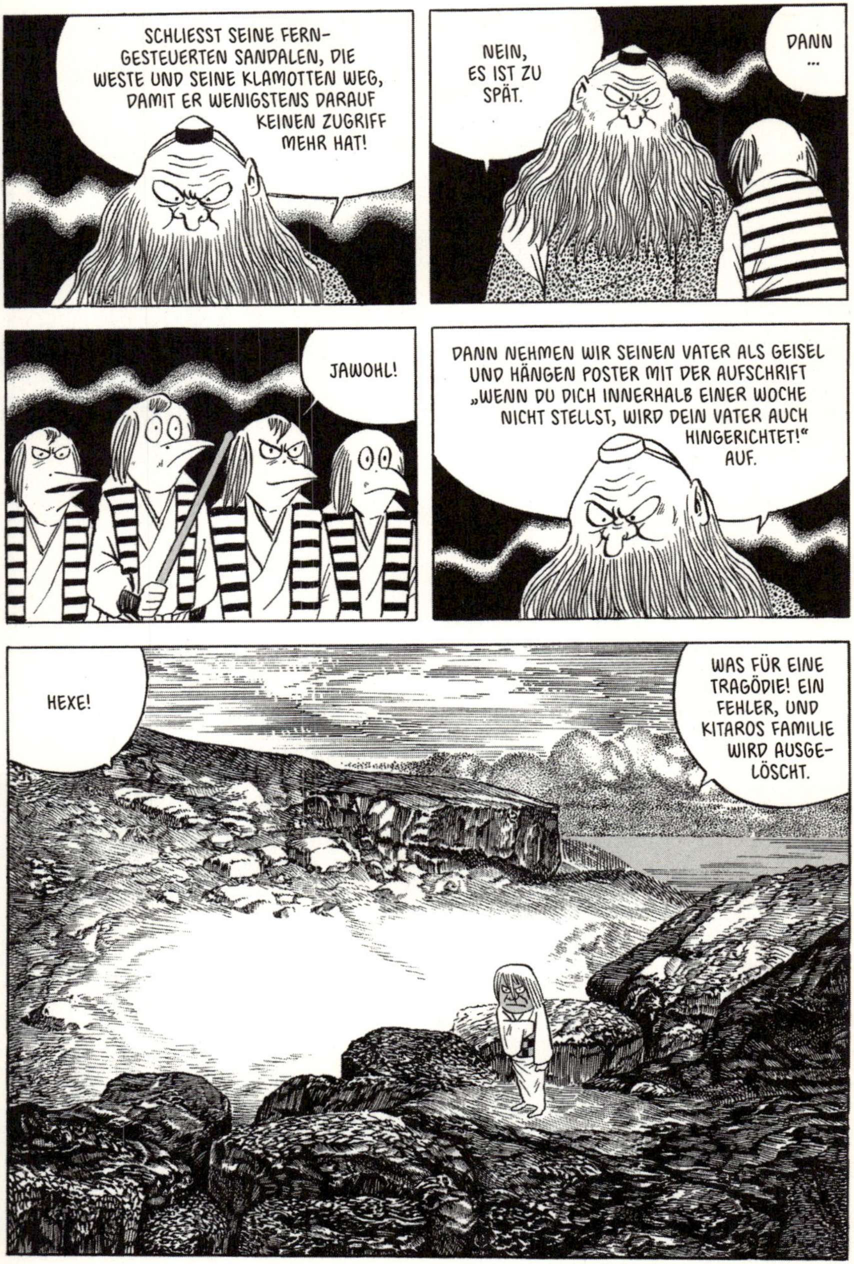

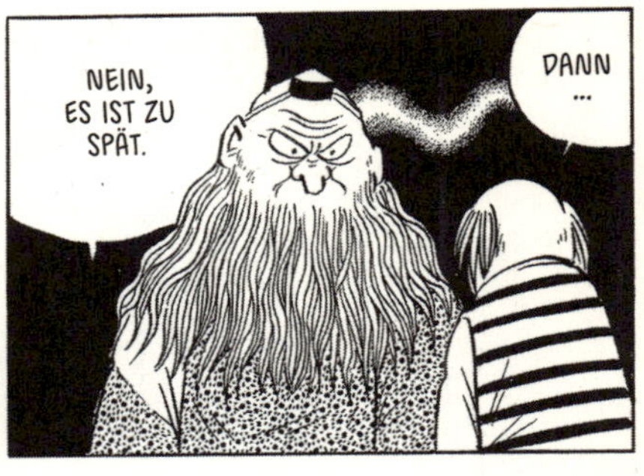

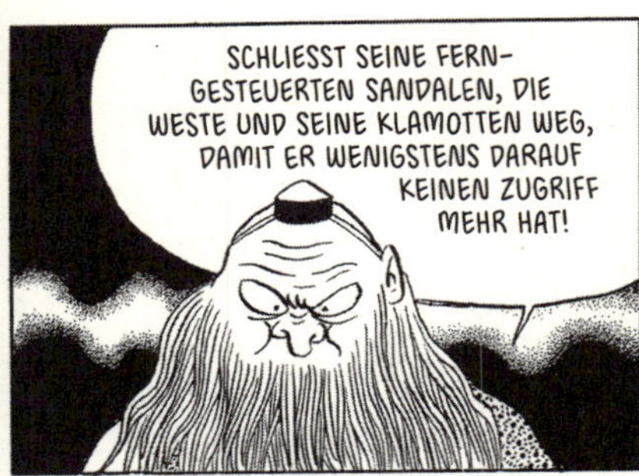

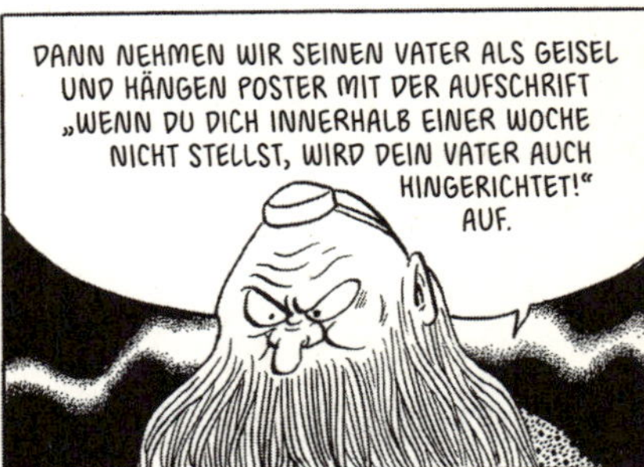

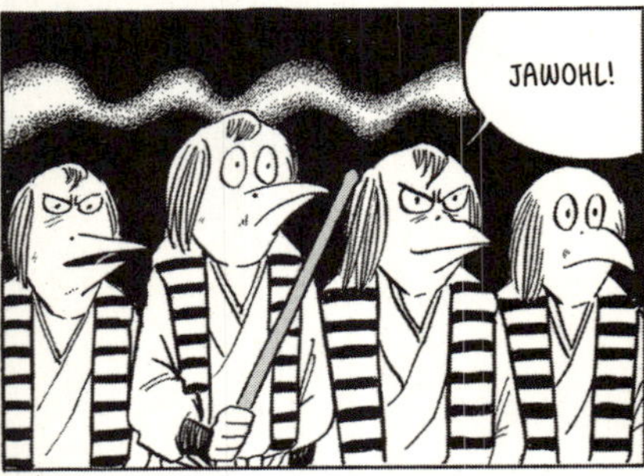

WAS FÜR EINE TRAGÖDIE! EIN FEHLER, UND KITAROS FAMILIE WIRD AUSGELÖSCHT.

HEXE!

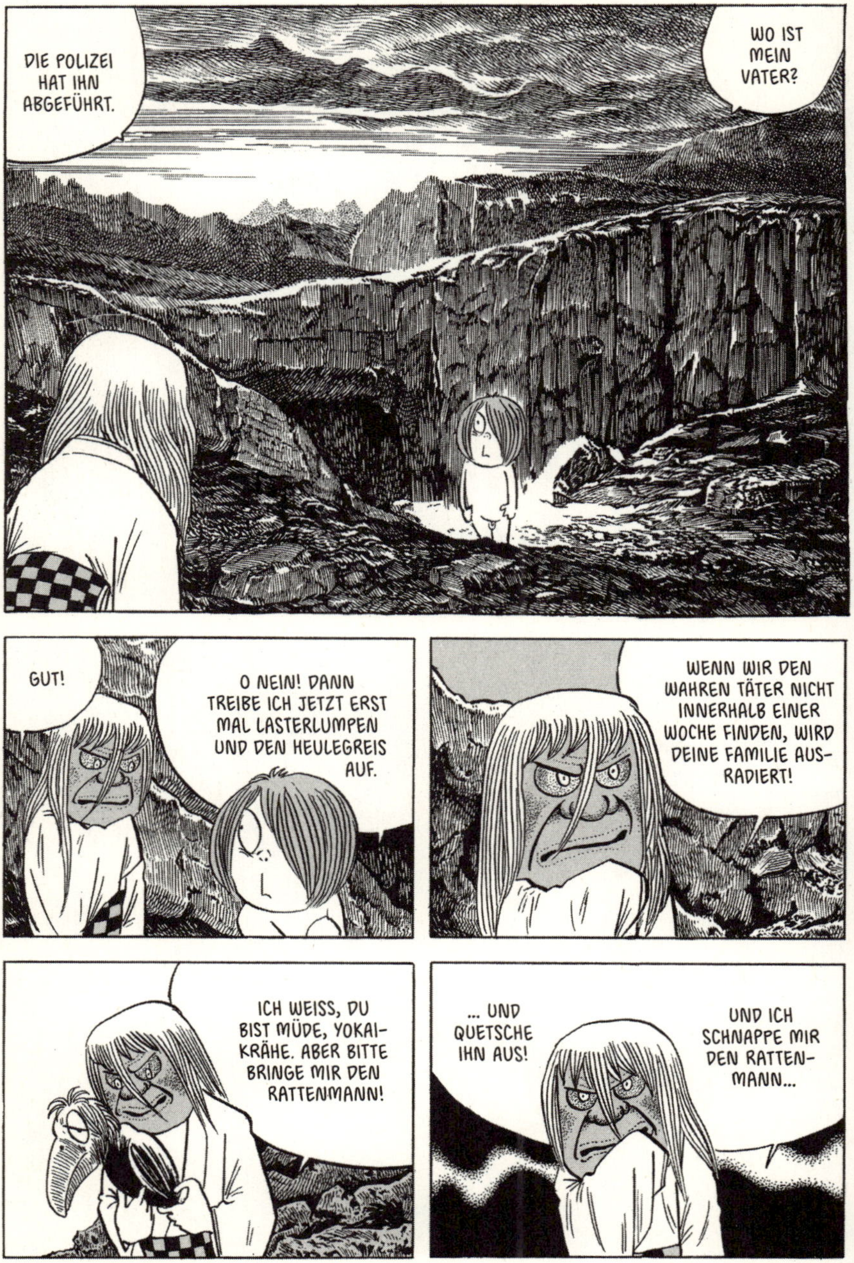

WO IST MEIN VATER?
DIE POLIZEI HAT IHN ABGEFÜHRT.

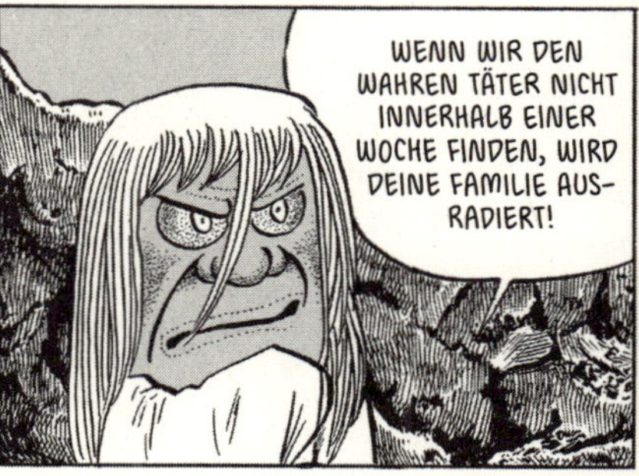
WENN WIR DEN WAHREN TÄTER NICHT INNERHALB EINER WOCHE FINDEN, WIRD DEINE FAMILIE AUS-RADIERT!

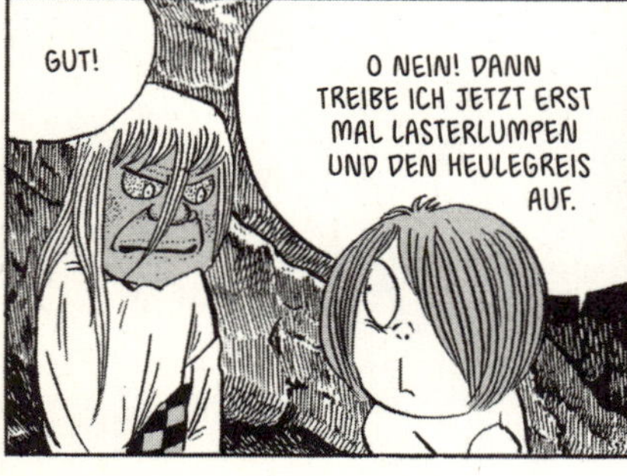
O NEIN! DANN TREIBE ICH JETZT ERST MAL LASTERLUMPEN UND DEN HEULEGREIS AUF.
GUT!

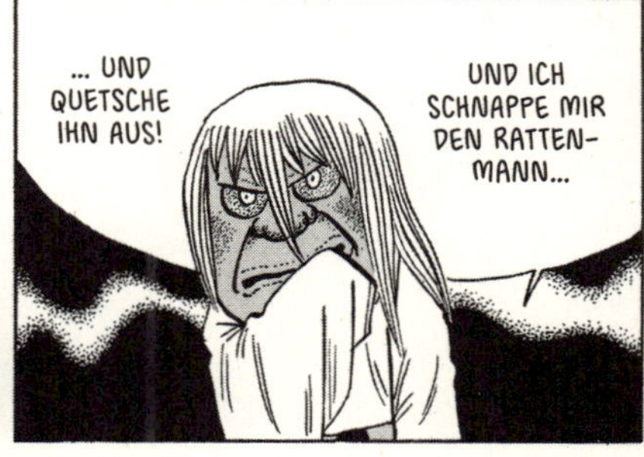
UND ICH SCHNAPPE MIR DEN RATTEN-MANN...
... UND QUETSCHE IHN AUS!

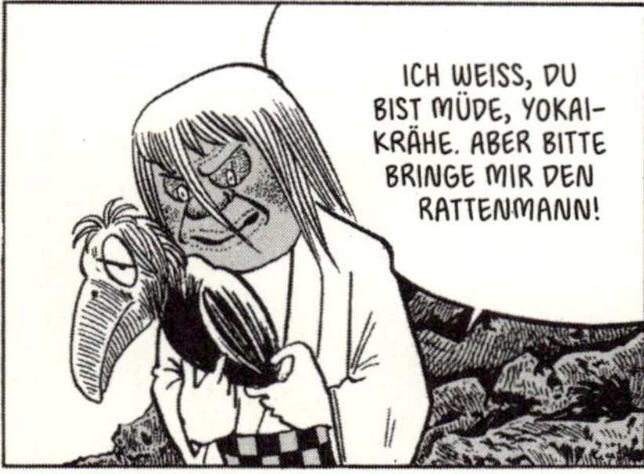
ICH WEISS, DU BIST MÜDE, YOKAI-KRÄHE. ABER BITTE BRINGE MIR DEN RATTENMANN!

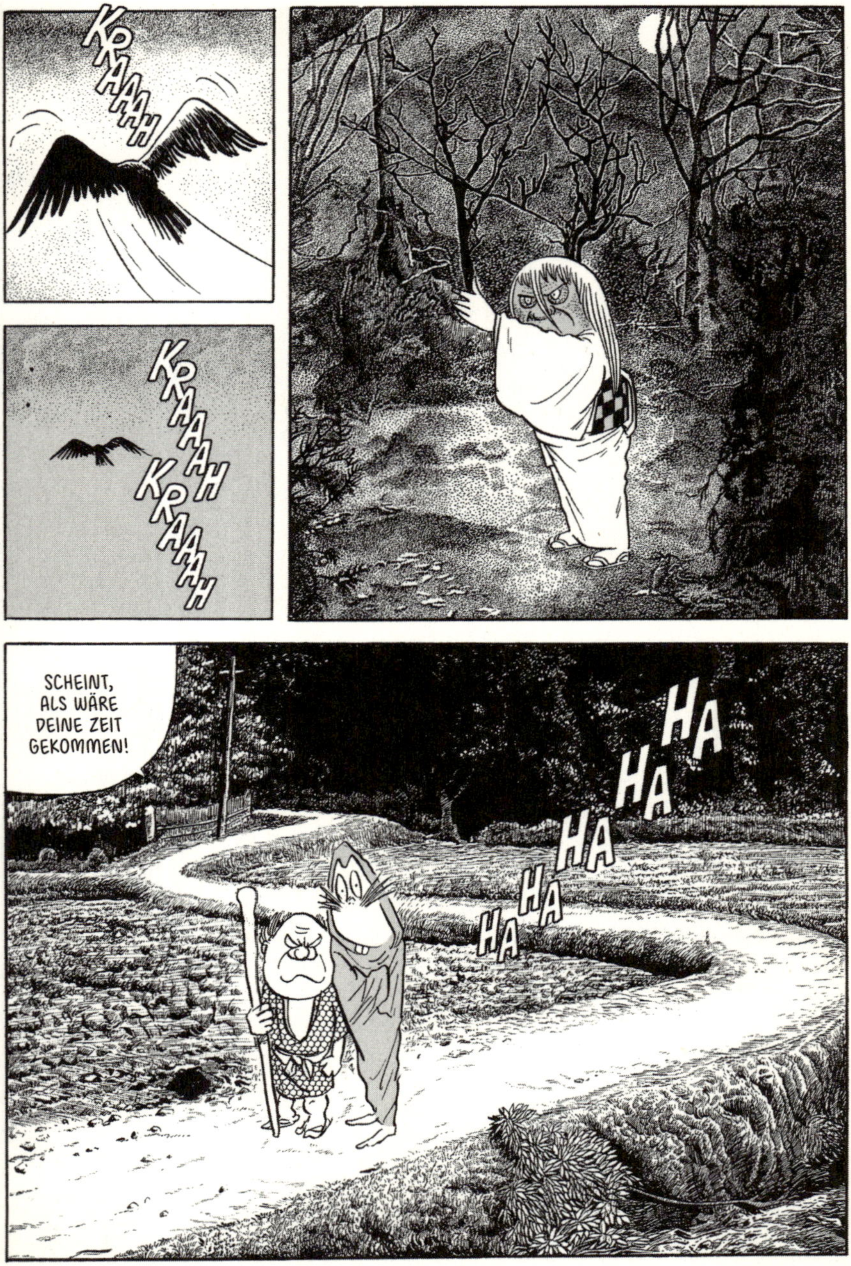

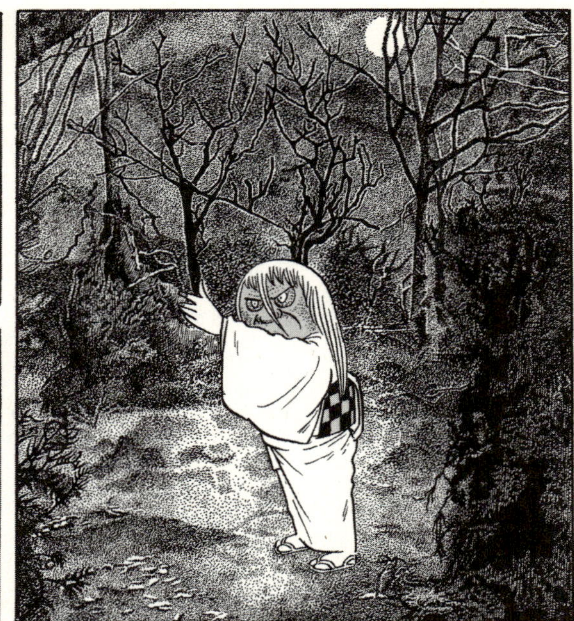

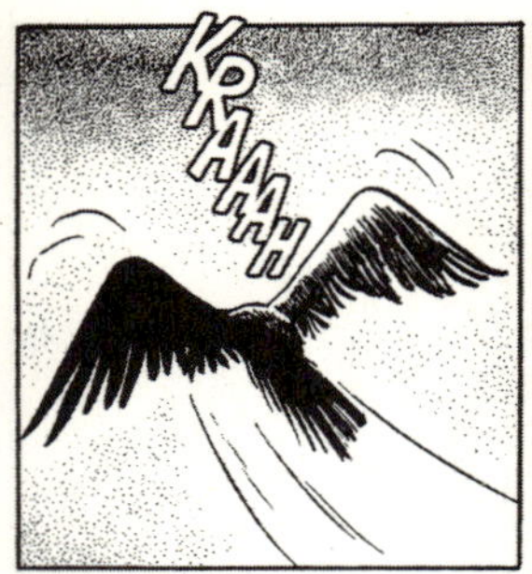

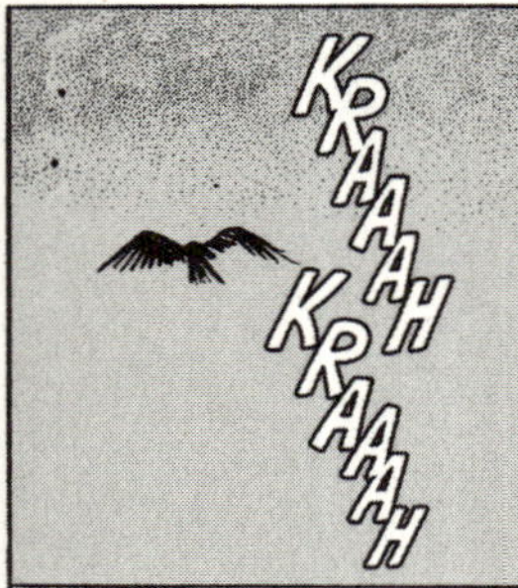

SCHEINT, ALS WÄRE DEINE ZEIT GEKOMMEN!

HA HA HA HA HA

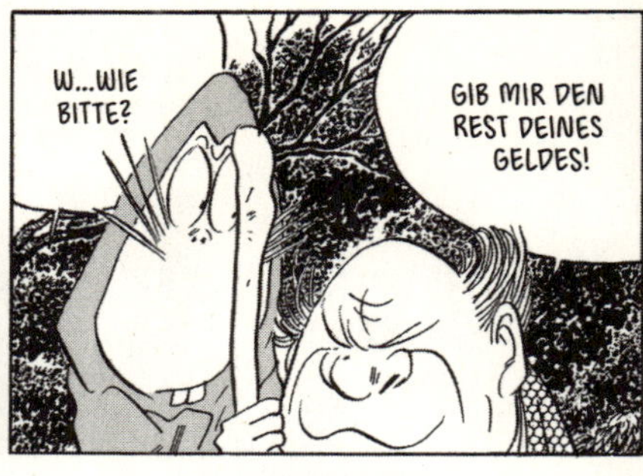
GIB MIR DEN REST DEINES GELDES!
W…WIE BITTE?

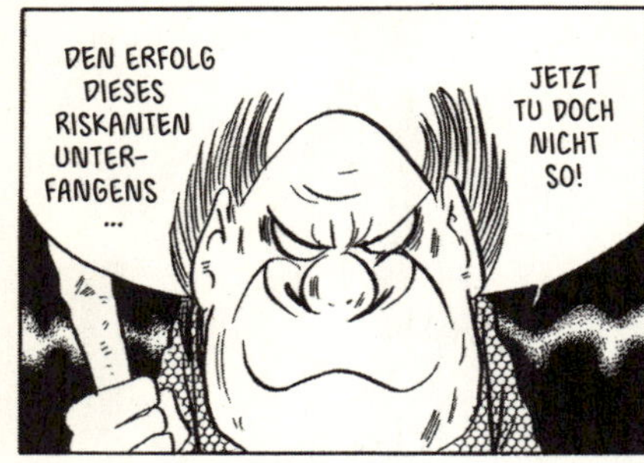
JETZT TU DOCH NICHT SO!
DEN ERFOLG DIESES RISKANTEN UNTER-FANGENS …

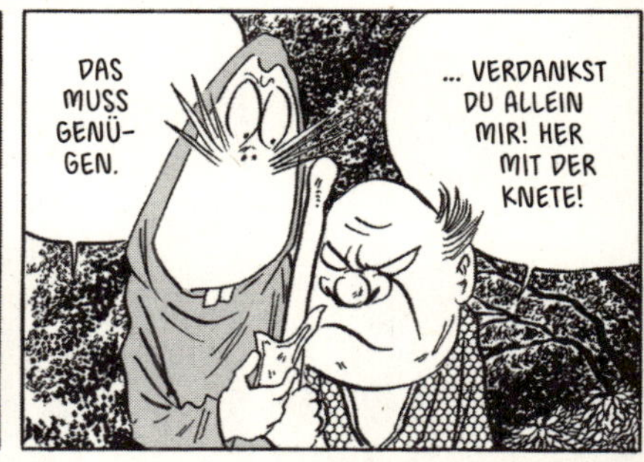
… VERDANKST DU ALLEIN MIR! HER MIT DER KNETE!
DAS MUSS GENÜ-GEN.

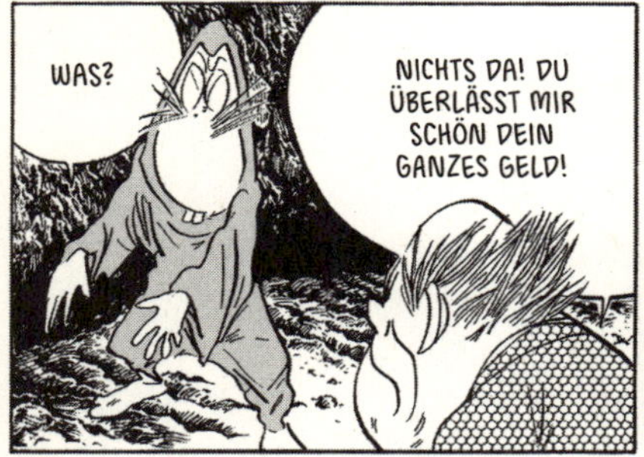
NICHTS DA! DU ÜBERLÄSST MIR SCHÖN DEIN GANZES GELD!
WAS?

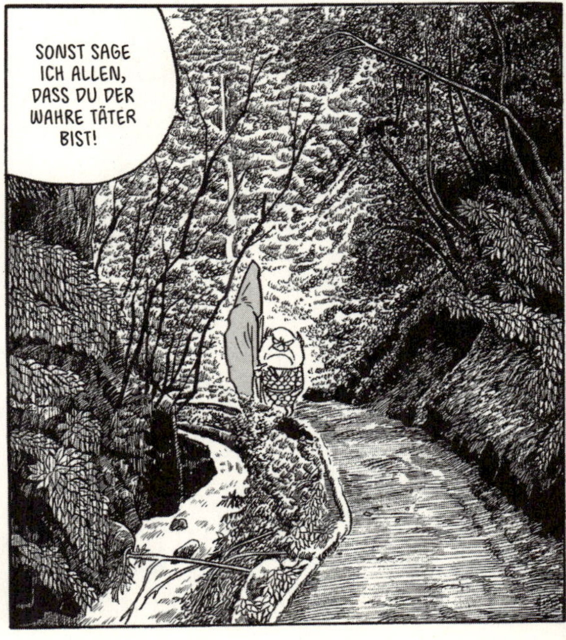
SONST SAGE ICH ALLEN, DASS DU DER WAHRE TÄTER BIST!

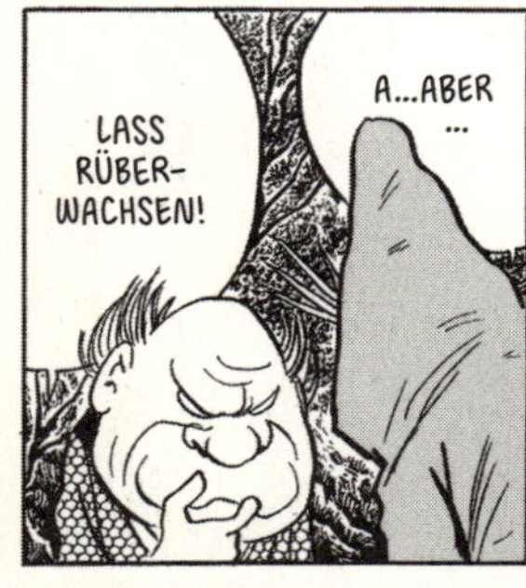
A…ABER …
LASS RÜBER-WACHSEN!

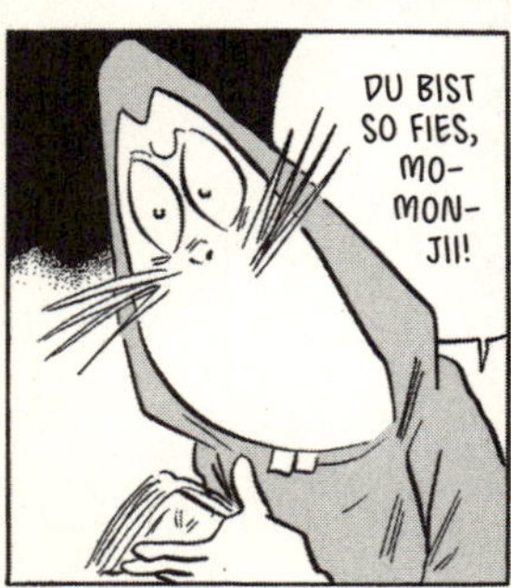
DU BIST SO FIES, MO-MON-JII!

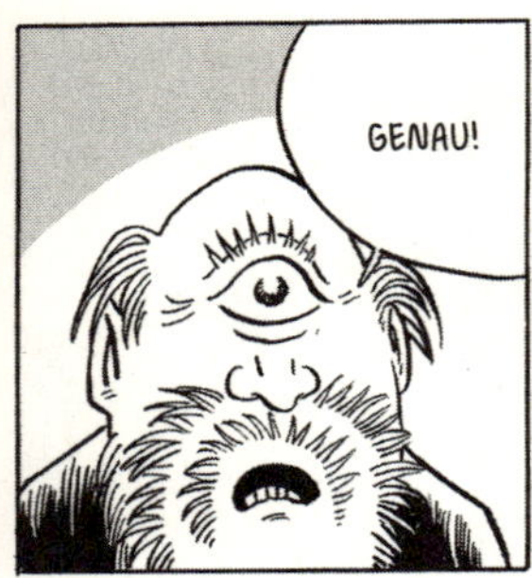

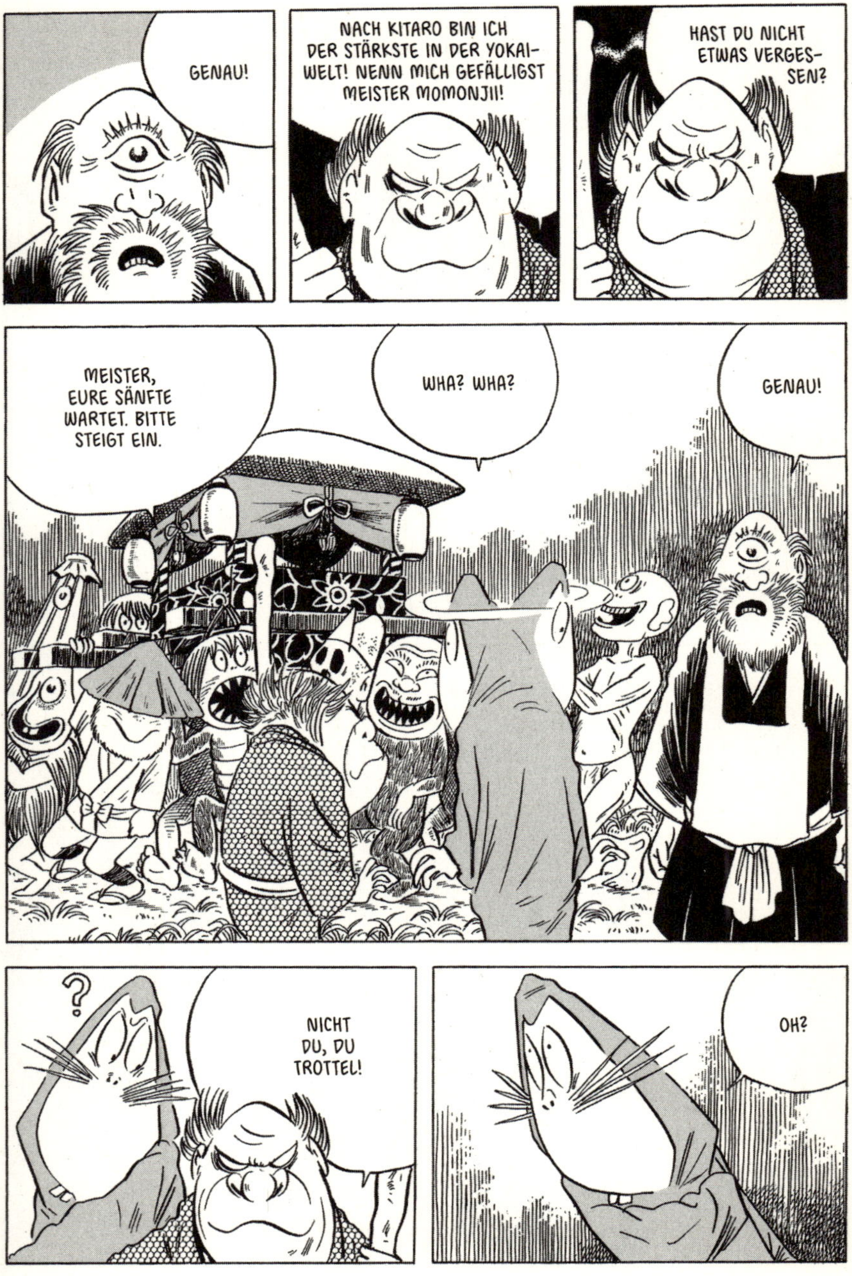

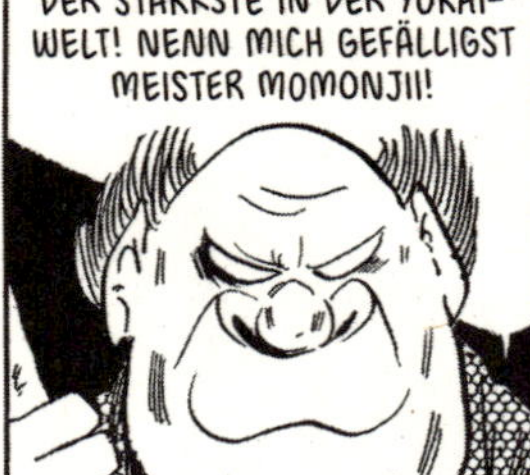

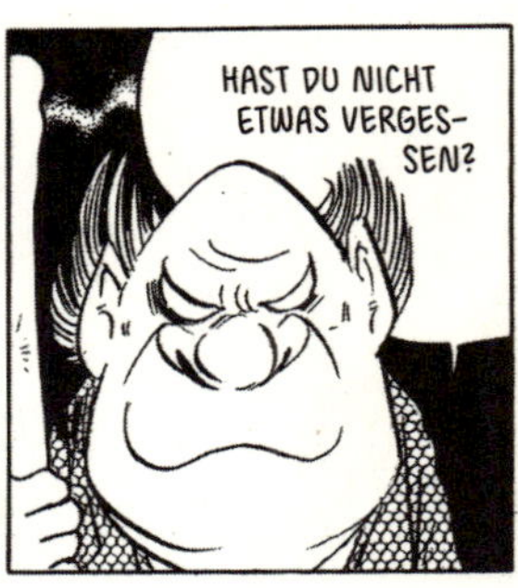

MEISTER, EURE SÄNFTE WARTET. BITTE STEIGT EIN.

WHA? WHA?

GENAU!

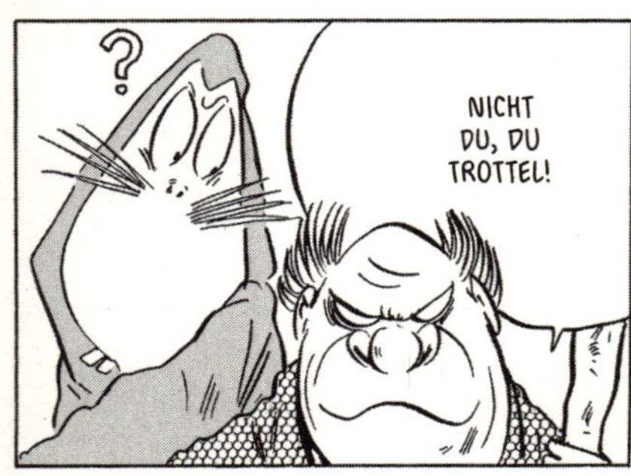

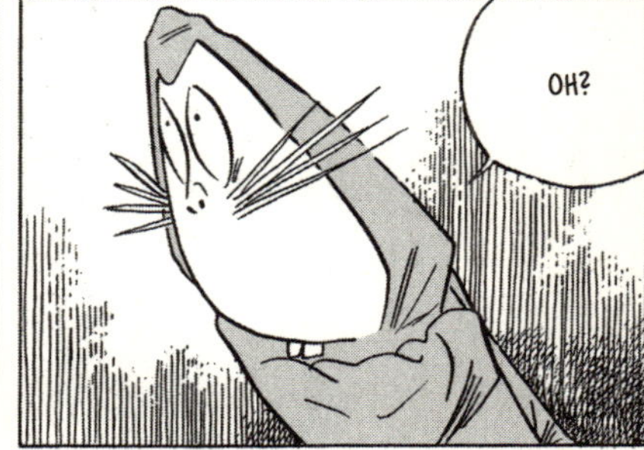

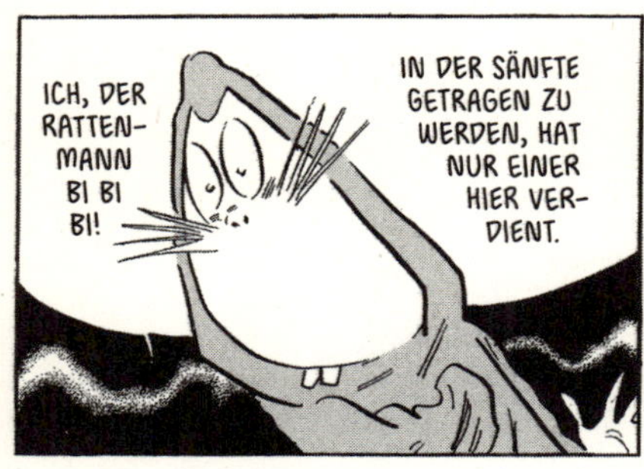
ICH, DER RATTENMANN BI BI BI!
IN DER SÄNFTE GETRAGEN ZU WERDEN, HAT NUR EINER HIER VERDIENT.

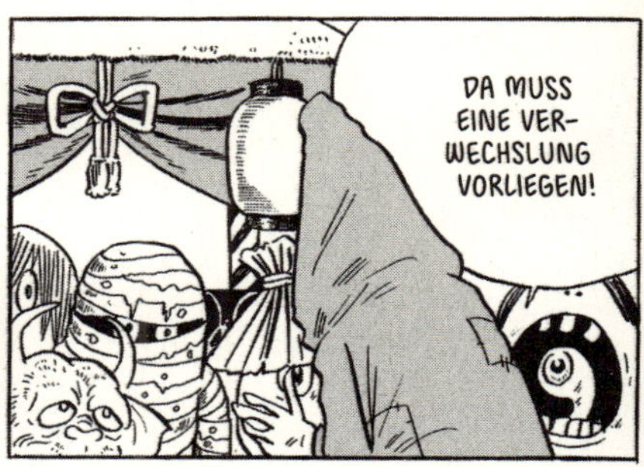
DA MUSS EINE VERWECHSLUNG VORLIEGEN!

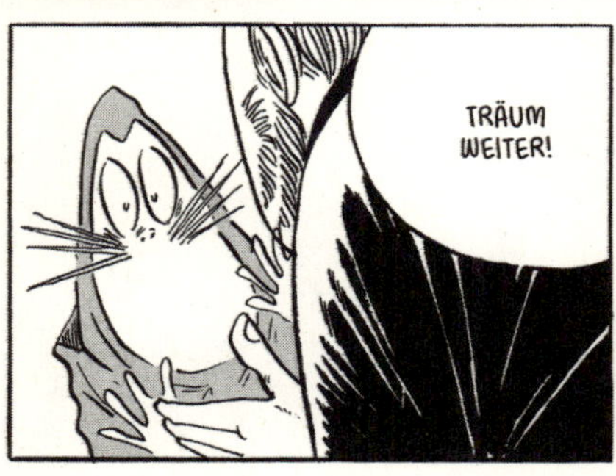
TRÄUM WEITER!

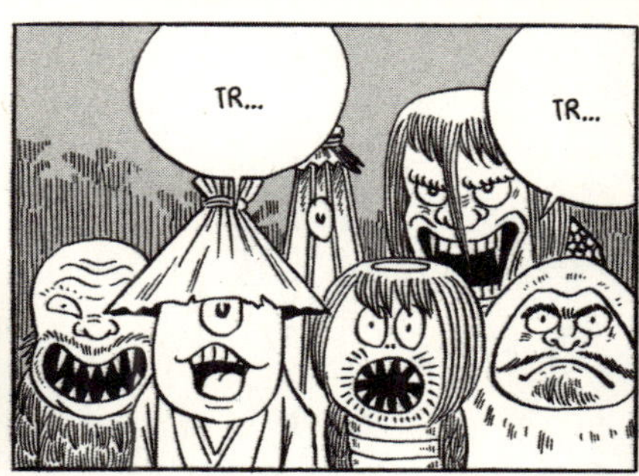
TR...
TR...

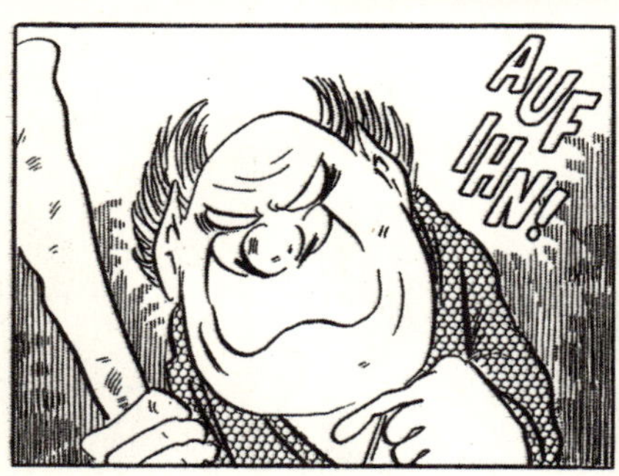
AUF IHN!

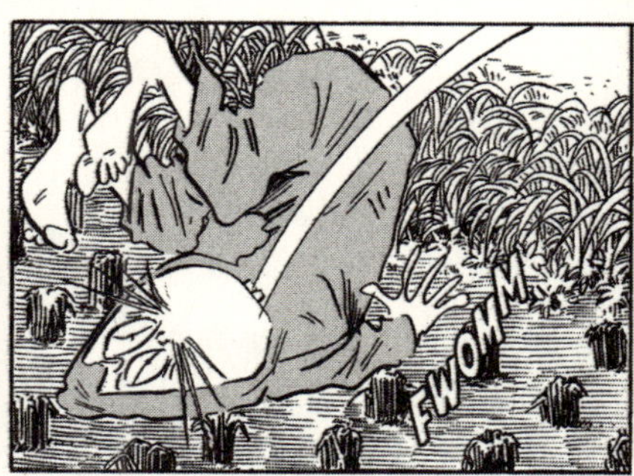
FWOMM

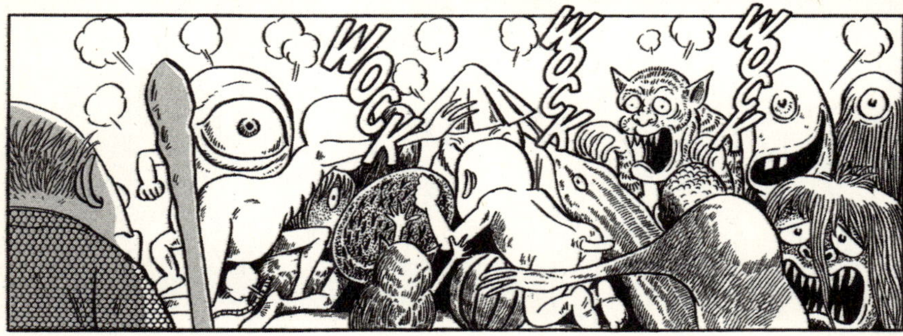
WOCK
WOCK
WOCK

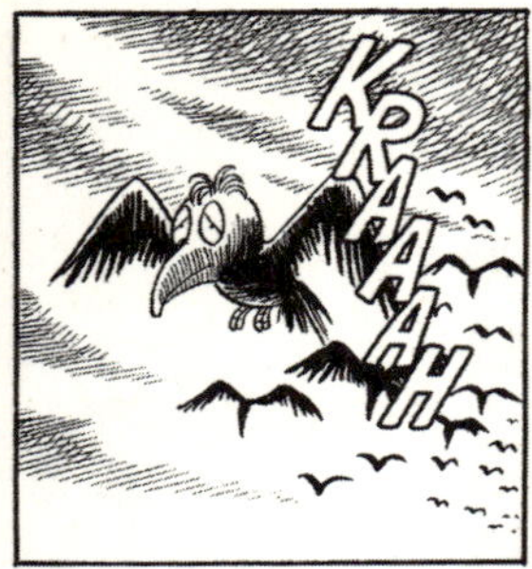
KRAAAAH

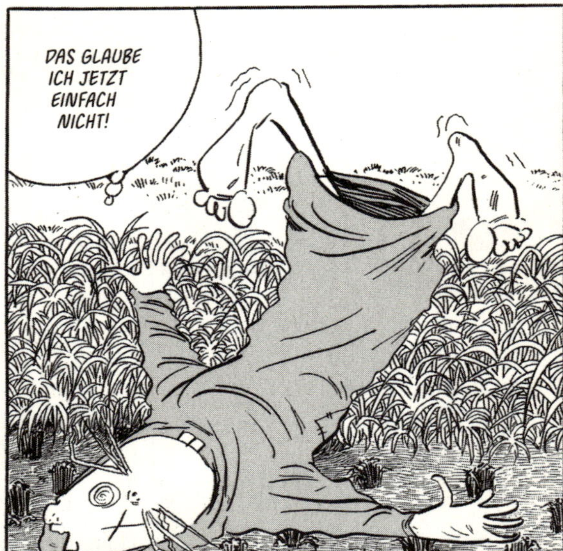
DAS GLAUBE ICH JETZT EINFACH NICHT!

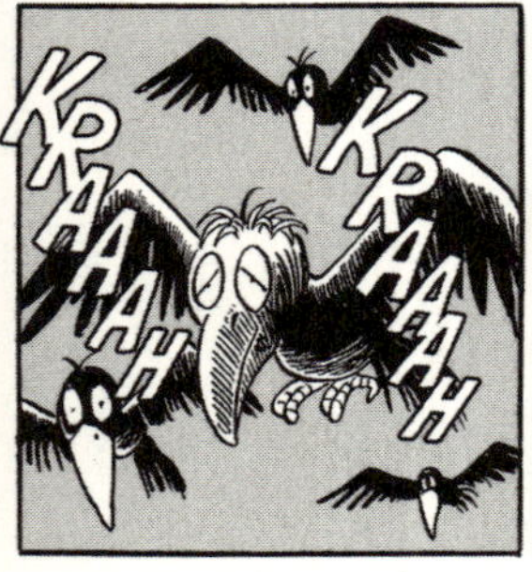
KRAAAAH
KRAAAAH

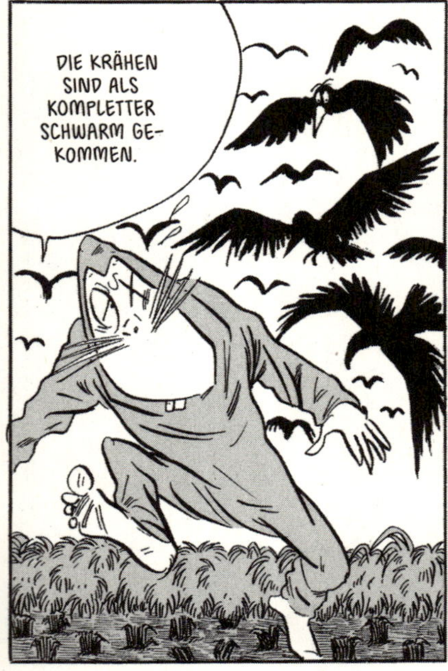
DIE KRÄHEN SIND ALS KOMPLETTER SCHWARM GE-KOMMEN.

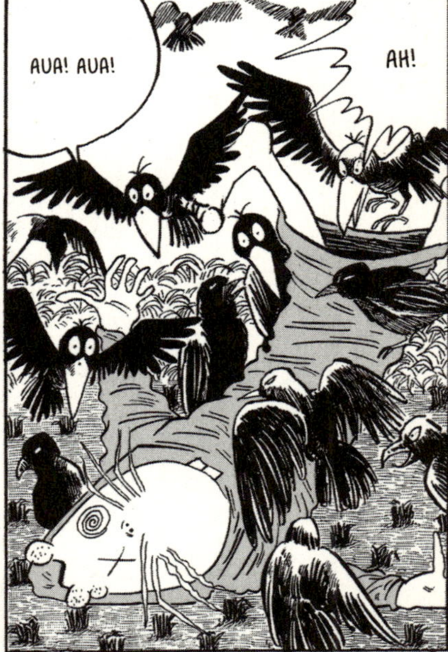
AUA! AUA!
AH!

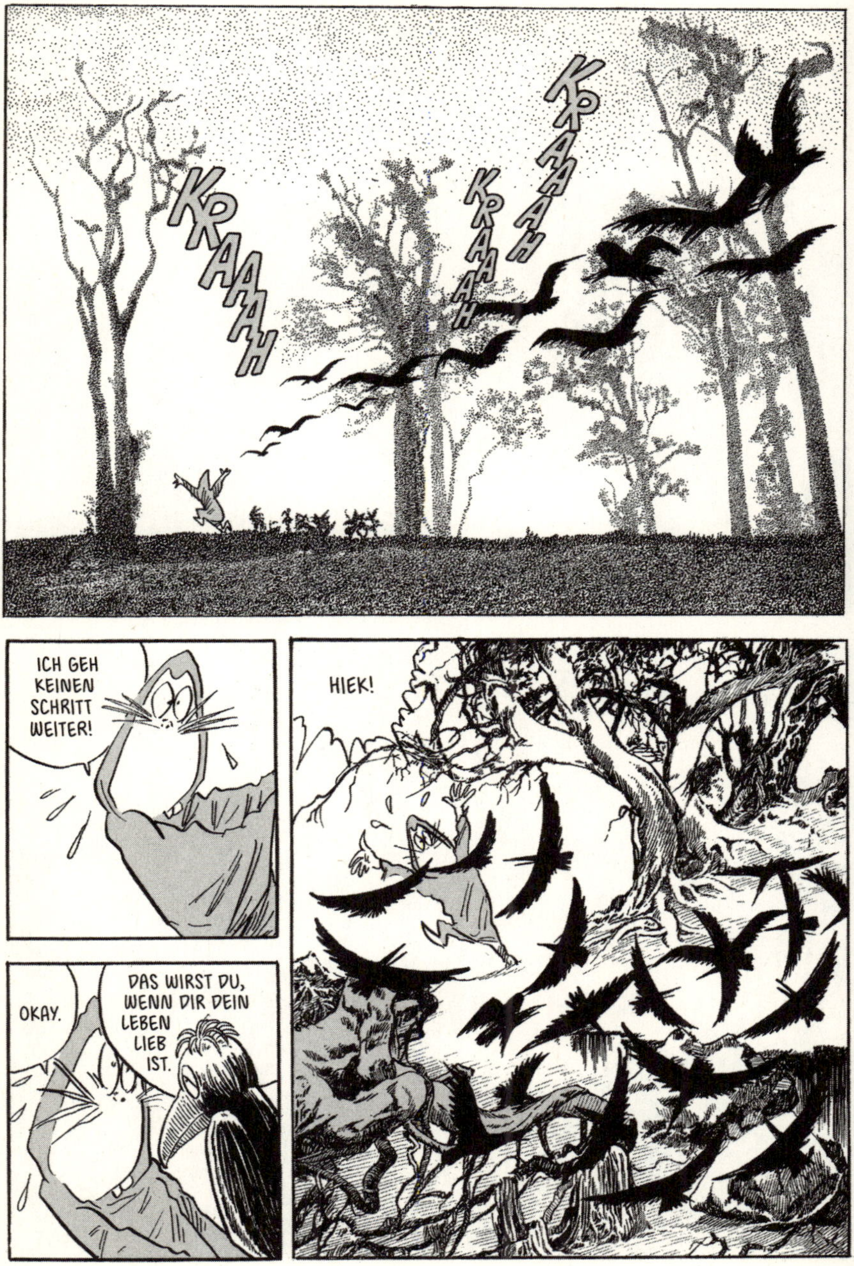

KRAAAAH
KRAAAAH
KRAAAAH

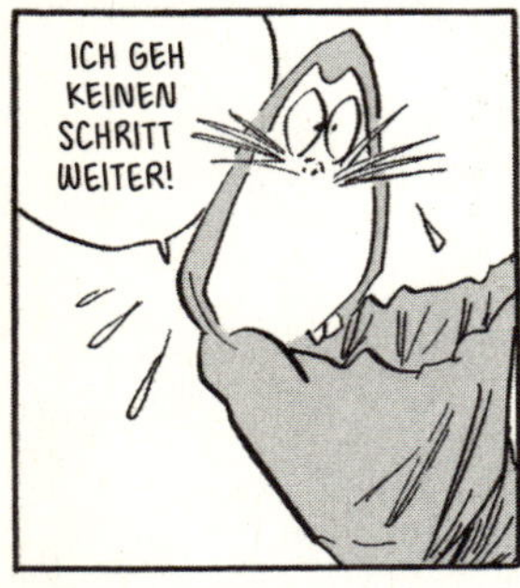

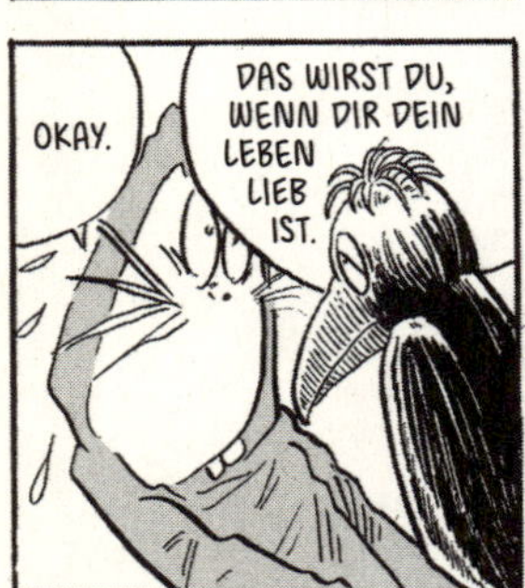

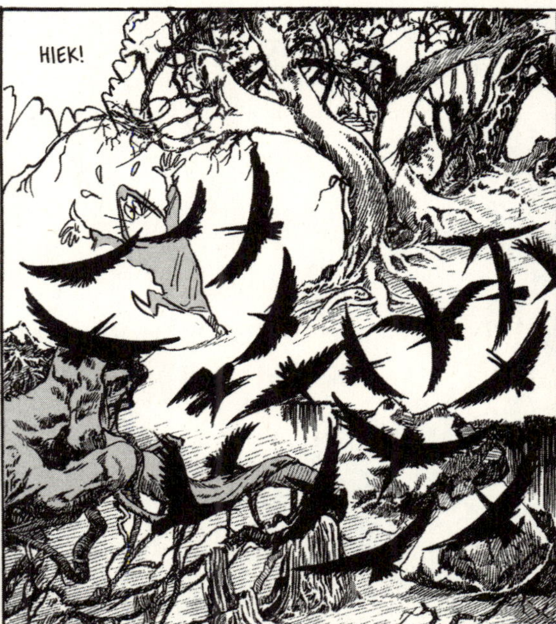

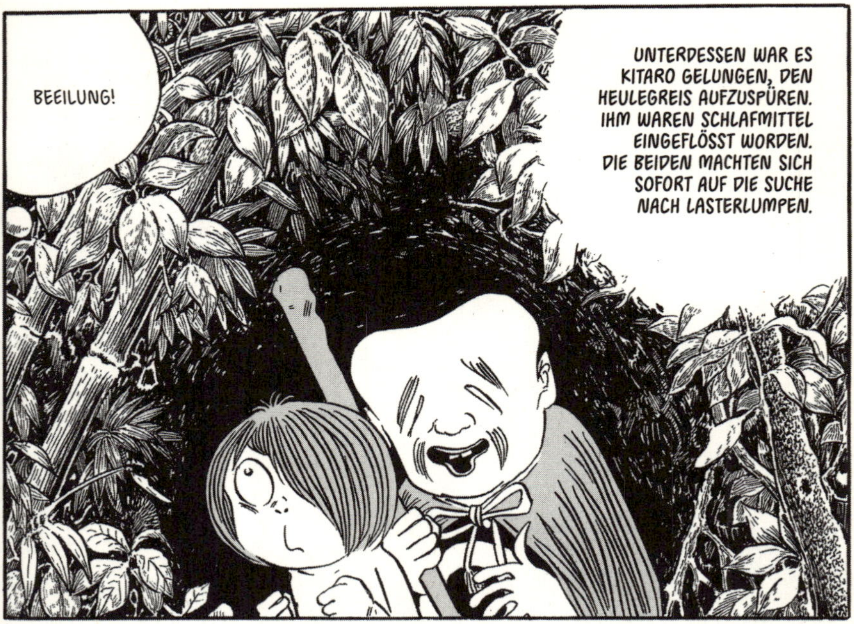

UNTERDESSEN WAR ES KITARO GELUNGEN, DEN HEULEGREIS AUFZUSPÜREN. IHM WAREN SCHLAFMITTEL EINGEFLÖSST WORDEN. DIE BEIDEN MACHTEN SICH SOFORT AUF DIE SUCHE NACH LASTERLUMPEN.

BEEILUNG!

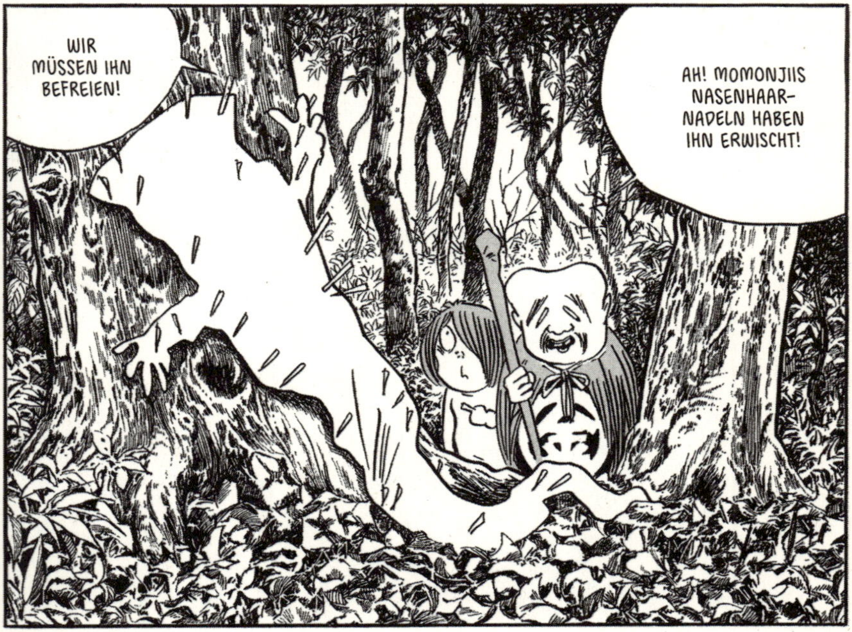

AH! MOMONJIIS NASENHAAR-NADELN HABEN IHN ERWISCHT!

WIR MÜSSEN IHN BEFREIEN!

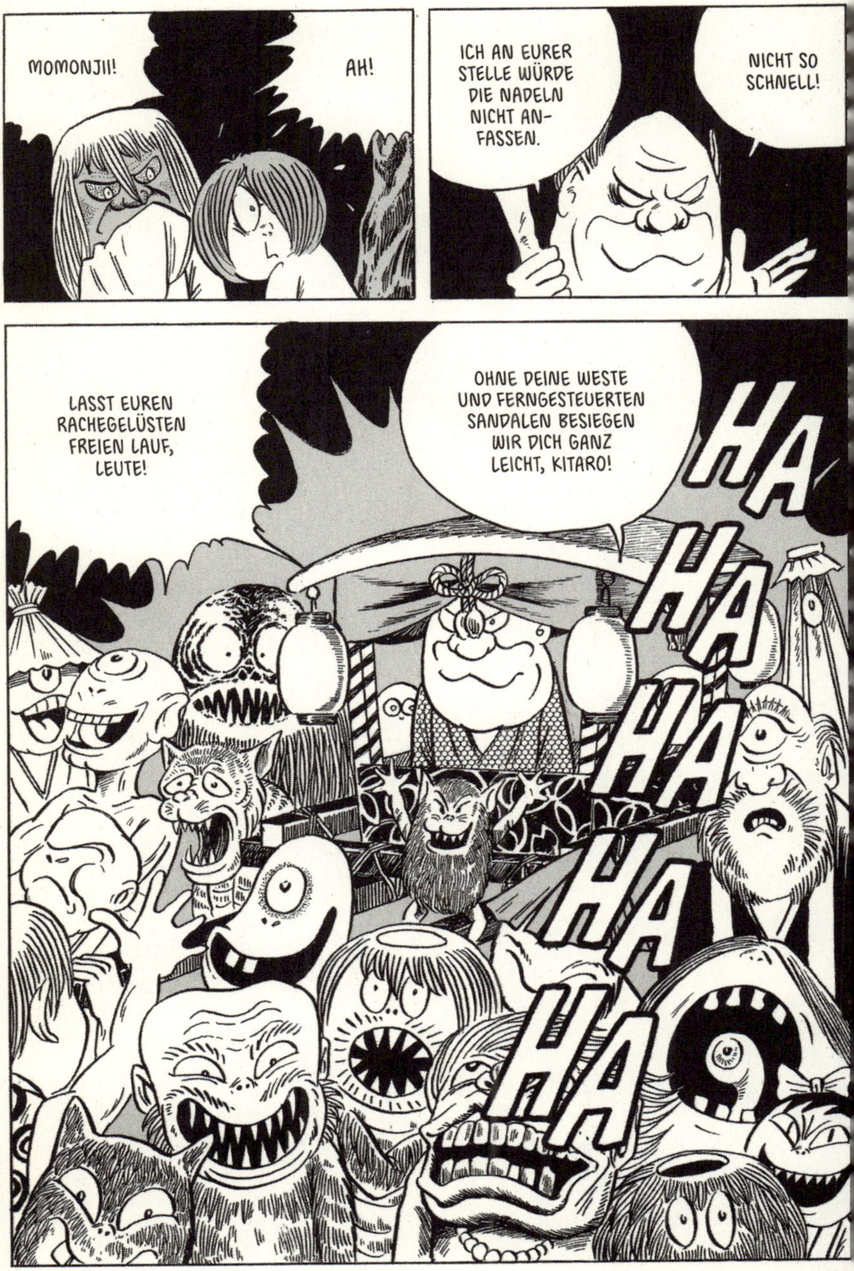

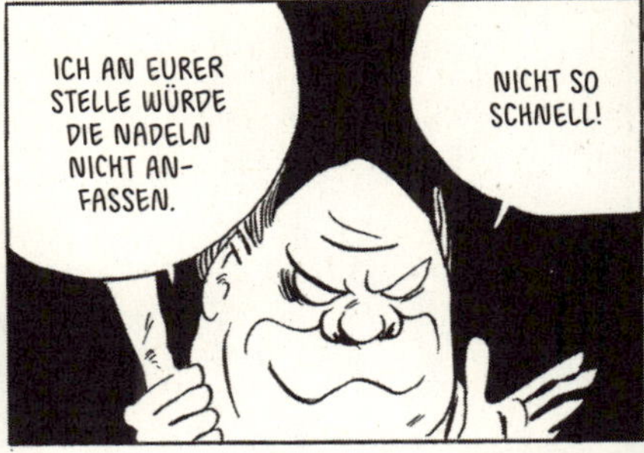

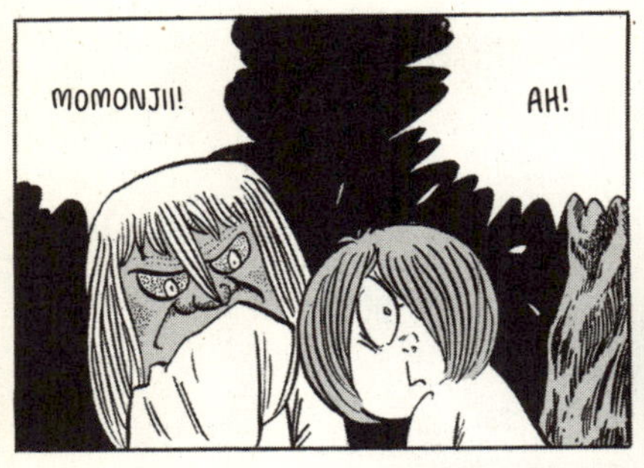

OHNE DEINE WESTE UND FERNGESTEUERTEN SANDALEN BESIEGEN WIR DICH GANZ LEICHT, KITARO!

LASST EUREN RACHEGELÜSTEN FREIEN LAUF, LEUTE!

HA HA HA HA HA HA HA HA

Der Yokai-Prozess, Teil 3 – Ende

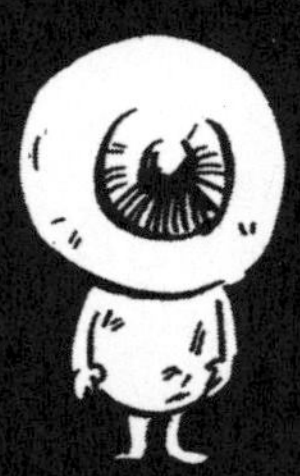